汽车底盘电控系统检修

主　编　闵思鹏

副主编　周羽皓　游小青

参　编　潘开广　官海兵

全书资源总码

北京理工大学出版社

BEIJING INSTITUTE OF TECHNOLOGY PRESS

内 容 简 介

本书系统讲述了现代汽车底盘电控系统的结构原理、控制电路和故障诊断等知识。全书共分为5个项目、15个学习任务，主要内容包括汽车底盘电控系统综述、汽车自动变速器检修、汽车电子制动控制系统检修、汽车电控悬架系统检修、汽车电控动力转向系统检修。本书以学习任务为引领，重点突出对各电控系统工作过程、电路原理和故障诊断与检修进行讲解，通过丰富的实车电路介绍了各种底盘电控系统。其中每个学习任务又包括思政目标、任务目标、学习重点、任务导入、知识准备、任务实施、案例分析、任务小结、实训工单（活页）、练习题等内容。

本书可作为高等院校、高职院校汽车检测与维修、汽车电子技术及汽车运用技术等专业的教材，也可作为汽车维修企业汽车底盘电控系统培训教材，还可供汽车行业的工程技术人员阅读参考。

图书在版编目（CIP）数据

汽车底盘电控系统检修／闵思鹏主编. —— 北京：
北京理工大学出版社，2022.6
　ISBN 978 - 7 - 5763 - 1334 - 5

Ⅰ. ①汽… Ⅱ. ①闵… Ⅲ. ①汽车 - 底盘 - 电气控制
系统 - 车辆修理 Ⅳ. ①U472. 41

中国版本图书馆 CIP 数据核字（2022）第 084785 号

出版发行／北京理工大学出版社有限责任公司

社　　　址／北京市海淀区中关村南大街 5 号
邮　　　编／100081
电　　　话／（010）68914775（总编室）
　　　　　　（010）82562903（教材售后服务热线）
　　　　　　（010）68944723（其他图书服务热线）
网　　　址／http：//www.bitpress.com.cn
经　　　销／全国各地新华书店
印　　　刷／三河市天利华印刷装订有限公司
开　　　本／787 毫米×1092 毫米　1/16
印　　　张／20.75　　　　　　　　　　　　　　责任编辑／多海鹏
字　　　数／493 千字　　　　　　　　　　　　文案编辑／多海鹏
版　　　次／2022 年 6 月第 1 版　2022 年 6 月第 1 次印刷　　责任校对／周瑞红
定　　　价／89.00 元　　　　　　　　　　　　责任印制／李志强

前 言

随着汽车工业及电子技术的发展，汽车电子化已成为当今世界汽车工业发展的必然趋势。在汽车底盘系统中大量采用电子控制和智能化控制，使得汽车的维修理念、维修内容、维修方法都发生了根本性的变化，维修越来越难，对汽车维修岗位人员的素质及技能要求也越来越高。

为使高等院校汽车相关专业的学生能够系统地掌握汽车底盘电控系统的基本原理、故障诊断与检修方面的基本知识，适应当今汽车维修行业的需求，我们特编写了这本新形态一体化教材。本教材在内容上能够反映当前汽车底盘电控系统新技术，摒弃了深奥的理论讲解，注重理论联系实际，与职业岗位工作标准接轨，具有较强的针对性与适用性。本教材具有以下特点：

（1）采用学习任务的编写形式，重点突出各电控系统工作过程和电路原理的讲解，通过丰富的实车电路来介绍各种底盘电控系统，突出对知识点的掌握和技能的培养，利用真实的故障案例培养学生的实际应用能力。

（2）与学习任务相配套的任务工单及课后练习题，采用活页式装订，使用灵活，可方便取出或加入新内容。

（3）加入课程思政内容。每个学习任务设有思政目标，在教材内容中，根据具体讲述内容引申出相应的思想政治教育元素，将课程思政融入汽车专业知识的教学之中，使本教材具备传授知识能力及思想政治教育的双重功能。

（4）将微课资源嵌入到教材中，通过扫描二维码，可观看到汽车底盘电控系统工作原理和检修方面的视频。

本教材以目前国内比较流行的车型为例，重点讲述了汽车底盘电控系统的基本原理、基本结构、控制电路和故障诊断与检修等知识。本教材共分为五个项目，项目一为汽车底盘电控系统综述，介绍了底盘电控系统的主要内容和发展趋势；项目二为汽车自动变速器检修，分八个学习任务介绍了液力变矩器、电控液力自动变速器、无级变速器、双离合自动变速器的检修；项目三为汽车电子制动控制系统检修，分三个学习任务介绍了防抱死制动系统、驱动防滑和行驶稳定控制系统及电子驻车制动系统的检修；项目四为汽车电控悬架系统检修，分两个学习任务介绍了汽车电控悬架、奥迪自适应空气悬架系统的检修；项目五为汽车电控动力转向系统检修，分两个学习任务介绍了液压式电控动力转向系统、电动式电控动力转向系统的检修。其中每个学习任务又包括思政目标、任务目标、学习重点、任务导入、知识准备、任务实施、案例分析、任务小结、实训工单（活页）、练习题等内容。

本教材由江西交通职业技术学院的闵思鹏任主编，周羽皓、游小青任副主编，其中闵思鹏编写了项目一、项目二学习任务七～学习任务八、项目三学习任务三以及项目四，周羽皓编写了项目二学习任务一～学习任务四，游小青编写了项目三学习任务一和学习任务二，潘开广编写了项目二学习任务五和学习任务六，官海兵编写了项目五。

为使读者阅读方便，本教材中的电路图保留了原厂的特色，未按国家标准重新绘制；部分术语也与原厂一致，但都作了说明。如有不便，请读者见谅。

本教材在编写过程中参考了大量的科技论文、技术书籍和原厂维修手册，在此对作者表示衷心的感谢！

由于编者水平有限，教材中难免出现不妥和谬误之处，恳请读者批评指正。

编　者

Contents

目　录

目 录

Contents

Contents

目 录

目 录

Contents

目录 *Contents*

Contents

目　录

项目一 汽车底盘电控系统综述

【思政目标】
- 引导学生树立终身学习的思想和观念。

【任务目标】
- 能正确讲述汽车电控技术的发展历程；
- 能正确讲述汽车底盘电控系统的主要内容；
- 能正确讲述汽车底盘电控系统的发展趋势。

【学习重点】
- 汽车底盘电控系统的主要内容；
- 汽车底盘电控系统的发展趋势。

知识准备

一、汽车电控技术的发展历程

社会的需求、法规的推动，是导致汽车电子控制技术（简称汽车电控技术）蓬勃发展的根本原因。安全法规是汽车最早的法规，随后，各相关部门陆续制定了排气污染与噪声控制、燃油经济性等一系列日益严格的法规。这些法规强制性地推动了电控技术在汽车上的广泛应用，并形成了汽车电控技术发展的四个阶段。

第一阶段：从20世纪50年代初到70年代初，是汽车电控技术发展的启蒙阶段，主要是开发由分立元件和集成电路组成的汽车电子产品，应用电子装置代替传统的机械部件，如交流发电机、集成电路电压调节器、电子点火器和电子式间歇刮水器等。

第二阶段：从20世纪70年代中期到80年代中期，是汽车电控技术发展的初级阶段，主要是发展专用的独立系统。某些机械装置无法解决的复杂控制功能开始采用电子控制装置，如电子控制汽油喷射系统、制动防抱死系统等。控制系统的结构更加紧凑，可靠性进一步提高，从而使汽车电控技术真正得以应用。

第三阶段：从20世纪80年代中期到90年代中期，是汽车电控技术的发展阶段，主要是开发可完成各种功能的综合系统及各种车辆整体系统的微机控制。汽车电控技术已从单一项目的控制，发展到多项内容的集中控制，如集发动机控制、自动变速器控制为一体的动力传动系统控制、防抱死制动系统和驱动防滑系统（ABS/ASR）等。

第四阶段：从20世纪90年代中期开始到现在，是汽车电控技术的智能控制阶段，主要是研究发展车辆的智能控制系统，开发包括电子技术（含计算机技术）、优化控制技术、传感器技术、网络技术、机电一体化技术等的综合技术系统。智能化集成传感器和智能执行机构付诸实用，数字式信号处理方式应用于声音识别、安全防碰撞、实时诊断和导航系统等，如汽车自动驾驶系统、汽车自动导航系统等。

现在汽车电控技术日新月异，知识更新越来越快，因此，学习应成为我们终身的活动。我们必须树立终身学习的思想和观念，并且通过自身学习来不断拓展知识面，优化知识结构，提高综合素质，进而更好地适应社会发展的需要。社会的发展呼唤学习，社会的竞争要求学习。

二、汽车底盘电控系统的主要内容

汽车底盘电控系统的主要内容

当前汽车电控系统大体可分为三大部分：发动机电控系统、底盘电控系统和车身电控系统。

随着计算机技术大量应用于汽车的各个系统，汽车底盘上各种电控系统也应运而生，使汽车的行驶速度和运输效率得以提高，驾驶环境进一步改善，汽车操控更加方便、舒适。

目前在汽车底盘上应用的电子控制系统包括自动变速器、防抱死制动系统、驱动防滑系统、汽车电子稳定性控制系统、电控悬架系统和转向控制系统等。

1. 自动变速器

变速器作为汽车重要的组成部分，是承担放大发动机扭矩，配合发动机功扭特性，实现理想动力传递，从而适应各种路况实现汽车行驶的主要装置。传统的变速器利用不同的齿轮组合实现了上述目的，而齿轮组合的变换靠脚踩离合器和手拉换挡杆来实现，这就是所谓的手动变速器 MT（Manual Transmission）。

为了实现轻松换挡，取消脚踩离合器和手拉换挡杆的变速器出现了，这就是自动变速器 AT（Automatic Transmission）。自动变速器能根据节气门开度和车速等行驶条件，按照换挡特性，精确地控制变速比，使汽车处于最佳挡位。它具有提高传动效率、降低油耗、改善换挡舒适性和汽车行驶平稳性以及延长变速器使用寿命等优点。

目前使用的汽车自动变速器按照传动原理的不同主要有四种类型：电控液力自动变速器 ECT、电控机械式自动变速器 AMT、无级变速器 CVT 和双离合自动变速器 DCT。

2. 电控防抱死制动系统 ABS

纯粹的气压制动和液压制动解决了正常状态下的制动问题，但对于紧急情况下的突然制动所带来的制动跑偏、侧滑、甩尾等危险制动状况并不能很好的解决。为解决这一技术难题，防抱死制动系统应运而生。

汽车防抱死制动系统 ABS（Anti-lock Braking System）是在传统制动系统的基础上，采用电子控制技术以实现制动力的自动调节、防止汽车制动时车轮抱死，以期获得最有效的制动效果并极大地提高车辆主动安全性的一种机电液一体化装置。

ABS 的应用使汽车驾驶的安全性更好了，目前在 ABS 的基础上又发展并集成了许多相关的电子制动控制系统，它们的性能有的更优于 ABS 系统，有的则弥补了 ABS 系统的一些不足。例如电子制动力分配系统 EBD、驱动防滑控制系统 ASR、车辆行驶稳定控制系统

ESP、电子驻车制动 EPB 等，从而使汽车的安全性得到了进一步的改善和提高。

3. 电控悬架

对于传统的悬架系统而言，当其结构确定后，就具有固定的悬架刚度和阻尼系数，在车辆行驶过程中无法进行调节，也就是在汽车行驶过程中不能人为地加以控制，因此悬架减振性能的进一步提高受到了限制。这种被动悬架在汽车行驶过程中的平顺性和操纵稳定性不能兼而有之，只能采取折中的方式去解决。

随着电子技术的发展，在汽车悬架系统中采用了电子控制技术，可以满足汽车悬架系统平顺性和操纵稳定性两项性能要求，克服被动悬架的刚度和阻尼系数不能调节的弱点，这就是电控悬架系统。汽车电控悬架系统根据汽车行驶路面状况、行驶速度和载荷变化，通过电子控制单元来控制相应的执行元件，自动调节车身高度、悬架刚度和阻尼系数。

4. 转向控制系统

理想的动力转向系统应该能够在汽车低速时使转向轻便，减轻驾驶员的劳动强度；而在汽车高速时则应具有一定的转动转向盘的力，给驾驶员一定的路感，防止转向发飘。传统动力转向系统的助力特性与汽车的实际要求不一致，因此不能满足现代汽车的需要。

电控动力转向系统根据车速、转向情况等对转向助力实施控制，使动力转向系统在不同的行驶条件下都有最佳的放大倍率：在低速时有较大的放大倍率，可以减轻转向操纵力，使转向轻便、灵活；在高速时则适当减小放大倍率，以稳定转向手感，提高高速行驶的操纵稳定性。

5. 电控四轮驱动系统

四轮驱动，又称全轮驱动，是指汽车前后轮都有动力，可按行驶路面状态不同而将发动机输出扭矩按不同比例分布在前后所有的车轮上，以提高汽车的行驶能力。一般用 4×4 或 4WD 来表示。

过去只有越野车采用四轮驱动，一般的越野车，变速器后面装有手动分动器，前后车轴各装一个驱动桥。现在有些轿车也采取四轮驱动装置，比如奥迪 A4 quattro、Q7 及欧蓝德四驱版。轿车上的四轮驱动装置是常啮合式，增加了黏性耦合器，省去了手动分动器，自动将扭矩按需分配在前后车轮上。在正常路面上，四轮驱动装置将发动机输出扭矩的 92% 分配到前轮，8% 分配到后轮；在滑溜的路面上，将至少 40% 的发动机输出扭矩分配给后轮；当前轮开始打滑时，前、后轮的转速差异会使耦合器中的黏液立即变稠并锁住耦合器，从而使传动轴只将扭矩传递至后轮，待前、后轮的转速差异消失即自动回复原有驱动形式。

轿车的四轮驱动装置已经引进了电子计算机控制系统，当前轮或后轮驱动时，汽车随时根据路面状态的反馈信息分配前后车轮的动力，变为四轮驱动。四轮驱动又可以细分成四种驱动模式：全时驱动（Full – Time）、分时驱动（Part – Time）、适时驱动（Real – Time）和分时/适时混合驱动。

三、汽车底盘电控系统的发展趋势

1. 汽车底盘线控技术

随着汽车电子技术的不断发展和汽车系统的集成化，人们可以不需要传统的机械机构传递控制信号，而是通过电子手段来驾驶汽车。汽车线控

汽车底盘电控系统的发展趋势

技术（X – By – Wire）就是将驾驶员的操纵动作经过传感器变成电信号，通过导线直接传输到执行机构的一种技术。"By – Wire"可称为电子线控，"X"则代表汽车中各个系统，如线控制动系统（Brake – By – Wire）。

目前在汽车底盘上应用的线控技术包括线控换挡系统（Shift – By – Wire）、线控制动系统（Brake – By – Wire）及线控转向系统（Steering – By – Wire）等。

1）线控换挡系统（Shift – By – Wire）

驾驶员通过操纵杆的传感器将换挡信号传递给电控单元，电控单元处理信号后将指令发送给换挡电磁阀，实现前进挡、倒挡和空挡的切换。线控换挡系统消除了传统机械部件与变速器联动的约束，从而提升了设计自由度。线控换挡响应快，操控灵敏。

2）线控制动系统（Brake – By – Wire）

驾驶员进行制动时，踏板行程传感器探测驾驶员的制动意图，把这一信息传递给电控单元，电控单元汇集轮速传感器、转向角传感器等各种信息，根据车辆行驶状态计算出每个车轮的最大制动力，再发指令给制动执行器对各个车轮实施制动。同时，控制系统也接受其他电控系统（ABS、ESP、ACC等）传感器的信号，从而保证最佳的减速制动和车辆的行驶稳定性。

3）线控转向系统（Steering – By – Wire）

驾驶员通过转向盘上的传感器将转向信号传递给电控单元，电控单元采集信号进行分析处理后将控制信号传递至转向电动机，控制转向电动机转向所需扭矩，带动车轮转向，实现驾驶员的转向意图。同时，转向轮上的传感器将车轮转向角、转向加速度反馈给电控单元，由电控单元向转向盘回正力矩电动机发送信号，产生转向盘回正力矩，以提供驾驶员相应的传感信息。线控转向系统提高了整车设计的自由度，便于操控系统的布置。

线控技术的最终发展目标是汽车的集成化控制，它将汽车的各个系统相互结合、相互作用，共享传感器的数据，更好地发挥各系统的作用，以获得最佳的整车性能，提高车辆的操纵性、稳定性、安全性和智能化，最终实现无人驾驶。

2. 汽车底盘网络化技术

汽车底盘各控制系统之间的相互联系、相互依赖、相互影响越来越大，为了优化控制效果，节约资源，提高控制系统的可靠性，常用高速局域网络CAN将两个或多个底盘电子控制系统结合起来，对底盘实现多层面控制。

3. 全方位底盘控制系统

全方位底盘控制系统GCC（Global Chassis Control），又称为ICC（Integrated Chassis Control）系统，即底盘集成控制系统，它将发动机、制动、转向和悬架系统的功能进行集成，用来提高车辆的动态特性、乘坐舒适性和稳定性等。GCC是一个更高层次的底盘控制系统，它对驾驶员的操作意向进行初步判断，并监测各个底盘子控制系统的运行状况，根据监测结果对车辆目前的行驶状态进行判断。当汽车的运动状况偏离驾驶员的意向或者汽车出现了危险的运动状况时，GCC将进行综合平衡，全面协调，对汽车底盘各子控制系统进行合理分工，用最佳的方法来完成汽车的动态控制和稳定，一旦其中某一个子控制系统发生故障，GCC控制单元会自动地对汽车底盘各子控制系统的分工及时进行调整，以达到最佳的控制效果。

GCC能合理地分配各控制系统的任务，使它们更和谐、更有效、更及时地相互配合，相互补充，不仅使汽车的主动安全性、舒适性和机动性更好，而且系统的可靠性也得到了提高。

项目二 汽车自动变速器检修

汽车变速器的作用是变速、变矩、倒车和中断动力传递。变速器按操纵方式分为手动变速器 MT（Manual Transmission）和自动变速器 AT（Automatic Transmission）。

手动变速器，即驾驶员通过用手操纵换挡杆来选定挡位，并通过变速器的换挡机构进行挡位变换，才能改变变速器内的齿轮啮合位置，改变传动比，从而达到变速的目的。手动变速在操纵时必须踩下离合器方可拨动变速杆。

自动变速器，其控制系统可根据加速踏板开度和车速变化情况自动地选择挡位，并进行挡位变换，即自动地改变传动比，驾驶员只需操纵加速踏板和制动踏板即可。虽说自动变速汽车没有离合器，但自动变速器内部有很多离合器，这些离合器能随车速变化而自动分离或接合，从而达到自动变速的目的。

汽车自动变速器常见的有四种型式，分别是电控液力自动变速器 ECT、电控机械式自动变速器 AMT、无级变速器 CVT 及双离合自动变速器 DCT 或 DSG，其中应用最广泛的是 ECT。电控机械式自动变速器 AMT 由于换挡存在冲击，换挡平顺性不够好，故目前在乘用车中应用很少。

本项目主要讲述汽车自动变速器的结构、工作原理及其诊断，通过对自动变速器的实践操作，使学生认识到汽车自动变速器的构造和工作原理以及相应的检修方法。

项目学习目标

【思政目标】

1. 树立劳动意识、环保意识、节约意识、安全意识，爱岗敬业，锤炼工匠精神；

2. 养成组员之间协同配合、精诚合作的团队协作精神；

3. 开拓创新思路，依靠创新、创造解决问题，提高工作能力；

4. 实践操作期间，做到整理、整顿、清扫、清洁、素养、安全、节约等规范。

【知识目标】

1. 能够认知汽车自动变速器的组成、结构和工作原理；

2. 能看懂自动变速器电路图，并能根据电路图检测、分析故障。

【技能目标】

1. 按照标准工艺流程，完成相应的汽车自动变速器的检修作业项目；

2. 能够熟练使用万用表、故障诊断仪等检测设备检修故障。

学习任务一　自动变速器的认知

【思政目标】
- 引导学生树立浪费可耻、节约为荣的价值导向；
- 培养组员之间协同配合、精诚合作的团队协作精神。

【任务目标】
- 能正确讲述自动变速器的优缺点；
- 能正确描述自动变速器换挡操纵杆的类型；
- 能正确描述自动变速器挡位标识和换挡模式选择开关的含义；
- 能正确描述自动变速器的基本组成和分类。

【学习重点】
- 自动变速器的换挡操纵杆类型、挡位标识及换挡模式选择开关的含义；
- 自动变速器的基本组成。

任务导入

一位客户想购置一辆轿车，于是到当地的一家车行去咨询。销售顾问说起轿车的配置，除了有手动变速器的外，还有其他变速器可以选择，咨询客户需要哪一种配置。客户只知道一种手动变速器，其他类型的变速器他知之甚少，不知如何选择，现在请你对客户的需求进行处理。

知识准备

一、自动变速器概述

自动变速器
概述

目前使用的汽车自动变速器 AT 按照传动原理的不同主要有四种类型：电控液力自动变速器 ECT（Electronic Controlled Transmission）、电控机械式自动变速器 AMT（Automated Mechanical Transmission）、无级变速器 CVT（Continuously Variable Transmission）和双离合自动变速器 DCT（Dual Clutch Transmission），如图 2-1-1 所示。

ECT 是在传统液力自动变速器的基础上增设电子控制系统而形成的。它通过液力传递和齿轮组合的方式来实现变速变矩。ECT 能根据不同负荷和车速选择最佳速比，所有换挡由变速器自行完成，驾驶员仅用加速踏板表达对车速变化的意图和通过换挡杆选择要求的运行状态。电控液力自动变速器是使用最广泛的自动变速器，有时 AT 也专指 ECT。

AMT 和电控液力自动变速器 ECT 一样是有级自动变速器。它是在普通手动变速器的基础上，通过加装电控单元控制的电动装置，取代原来由人工操作完成的离合器的分离、接合及变速器的选挡、换挡动作，实现自动换挡。

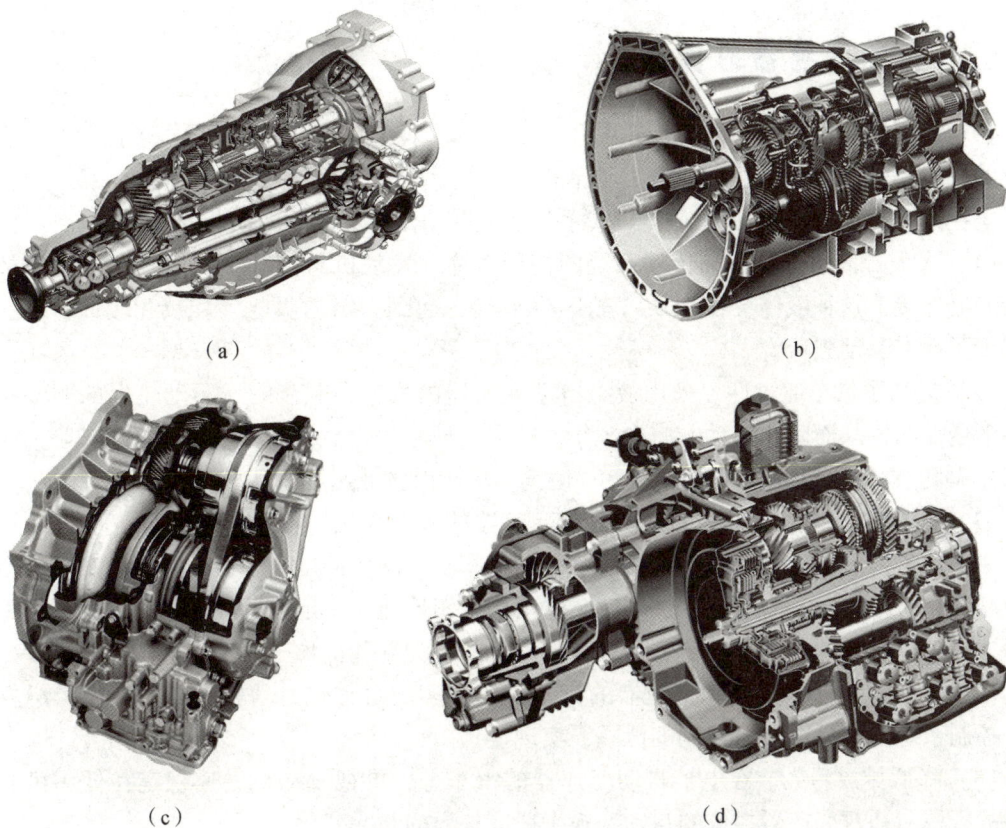

（a）　　　　　　　　　　　　　　　　　　（b）

（c）　　　　　　　　　　　　　　　　　　（d）

图 2 - 1 - 1　自动变速器的类型

（a）电控液力自动变速器 ECT；（b）电控机械式自动变速器 AMT；

（c）无级变速器 CVT；（d）双离合自动变速器 DCT

与 ECT 相比，CVT 省去了复杂而又笨重的齿轮组合变速传动，而是两组带轮进行变速传动，通过改变驱动轮与从动轮传动带的接触半径进行变速。由于取消了齿轮传动，因此其传动比可以随意变化，变速更加平顺，没有换挡的顿挫感。

DCT 变速器与传统自动变速器有着明显的区别，DCT 没有采用液力变矩器，它不是在传统概念的自动变速器基础上生产出来的，而是走了一条具有革新性的全新技术之路，巧妙地把手动变速器的灵活性和传统自动变速器的方便性结合在一起。

在自动变速器的基础上增加手动换挡功能，即称为手自一体变速器。手自一体变速器实际上还是自动变速器，它通过电控系统模拟出手动变速器的操作。该变速器结合了自动变速器和手动变速器的优点，最大限度地减少了变速系统的功率损耗。

我国的乘用车市场主要以 ECT 为主导，CVT 用于广汽本田、东风日产、一汽奥迪等车型上，DCT 用于上汽大众、长安福特等车型上。随着时代的发展，科技创新层出不穷，自动变速器发展速度很快，尤其是计算机应用技术发展后，自动变速技术进入了迅速发展的崭新时期，主要体现在自动变速器向多挡位方向发展，一些国产车型陆续采用 6 挡、8 挡甚至更多挡的自动变速器，挡位的增加，使变速器的速比范围更广，挡位切换速比分配更加精确，进一步改善了汽车的动力性、燃油经济性和换挡平顺性。

二、自动变速器的优缺点

自动变速器能根据汽车的运行工况和道路条件自动变换传动比。随着电子控制技术在汽车上的应用，自动变速器的发展进入了迅速发展的时期。

电控液力自动变速器 ECT 与机械式手动变速器相比，具有下列显著的优点：

（1）大大提高了发动机和传动系统的使用寿命。发动机与传动系统由自动变速器的液力变矩器连接，这种液体工作介质"软"性连接，起到一定的吸收、衰减和缓冲作用，大大减少了冲击和动载荷。

（2）提高了汽车通过性。采用液力自动变速器的汽车在起步时，驱动轮上的驱动扭矩是逐渐增加的，从而防止振动，减少车轮的打滑，使起步容易，且更平稳。当行驶阻力很大时（如爬陡坡），发动机也不至于熄火，使汽车仍能以极低速度行驶。

（3）具有良好的自适应性。液力自动变速器的汽车采用了液力变矩器，它能自动适应汽车驱动轮负荷的变化。当行驶阻力增大时，汽车自动降低速度，使驱动力矩增加；当行驶阻力减小时，减小驱动力矩，增加车速。这说明变矩器能在一定范围内实现无级变速，大大减少了行驶过程中的换挡次数，有利于提高汽车的动力性和平均车速。

（4）操纵轻便。液力自动变速器的汽车换挡能实现自动化，驾驶员只需变换操纵杆位置，控制系统自动操纵液压控制的滑阀，实现换挡。

（5）降低排放污染。在电控自动变速器的汽车上，可把发动机转速稳定在低污染和低油耗的区域，通过变速器挡位的自动变换来适应外界的路况变化。

但是，与手动变速器相比，它也存在某些缺点，如结构复杂、制造成本较高、传动效率较低、汽车的燃油经济性有所降低等。自动变速器的结构复杂，相应的维修技术也较复杂。

三、自动变速器的使用

1. 换挡操纵杆和挡位标识

换挡操纵杆，习惯上称为换挡杆、操纵杆、挡杆等，用于变换挡位实现汽车的前进或后退。自动变速器换挡操纵杆分为传统机械式操纵杆和电子式操纵杆。

自动变速器
的使用

传统机械式操纵杆有两种方式：一种是直排式，如图 2 - 1 - 2（a）所示，这种挡位设计非常普遍，换挡相对比较直接、顺畅，但在操作时容易出现挂错挡情况；另一种是阶梯式，如图 2 - 1 - 2（b）所示，又叫蛇形挡位，这种挡位在日系车上较多，挂挡时不容易挂错挡，但操作上不如直排式那样顺畅、直接。

电子式操纵杆与变速器的连接采用了更加安全、快捷的电子控制方式，省去了传统的机械连接，全部采用电子信号进行代替。其优势在于驾驶员的换挡错误操作由电控单元判断出是否会对变速器造成损伤，从而更好地保护变速器和纠正驾驶者的不良换挡习惯。但电子式操纵杆一旦发生故障，则无法释放当前挡位，车辆就不能移动，只能依靠于拖车和救援。

电子式操纵杆有很多种形式，如旋钮式、按键式、手柄式等，如图 2－1－2（c）～图 2－1－2（f）所示。

自动变速器换挡操纵杆下方的挡位标识也各不相同，一般有多种标识方式，如 P、R、N、D；P、R、N、D、M；P、R、N、D、S、L；P、R、N、D、2、L；P、R、N、D4、D3、2、1；P、R、N、D、3、2、1 等。

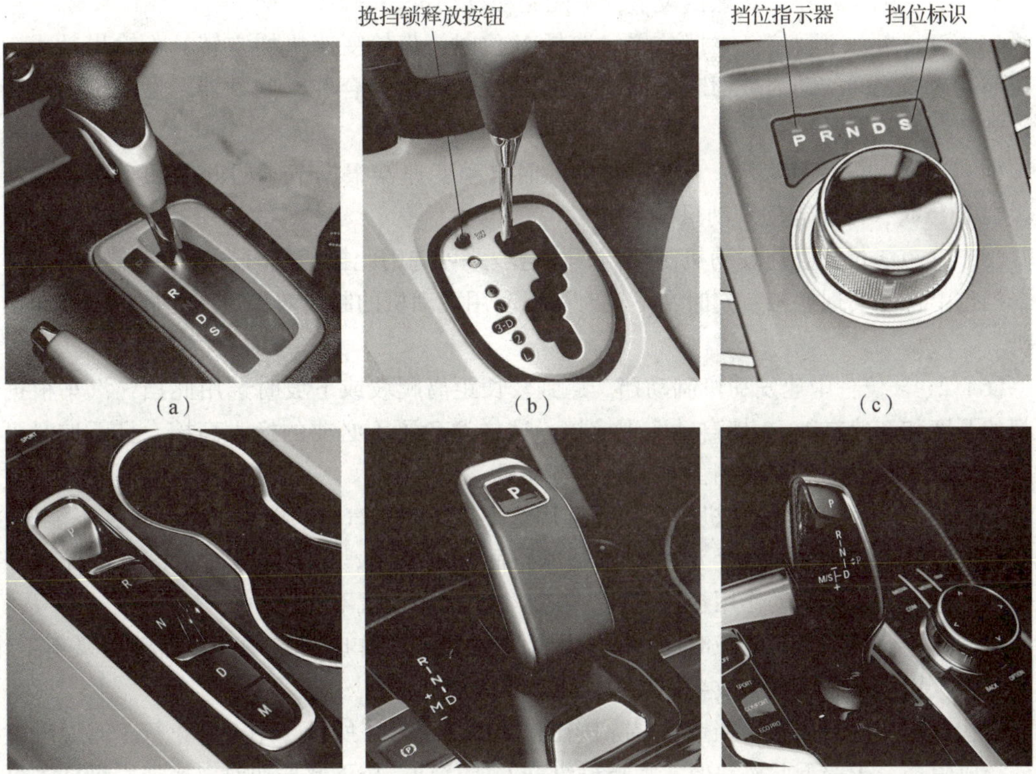

（a）　（b）　（c）

（d）　（e）　（f）

图 2－1－2　换挡操纵杆

（a）直排式；（b）阶梯式；（c）旋钮式；（d）按键式；（e），（f）手柄式

在操纵杆旁边的挡位指示器通过指示灯显示挡位，另外仪表板上也会用图形等方式显示所选择的挡位，如图 2－1－3 所示。

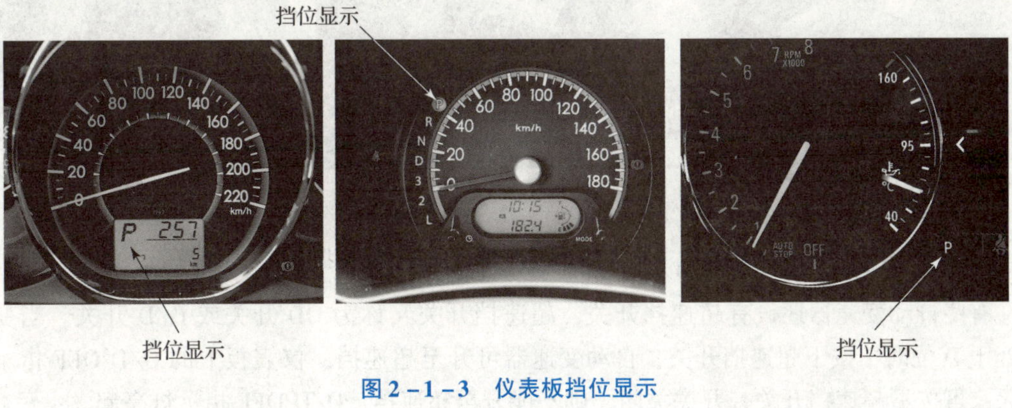

图 2－1－3　仪表板挡位显示

操纵杆各位置所表示的意义如下：

（1）P（Park）位：停车位置。车辆只有在完全停稳时才能进入该挡。当选择P位时，停车锁止机构将变速器输出轴锁止。当操纵杆要从P位移出时，可踩下制动踏板或按下换挡锁释放按钮。在P位时，发动机可以起动。

（2）R（Reverse）位：倒挡位置。R位只能在车辆静止时选用。当选择R位时，驱动轮反转，实现倒车行驶。在该挡位下，不能起动发动机。

（3）N（Neutral）位：空挡位置。选择N位时，齿轮变速机构空转，不输出动力，发动机与变速器之间的动力被切断。如短暂停留N位，可接合驻车制动器。发动机在空挡时可以起动。

（4）D（Drive）、D4位：前进挡位，此时自动变速器根据节气门开度和车速等自动换挡。在D位时，不能起动发动机。

（5）3、D3位：高速发动机制动挡。如遇坡路可选用此挡，此时自动变速器在1、2、3三个挡位中自动实现换挡，同时在下坡时可以利用发动机的制动效果。在此挡位不能起动发动机。

（6）2、S位：中速发动机制动挡。遇到较长距离爬坡或下坡时选用此挡，汽车根据节气门的开度和车速在1、2挡自动实现换挡，这样避免了不必要的换入高挡，且下坡时可以利用发动机制动效果。在此挡位不能起动发动机。

（7）1、L位：低速发动机制动挡。选用这一挡位时，汽车只能用1挡行驶，不能升挡。这个位置在汽车行驶于坑洼、湿路面或结冰路面上时选用。在下陡坡时，也可选择这个位置，以利用发动机的制动作用控制车速。在这个挡位发动机不能起动。

自动变速器的汽车不能长时间拖动，因为发动机不工作时，自动变速器液压泵不工作，换挡执行机构得不到润滑，故会烧坏离合器和制动器。

有些自动变速器设有换挡锁止解除按钮，如图2-1-4所示，用于防止行车时误触碰换挡杆造成脱挡。未按下此按钮时，换挡操纵杆不能移动；按下此按钮时，换挡操纵杆才可以移动。

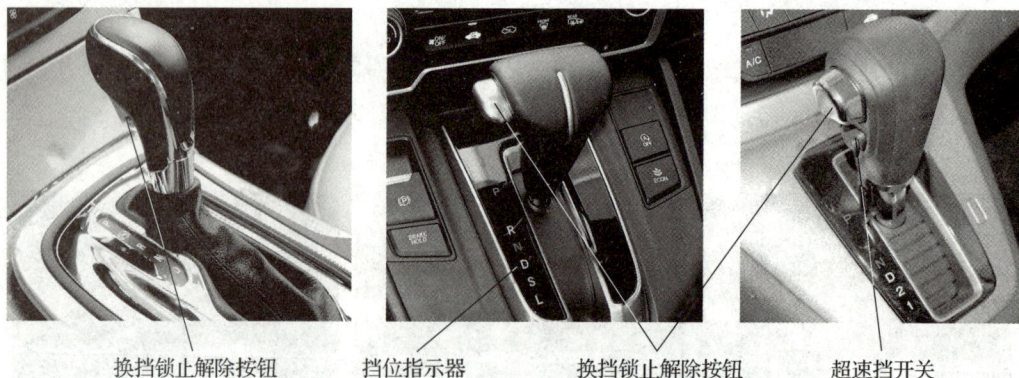

换挡锁止解除按钮　　　挡位指示器　　　换挡锁止解除按钮　　　超速挡开关

图2-1-4　换挡操纵杆锁止按钮和超速挡开关

有些自动变速器还设有超速挡开关，超速挡开关又称为OD开关或O/D开关。当变速器处于D位时，按下超速挡开关，自动变速器可升至超速挡，仪表板上的O/D OFF指示灯熄灭；再按下超速挡开关，开关关闭，则不能升至超速挡，O/D OFF指示灯亮起。

2. 换挡模式选择开关

为了适应不同的行驶道路条件，发挥车辆本身的动力性、经济性，自动变速器都装有换挡模式选择开关。这些开关安装在换挡操纵杆或换挡底板上，用于选择自动变速器的控制模式，即选择自动变速器的换挡规律，常见的换挡模式有以下几种，如图2-1-5所示。

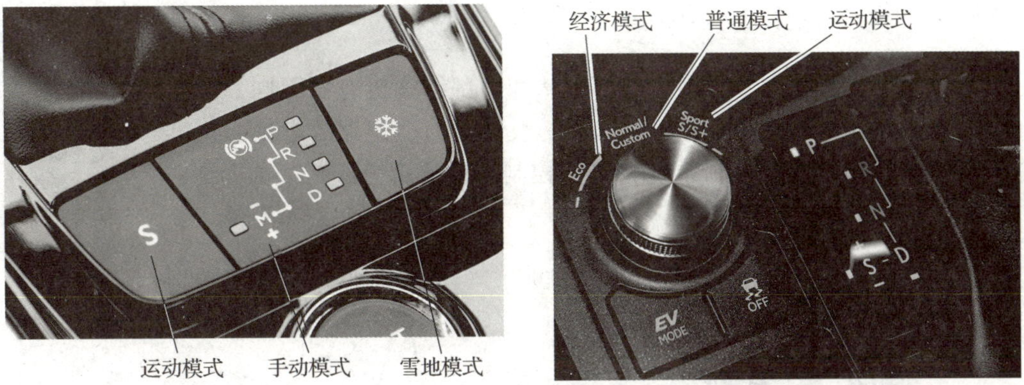

图 2-1-5 汽车换挡模式选择开关

（1）经济模式（Economy、ECO、E）。经济模式是以汽车获得最佳燃油经济性为目标来设计换挡规律的。当自动变速器在经济模式下工作时，其换挡规律使汽车在行驶过程中，发动机经常在经济转速范围运转，降低了燃油消耗。在此模式下，发动机转速相对较低就会换入高挡，即提前升挡、延迟降挡。

选用经济模式驾驶的目的是减少油耗，这是每一个人都能轻松做到，又能保护地球环境的一种方式。众所周知，汽车决定着石油需求，也是影响温室气体和有害气体排放的关键因素。通过减少汽车石油消耗和气体排放，是实现环境保护目标的有效手段之一。节能减排是我国建设节约型社会，事关全民、全社会的大事，是推动经济社会可持续发展的必然选择。我们要不断提高资源忧患意识和节能意识，养成绿色低碳、文明健康的生活方式，把节约能源变成每个人、全社会的自觉行动，树立浪费可耻、节约为荣的价值导向，形成"人人爱节约，个个懂节能"的社会风尚，为建设资源节约型社会贡献自己的力量。

（2）动力模式或运动模式（Power 或 Sport、S）。此模式是以汽车获得最大动力性为目标来设计换挡规律的。在此模式下工作时，其换挡规律使汽车在行驶过程中，发动机经常处于大扭矩、大功率范围内运行，提高了汽车的动力性能和爬坡能力，但也会造成油耗增加。在此模式下，只有在发动机转速提高时，才能换入高挡，即延迟升挡、提前降挡。

（3）普通模式或常规模式（Normal）。此换挡规律介于经济模式和动力或运动模式之间，兼顾了动力性和经济性。

（4）手动模式（Manual、M）。在操纵杆旁边有一个 M 模式位置，即为手动换挡模式。在"M"旁边，有"＋""－"位置，表示加挡和减挡，可手动切换挡位，往"＋"方向推一次升一挡，往"－"方向拉一次降一挡。换挡时不需要松开加速踏板。带有 M 模式的自动变速器又称为手自一体变速器，它是在自动挡的基础上增加了人为换挡的功能。手自一体变速器和自动变速器在本质上并无太大区别，只是操纵机构不一样。

（5）雪地模式（Snow、✻）。在雪地模式下，节气门维持在一个较小的开启范围，发动机的扭矩受到抑制，以防止汽车在下雪天的路面或其他湿滑路面行驶时车轮打滑。

上述控制模式并不是每一种变速器都具备，一般有其中的若干项。

四、电控液力自动变速器的基本组成

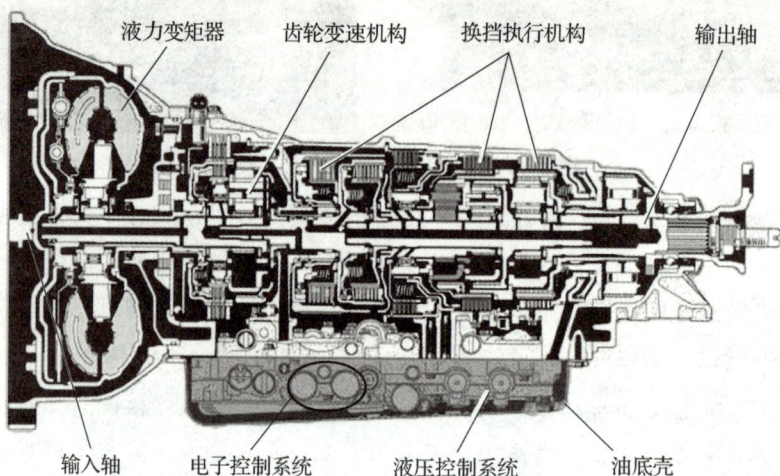

自动变速器的厂牌型号很多，外部形状和内部结构也有所不同，但它们的组成基本相同。电控液力自动变速器一般由液力变矩器、齿轮变速机构、换挡执行机构、液压控制系统和电子控制系统五部分组成，如图 2 - 1 - 6 所示。

电控液力自动
变速器的
基本组成

图 2 - 1 - 6　自动变速器结构图

1. 液力变矩器

液力变矩器位于自动变速器的最前端，安装在发动机的飞轮上，其作用与普通汽车中的离合器相似。其可利用油液循环流动过程中动能的变化将发动机的动力传递给自动变速器的输入轴，并能根据汽车行驶阻力的变化在一定范围内自动、无级地改变传动比和扭矩比，具有一定的减速增矩功能。

2. 齿轮变速机构

齿轮变速机构用于形成不同的传动比，从而组成变速器不同的挡位。目前绝大多数自动变速器采用行星齿轮机构进行变速，也有个别车型采用普通齿轮机构进行变速（如本田车系）。

3. 换挡执行机构

换挡执行机构主要用来改变行星齿轮中的主动元件或限制某个元件的运动，从而改变动力传递的方向和速比，它主要由多片式离合器、制动器和单向离合器等组成。

4. 液压控制系统

自动变速器的液压控制系统主要包括动力源、执行元件、控制元件和辅助元件，其中各种控制阀、电磁阀等集成安装在一个板块内，称为液压阀体总成。

5. 电子控制系统

电子控制系统由输入装置、ECU、执行器三部分组成。输入装置主要包括各种传感器和部分控制开关。电子控制单元 ECU 根据各传感器及控制开关的信号和设定控制程序，通过运算分析，向各个执行器输出控制信号，从而实现对自动变速器的控制。

电控液力自动变速器五个部分团结协作、紧密配合，使车辆自动变速器能轻松应对不同的工况。在我们的学习与工作中，同样需要组员之间协同配合、精诚合作的团队协作精神。在团队协作精神的作用下，我们互相支持、互相配合，顾全大局，明确工作任务和共同目标，在工作中积极主动协助组员做好各项事务，充分理解团结协作是一切事业成功的基础，以发挥协作力量，从而得到 1＋1 大于 2 的效果。

五、自动变速器的类型

不同车型所装用的自动变速器在型式、结构上往往有很大的差异，常见的分类方法和类型如下。

自动变速器
的类型

1. 按变速方式分类

汽车自动变速器按变速方式的不同，分为有级变速器和无级变速器两种。

有级变速器是具有几个有限的定值传动比（一般有 4～9 个前进挡和一个倒挡）的变速器；无级变速器是能使传动比在一定范围内连续变化的变速器，无级变速器目前在汽车上的应用越来越多。

2. 按汽车驱动方式分类

自动变速器按照汽车驱动方式的不同，分为后轮驱动自动变速器和前轮驱动自动变速器两种，这两种自动变速器在结构和布置上有很大的不同。

后轮驱动自动变速器的变矩器和齿轮变速器的输入轴及输出轴在同一轴线上，这种发动机前置、后轮驱动的布置型式，其发动机和自动变速器都是纵置的，因此轴向尺寸较大，在小型客车上布置比较困难。后轮驱动自动变速器的结构如图 2－1－7 所示。

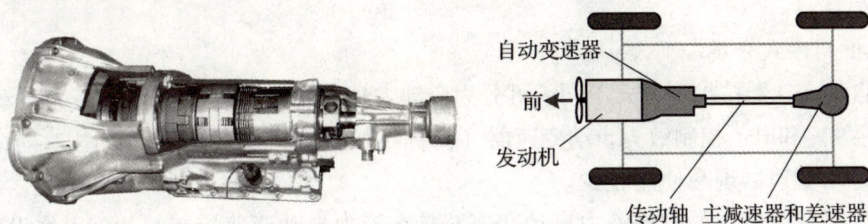

图 2－1－7　后轮驱动自动变速器的结构

前轮驱动自动变速器在自动变速器壳体内还装有主减速器和差速器，这种带有自动变速器的驱动桥又称为自动变速驱动桥。在乘用车应用较多的横置发动机前轮驱动自动变速器中，由于汽车横向尺寸的限制，因此通常将输入轴和输出轴设计成两个轴线的方式，如图 2－1－8 所示。

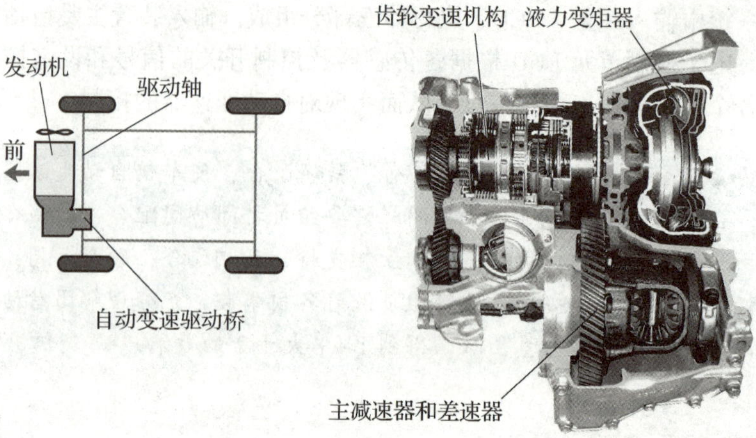

图2-1-8　前轮驱动自动变速器

3. 按自动变速器前进挡的挡位数不同分类

自动变速器按前进挡的挡位数不同，可分为4个前进挡、5个前进挡和6个前进挡等，甚至有些自动变速器还有8个及更多个前进挡的。现在轿车装用的自动变速器大多设有超速挡，从而大大提高了汽车的燃油经济性。

4. 按齿轮变速器的类型分类

自动变速器按齿轮变速器的类型不同，可分为普通齿轮式和行星齿轮式两种。普通齿轮式自动变速器体积较大，最大传动比较小，只有少数几种车型使用，如本田ACCORD轿车。行星齿轮式自动变速器结构紧凑，能获得较大的传动比，为绝大多数轿车所采用。

5. 按变矩器的类型分类

自动变速器基本上都是采用结构简单的单级三元件综合式液力变矩器，这种变矩器分为有锁止离合器和无锁止离合器两种。目前自动变速器大多采用带锁止离合器的变矩器，这样当汽车达到一定车速时，控制系统使锁止离合器接合，液力变矩器输入部分和输出部分连成一体，发动机动力以机械传递的方式直接传入齿轮变速器，从而提高了传动效率，降低了汽车的燃油消耗量。

6. 按控制方式分类

液力自动变速器按控制方式不同，可分为全液力控制自动变速器（简称液力自动变速器，见图2-1-9）和电子控制液力自动变速器（简称电控液力自动变速器，见图2-1-10）两种，液力自动变速器现在使用较少。

现代汽车普遍采用的电控液力自动变速器是在液力自动变速控制的基础上增设电子控制系统而形成的。传感器与开关检测汽车和发动机的运行状态以及驾驶员的驾驶意图，并将所检测的信息转换成电信号输入到ECU。ECU经过计算和比较处理后，根据预先编制的换挡程序，确定并输出换挡指令，并通过电磁阀控制换挡阀，使其打开或关闭通往换挡离合器和制动器的油路，从而控制换挡时刻和挡位的变换，以实现自动变速。其工作过程如图2-1-11所示。

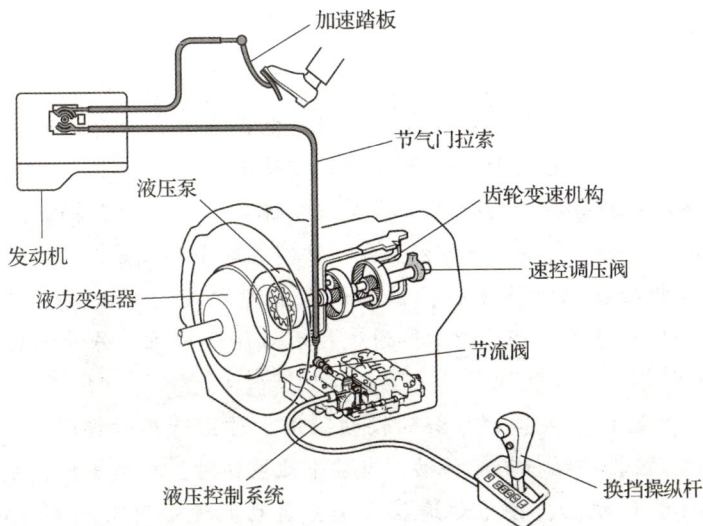

图 2－1－9　全液力控制自动变速器

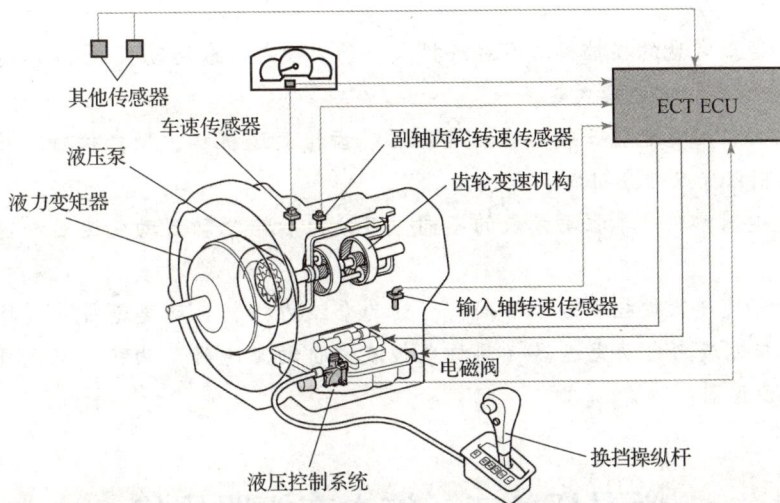

图 2－1－10　电控液力自动变速器

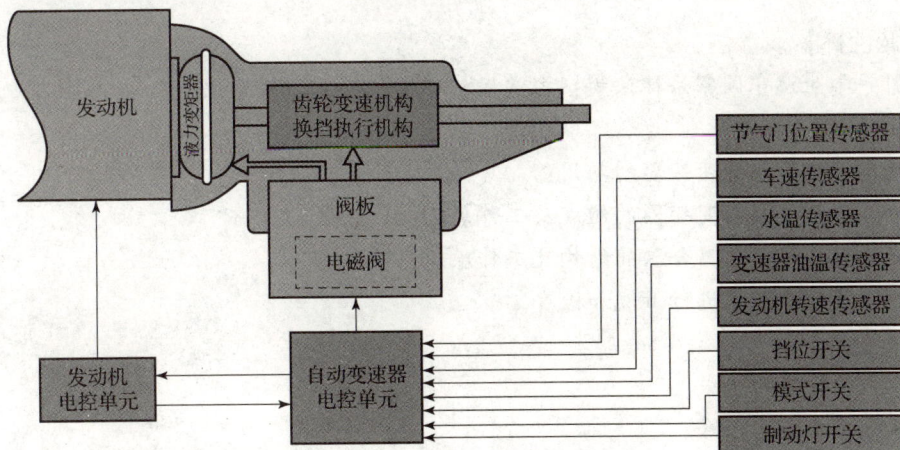

图 2－1－11　电子控制自动变速器的控制过程

任务小结

1. 汽车自动变速器常见的有四种型式，分别是电控液力自动变速器 ECT、电控机械式自动变速器 AMT、无级变速器 CVT 和双离合自动变速器 DCT。

2. 自动变速器换挡操纵杆分为传统机械式操纵杆和电子式操纵杆。传统机械式操纵杆有直排式和阶梯式等，电子式操纵杆有旋钮式、按键式和手柄式等。

3. 自动变速器换挡操纵杆下方的挡位标识有多种方式，如 P、R、N、D；P、R、N、D、M，等等。在操纵杆旁边的挡位指示器通过指示灯显示挡位，另外仪表板上也会用图形等方式显示所选择的挡位。

4. 有些自动变速器设有换挡锁止解除按钮，用于防止行车时误触碰换挡杆造成脱挡。当未按下此按钮时，换挡操纵杆不能移动；当按下此按钮时，换挡操纵杆才可以移动。

5. 当变速器处于 D 位时，按下超速挡开关，自动变速器可升至超速挡，仪表板上的 O/D OFF 指示灯熄灭；再按下超速挡开关，开关关闭，则不能升至超速挡，O/D OFF 指示灯亮起。

6. 自动变速器常见的换挡模式有经济模式、动力模式（或运动模式）、普通模式（或常规模式）、手动模式和雪地模式等。

7. 电控液力自动变速器一般由液力变矩器、齿轮变速机构、换挡执行机构、液压控制系统和电子控制系统五部分组成。

8. 自动变速器按照汽车驱动方式的不同，可分为后轮驱动自动变速器和前轮驱动自动变速器两种。

9. 液力自动变速器按控制方式不同，可分为全液力控制自动变速器（简称液力自动变速器）和电子控制液力自动变速器（简称电控液力自动变速器）两种。现代汽车普遍采用电控液力自动变速器。

学习任务二　液力变矩器检修

【思政目标】
● 引导学生遵守国家法律法规，自觉保护环境，树立环保意识。

【任务目标】
● 能正确讲述液力变矩器的功用；
● 能正确描述液力变矩器的组成及工作原理；
● 能正确描述锁止离合器的结构及工作原理；
● 会对液力变矩器进行清洗和检查。

【学习重点】
● 液力变矩器的组成；
● 液力变矩器的检修。

任务导入

一辆 2015 款英朗轿车，搭载 6 挡自动变速器，行驶里程 53 220 km，据客户反映，汽车车速在 30~50 km/h 以下时，会感觉到加速无力，但随着车速上升，过了低速区后加速性能又恢复良好。初步分析怀疑是液力变矩器内部的故障导致，下面请你对客户轿车的液力变速器进行检修。

知识准备

液力变矩器安装在自动变速器的输入端，壳体用螺栓固定在发动机的飞轮上，以自动变速器油（ATF）为工作介质，它的功用主要如下：

（1）传递扭矩。发动机的扭矩通过液力变矩器的主动元件，通过 ATF 传给液力变矩器的从动元件，最后传给液力自动变速器。

（2）无级变速。根据工况的不同，液力变矩器可以在一定范围内实现转速和扭矩的无级变化。

（3）自动离合器。液力变矩器由于采用 ATF 传递动力，当踩下制动踏板时，发动机不会熄火，此时相当于离合器分离；当抬起制动踏板时，汽车可以起步，此时相当于离合器接合。

（4）驱动液压泵。ATF 在工作时需要液压泵提供一定的压力，而液压泵是由液力变矩器壳体驱动的（即发动机直接驱动）。同时，由于采用 ATF 传递动力，故液力变矩器的动力柔和，且能防止传动系统过载。

一、液力变矩器的结构

液力变矩器由泵轮、涡轮和导轮三个基本元件以及单向离合器、锁止离合器等组成。如图 2-2-1 所示，一般变矩器壳焊接成不可拆分的整体，三个基本元件装在这个封闭的壳体内，称为变矩器总成。

液力变矩器
的结构

前盖　锁止离合器片　减震器　涡轮　带单向离合器的导轮　推力轴承　泵轮

图 2-2-1　液力变矩器结构

1. 泵轮

泵轮是变矩器的主动部件，泵轮与变矩器壳体连成一体，其内部径向装有许多扭曲的叶片，叶片内缘则装有让变矩器油液平滑流过的导向环，如图2-2-2所示。变矩器壳体与曲轴后端的驱动盘相连接，并在曲轴的带动下旋转。泵轮在旋转时带动变矩器里面的油液一起旋转。由于油液的离心力而产生泵油作用，从而将发动机的动力转化为油液的动能，并使油液在泵轮内沿着叶片约束的方向流出并冲向涡轮。因此，泵轮是变矩器的输入装置，且总是以发动机曲轴的转速转动。

图2-2-2 泵轮结构

2. 涡轮

涡轮是变矩器的从动部件，同样也是由若干曲面叶片组成的，如图2-2-3所示。但涡轮叶片的扭曲方向与泵轮叶片的扭曲方向相反。涡轮中心有花键孔与变速器输入轴相连，所以也叫输出部件。涡轮被来自泵轮带有动能的油液驱动，并且总是以它特有的速度转动。

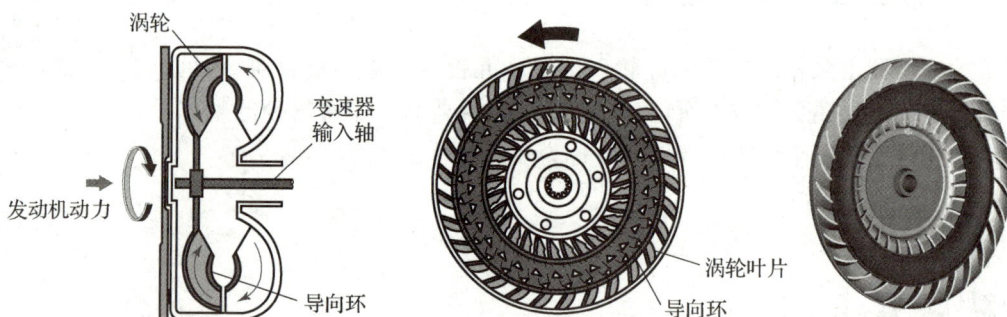

图2-2-3 涡轮结构

3. 导轮

导轮位于泵轮与涡轮之间，通过单向离合器安装在导轮轴上，如图2-2-4所示。导轮轴从变速器壳前端伸出，并固定在变速器壳体上。导轮是一个起引导的轮子，它是变矩器的反作用力零件。导轮与泵轮或涡轮之间没有机械连接，而是被安装在涡轮的出油口与泵轮的进油口之间。导轮引导改变了涡轮流出的液流方向并使其返回到泵轮，液流的方向与发动机的旋转方向一致，液流冲击到泵轮叶片的背面上，因此促进了泵轮的转动，这也是液力变矩器可以"变矩"的原因。

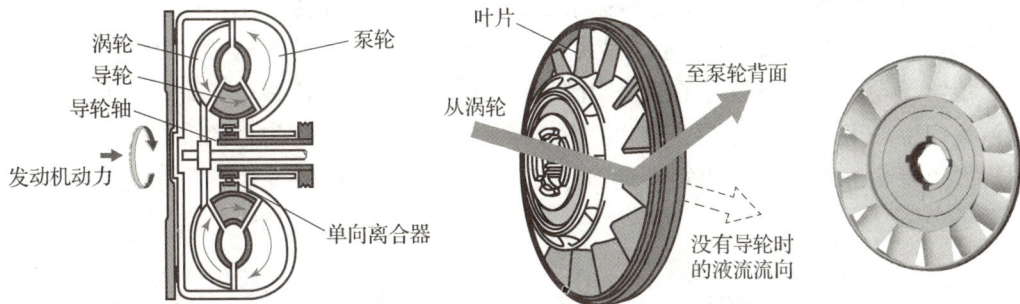

图 2-2-4　导轮结构

4. 单向离合器

单向离合器可使导轮以与发动机曲轴相同的方向转动。如果导轮要以相反方向转动，则单向离合器将导轮锁止，使其无法朝相反方向转动。所以导轮是转动还是被锁止，取决于自动变速器油冲击叶片的方向。导轮单向离合器锁止功能如图 2-2-5 所示。

图 2-2-5　导轮单向离合器锁止功能

二、液力变矩器的工作原理

液力变速器能够改变扭矩，关键在于增加了一个导轮，液流从涡轮出来后流向导轮，再到泵轮。其液流的流动方向如图 2-2-6 所示。

图 2-2-6　液力变速器液流流向

车辆起步或低速行驶时，涡轮转速很低，经涡轮流向导轮的液压油作用在导轮叶片的正面（凹面），如图2-2-7所示，液流的方向被导轮叶片改变，改变了方向的液流作用一个扭矩给导轮。单向离合器在此作用下单向锁止，于是导轮静止不动。因此，导轮将通过液流产生一个反作用扭矩，这个扭矩起到了帮助转动涡轮的作用。显然此时涡轮上的扭矩大于泵轮上的扭矩，变矩器起到了增扭的作用，可以使变矩器的输出扭矩提高两倍甚至更多。

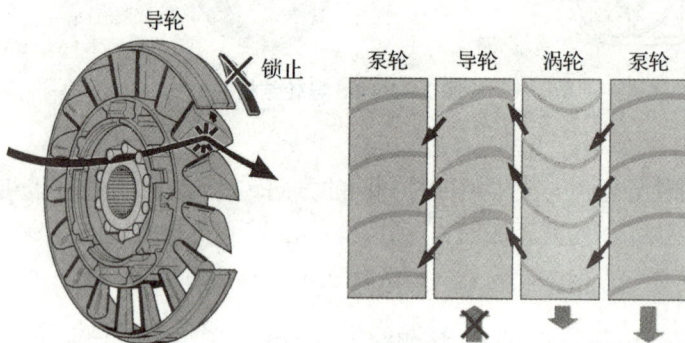

图2-2-7　油液在液力变矩器中的流向（导轮锁止）

当涡轮转速逐渐增加时，液流从涡轮叶片流向导轮叶片的方向也在逐渐发生改变，从涡轮流向导轮的液流逐步靠近导轮叶片的出口方向，液流作用在导轮上的扭矩逐渐减小，导轮产生的反作用扭矩也减小，因而涡轮输出的扭矩也减小。当涡轮和泵轮转速之比达到$0.8 \sim 0.85$时，液流从涡轮正好沿导轮叶片的出口方向流出，液流经导轮流动方向不改变，导轮的反作用扭矩为零，涡轮扭矩与泵轮的扭矩相等，此时变矩器只传递扭矩而不增大扭矩。如图2-2-8所示。

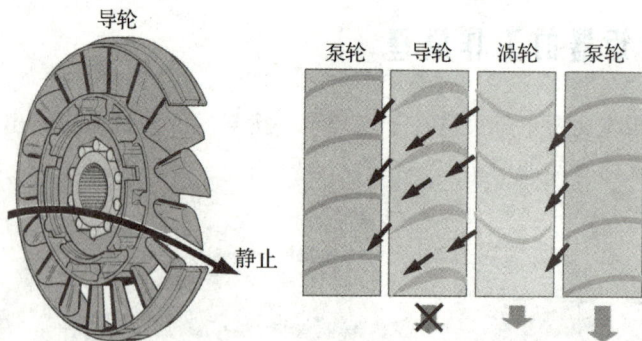

图2-2-8　油液在液力变矩器中的流向（导轮不动）

当涡轮转速继续增加时，从涡轮流向导轮的液流作用在导轮叶片的背面（凸面），如图2-2-9所示。由于单向离合器在这个方向没有锁止作用，于是导轮在液流的冲击作用下自由转动，此时液压油只受到泵轮和涡轮的反作用力矩的作用，变矩器不能起增扭作用。

当涡轮转速增加到与泵轮转速相等时，油液的循环流动停止，变矩器不能传递动力。

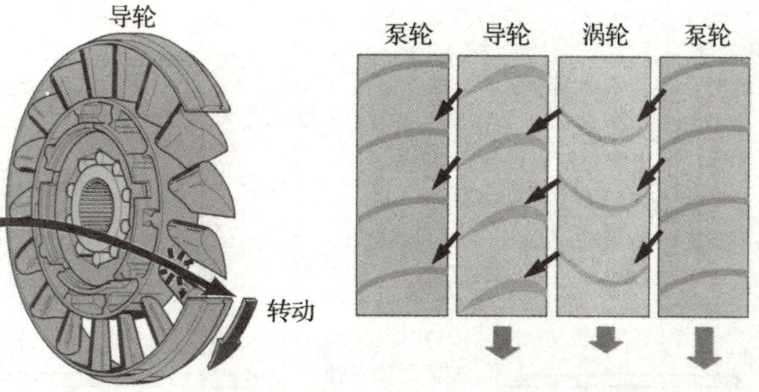

图 2 – 2 – 9　油液在液力变矩器中的流向（导轮转动）

三、锁止离合器

锁止离合器简称 TCC（Torque Converter Clutch），其可以将泵轮和涡轮直接连接起来，即将发动机与机械变速器直接连接起来，实现直接挡传动，提高液力变矩器的传动效率，从而提高汽车的燃油经济性。

如图 2 – 2 – 10 所示，锁止离合器的主动盘即为变矩器壳体，从动盘是一个可做轴向移动的压盘，它通过花键套与涡轮连接。压盘靠涡轮一侧的液压油与变矩器泵轮、涡轮中的液压油相通，保持一定的油压；压盘与变矩器壳体之间的液压油通过变矩器输出轴中间的控制油道与阀体总成上的锁止离合器控制阀相通。在电控液力自动变速器中，锁止离合器控制阀由自动变速器 ECU 通过锁止离合器电磁阀来控制。

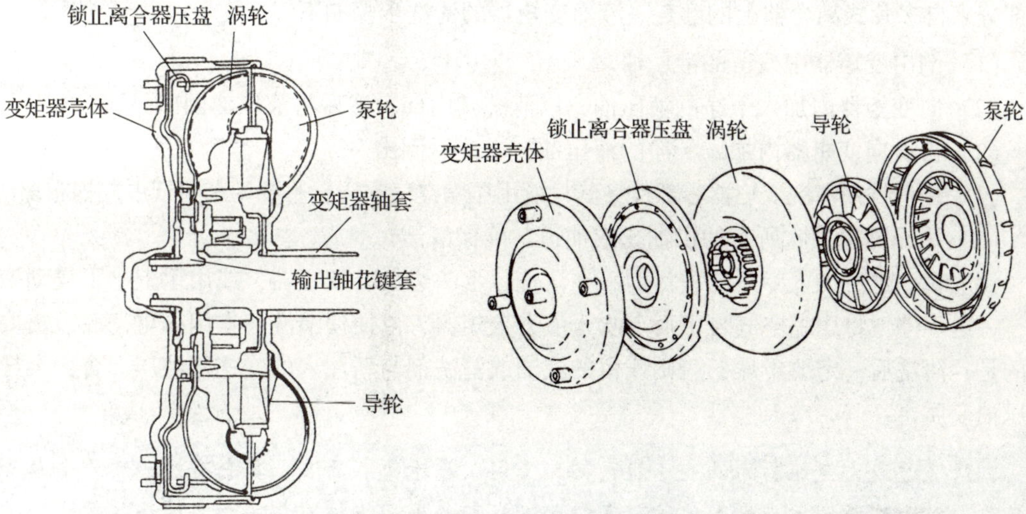

图 2 – 2 – 10　带锁止离合器的液力变矩器

如图 2 – 2 – 11 所示，当车辆低速行驶时，油液流至锁止离合器片（锁止离合器压盘）的前端，锁止离合器片前端与后端的压力相同，使锁止离合器分离。当车辆中高速（通常 50 km/h 以上）行驶时，油液流至锁止离合器的后端，同时前端油液泄压，锁止离合器片后端油压大于前端，锁止离合器压紧在前盖上，使锁止离合器片与壳体一起转动，传动效率为 100%。

锁止离合器片　涡轮　泵轮
壳体　导轮
变速器输入轴

（a）　　　　　　　　（b）

图 2－2－11　锁止离合器的分离和接合
（a）分离；（b）接合

任务实施

液力变矩器外壳都是采用焊接式的整体结构，不可分解。液力变矩器内部除了导轮的单向离合器和锁止离合器压盘之外，没有互相接触的零件，因此在使用中基本上不会出现故障。液力变矩器的维修工作主要有清洗和检查。

一、液力变矩器的清洗

自动变速器油的污染多表现为在油中可见到金属粉末，这些金属粉末大部分来自多片式离合器上的磨耗。液力变矩器的清洗步骤如下：

（1）倒出变矩器中残留的液压油。

（2）向变矩器内加入干净的液压油，以清洗其内部，然后将液压油倒出。

（3）再次向变矩器内加入干净的液压油，清洗后倒出。

（4）用清洗剂清洗变矩器零部件，其只能用压缩空气吹干，不要用车间纸巾或棉布擦干。

（5）用压缩空气吹所有的供油孔或油道，确保清洁。

清洗时，也可加入专用的去污剂，在清洗台上一边旋转变矩器，或用手上、下晃动变矩器，一边不停地将压缩空气自下而上吹入液力变矩器，以便使清洗液作用得更彻底。需要注意的是，清洗后一定要干燥，否则残留的汽油或清洗剂与新注入的变速器液压混合，会导致液压油变质。

液力变矩器
的检修

清洗过液力变矩器的油液不能再循环使用，属于废弃油液，其含有废酸、重金属等物质，对于环境的污染和人体的危害极大，我们必须严格按照相关的法律法规要求，按危险化学品规定处理废弃油液，不能随意丢弃。对废弃油液应进行全面管理，与一般固体废弃物和可回收废弃物分类存放，指定具有资质的机构进行处理，使废弃油液更好地回收，最大限度地控制废弃油液对环境产生的影响。我们要树立环保意识，懂得"绿水青山"就是"金山银山"的道理，培养自身的社会责任感，讲原则，守底线，遵章办事。

二、液力变矩器的检查

（1）检查液力变矩器外部有无损坏和裂纹、轴套外径有无磨损、驱动液压泵的轴套缺口有无损伤，如有异常，则应更换液力变矩器。

（2）单向离合器检查。将液力变矩器放置在平整干净的工作台面上，将单向离合器内座圈驱动杆和外座圈固定器（专用工具）插入单向离合器的内圈。安装专用工具到变矩器轴套的缺口和单向离合器的另一座圈中。将液力变矩器侧立，逆时针转动专用工具时离合器应锁止，顺时针转动时应自由转动，如图2-2-12所示。如有异常，则说明单向离合器损坏，应更换液力变矩器。

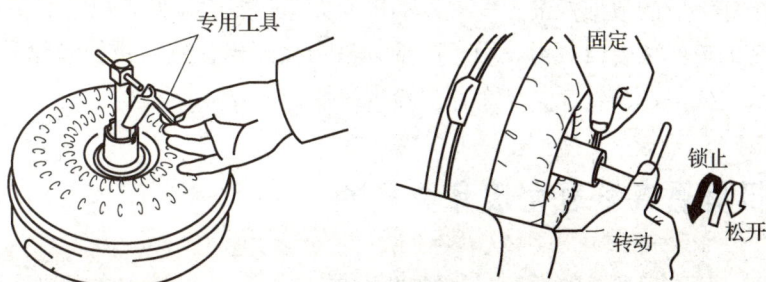

图2-2-12　单向离合器的检查

（3）测量液力变矩器轴套偏摆。暂时将液力变矩器装在传动板上，安装百分表，如图2-2-13所示。如偏摆超过0.30 mm，则可通过重新调整液力变矩器的安装方位进行校正，并在校正后的位置上作一个记号，以保证安装正确。若无法校正，则应更换液力变矩器。

图2-2-13　液力变矩器轴套偏摆量的检查

（4）检查液力变矩器的安装情况。用卡尺和直尺测量液力变矩器安装面至自动变速器壳体正面的距离，若距离小于标准值，则应检查是否由于安装不当所致。

案例分析

一、别克英朗加速不良现象

故障现象：一辆2015款英朗轿车，搭载6挡自动变速器，行驶里程53 220 km，据客户反映，汽车车速在 30 ~ 50 km/h 以下时会感觉到加速无力，但随着车速上升，过了低速区后加速性能又恢复良好。

故障诊断与排除：通过对故障现象进行初步分析，怀疑可能是液力变矩器内部故障导致。液力变矩器能够实现低速增扭，依靠导轮改变液流方向，液力变矩器内支承导轮的单向离合器打滑后，导轮没有了单向离合器的支承，在增扭工况时无法改变液流的方向。这样经导轮返回的液流流向和泵轮旋转方向相反，发动机需克服反向液流带来的附加载荷，于是液力变矩器变成了液力偶合器，低速增扭变成了低速降扭，所以汽车在低速区（变矩器增加扭矩工况区域）加速不良。

为了进一步验证，将发动机暖机，使用车轮挡块将四个车轮锁死，拉紧驻车制动器，用脚踩住制动踏板，认真观察发动机转速表。将加速踏板完全踩到底，记录发动机的失速转速。通过查阅维修手册的数据标准，发现发动机的失速转速明显低于规定值，这说明液力变矩器内支承导轮的单向离合器打滑。用车床剖开液力变矩器，然后更换导轮和单向离合器，再重新焊接好液力变矩器的外壳，试车，故障现象消失，故障排除。

二、本田奥德赛车速无法升高故障

故障现象：一辆本田奥德赛轿车，行驶里程约 11.3 万 km，该车在行驶过程中，当发动机转速较高时，车速无法继续提高，最高时速只能达到 85 km/h。

故障诊断与排除：初步分析导致发动机功率受限的原因可能是液力变矩器内部元件磨损过度。将发动机停放在平坦的场地上，用车轮挡块将四个车轮固定，使用失速试验的方法进行测试。在 D 位与 R 位时，失速转速均为 1 650 r/min，与维修手册中的标准数据相比，转速明显偏低（标准为 2 100 r/min，维修极限为 1 950 ~ 2 250 r/min）。进一步验证之前的推断，拆下液力变矩器，并倒出其中残留的液压油，发现有金属铁屑，说明内部严重磨损。认真检查发现液力变矩器轴套有磨损、驱动液压泵的轴套缺口有损伤，说明液力变矩器已经损坏。更换液力变矩器总成，并添加 ATF 到规定的位置后进行试车，故障排除。

任 务 小 结

1. 液力变矩器由泵轮、涡轮和导轮三个基本元件组成。

2. 泵轮是变矩器的输入装置，且总是以发动机曲轴的转速转动。涡轮是变矩器的从动部件；导轮位于泵轮与涡轮之间，通过单向离合器安装在导轮轴上。

3. 液力变速器能够改变扭矩，关键在于增加了一个导轮，液流从涡轮出来后流向导轮，再到泵轮。

4. 绝大多数自动变速器中采用了带锁止离合器的液力变矩器，使变矩器输入轴与输出轴刚性连接，增大传动效率。锁止离合器最终由自动变速器 ECU 通过锁止电磁阀来控制。

5. 液力变矩器的维修工作主要有清洗和检查。

学习任务三 机械传动部分检修

【思政目标】
- 培养学生立足本职岗位，兢兢业业、脚踏实地的职业态度；
- 引导学生合理运用辩证法去看待事物的两面性；
- 引导学生开拓创新思路，依靠创新、创造解决问题，提高工作能力；
- 引导学生树立劳动意识、环保意识、节约意识、安全意识，锤炼工匠精神。

【任务目标】
- 能正确描述单排单级和单排双级行星齿轮机构的组成及传动原理；
- 能正确描述离合器、制动器和单向离合器的结构及工作原理；
- 能正确描述辛普森式、改进辛普森式行星齿轮变速器的结构及挡位分析；
- 能正确描述拉维娜式行星齿轮变速器的结构及挡位分析；
- 能正确描述六挡行星齿轮变速器的结构；
- 会检修行星齿轮机构和换挡执行机构。

【学习重点】
- 单排行星齿轮机构的传动原理；
- 多排行星齿轮变速器的结构及挡位分析；
- 行星齿轮机构和换挡执行元件的检修。

任务导入

一辆 2008 款一汽大众高尔夫 1.8T 轿车，配备 09G 手自一体变速器，行驶里程 16 万 km，该车变速器无法进入 4 挡。读取故障码，为 P0734，含义为 4 挡传动比错误（偶发）。经路试发现车辆在车速为 50～60 km/h、3 挡升 4 挡时出现发动机空转现象，说明 4 挡离合器打滑。下面请你对客户轿车的自动变速器进行检修。

知识准备

发动机的动力经液力变矩器传至齿轮变速器，然后再输出至传动轴。与液力变矩器配合使用的齿轮变速器多采用行星齿轮变速器。

齿轮变速器的机械传动部分包括齿轮变速机构和换挡执行机构两部分，齿轮变速机构的作用是改变传动比和传动方向，即构成不同的传动比，以适应汽车不同的行驶环境；换挡执行机构的作用是实现挡位的变换。

一、齿轮变速机构

自动变速器中采用的齿轮变速机构有定轴式齿轮机构和行星齿轮机构两种。

在传递同样功率的条件下，行星齿轮机构可以大大减小变速机构的尺寸和重量，并可以实现同向、同轴的减速传动，且在变速过程中动力不间断，加速性好，工作可靠。因此目前绝大多数汽车自动变速器中的齿轮变速机构采用行星齿轮机构，只有少数车型采用定轴式齿轮机构。

行星齿轮机构包括单排单级行星齿轮机构和单排双级行星齿轮机构两种。

1. 单排单级行星齿轮机构

1）单排单级行星齿轮的结构

单排单级行星齿轮机构是自动变速器齿轮传动的基础，其由一个太阳轮、一个齿圈、一个行星架和支承在行星架上的几个行星齿轮组成，称为一个行星排，如图 2-3-1 所示。通常行星齿轮的个数取决于变速器的设计负荷，一般有 3~6 个，均匀或对称布置。行星齿轮由行星架的固定轴支承，行星齿轮可在支承轴上转动，称为行星齿轮的自转，同时行星齿轮又能绕太阳轮公转。行星齿轮和相邻的太阳轮、齿圈总是处于常啮合状态。

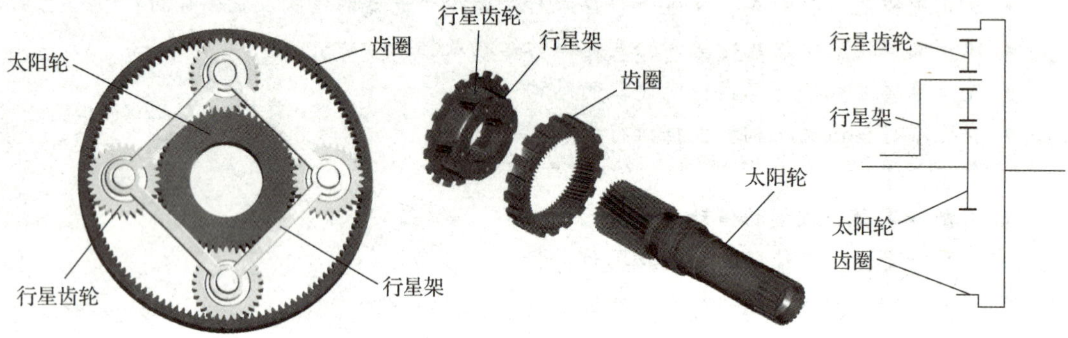

（a）

（b）

图 2-3-1　行星齿轮机构

（a）结构；（b）结构简图

太阳轮、齿圈和行星架为行星齿轮机构的三个基本元件，行星齿轮机构轴向尺寸小、结构紧凑、工艺要求低，因此广泛采用。

2）单排单级行星齿轮的传动原理

设太阳轮的齿数为 Z_1，齿圈的齿数为 Z_2，令 $Z_2/Z_1 = \alpha$，并设太阳轮的转速为 n_1、齿圈的转速为 n_2、行星架的转速为 n_3，则单排单级行星齿轮机构的运动方程为

$$n_1 + \alpha n_2 - (1 + \alpha) n_3 = 0$$

由上式可见，单排单级行星齿轮机构有两个自由度，因此它没有固定的传动比，不能直接用于变速传动。为了组成具有一定传动比的传动机构，必须将太阳轮、齿圈和行星架这三个基本元件中的一个加以固定（即使其转速为 0，也称为制动），或使其运动受到一定的约束（即让该元件以某一固定的转速旋转），或将某两个基本元件互相连接在一起（即两者转速相同），使行星排变为只有一个自由度的机构，获得确定的传动比。

（1）齿圈固定。

①若太阳轮为主动件，行星架为从动件，按上述运动方程式计算，可得传动比为

$$i = n_1 / n_3 = 1 + \alpha > 1$$

从动件行星架的旋转方向与主动件同向，且是减速传动。

②若行星架为主动件，太阳轮为从动件，则传动比为

$$i = n_3/n_1 = 1/(1+\alpha) < 1$$

从动件太阳轮的旋转方向与主动件同向，且是增速传动。

（2）太阳轮固定。

①若齿圈为主动件，行星架为从动件，则传动比为

$$i = n_2/n_3 = (1+\alpha)/\alpha > 1$$

从动件行星架的旋转方向与主动件同向，且是减速传动。

②若行星架为主动件，齿圈为从动件，则传动比为

$$i = n_3/n_2 = \alpha/(1+\alpha) < 1$$

从动件齿圈的旋转方向与主动件同向，且是增速传动。

（3）行星架固定。

①若太阳轮为主动件，齿圈为从动件，则传动比为

$$i = n_1/n_2 = -\alpha < 0 \text{（其绝对值大于1）}$$

从动件齿圈的旋转方向与主动件反向，且是减速传动。

②若齿圈为主动件，太阳轮为从动件，则传动比为

$$i = n_2/n_1 = -1/\alpha < 0 \text{（其绝对值小于1）}$$

从动件太阳轮的旋转方向与主动件反向，且是增速传动。

（4）不固定任何元件。

太阳轮、行星架和齿圈三个元件都不固定，且也无任何两个元件联锁成一体，各元件都可做自由转动，机构不能传递动力，而得到空挡。

（5）连接三元件中的任意两个元件。

当太阳轮、行星架和齿圈三个元件中的任意两个连接成一体时，第三个元件的转速必然与前二者的转速相等，该行星齿轮中的所有元件之间都无相对运动，整个行星齿轮机构成为一个整体旋转，得到直接挡传动。

将以上单排单级行星齿轮机构的传动规律进行归纳，见表2-3-1。

表2-3-1　单排单级行星齿轮机构的传动规律

序号	主动件	从动件	固定件	传动比	输出转速	扭矩	相当传动挡
1	太阳轮	行星架	齿圈	$1+\alpha > 1$	下降	增大	一挡
2	行星架	太阳轮	齿圈	$0 < 1/(1+\alpha) < 1$	上升	减小	
3	齿圈	行星架	太阳轮	$(1+\alpha)/\alpha > 1$	下降	增大	二挡
4	行星架	齿圈	太阳轮	$0 < \alpha/(1+\alpha) < 1$	上升	减小	超速挡
5	太阳轮	齿圈	行星架	$-\alpha < 0$	下降	增大	倒挡
6	齿圈	太阳轮	行星架	$-1/\alpha < 0$	上升	减小	
7	任意两个连成一体			1	相等	相等	直接挡
8	既无元件制动，又无任意两元件连成一体			自由转动			空挡

行星齿轮机构的三个基本元件通过不同的组合方式，来实现不同的传动比，它们各司其职，齐心协力，保证动力平稳输出。无论我们在什么岗位，都要立足本职岗位，兢兢业业地做好工作，以高起点、高标准开展各项工作，遇到险阻不退缩，获得成就不骄傲，遇到委曲不抱怨，面对困难我为先，从小事做起，脚踏实地，一步一个脚印，以高度的责任感保质保量地完成工作。

2. 单排双级行星齿轮机构

1）单排双级行星齿轮的结构

单排双级行星齿轮机构由太阳轮、齿圈及装有两组行星齿轮的行星架等组成，如图 2 - 3 - 2 所示，基本元件也是三个，为太阳轮、齿圈和行星架。

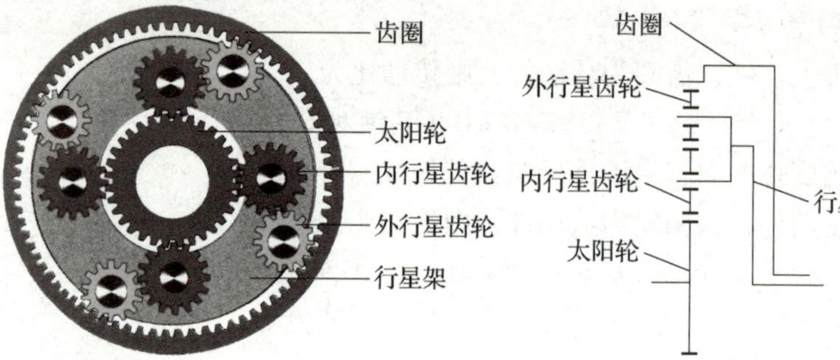

图 2 - 3 - 2　单排双级行星齿轮机构

由内、外两组行星齿轮构成的双行星齿轮式行星齿轮机构，在传动中改变了原来的主从动旋转方向。

2）单排双级行星齿轮的传动原理

设太阳轮的齿数为 Z_1，齿圈的齿数为 Z_2，令 $Z_2/Z_1 = \alpha$，并设太阳轮的转速为 n_1、齿圈的转速为 n_2、行星架的转速为 n_3，则单排双级行星齿轮机构的运动方程为

$$n_1 - \alpha n_2 - (1 - \alpha) n_3 = 0$$

对双级行星齿轮机构的传动比进行分析，可得到表 2 - 3 - 2。

表 2 - 3 - 2　单排双级行星齿轮机构的运动规律

序号	主动件	从动件	固定件	传动比	备注
1	太阳轮	行星架	齿圈	$1 - \alpha$	增速反向
2	行星架	太阳轮	齿圈	$1/(1 - \alpha)$	减速反向
3	齿圈	行星架	太阳轮	$1 - 1/\alpha$	增速同向
4	行星架	齿圈	太阳轮	$\alpha/(\alpha - 1)$	减速同向
5	太阳轮	齿圈	行星架	α	减速同向
6	齿圈	太阳轮	行星架	$1/\alpha$	增速同向
7	任意两个连成一体			1	直接传动
8	既无元件制动，又无任意两元件连成一体			自由转动	不传递动力

3. 组合式行星齿轮机构

尽管单排行星齿轮机构能够提供八种不同的传动比组合，但其中的很多传动比在实际车辆上是不适用的，而且采用单排行星齿轮机构来实现变速，需要频繁变换其中的主动件、从动件或固定件，这对于零部件布置及换挡控制都是很不方便的，因此在实际车辆上一般都采用两个或两个以上的行星排组合来提供变速所需的传动比。

现代汽车电控液力自动变速器上使用的多排行星齿轮机构，常用的组合方式有辛普森（Simpson）式行星齿轮机构和拉维娜（Ravigneaux）式行星齿轮机构两种。

二、换挡执行机构

行星齿轮变速机构中的所有齿轮都处于常啮合状态，挡位变化必须以不同方式对行星齿轮机构的基本元件进行约束（即固定或连接某些基本元件），这样能使该机构具有不同的传动比，从而组成不同的挡位，也就是我们常说的换挡执行机构。

换挡执行机构 机构

换挡执行机构包括离合器、制动器和单向离合器。

1. 离合器

离合器起连接作用，是将行星齿轮变速器的输入轴与行星排中的某个基本元件连接，以传递动力，或将行星排的某两个基本元件连接在一起，使之成为一个整体。目前使用较多的是多片湿式离合器，由液压来控制其接合和分离。

（1）多片湿式离合器的结构。多片湿式离合器通常由离合器鼓、活塞总成、回位弹簧、钢片、摩擦片、花键毂及卡环等组成，如图2-3-3所示。

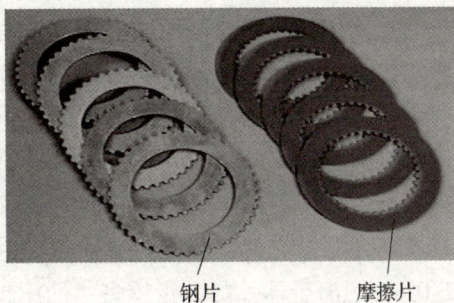

图2-3-3　多片湿式离合器的结构

离合器活塞总成包括活塞和密封圈，安装在离合器鼓内，和离合器鼓一起形成一个封闭的环状液压缸，并通过离合器内轴颈上的进油孔和控制油道相通。摩擦片和钢片交错排列，两者统称为离合器片，如图2-3-4所示。钢片的外花键齿安装在离合器鼓的内花键齿圈上，可沿齿圈键槽做轴向移动；摩擦片的内花键齿与花键毂的外花键齿连接，也可沿齿圈键槽做轴向移动。摩擦片的两面均为摩擦系数较大的铜基粉末冶金层或合成纤维层，而钢片表面则较光滑，没有摩擦材料。

图2-3-4　钢片和摩擦片

在这里我们是利用摩擦片的摩擦来传递动力的，但有时我们却不需要摩擦，例如发动机气缸和活塞，需要润滑油去减少摩擦。那么摩擦对于我们来说是好还是不好呢？其实，任何事物都有两面性，正所谓"水能载舟，亦能覆舟"，我们要充分利用它的积极一面，减少消极一面。因此我们要一分为二地看问题，即全面看待人或物，既要看到积极方面，也要看到消极方面。我们要用辩证法的眼光去看待世间万物，既要看到矛盾双方的对立和排斥，也要看到双方的联系和统一，以及在一定条件下的相互转化。

（2）离合器的工作原理。离合器工作原理如图 2 – 3 – 5 所示。离合器鼓或花键毂分别以一定的方式和变速器输入轴或行星排的某个基本元件相连接，一般离合器鼓为主动件，花键毂为从动件。当来自控制阀的液压油进入离合器液压缸时，作用在离合器活塞上的液压油的压力推动活塞，使之克服回位弹簧的弹力而移动，将所有的钢片和摩擦片相互压紧在一起，于是离合器处于接合状态，把离合器鼓和花键毂连接成一个整体，这样通过离合器把输入轴或行星排的基本元件也连接在了一起。

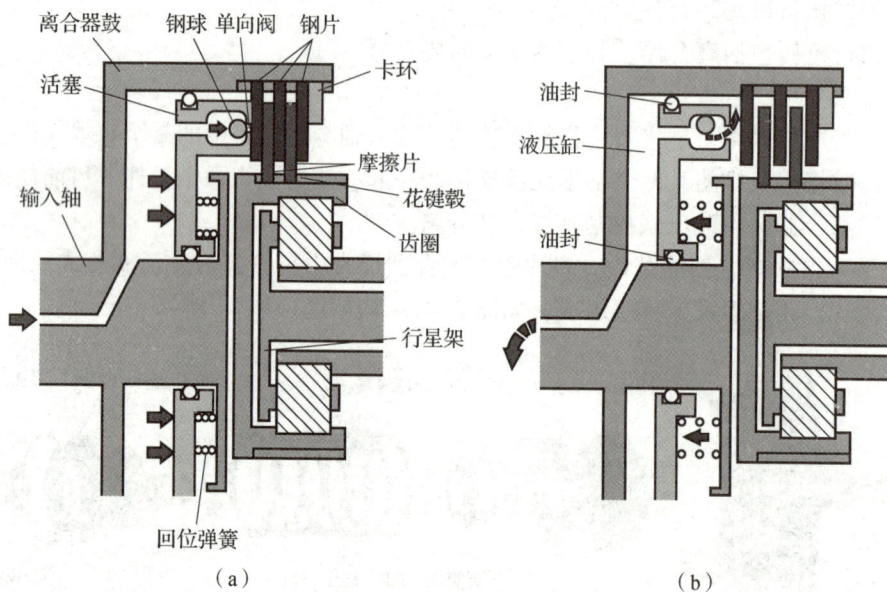

图 2 – 3 – 5　离合器工作原理

（a）接合；（b）分离

当作用在离合器液压缸内的液压油的压力解除后，离合器活塞在回位弹簧的作用下压回液压缸的底部，并将液压缸内的液压油从进油孔排出。此时钢片和摩擦片相互分离，两者之间无压力，离合器鼓和花键毂可以不同的转速旋转，离合器处于分离状态。此时，摩擦片和钢片之间有一定的轴向间隙，这一间隙称为离合器的自由间隙，其大小可以通过卡环的厚度来调整。离合器自由间隙标准的大小取决于离合器的片数和工作条件，通常离合器片数越多或该离合器的交替工作越频繁，其自由间隙就越大，一般离合器自由间隙的标准为 0.5 ~ 2.0 mm。离合器片的数量越多、油压越高，离合器传递负荷的能力也越大。

有些离合器的活塞和钢片之间安装有波形垫片，它具有一定的弹性，可以减缓离合器接合时的冲击。

（3）离合器中单向阀的作用。离合器液压缸液压油泄压时，多片离合器分离，但液压缸内仍会残留少量的液压油，由于离合器壳的高速旋转，残留的液压油在离心力的作用下会被甩向液压缸外缘，并在此处产生一定的油压，使离合器活塞不能彻底回位而处于半接合状态，导致摩擦片和钢片相互摩擦而产生磨损。为了解除液压缸内的残留液压油，在离合器上设置一个离心式单向阀，通过离心力把单向阀打开，使部分残留液压油迅速地从这里泄出，防止片间的拖滞现象发生。当液压油进入液压缸时，单向阀自行关闭，建立压力使离合器接合，如图2-3-5所示。

2. 制动器

制动器的作用是将行星排中的太阳轮、齿圈或行星架加以固定，使其不能旋转。

制动器有两种形式：一种是片式制动器，另一种是带式制动器。

（1）片式制动器。片式制动器由制动鼓、制动器活塞、回位弹簧、钢片、摩擦片及花键毂等部件组成的。它的工作原理和多片湿式离合器基本相同，但片式制动器的制动鼓（相当于离合器壳）固定在变速器壳体上，钢片通过外花键齿安装在固定于变速器壳体上的制动鼓内花键齿圈中，或直接安装在变速器壳体上的内花键齿圈中，摩擦片则通过内花键齿和花键毂上的外花键齿连接，如图2-3-6所示。

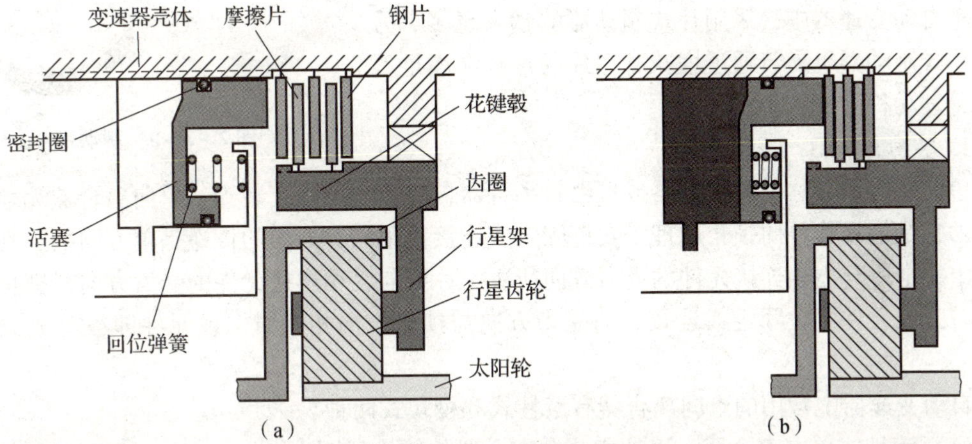

图2-3-6　片式制动器
(a) 不工作状态；(b) 制动状态

当制动器不工作时，钢片和摩擦片之间没有压力，花键毂可以自由旋转。当制动器工作时，来自控制阀的液压油进入制动器的液压缸中，油压作用在制动器活塞上，推动活塞将制动器摩擦片和钢片压紧在一起，与行星排某一基本元件连接的花键毂被固定而不能旋转。

（2）带式制动器。带式制动器是利用围绕在制动鼓周围的制动带收缩而产生制动效果的一种制动器。带式制动器由制动带、制动鼓、液压缸和活塞等组成，制动鼓与行星排的某一基本元件连接并随之一起转动，如图2-3-7所示。

制动带内表面为一层摩擦系数较高的摩擦材料，如图2-3-8所示，其一端支承在变速器壳体上的制动带支架或制动带调整螺钉上，另一端与液压缸活塞上的推杆相连接。

当液压缸不进液压油时，带式制动器不工作，制动带与鼓之间有一定的间隙。带式制动器工作时，液压油作用在活塞上，活塞克服弹簧力移动，通过机械联动装置使制动带箍紧制动鼓，行星齿轮机构某一元件也随之被固定。

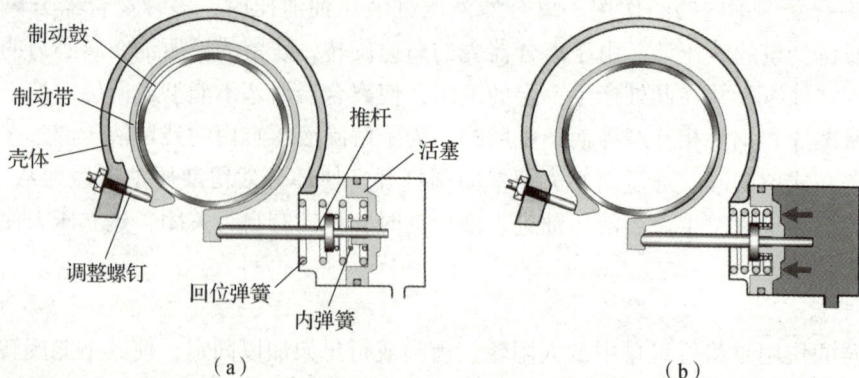

图 2 - 3 - 7　带式制动器
（a）不工作状态；（b）制动状态

带式制动器在工作过程中，制动带和制动鼓之间会有磨损，通过调整螺钉可以调整制动带和制动鼓之间的间隙。

片式制动器的工作平顺性优于带式制动器，近年来在轿车自动变速器中，采用片式制动器的越来越多。另外，片式制动器也易于通过增减摩擦片的片数来满足不同排量发动机的要求。

图 2 - 3 - 8　制动带

3. 单向离合器

单向离合器又称单向啮合器或自由轮离合器，它是一种固定装置。单向离合器无须控制机构，它是依靠其单向锁止原理来发挥固定或连接作用的，力矩的传递是单方向的，其连接和固定完全由与之相连接元件的受力方向所决定。当与之相连接元件的受力方向与锁止方向相同时，该元件即被固定或连接；当受力方向与锁止方向相反时，该元件即被释放或脱离连接。

自动变速器中常用的单向离合器有滚柱式和楔块式两种。

（1）滚柱式单向离合器。滚柱式单向离合器的结构如图 2 - 3 - 9 所示，由内环、外环、滚柱和弹簧等组成。内环通常用内花键与行星齿轮排的某个基本元件或者变速器壳体连接，外环则通过外花键与行星排的另一基本元件或者变速器外壳连接。在外环的内表面制有与滚柱相同数目的楔形槽，楔形槽内装有滚柱和弹簧，弹簧的弹力将各滚柱推向楔形槽较窄的一端。当外环相对于内环逆时针方向转动时，滚柱在摩擦力的作用下克服弹簧的弹力，滚向楔形槽较宽的一端，外环相对于内环可以做自由滑转，此时单向离合器处于自由状态。当外环相对于内环顺时针方向转动时，滚柱在摩擦力和弹簧弹力的作用下卡死在楔形较窄的一端，内、外环不能相对转动，单向离合器处于锁止状态。

单向离合器装配时不能装反，否则会改变其锁止方向，使行星齿轮变速器不能正常工作。

（2）楔块式单向离合器。如图 2 - 3 - 10 所示，楔块式单向离合器由内环、外环和介于其间的 8 字形的金属楔块组成。楔块在 A 方向的尺寸略大于内外环之间的距离 B，而在 C 方向上的尺寸则略小于 B。如果内环固定，则当外环逆时针方向旋转时，楔块在摩擦力的作用

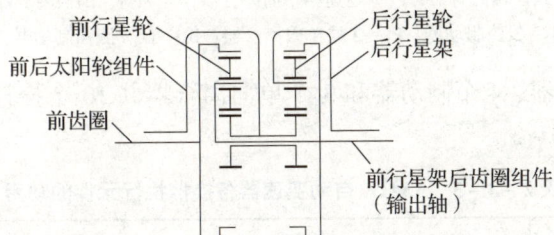

图 2 - 3 - 9 滚柱式单向离合器

下倾斜，脱离自锁状态，外环可以转动，此时单向离合器处于自由状态。当外环顺时针方向旋转时，楔块在摩擦力的作用下竖起，而被卡死在内外环之间，使外环无法转动，此时单向离合器处于锁止状态。

图 2 - 3 - 10 楔块式单向离合器

三、典型行星齿轮变速器

现代汽车电控液力自动变速器都是由两排或两排以上的行星齿轮机构组合而成的，组合方式有辛普森式和拉维娜式两种。行星齿轮变速器大多采用这两种典型的行星齿轮机构与其他齿轮机构组合而成。

1. 辛普森式行星齿轮变速器

辛普森式行星齿轮机构是由两个单排单级行星齿轮机构连接而成的，如图 2 - 3 - 11 所示，这是一个三速的行星齿轮机构，能提供 3 个前进挡和 1 个倒挡。

辛普森式行星齿轮变速器

图 2 - 3 - 11 辛普森式行星齿轮机构简图

辛普森式行星齿轮机构的结构特点：前、后两个太阳轮连成一体，即共用太阳轮，称为前后太阳轮组件；前行星架与后齿圈相连并作为输出轴；前齿圈和太阳轮通常作为输入轴。

这样，六个基本元件即变成四个基本元件。

辛普森式四挡行星齿轮变速器是在辛普森式三挡变速器的基础上发展起来的，它有两种类型：一种是在辛普森式三挡变速器原有的双排行星齿轮机构的基础上，再增加一个单排单级行星齿轮机构；另一种是对辛普森式双排行星齿轮机构进行改进，通过改变前后行星排各基本元件的组合方式和增加换挡执行元件，而成为四挡行星齿轮变速器。

1）丰田轿车 A341E 自动变速器的结构

丰田轿车 A341E 自动变速器采用的是三行星排辛普森式四挡行星齿轮机构，如图 2 - 3 - 12 所示，动力传递示意图如图 2 - 3 - 13 所示。它是在辛普森式三挡行星齿轮机构的基础上，增加一个单行星排和相应的换挡执行元件来产生的。这个增加的单行星排称为超速行星排，其行星架与变速器输入轴连接，齿圈与后面的双排辛普森行星齿轮机构连接。

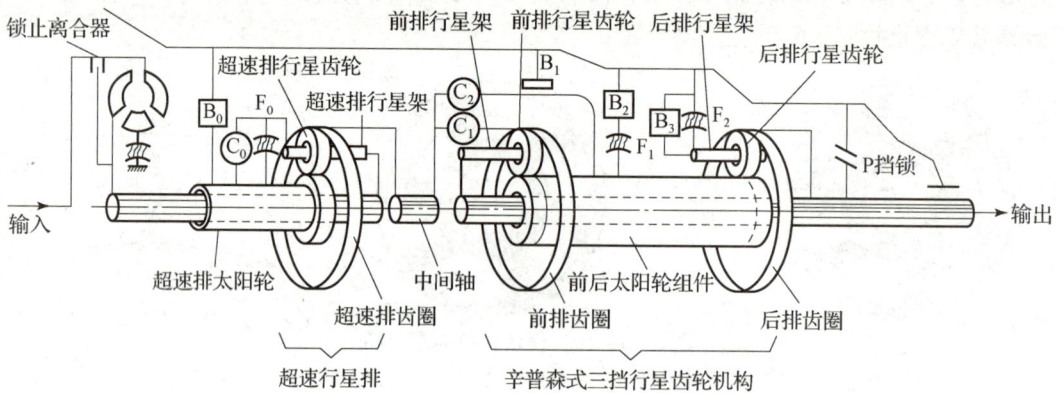

图 2 - 3 - 12　A341E 自动变速器传动示意图

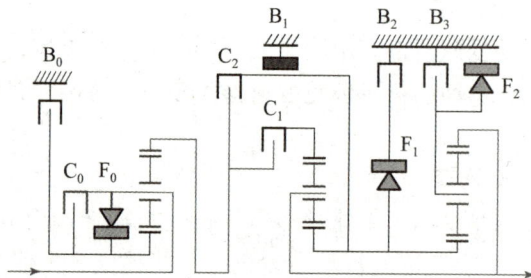

图 2 - 3 - 13　A341E 自动变速器动力传递示意图

B_0—超速挡制动器；C_0—超速挡离合器；F_0—超速挡单向离合器；C_2—高、倒挡离合器；B_1—2 挡强制制动器；
C_1—前进挡离合器；B_2—2 挡制动器；F_1—2 挡单向离合器；B_3—低、倒挡制动器；F_2—I 挡单向离合器

变速器有 3 个离合器、4 个制动器和 3 个单向离合器共 10 个换挡执行元件，各换挡执行元件的功用见表 2 - 3 - 3。

表 2 - 3 - 3　A341E 自动变速器各换挡执行元件的功用

换挡元件	功　用
超速挡离合器 C_0	连接超速行星排的太阳轮和行星架
前进挡离合器 C_1	连接前排齿圈和输入轴

续表

换挡元件	功　用
高、倒挡离合器 C_2	连接前、后太阳轮组件和输入轴
超速挡制动器 B_0	阻止超速排太阳轮转动
2 挡强制制动器 B_1	阻止前、后太阳轮组件转动
2 挡制动器 B_2	阻止单向离合器 F_1 的外圈转动
低、倒挡制动器 B_3	阻止后排行星架的转动
超速挡单向离合器 F_0	防止超速排行星架相对于超速排太阳轮转动
2 挡单向离合器 F_1	防止前、后太阳轮组件逆时针方向转动
1 挡单向离合器 F_2	防止后排行星架逆时针方向转动

2）各挡动力传递路线

A341E 自动变速器换挡执行元件的工作情况见表 2 – 3 – 4。

表 2 – 3 – 4　A341E 自动变速器换挡执行元件工作情况

换挡杆位置	挡位	1号电磁阀	2号电磁阀	C_0	C_1	C_2	B_0	B_1	B_2	B_3	F_0	F_1	F_2
P	停车挡	ON	OFF	○• •									
R	倒挡	ON	OFF	○		○				○	○		
N	空挡	ON	OFF	○									
D	1 挡	ON	OFF	○	○						○		○
D	2 挡	ON	ON	○	○				○		○	○	
D	3 挡	OFF	ON	○• •	○• •				○		• •		
D	O/D 挡	OFF	OFF		○• •		○		○				
2	1 挡	ON	OFF	○• •	○• •						○• • •		• •
2	2 挡	ON	ON	○• •	○• •			○• • •	○• •		○• • •	○• •	
2	3 挡	OFF	ON	○• •	○• •		○• •		• •	• •	○		
L	1 挡	ON	OFF	○• •	○• •					○• • •	• •		• •
L	2 挡	ON	ON	○• •	○• •			○• • •	○• •	○• • •	○• •		

注：○表示接合。

变速器在各个挡位下执行元件的动作情况及动力传递路线如下：

（1）D 位 1 挡。在此挡位，执行元件 C_0、F_0、C_1、F_2 工作，如图 2 – 3 – 14 所示。

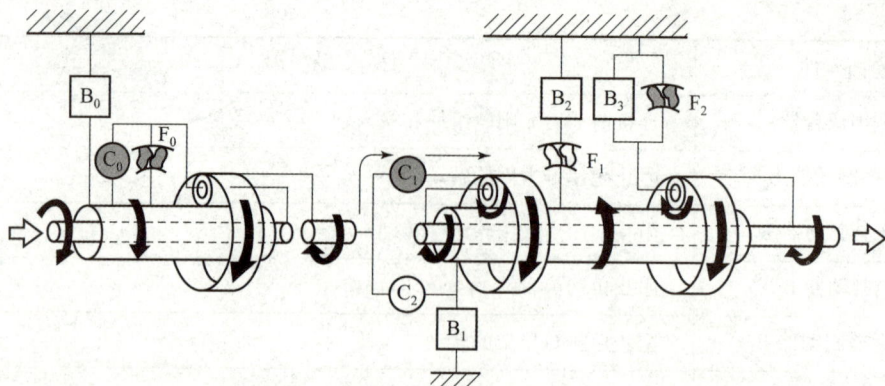

图 2 – 3 – 14　D 位 1 挡动力传递示意图

C_0 接合、F_0 锁止，使超速排太阳轮和行星架连为一体，转速相同，因此超速排齿圈也以相同转速转动，超速排速比为 1，于是来自液力变矩器的动力经超速排输入轴、超速排行星架传至超速排齿圈。因 C_1 接合，故动力再经 C_1 至前排齿圈，使前排齿圈顺时针转动。

起步时，因输出轴未动，前排行星架被固定，所以前排行星齿轮顺时针旋转，带动太阳轮逆时针旋转，因汽车尚未起步，后排齿圈也被固定，太阳轮在促使后排行星齿轮绕其自身轴顺时针旋转的同时，沿后排齿圈内缘逆时针行走。而此时 F_2 阻止后排行星架逆时针运动，所以强迫后排齿圈顺时针旋转（转速下降，扭矩增大），动力传至输出轴，汽车起步。

汽车起步后，输出轴转动，前排行星架也没被完全固定，前排齿圈一边带动前排行星齿轮顺时针旋转，一边促使前排行星架也顺时针转动，将一部分输入轴传来的动力经由前行星架传至输出轴。此时前、后两行星排都参加动力传递，转速下降，扭矩增大，汽车能以很大的扭矩克服行驶阻力低速前行。

（2）D 位 2 挡。在此挡位，执行元件 C_0、F_0、C_1、B_2、F_1 工作，如图 2 – 3 – 15 所示。

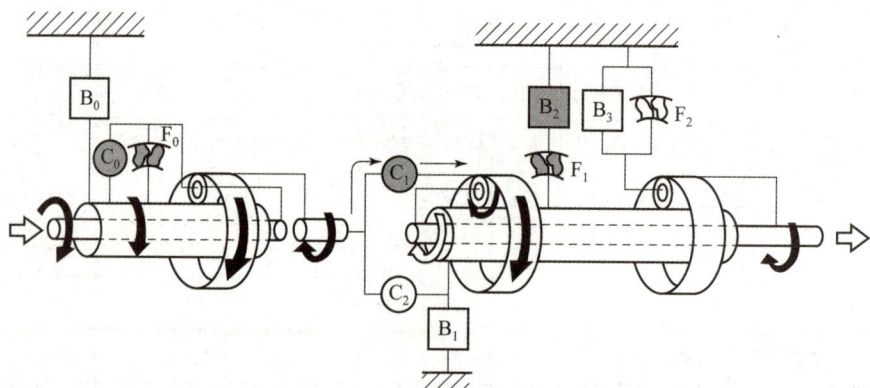

图 2 – 3 – 15　D 位 2 挡动力传递示意图

由于 C_0 接合、F_0 锁止，超速排速比为 1，于是动力经超速排输入轴、超速排行星架传至超速排齿圈。因 C_1 接合，故动力再经 C_1 至前排齿圈，使前排齿圈顺时针转动。

由于 B_2 制动、F_1 锁止，使太阳轮固定，对前排齿轮机构来说，齿圈输入，太阳轮固定，于是动力经前排行星架、输出轴输出。此时，变速器前排行星齿轮在起作用。

（3）D位3挡。在此挡位，执行元件 C_0、F_0、C_1、C_2、B_2 工作，如图 2-3-16 所示。此时 B_2 仍然接合，但由于单向离合器的作用，故对顺时针旋转的太阳轮没有约束作用，即对3挡传动比没有影响。

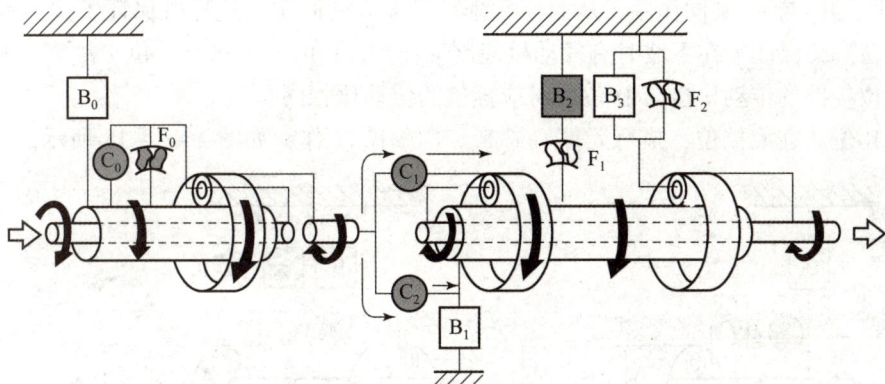

图 2-3-16　D 位 3 挡动力传递示意图

由于 C_0 接合、F_0 锁止，超速排速比为1，于是动力经超速排输入轴、超速排行星架传至超速排齿圈。因 C_1、C_2 接合，故动力再经 C_1、C_2 至前排齿圈和太阳轮。对前排齿轮机构来说，有两个部件被同时驱动，则前排行星齿轮机构以一个整体旋转，前排传动比为1。因此，整个变速器传动比为1。

（4）D位4挡。在此挡位，执行元件 B_0、C_1、C_2、B_2 工作，如图 2-3-17 所示。此时 B_2 仍然接合，但由于单向离合器的作用，故对顺时针旋转的太阳轮没有约束作用，即对4挡的传动比没有影响。

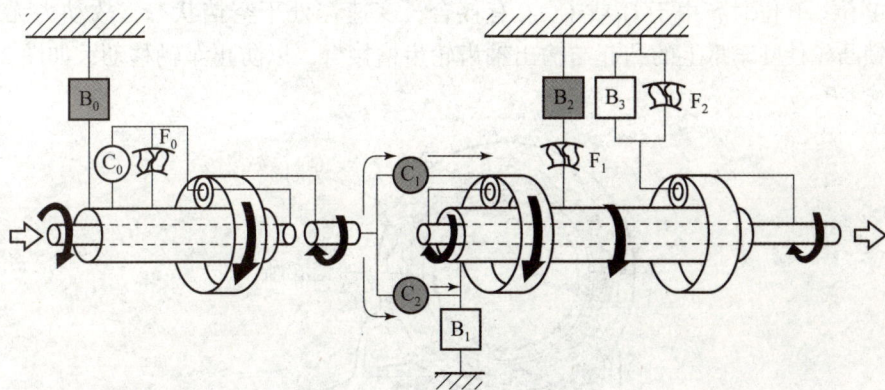

图 2-3-17　D 位 4 挡动力传递示意图

对于超速行星排来说，行星架输入，由于 B_0 制动，故固定太阳轮，于是动力可由超速行星排齿圈增速输出。因 C_1、C_2 接合，故动力再经 C_1、C_2 至前排齿圈和太阳轮。对前排齿轮机构来说，有两个部件被同时驱动，则前排行星齿轮机构以一个整体旋转，前排传动比为1。因此，整个变速器传动比小于1，为超速挡。

（5）2位。当操纵手柄置于2位时，其2位的1挡与D位1挡完全相同；2位的2挡与D位2挡基本相同，其区别在于处于2位2挡时，B_1 与 B_2 和 F_1 共同起作用，从而使前、后太阳轮组件双向固定（既不能顺时针方向转动，也不能逆时针方向转动）。这样既可保证按

2 挡传动路线传动，又可保证在下坡时有发动机制动作用。2 位 3 挡的传动路线与 D 位 3 挡完全相同，传动比也相同。

（6）L 位。当操纵手柄置于 L 位时，其 L 位的 1 挡与 D 位 1 挡基本相同，区别在于处于 L 位 1 挡时，B_3 与 F_2 共同作用，从而使后排行星架双向固定。这样既保证了按 D 位 1 挡传动路线传动，又保证了在下坡时有发动机起制动作用。L 位的 2 挡与 2 位 2 挡完全相同。同样，其 L 位各挡的传动比也与 D 位所对应挡位的传动比相同。

（7）R 位。在此挡位，执行元件 C_0、F_0、C_2、B_3 工作，如图 2 – 3 – 18 所示。

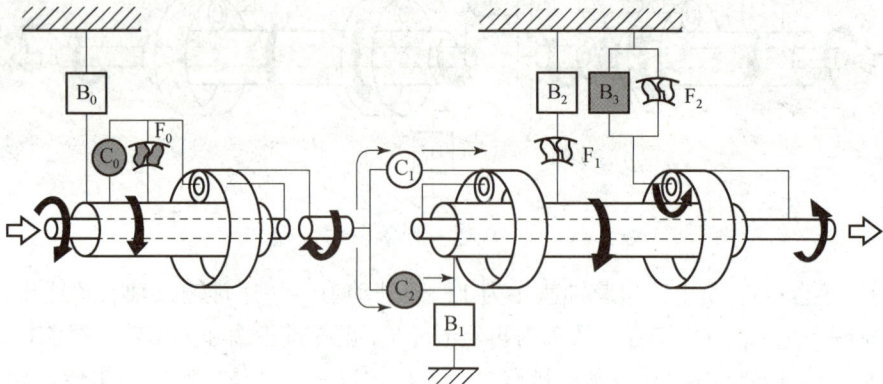

图 2 – 3 – 18　R 位动力传递示意图

由于 C_0 接合、F_0 锁止，超速排速比为 1，于是动力经超速排输入轴、超速排行星架传至超速排齿圈。因 C_2 接合，故动力再传至太阳轮；因 B_3 制动，故固定后排行星架。对后排行星齿轮机构来说，太阳轮输入，行星架固定，于是动力由齿圈经输出轴反向输出。

（8）P 位。P 位时，由于 C_1 或 C_2 没有接合，变速器处于空挡状态，故动力无法传递。此时驻车锁凸轮使驻车爪上的凸起与输出轴齿轮齿槽接合，以防止车辆移动，如图 2 – 3 – 19 所示。

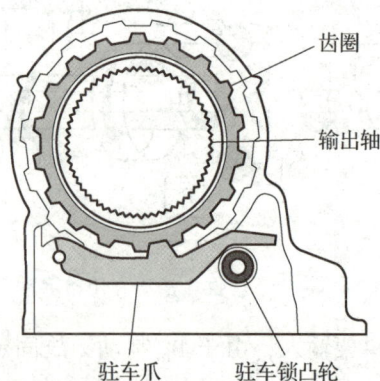

齿圈

输出轴

驻车爪　　驻车锁凸轮

图 2 – 3 – 19　P 位锁止机构

2. CR – CR 辛普森式行星齿轮变速器

采用两个单排单级行星齿轮机构实现四个前进挡和一个倒挡，可将其中一排的行星架 C（Planet Carrier）和另一排的齿圈 R（Gear Ring）相连接，再增加换挡执行元件，这种机构称为改进型辛普森式行星齿轮机

CR – CR 辛普森式
行星齿轮变速器

构，又称为 CR – CR 辛普森式行星齿轮机构，目前在乘用车中应用很广。

CR – CR 辛普森式行星齿轮机构的结构特点：前排行星架与后排齿圈相连；后排行星架与前排齿圈相连。这样，六个基本元件变成四个基本元件，即前太阳轮、后太阳轮、前行星架后齿圈组件、前齿圈后行星架组件，如图 2 – 3 – 20 所示。

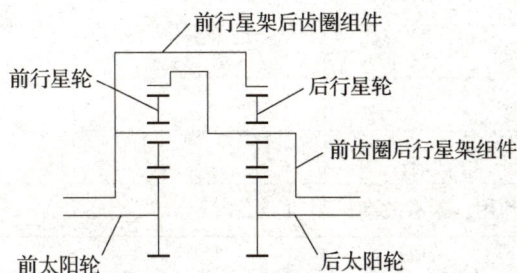

图 2 – 3 – 20　CR – CR 辛普森式行星齿轮结构简图

1）北京现代轿车 A4CFx 自动变速器的结构

北京现代轿车 A4CFx 自动变速器采用的是四挡 CR – CR 辛普森式行星齿轮机构，其结构简图如图 2 – 3 – 21 所示，包括 3 个换挡离合器、2 个制动器和 1 个单向离合器共 6 个换挡执行元件。

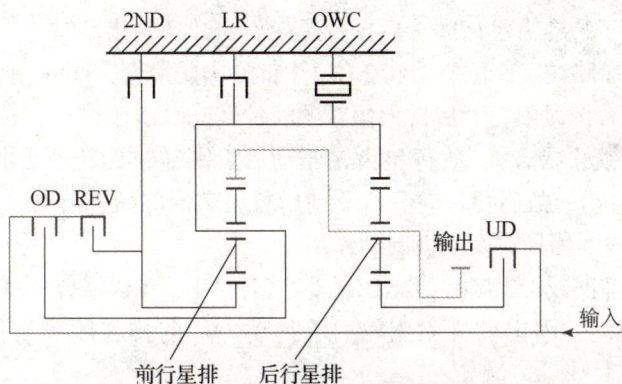

图 2 – 3 – 21　A4CFx 自动变速器动力传递示意图

OD—超速挡离合器；REV—倒挡离合器；2ND—2、4 挡制动器；LR—1、倒挡制动器；

OWC—单向离合器；UD—低挡离合器

2）各挡动力传递路线

A4CFx 自动变速器换挡执行元件的工作情况见表 2 – 3 – 5。

表 2 – 3 – 5　A4CFx 自动变速器换挡执行元件的工作情况

挡位	LR	2ND	UD	OD	REV	OWC	参加工作的行星齿轮排
P、N	○ · ·						
R	○ · ·				○ · ·		前排
1			○ · ·			○	后排

续表

挡位	LR	2ND	UD	OD	REV	OWC	参加工作的行星齿轮排
1*	○		○			○	后排
2		○	○				前排/后排
3			○	○			后排
4		○		○			前排

注：○表示执行元件起作用；*有发动机制动

变速器在各个挡位下执行元件的动作情况及动力传递路线如下：

（1）P、N位。P、N位时，LR制动。由于变速器的三个动力输入离合器（UD、OD和REV）均处于分离状态，输入轴没有将动力输入，因此动力也就没有输出。此时LR制动只是为了之后将要进行的换挡做准备。

（2）R位动力传递路线。R位时，REV接合，LR制动。REV接合，将输入轴动力连接到前排太阳轮；LR制动，固定前排行星架和后排齿圈。对前排行星齿轮机构来说，行星架固定，太阳轮输入，于是动力经齿圈、后排行星架反向减速输出。

（3）1挡动力传递路线。D位1挡和2位1挡时，UD接合，OWC单向锁止。UD接合，将输入轴动力连接到后排太阳轮，后排太阳轮顺时针转动。由于输出齿轮驱动汽车的行驶阻力较大（暂时可看作锁止状态），故行星齿轮驱动后齿圈逆时针转动。由于OWC不允许后齿圈逆时针转动（锁止），故行星齿轮只有驱动后行星架同向减速旋转。在L位1挡时，同时有LR制动，此时的1挡具有发动机制动作用。

（4）2挡动力传递路线。2挡时，2ND制动，UD接合。UD接合，将输入轴动力连接到后排太阳轮；2ND制动，固定前排太阳轮。于是动力经前排齿圈和后排行星架同向减速输出。

（5）3挡动力传递路线。3挡时，UD、OD接合。OD接合，将输入轴动力连接到前排行星架和后排齿圈；UD接合，将输入轴动力连接到后排太阳轮。对后排行星齿轮机构来说，有两个部件被同时驱动，则整个行星齿轮机构以一个整体旋转，传动比为1:1。

（6）4挡动力传递路线。4挡时，2ND制动，OD接合。OD接合，将输入轴动力连接到前排行星架和后排齿圈；2ND制动，固定前排太阳轮。对前排行星齿轮机构来说，太阳轮固定，行星架输入，于是动力经齿圈、后排行星架同向增速输出。

3. 拉维娜式行星齿轮变速器

拉维娜式行星齿轮机构由一个单排单级行星齿轮机构和一个单排双级行星齿轮机构组成，如图2-3-22（a）所示，可以实现四个前进挡。

结构特点：两行星排共用行星架和齿圈；小太阳轮、短行星轮、长行星轮、行星架及齿圈组成双行星轮系行星排；大太阳轮、长行星轮、行星架及齿圈组成一个单行星轮系行星排；有四个基本元件；仅有一个齿圈和输出轴连接。其结构简图如图2-3-22（b）所示。

拉维娜式行星齿轮变速器

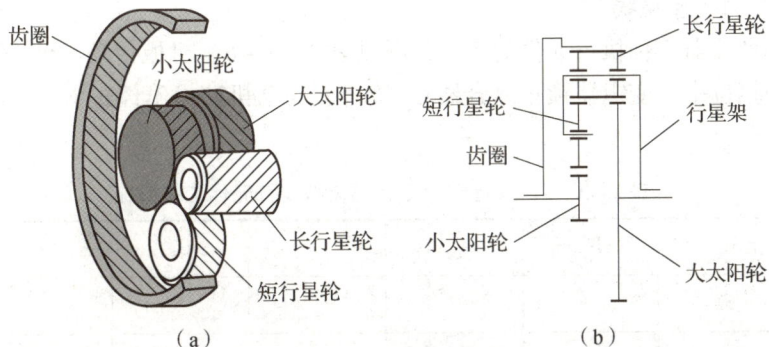

图 2 – 3 – 22 拉维娜式行星齿轮结构及简图

（a）结构；（b）结构简图

1）大众轿车 01M 自动变速器的结构

大众轿车 01M 自动变速器采用的是四挡拉维娜式行星齿轮机构，如图 2 – 3 – 23 所示。01M 变速器有 3 个离合器、2 个制动器和 1 个单向离合器共 6 个换挡执行元件。动力传递路线示意图如图 2 – 3 – 24 所示。

图 2 – 3 – 23 01M 自动变速器结构

C_1—1 ~ 3 挡离合器；C_2—倒挡离合器；C_3—3、4 挡离合器；
B_1—倒挡制动器；B_2—2、4 挡制动器；F—单向离合器

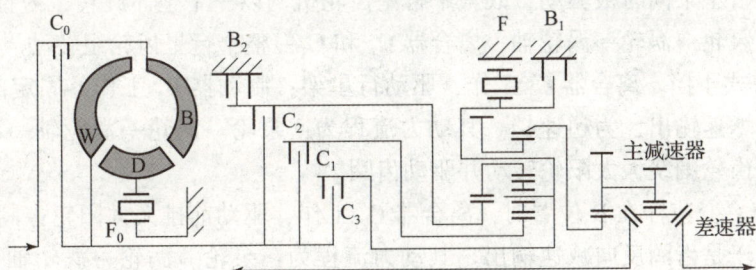

图 2 – 3 – 24 01M 自动变速器动力传递示意图

C_1—1 ~ 3 挡离合器；C_2—倒挡离合器；C_3—3、4 挡离合器；B_1—倒挡制动器；B_2—2、4 挡制动器；F—单向离合器；
C_0—锁止离合器；F_0—导轮单向离合器；B—泵轮；W—涡轮；D—导轮

2）各挡动力传递路线

01M 自动变速器换挡执行元件的工作情况见表 2 - 3 - 6。机械传动与液力传动的区别在于，机械传动挡位中，变矩器锁止离合器 C_0 接合，发动机动力不经过液力变矩器直接传至涡轮轴。

表 2 - 3 - 6 01M 自动变速器换挡执行元件工作情况

挡位	B_1	B_2	C_1	C_2	C_3	F	C_0
R	○			○			
1H			○			○	
1M			○			○	○
2H		○	○				
2M		○	○				○
3H			○		○		
3M			○		○		○
4H		○			○		
4M		○			○		

注：○—离合器、制动器或单向离合器接合；H—液力传动；M—机械传动

变速器在各个挡位下执行元件的动作情况及动力传递路线如下：

（1）液力式 1 挡。离合器 C_1 工作，驱动后排小太阳轮；单向离合器 F 锁止，锁定行星架，于是齿圈同向减速输出。其动力流程为：泵轮→涡轮→涡轮轴→离合器 C_1→小太阳轮→短行星齿轮→长行星齿轮驱动齿圈。

（2）液力式 2 挡。离合器 C_1 工作，驱动后排小太阳轮；制动器 B_2 工作，固定前排大太阳轮，于是齿圈同向减速输出。其动力流程为：泵轮→涡轮→涡轮轴→离合器 C_1→小太阳轮→短行星齿轮→长行星齿轮围绕大太阳轮转动并驱动齿圈。

（3）液力式 3 挡。离合器 C_1 工作，驱动后排小太阳轮；离合器 C_3 工作，驱动行星架，因小太阳轮和行星架同时被驱动，故整个行星齿轮机构以一个整体旋转，为直接传动挡。其动力流程为：泵轮→涡轮→涡轮轴→离合器 C_1 和 C_3→整个行星齿轮组转动。

（4）液力式 4 挡。离合器 C_3 工作，驱动行星架；制动器 B_2 工作，固定前排大太阳轮，于是齿圈同向增速输出，为超速挡。其动力流程为：泵轮→涡轮→涡轮轴→离合器 C_3→行星架→长行星齿轮围绕大太阳轮转动并驱动齿圈。

（5）倒挡。变速杆在 R 位置时，离合器 C_2 工作，驱动前排大太阳轮；制动器 B_1 工作，固定行星架，于是齿圈反向减速输出。其动力流程为：泵轮→涡轮→涡轮轴→离合器 C_2→大太阳轮→长行星齿轮反向驱动齿圈。

4. 六挡行星齿轮变速器

随着对车辆舒适性、燃油经济性的要求不断提高，四挡自动变速器已经不能满足人们对

现代汽车的要求，于是出现了六挡、八挡甚至更多挡的自动变速器，这些自动变速器均是通过串联多排行星齿轮机构来实现挡位变换的。

1）上汽通用汽车 GF6 自动变速器的结构

上汽通用汽车 GF6 自动变速器，共有 6 个前进挡，采用了三组行星齿轮，分别称为反作用行星齿轮组、输入行星齿轮组和输出行星齿轮组，如图 2-3-25 所示，其主要特点是输出行星齿轮组行星架同时也是反作用行星齿轮组内齿圈，输入行星齿轮组行星架同时也是输出行星齿轮组的内齿圈，反作用行星齿轮组行星架同时也是输入行星齿轮组的内齿圈。

GF6 自动变速器采用了 2 个离合器、3 个制动器和 1 个单向离合器共 6 个执行元件，其中 C_{2-6}、C_{L-R}、$C_{1-2-3-4}$ 从功能上看是制动器，但通用公司统一称为离合器。低挡单向离合器 OWC 从输入轴方向看，相应行星齿轮架只能顺时针旋转，传动链条用于连接输出齿轮和主减速器齿轮。

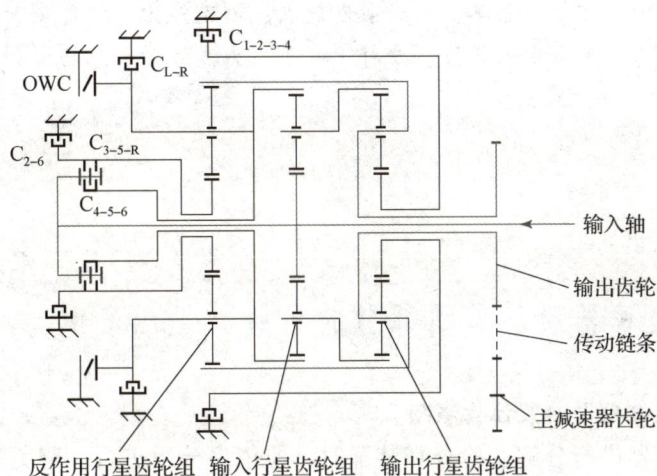

图 2-3-25　GF6 自动变速器动力传递示意图

C_{2-6}—2、6 挡离合器；C_{3-5-R}—3、5、R 挡离合器；C_{4-5-6}—4、5、6 挡离合器；C_{L-R}—低、倒挡离合器；$C_{1-2-3-4}$—1、2、3、4 挡离合器；OWC—低挡单向离合器

2）换挡执行元件工作情况

GF6 六挡行星齿轮变速器换挡执行元件的工作情况见表 2-3-7。

表 2-3-7　GF6 六挡行星齿轮机构换挡执行元件工作情况

挡位	C_{4-5-6}	C_{3-5-R}	C_{2-6}	OWC	C_{L-R}	$C_{1-2-3-4}$
P					○	
R		○			○	
N					○	
1st				Holding		○
1st*				Holding	○*	

续表

挡位	C_{4-5-6}	C_{3-5-R}	C_{2-6}	OWC	C_{L-R}	$C_{1-2-3-4}$
2nd			○			○
3rd		○				○
4th	○					○
5th	○	○				
6th	○		○			

注：○—离合器、制动器或单向离合器接合；Holding—单向离合器保持；*—发动机制动时。

面对自动变速器的核心技术，我们要清醒地认识到自身的不足与差距，加强专业技术学习，在工作中开拓创新思路，不断激发创新、创造能力，依靠创新提高工作能力和水平。学习和工作来不得半点虚假，要扑下身子，力戒浮躁和急功近利，沉下心来磨砺自身的技能水平。

任务实施

一、自动变速器机械传动部分的分解

机械传动
部分的分解

1. 自动变速器分解与组装注意事项

（1）当对变速器进行分解、检查和装配时，应依序分组进行，避免混淆看起来相似而实际不同的零件。

（2）所有零件必须彻底清洗（用同型号的自动变速器油（Automatic Transmission Fluid，ATF）或高级煤油），清洗后用压缩空气吹干所有零件，决不能用工作抹布（布纤维会影响变速器的正常工作）擦干。液压油道和小孔都要用压缩空气吹通，确保其不被堵塞。

（3）凡开口销、密封垫、O形圈、油封等都属一次性使用的零件，每次修理时均应换新。

（4）新的离合器、制动器摩擦片在装配前必须放在 ATF 中浸泡至少 15 min。所有密封油环、离合器摩擦片、离合器钢片、旋转元件和滑动表面，在装配时都应用 ATF 涂抹。

（5）小零件应用凡士林粘在它们的位置上，以利装配。

（6）在密封垫或类似零件上不能使用密封胶，以防堵塞油道。

（7）自动变速器各零件精度要求很高，哪怕是一道小小的划痕也会引起漏油或影响性能，故总装前应仔细检查每一零件，并保证滚针轴承和座圈滚道装在正确的位置和方向上。

2. 自动变速器机械传动部分的分解图

丰田 A341E 自动变速器分解图如图 2-3-26 所示。

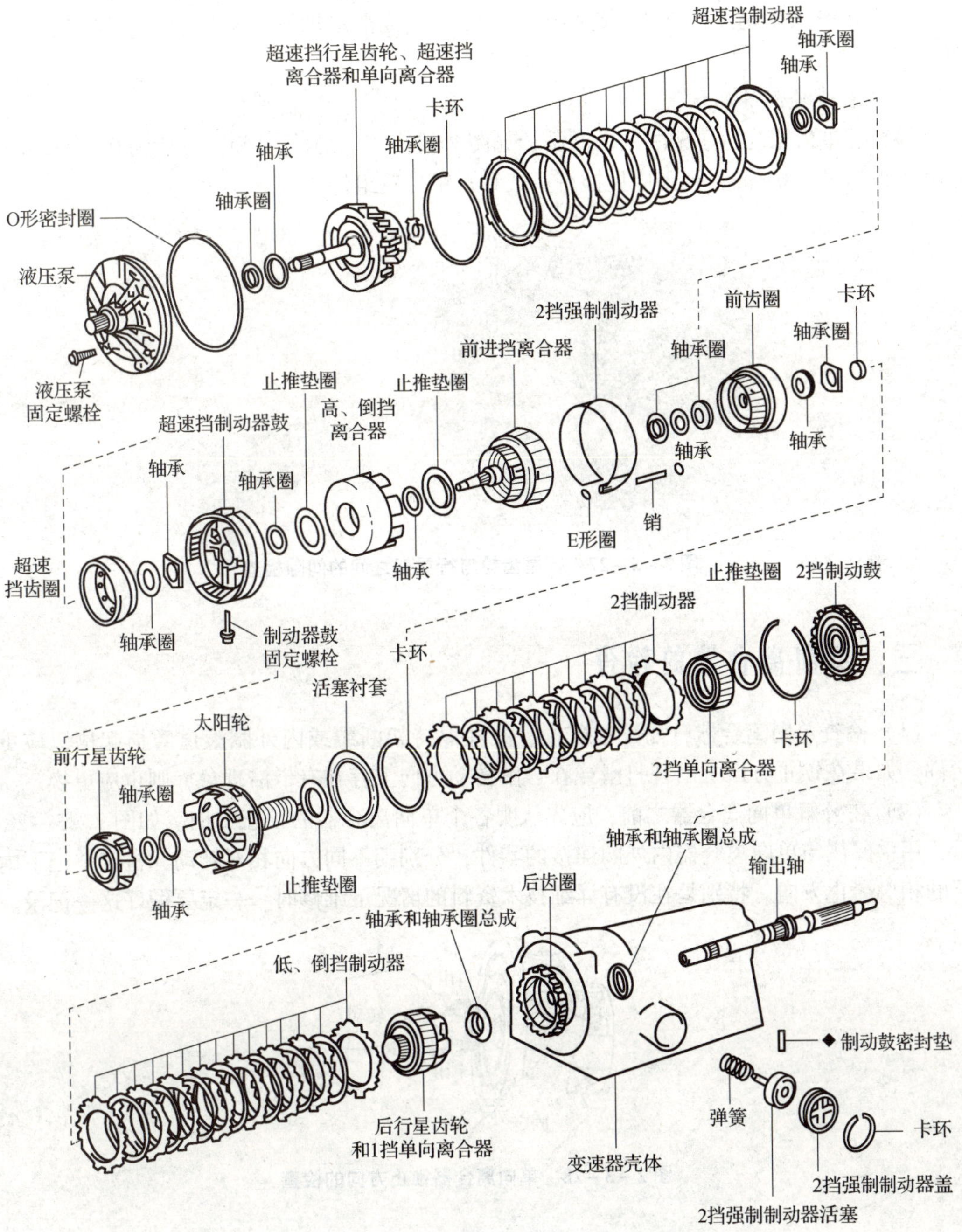

图 2 – 3 – 26　丰田 A341E 自动变速器机械传动部分分解图

二、行星齿轮机构的检查

1. 外观检查

（1）检查太阳轮、行星齿轮、齿圈的齿面，如有磨损或疲劳剥落，应更换整个行星排。

机械传动
部分的检修

（2）检查太阳轮、行星架、齿圈等零件的轴颈或滑动轴承处有无磨损，如有异常，应更换新件。

2. 行星齿轮间隙的检查

检查行星齿轮与行星架之间的间隙，如图2－3－27所示，其间隙一般为0.2～0.6 mm，最大不得超过1.0 mm，否则应更换行星架和行星齿轮组件。

图2－3－27　行星齿轮与行星架之间的间隙检查

三、单向离合器的检查

（1）检查单向离合器，如滚柱破损、滚柱保持架断裂或内外圈滚道磨损起槽，应更换新件。如果在锁止方向上出现打滑或在自由转动方向上存在有卡滞现象，则也应更换。

（2）在分解单向离合器之前，应先认明各个单向离合器的锁止方向。如图2－3－28所示，用手握住与单向离合器内外圈连接的零件，分别朝不同方向相对转动，检查并记下内外圈的相对锁止方向。特别是在没有详细技术资料的情况下维修时，一定要做好这一记录。

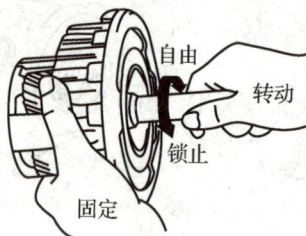

图2－3－28　单向离合器锁止方向的检查

四、离合器、制动器的检修

1. 离合器、制动器部件的检查

（1）摩擦片的检查。检查离合器或制动器的摩擦片，若表面发黑（烧蚀）、剥落、裂纹、内键拉毛或掉齿等，则应更换。

有些摩擦片上有沟槽，用于存自动变速器油，如图2－3－29所示，沟槽磨平后必须更换。

有些摩擦片表面有含油层，如图 2 - 3 - 30 所示，将摩擦片擦干净后，用手轻按摩擦表面，应出油。否则说明含油层已磨损，应更换。

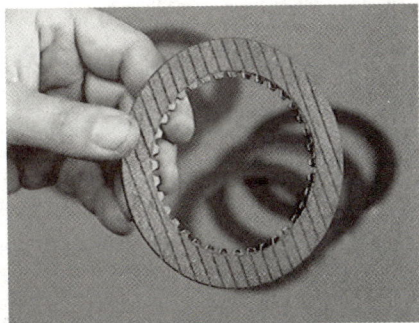

图 2 - 3 - 29　带沟槽的摩擦片

图 2 - 3 - 30　带含油层的摩擦片

有些摩擦片表面上印有符号或数字记号，若这些符号磨去，说明摩擦片已磨损至极限，应更换；也可以测量摩擦片的厚度，若小于极限厚度，则应更换。

（2）检查钢片和卡环的摩擦面，如有磨损或翘曲变形，应更换。

（3）检查离合器和制动器的活塞，其表面应无损伤或拉毛，否则应更换新件。

（4）检查离合器活塞上的单向阀，阀球应能在阀座内活动自如，用压缩空气或煤油检查单向阀的密封性，如图 2 - 3 - 31 所示，从液压缸一侧向单向阀内吹气，密封应良好，如有异常，应更换活塞。

（5）检查离合器和制动器鼓，其液压缸内表面应无损伤或拉毛，与钢片配合的花键槽应无磨损。如有异常，应更换新件。

（6）测量活塞回位弹簧的自由长度，如图 2 - 3 - 32 所示，并与标准值进行比较。若弹簧自由长度过小或有变形，应更换新弹簧。

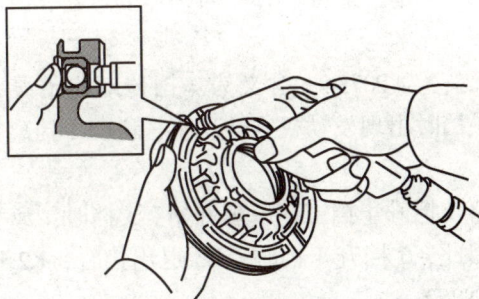

图 2 - 3 - 31　离合器活塞单向阀密封性的检查

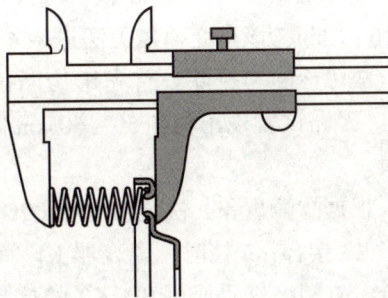

图 2 - 3 - 32　活塞回位弹簧长度的检查

2. 离合器、片式制动器自由间隙的检查

如图 2 - 3 - 33 所示，将塞尺插入压盘与摩擦片之间测量自由间隙的大小，或者用百分表测量离合器、制动器的自由间隙，一般可按照每一摩擦片需要 0.3 mm 间隙确定总间隙值，具体数值可参考维修手册。若自由间隙不符合标准，则可采用更换不同厚度卡环或增加钢片的方法来调整。

图 2 – 3 – 33　测量离合器自由间隙

3. 带式制动器间隙的检查

检查制动带与制动鼓之间的间隙（见图 2 – 3 – 7），应满足要求。若间隙不满足要求，可进行调整，调整结构有长度可调整的支承销、长度可调的活塞杆及调整螺钉等。

> 实训时用完的废弃油料要按规定处理。实训时注意安全第一，保证人身安全、车辆安全和作业安全等。树立正确的劳动观念，要以大国工匠事迹为引领，锤炼一丝不苟、精益求精的匠心，以及恪尽职守、追求卓越的工匠精神。

案例分析

一、一汽大众高尔夫轿车变速器无法进入 4 挡

故障现象：一辆 2008 款一汽大众高尔夫 1.8T 轿车，配备 09G 手自一体变速器，行驶里程 16 万 km，该车变速器无法进入 4 挡。

故障诊断与排除：首先用诊断仪读取故障码，为 P0734，含义为 4 挡传动比错误（偶发）。经路试发现车辆在 50 ~ 60 km/h，3 挡升 4 挡时出现发动机空转现象，说明 4 挡离合器打滑。

根据故障现象，决定从分析 09G 自动变速器 3 挡升 4 挡工作原理开始。3 挡时，离合器 K1、K3 接合；4 挡时，离合器 K1、K2 接合。因此，3 挡升 4 挡时，K3 退出接合，K2 进入接合。查阅维修手册可知，K2 的控制电磁阀为 N282。

结合结构原理，分析有以下原因可导致出现打滑不能升入 4 挡：

（1）ATF 油量不足，在换挡时油路压力不足，导致传递到离合器 K2 的压力不足；

（2）离合器 K2 控制电磁阀 N282 工作不良；

（3）离合器 K2 控制油路油封、活塞油封有泄漏，摩擦片烧毁，无法有效接合传递动力。

根据分析，检查 ATF 的油位和油质，油位正常，油液无明显的色泽变化及烧焦气味。检查电磁阀 N282，未发现异常。拆检离合器 K2，发现 K2 活塞油封已破损。更换 K2 离合器总成，装复变速器。做基础设定后试车，故障现象消失，故障排除。

二、广汽丰田凯美瑞 2.0 轿车 U241E 自动变速器起步时打滑

故障现象：一辆 2012 款广汽丰田凯美瑞 2.0 轿车，行驶里程 96 756 km，客户反映该车起步时有打滑现象，发动机转速升高很快但车速升高很慢，油耗较以往偏高较多，但正常行驶时无其他异常感觉。

故障诊断与排除：读取故障码，无故障代码，数据流测试数据均正常。停车稍微冷却后检查自动变速器的油量、油质，均良好。进行路试检查，换挡杆位于 D 位、2 位、1 位起步，车辆均有打滑感觉。由于汽车起步时就有打滑，因此可确定 D 位 1 挡的动力传递部分有故障。在 D 位 1 挡时，动力通过离合器 C_1 传入前行星齿轮机构，如果离合器 C_1 打滑，则车辆起步时就会产生打滑。由此可判断出故障是由离合器 C_1 部件引起的。

对拆下后的自动变速器解体，将离合器 C_1 取出，对其进行检测后发现组件间隙的检测数据为 2.25 mm，明显大于标准值（1.74 ~ 2.08 mm）的范围。解体离合器 C_1，检测回位弹簧自由长度为 28.2 mm（标准值 28.23 mm），符合规范；检查摩擦片，发现其表面光滑，严重磨损使摩擦系数下降，致使离合器接合性能不良，导致出现车辆起步有打滑的现象。更换离合器 C_1 摩擦片，按技术要求安装，重新试车，故障现象消失，故障排除。

任务小结

（1）齿轮变速器机械传动部分包括齿轮变速机构和换挡执行机构两部分。

（2）行星齿轮机构包括单排单级行星齿轮机构和单排双级行星齿轮机构两种。

（3）单排单级行星齿轮机构由一个太阳轮、一个齿圈、一个行星架和几个行星齿轮组成，称为一个行星排。太阳轮、齿圈和行星架为行星齿轮机构的三个基本元件。

（4）单排双级行星齿轮机构由太阳轮、齿圈及装有两组行星齿轮的行星架等组成。

（5）多排行星齿轮机构常用的组合方式有辛普森式行星齿轮机构和拉维娜式行星齿轮机构两种。

（6）换挡执行机构包括离合器、制动器和单向离合器。

（7）离合器起连接作用，是将行星齿轮变速器的输入轴与行星排中的某个基本元件连接，以传递动力，或将行星排的某两个基本元件连接在一起，使之成为一个整体。

（8）制动器的作用是将行星排中的太阳轮、齿圈或行星架加以固定，使其不能旋转。制动器有两种形式：一种是带式制动器；另一种是湿式多片制动器。

（9）单向离合器是一种固定装置。单向离合器无须控制机构，它是依靠其单向锁止原理来发挥固定或连接作用的。自动变速器中常用的单向离合器有滚柱式和楔块式两种。

（10）辛普森式行星齿轮机构由两个单排单级行星齿轮机构连接而成，能提供 3 个前进挡和 1 个倒挡。

（11）辛普森式行星齿轮机构的结构特点：前、后两个太阳轮连成一体，即共用太阳轮，称为前后太阳轮组件；前行星架与后齿圈相连并作为输出轴；前齿圈和太阳轮通常作为输入轴。这样，六个基本元件变成四个基本元件。

（12）改进型（CR - CR）辛普森式行星齿轮机构的结构特点：前排行星架与后排齿圈

相连；后排行星架与前排齿圈相连。这样，六个基本元件变成四个基本元件。

（13）拉维娜式行星齿轮机构的结构特点：两行星排共用行星架和齿圈；小太阳轮、短行星轮、长行星轮、行星架及齿圈组成双行星轮系行星排；大太阳轮、长行星轮、行星架及齿圈组成一个单行星轮系行星排；有四个基本元件；齿圈和输出轴连接。

（14）上汽通用汽车 GF6 自动变速器，共有六个前进挡，采用了三组行星齿轮，分别称为反作用行星齿轮组、输入行星齿轮组和输出行星齿轮组。

学习任务四　液压控制系统检修

【思政目标】
- 引导学生加强自身修养，在学习及以后工作中学会自我调压；
- 培养学生树立一丝不苟、精益求精的工匠精神。

【任务目标】
- 能正确讲述液压控制系统的组成；
- 能正确讲述自动变速器油的作用并能选用；
- 能正确描述液压控制系统各控制阀的结构及工作原理；
- 能正确描述冷却与润滑系统的工作过程；
- 会检修液压泵、阀体等液压控制系统。

【学习重点】
- 液压控制系统各控制阀的工作原理；
- 液压泵、阀体等液压控制系统的检修。

任务导入

一辆丰田凌志 LS400 轿车，将自动变速器换挡操纵杆挂入 D 位行驶，按下超速挡 O/D 开关后，随着加速踏板的踩下，最高车速只能达到 120 km/h。开始没有引起驾驶员的注意，后来该车的最高车速仅能达到 90 km/h 左右时，才觉得车有故障。检查了自动变速器油面高度，发现油面偏低，同时发现油液的颜色已呈极深的暗褐色，且伴有烧焦的气味。此外，油液中还含有摩擦片的碎屑。下面请你对客户轿车的自动变速器进行检修。

知识准备

一、液压控制系统的组成和自动变速器油

自动变速器的自动控制是靠液压控制系统来完成的。液压控制系统的功用是提供油压，并根据车辆行驶车速和节气门开度等情况进行油压调节，最终实现齿轮变速机构挡位的自动变换及变速器锁止离合器的锁止控制。

1. 液压控制系统的组成

液压控制系统由动力源、执行元件、控制元件和辅助元件等组成，如图 2 - 4 - 1 所示。

（1）动力源，是液压泵（或称为油泵）。其作用是向控制机构、执行机构和液力变矩器提供压力油，并向变速器内部需要润滑的机件提供润滑。

液压控制
系统的组成

（2）执行元件，主要由离合器、制动器等组成。其作用是在控制油压的作用下实现离合器的接合和分离、制动器的制动和松开动作，以便得到相应的挡位。

（3）控制元件，包括主油路调压阀、手动阀、换挡阀和锁止离合器控制阀等，一般集成安装在液压阀体中。

（4）辅助元件。为配合上述部分的工作，液压控制系统中还有一些起辅助作用的元件，如 ATF 冷却器、蓄能器等。

图 2 - 4 - 1　液压控制系统的组成

2. 自动变速器油

自动变速器油 ATF 是一种特殊的高级润滑油，不仅具有润滑、冷却作用，还具有传递扭矩以及传递压力（充当执行元件以及液压操纵系统的工作介质）的作用。

ATF 一般正常行驶条件每 12 万 km 更换一次，恶劣行驶条件每 6 万 km 更换一次。尽量选用原厂推荐的 ATF，不能错用、混用 ATF。ATF 由于型号不同，加注后零件的摩擦系数也不同。某些汽车厂家根据汽车变速器的技术指标设计出有针对性的油品，使用这样的油品可以保持变速器良好的机械性能，延长寿命。

正常的 ATF 清澈、略带红色，无异味，如果使用不当，容易出现油液变质；如果呈深褐色或有杂质、异味，则需及时更换。自动变速器要求定期更换工作油，按车辆用户手册的要求确定换油周期。

二、液压控制系统零部件

1. 液压泵

自动变速器换挡执行元件的动作、液力变矩器的正常工作以及油液在自动变速器内部的循环都需要一定的油压，这个油压由液压泵来提供。

液压控制
系统零部件

液压泵是自动变速器中最重要的总成之一，它通常安装在变矩器的后方，由变矩器壳后

端的轴套驱动，如图 2 - 4 - 2 所示。在发动机运转时，不论汽车是否行驶，液压泵都在运转。

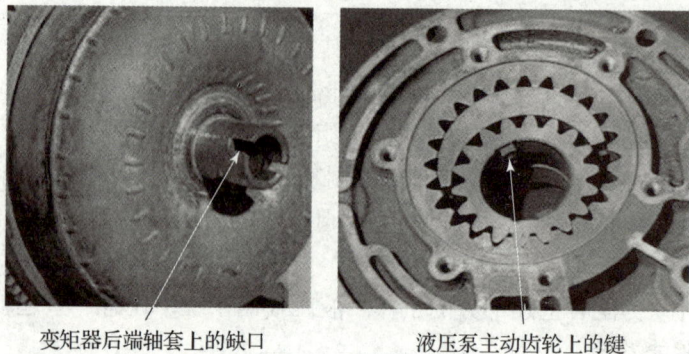

变矩器后端轴套上的缺口　　　　　液压泵主动齿轮上的键

图 2 - 4 - 2　液压泵驱动

自动变速器中常用的液压泵有内啮合齿轮泵、转子泵和叶片泵，其中内啮合齿轮泵应用较广。

（1）内啮合齿轮泵。内啮合齿轮泵主要由主动齿轮、从动齿轮、泵体、泵盖等组成，如图 2 - 4 - 3（a）所示。在泵体上有一个月牙形隔板，把主、从动齿轮不啮合的部分隔开，并形成两个工作腔，分别为吸油腔和压油腔，如图 2 - 4 - 3（b）所示。吸油腔与泵体上的进油口相通，压油腔与泵体上的出油口相通。

（a）

（b）

图 2 - 4 - 3　内啮合齿轮泵

（a）结构；（b）工作原理

当发动机运转时，变矩器壳体后端的轴套带动主动齿轮和从动齿轮一起朝图中顺时针方向运转。在吸油腔，容积不断增加，以致形成局部真空，液压油从进油口吸入。随着齿轮旋转，齿间的液压油被带到压油腔。在压油腔，由于主动齿轮和从动齿轮不断进入啮合，容积不断减少，将液压油加压从出油口排出。

（2）转子泵。转子泵由起主动作用的内转子（外齿轮）、起从动作用的外转子（内齿轮）和泵壳等组成，如图 2 - 4 - 4 所示。内、外转子之间有偏心距，一般外转子比内转子多一个齿。

发动机运转时，驱动轴带动液压泵内、外转子同向旋转，内、外转子的齿廓能保证在液压泵运转时，各齿均处于啮合状态，从而在内、外转子之间形成与内转子齿数相同个数的工作腔。这些工作腔的容积随着转子的旋转而不断变化，当转子顺时针方向旋转时，内、外转子中心线左侧的各个工作腔的容积由大变小，将液压油从出油口排出。

（3）叶片泵。叶片泵的工作原理如图2-4-5所示，转子由变矩器壳体后端的轴套带动，绕其中心旋转。定子是固定不动的，转子与定子不同心，二者之间有一定的偏心距。

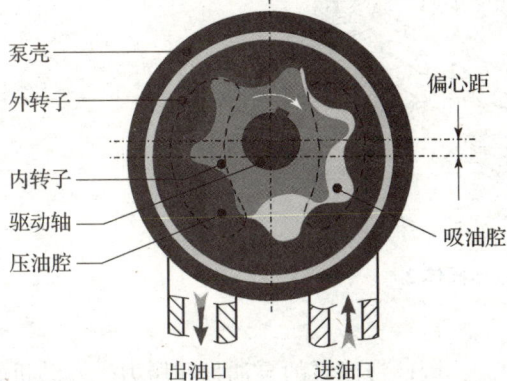 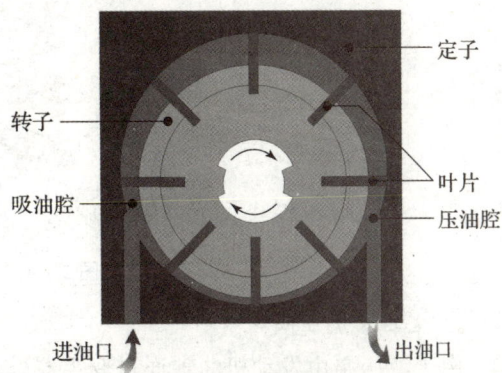

图2-4-4　转子泵　　　　　　　　　　　图2-4-5　叶片泵

当转子旋转时，叶片在离心力及叶片底部液压油压力的作用下向外张开，紧靠在定子内表面上，这样在每两个相邻叶片之间便形成密封的工作腔。如图2-4-5所示，转子顺时针方向旋转时，在转子与定子中心连线左半部的工作腔容积逐渐增大，并产生一定的真空，将液压油从进油口吸入；在中心连线右半部的工作腔容积逐渐减小，将液压油从出油口压出。

2. 液压阀体

液压阀体又称油路板、阀板、滑阀箱等，是自动变速器的液压控制单元。自动变速器控制油路是由上阀体、下阀体（图2-4-6）或者是上、中、下阀体（图2-4-7）组合在一起后形成的。阀体内集成安装有各种电磁阀、油温传感器等电气元件，还有主油路调压阀、手动阀、换挡阀、锁止离合器控制阀等。钢球（又称单向球阀）、蓄能器等换挡品质控制装置也集成装在阀体上。

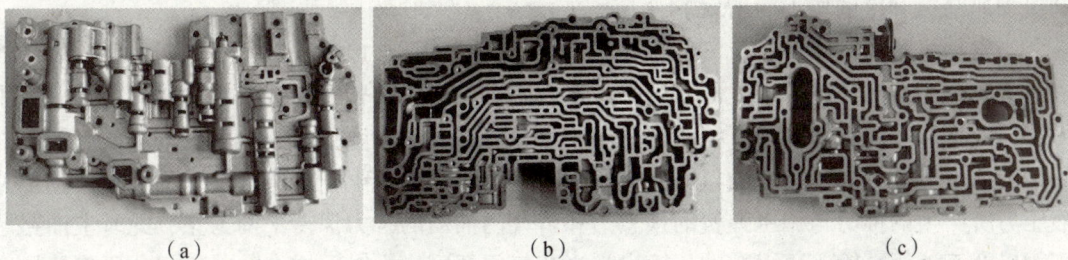

(a)　　　　　　　　　　　　(b)　　　　　　　　　　　　(c)

图2-4-6　液压阀体1
(a) 液压阀体；(b) 上阀体；(c) 下阀体

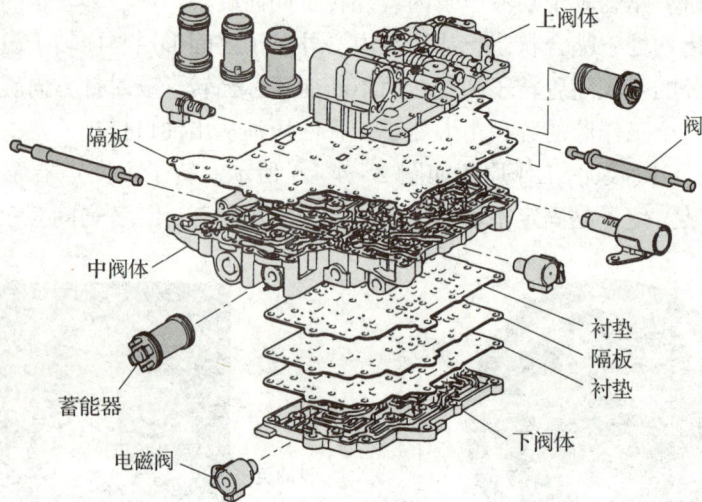

图 2 - 4 - 7　液压阀体 2

3. 主油路调压阀

由于液压泵由发动机曲轴通过变矩器外壳驱动，因此液压泵的泵油量和压力受发动机转速的影响。为了保证自动变速器的正常工作，当发动机处于最低转速工况（怠速）时，供油系统中的油压应能满足自动变速器各部分的需要。这样当发动机高速运转时，液压泵的泵油量将大大超过自动变速器各部分所需要的油量和油压，导致油压过高，增加发动机的负荷，并造成换挡冲击。因此，必须在油路中设置一个油压调节装置，在发动机高速运转时让多余的液压油流回油底壳，使液压泵的泵油压力维持在一定范围内。

油压调节装置是一个油压调节阀，也称为主油路调压阀，它的作用是根据汽车行驶速度和节气门开度的变化，自动调节流向各液压系统的油压，保证各系统液压的稳定，使各信号阀工作平稳。

主油路调压阀一般由阀芯、阀体、柱塞、柱塞套筒和调压弹簧等主要元件组成，如图 2 - 4 - 8 所示。

来自液压泵的压力油液从进油口进入，并作用到阀芯的上部 A 处，节气门油压和手动阀倒挡油路油压经进油口作用在柱塞的 C 和 B 处。节气门油压由油压电磁阀控制，它随发动机加速踏板开度的增加而增大。

当发动机负荷较小时，节气门油压较低。若液压泵压力升高，则作用在阀芯 A 处的油液压力较高，当此油压所产生的作用力大于阀芯下端弹簧预紧力和节气门油压对柱塞的作用力时，弹簧被压缩，阀芯向下移动，阀芯中部的密封台肩将使泄油口露出一部分（来自液压泵的油液压力越高，则泄油口露出越多），油液经泄油口流回油箱，使油压下降，直至油液压力所产生的推力与调压弹簧的预紧力和节气门油压的合力保持平衡为止，此时主油路调压阀以低于液压泵输入压力的油压输出。当节气门开度增大时，增大的节气门油压将使柱塞向上移动，压缩调压弹簧，使阀芯中部的密封台肩关小或堵住泄油口，油压上升。节气门开度越大，主油路调压阀输出的压力越高。

当自动变速器处于倒挡时，来自手动阀的倒挡油路压力油进入柱塞的 B 处，柱塞上移，压缩调压弹簧，主油路调压阀所调节的主油路压力也因此升高。

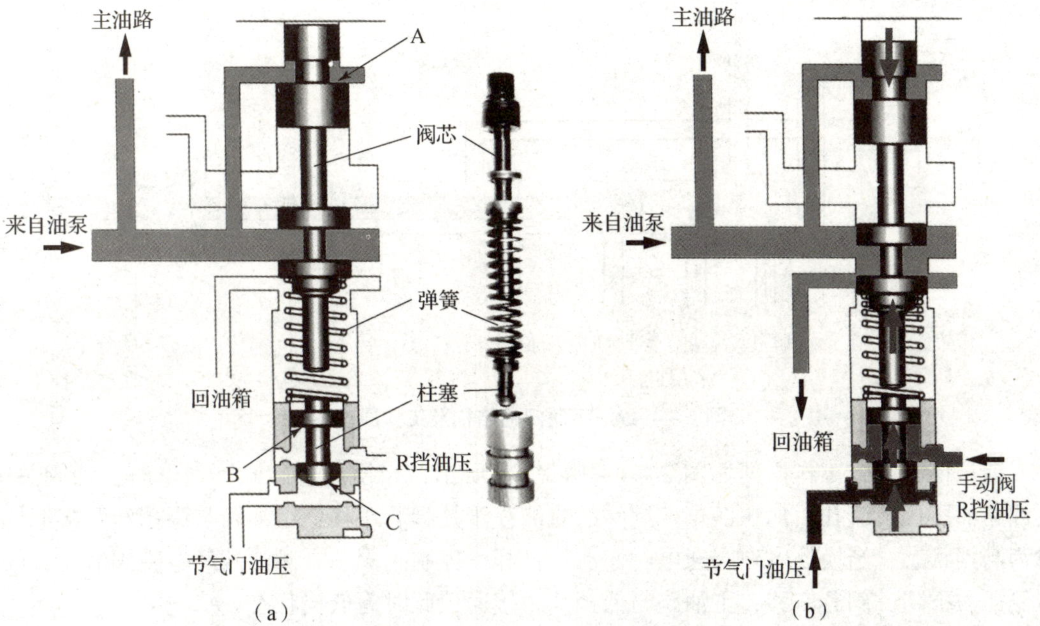

主油路
A
阀芯
来自油泵
弹簧
回油箱
柱塞
R挡油压
B
C
节气门油压
（a）

主油路
来自油泵
回油箱
手动阀R挡油压
节气门油压
（b）

图 2-4-8　主油路调压阀结构简图

主油路调压阀能够将液压泵的油压调节到需要的大小。我们在日常的学习、生活或工作中，也会碰到各种各样的压力，我们要学会调节，正确认识并积极面对压力，保持良好的心态，舒缓自己的情绪，并通过不同的渠道去释放压力。我们要学会正确认识自己，加强自身修养，认识到适度的压力是生命中必须面对的。我们要培养自己在压力状态下的思考能力，为自己创造一个良性的生存环境，不断提高自身抗压能力，以更好地适应社会的发展。

4. 手动阀

手动阀又称选挡阀，它是一种手动控制的多路换向阀，位于控制系统的阀体总成中，经机械传动机构与自动变速器的操纵手柄相连，由驾驶员手动操作。当操纵手柄处于不同位置时，手动阀也随之移至相应的位置，使进入手动阀的主油路油压与不同的控制油路接通，或直接将主油路中的压力油送入不同的控制油路。

图 2-4-9 所示为典型手动阀的结构和原理简图。手动阀由几段直径相同的阀芯组成，控制阀体上不同油道的开通和关闭，手动阀所处的位置与操纵手柄的位置相同，其进油口与主油路调压阀相通，出油口与各换挡阀和顺序动作阀等相通。

5. 换挡控制阀

换挡控制阀（简称换挡阀）是一个两位换向阀，它根据发动机负荷（节气门开度）或车速的变化，自动控制挡位的升降，使自动变速器处于最适合汽车行驶状态的挡位上。自动变速器都有一个或几个换挡控制阀，其数目根据变速器前进挡位数而定。

换挡阀的工作完全由换挡电磁阀控制，其控制方式有两种：一种是泄压控制，即通过开启或关闭换挡阀控制油路的泄油孔来控制换挡阀的工作；另一种是加压控制，即通过开启或关闭换挡阀控制油路的进油孔来控制换挡阀的工作。

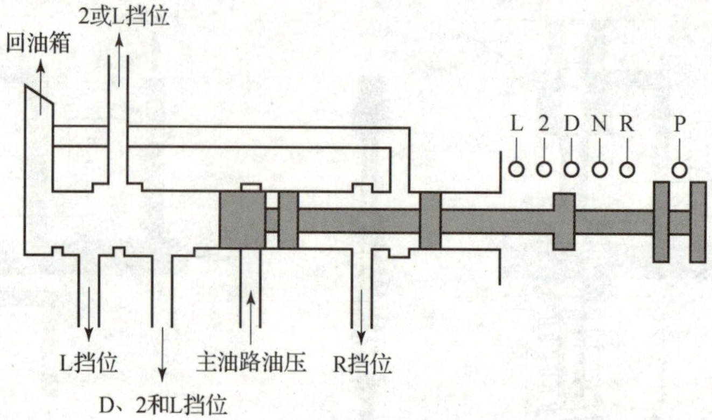

图 2 - 4 - 9　手动阀的结构及工作原理图

泄压控制方式工作原理如图 2 - 4 - 10 （a）所示，当换挡电磁阀不通电时，油阀关闭，主油路油压经节流孔后加在换挡控制阀的右侧，于是阀芯左移，主油路与高挡油路接通，此时为高挡状态；当换挡电磁阀通电时，油阀打开，控制阀阀芯右侧油液经电磁阀泄压，阀芯右侧压力下降，阀芯右移，主油路与低挡油路接通，此时为低挡状态。

（a）　　　　　　　　　　　　　　　　　（b）

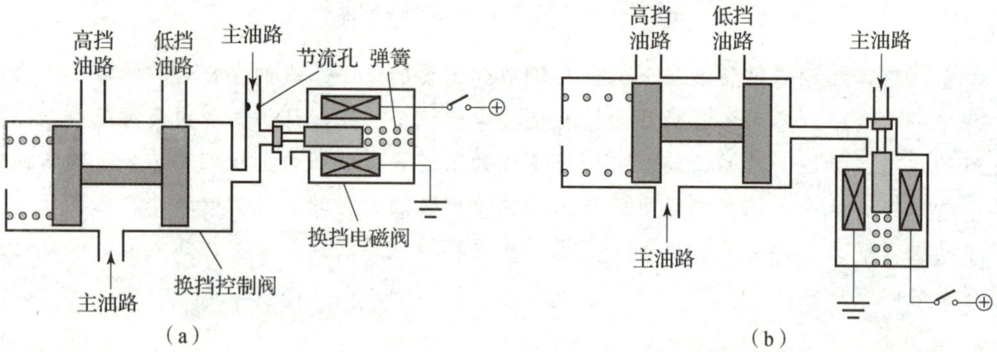

图 2 - 4 - 10　换挡控制阀和换挡电磁阀

（a）泄压控制；（b）加压控制

加压控制方式工作原理如图 2 - 4 - 10 （b）所示，当换挡电磁阀不通电时，油阀关闭，阀芯在弹簧弹力的作用下右移，主油路与低挡油路接通，此时为低挡状态；当换挡电磁阀通电时，油阀打开，主油路油压进入阀芯右侧，阀芯左移，主油路与高挡油路接通，此时为高挡状态。

丰田 A341E 自动变速器有 3 个换挡控制阀，分别为 1 - 2 换挡阀、2 - 3 换挡阀和 3 - 4 换挡阀，并用 2 个电磁阀控制 3 个换挡控制阀，形成 4 个前进挡，其工作原理如图 2 - 4 - 11 所示（换挡执行元件的工作情况如表 2 - 3 - 4 所示）。它采用了泄压控制的方式，由图 2 - 4 - 11 可知，1 - 2 换挡阀和 3 - 4 换挡阀由电磁阀 A 共同控制，2 - 3 换挡阀则由电磁阀 B 单独控制。

1 挡时，电磁阀 A 断电，电磁阀 B 通电，2 - 3 换挡阀阀芯在弹簧的作用下右移；1 - 2 换挡阀阀芯在控制油压的作用下左移；主油路油压作用在 3 - 4 换挡阀左端，3 - 4 换挡阀锁止在右端位置。于是离合器 C_0 和 C_1 油路接通。

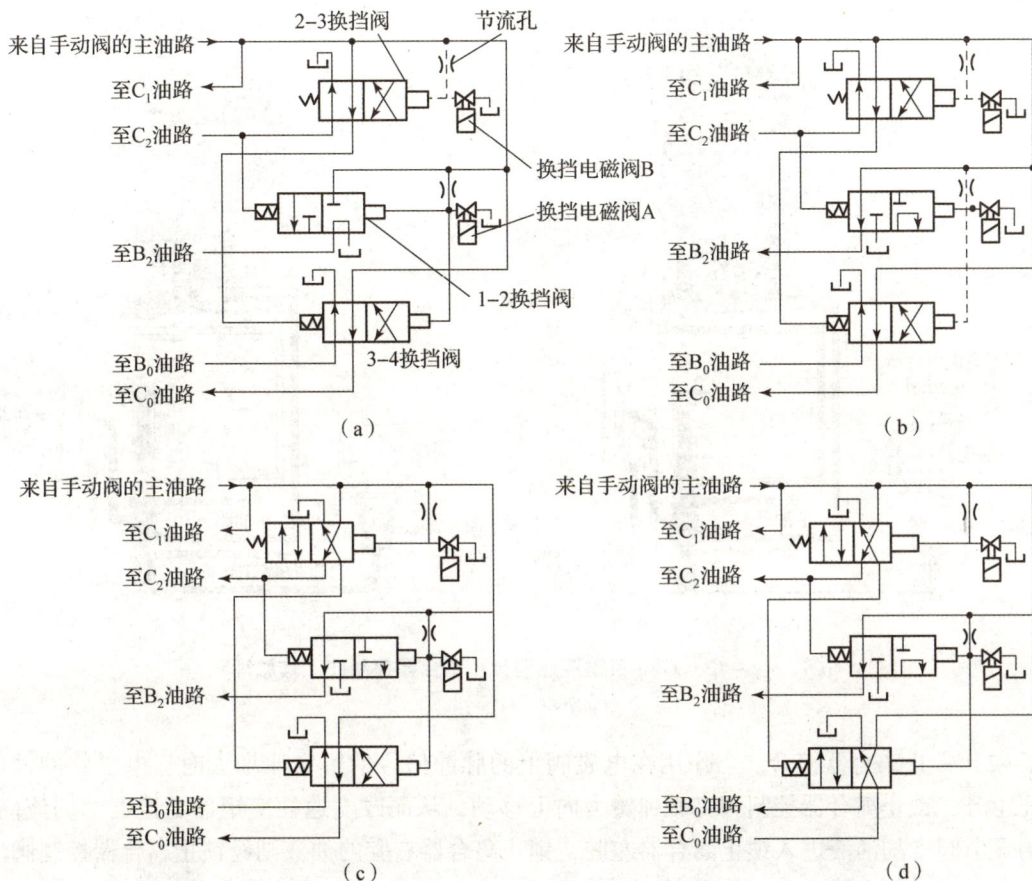

图 2 - 4 - 11　4 个前进挡的电控液力自动变速器 D 位时换挡控制原理示意图

(a) 1 挡；(b) 2 挡；(c) 3 挡；(d) 4 挡

2 挡时，电磁阀 A 和 B 同时通电，1 - 2 换挡阀右端油压下降，阀芯右移，3 - 4 换挡阀锁止在右端位置。于是离合器 C_0、C_1 和 B_2 油路接通。

3 挡时，电磁阀 A 通电，电磁阀 B 断电，2 - 3 换挡阀右端油压上升，阀芯左移，同时主油路油压作用在 1 - 2 换挡阀左端，并让 3 - 4 换挡阀左端控制压力泄空，3 - 4 换挡阀锁止在右端位置。于是离合器 C_0、C_1、C_2 和制动器 B_2 油路接通。

4 挡时，电磁阀 A 和 B 均断电，3 - 4 换挡阀右端控制压力上升，阀芯左移。1 - 2 换挡阀左端作用着主油路油压，虽然右端有控制压力，但阀芯仍保持在右端而不能左移。于是离合器 C_1、C_2 和制动器 B_0、B_2 油路接通。

6. 锁止离合器控制阀

目前电子控制自动变速器大多采用脉冲线性式电磁阀作为锁止离合器电磁阀，如图 2 - 4 - 12 所示，此电磁阀为常低电磁阀。

(1) 锁止离合器分离。当作用在电磁阀上的脉冲信号的占空比为 0 时，电磁阀关闭，没有油压作用在锁止离合器控制阀下端，从主油路来的油液通过锁止离合器控制阀流入锁止离合器右腔，使锁止离合器处于分离状态，锁止离合器左腔流出的油液流经 ATF 冷却器散热。

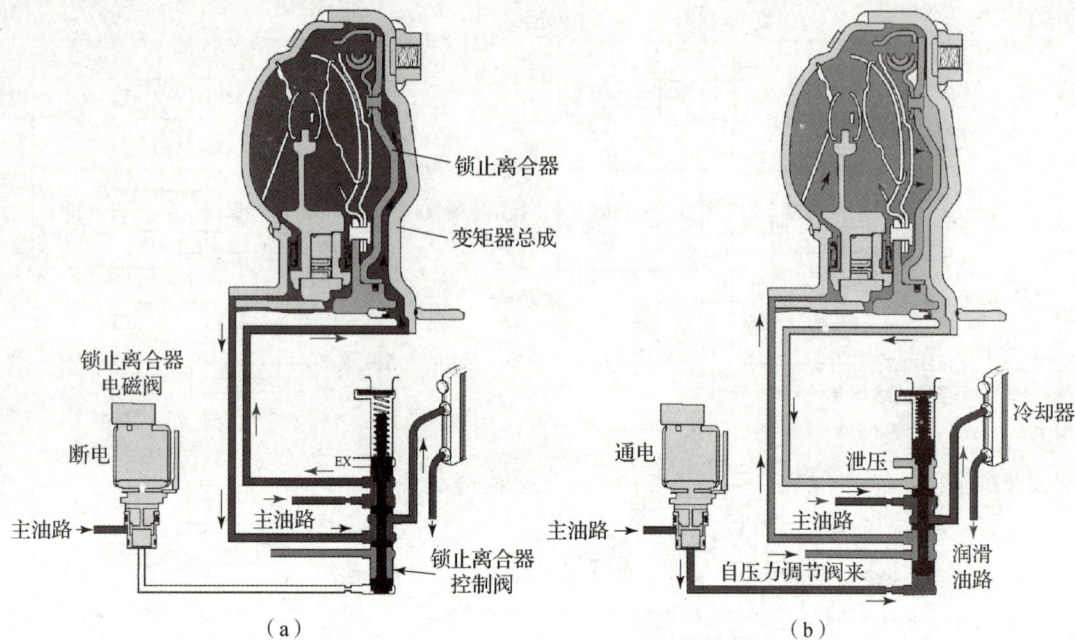

图 2 – 4 – 12　GF6 自动变速器锁止离合器控制阀工作原理

(a) 分离；(b) 接合

（2）锁止离合器接合。当作用在电磁阀上的脉冲信号的占空比增大时，电磁阀的输出油压上升，锁止离合器控制阀克服弹簧力向上移动，从而改变通往变矩器变速器油的流向。压力调节阀来的油液进入锁止离合器左腔，锁止离合器右腔的油液则经锁止离合器控制阀泄压，于是锁止离合器接合。此时主油路来的油液节流后经 ATF 冷却器散热，然后进入润滑油路。

脉冲信号的占空比越大，锁止离合器左右两侧的油压差以及锁止离合器的接合力也越大。当脉冲信号的占空比达到一定数值时，锁止离合器即可完全接合。这样，可以通过电磁阀来调节其接合力和接合速度，让接合力逐渐增大，使接合过程更加柔和。

7. 换挡品质控制装置

自动变速器在换挡时，如果油压建立速度过快，将会产生换挡冲击。而如果为了减少换挡冲击而延长换挡时间，则摩擦元件的滑转时间延长，导致摩擦元件温度升高、磨损增加。因此，在自动变速器液压控制系统中，应增加换挡品质控制阀，使换挡执行元件的接合更为柔和，换挡平稳、无冲击。

常见的换挡品质控制装置有蓄能器和单向节流阀等。

（1）蓄能器。蓄能器又称蓄压器、储压器或储能器。一般采用弹簧式蓄能器，其主要由活塞和弹簧组成，如图 2 – 4 – 13 所示，当弹簧被压缩时，储存能量；而当弹簧伸长时，释放能量。

蓄能器可以只在活塞无弹簧的一侧进油，也可以从活塞两侧都进油。

如图 2 – 4 – 14 所示，蓄能器与离合器或制动器油路并联安装，来自换挡阀的工作油压在进入离合器或制动器活塞腔的同时，也进入蓄能器，蓄能器内的活塞受力下移，减缓了工作压力的迅速增长，防止了因换挡迅速而引起的换挡冲击。为了使蓄能器的缓冲程度可控且与节气门开度有关，在蓄能器的弹簧端还同时作用主油压。主油压的存在使离合器或制动器油压的建立过程加快。在节气门开度加大时，主油压升高，加快换挡进程，防止在传递大扭矩时换挡执行元件打滑，从而满足了汽车在各种行驶条件下对换挡过程的不同要求。

图 2 - 4 - 13　蓄能器

图 2 - 4 - 14　蓄能器工作情况示意图

（2）单向节流阀。单向节流阀可对流向换挡执行元件的液压油产生节流作用，并在换挡执行元件接合时延缓油压增大的速率，以减小换挡冲击。在换挡执行元件分离时，单向节流阀对换挡执行元件的泄油不产生节流作用，以加快泄油过程，使换挡执行元件迅速分离。

单向节流阀有两种型式：一种是弹簧节流阀式，如图 2 - 4 - 15（a）所示，在进油时，节流阀关闭，液压油只能从节流阀中的节流孔通过，从而产生节流效应；在回油时，液压油将节流阀推开，节流孔不起作用。另一种是球阀节流孔式，如图 2 - 4 - 15（b）所示，在进油时，球阀关闭，液压油只能从球阀旁的节流孔经过，减缓了充油过程；回油时，球阀开启，加快了回油过程。

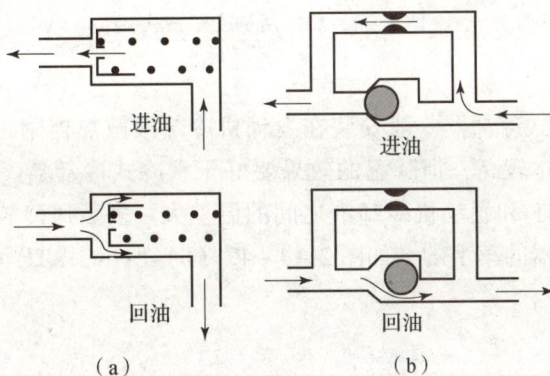

（a）　　　　　　　　　　　（b）

图 2 - 4 - 15　单向节流阀

（a）弹簧节流阀式；（b）球阀节流孔式

三、冷却与润滑系统

1. 冷却系统

液力变矩器工作时，有部分能量转化为热量，另外离合器、制动器及

零件的滑动摩擦也会产生热量，使 ATF 温度升高，这会导致变速器油失效，从而导致变速器故障。因此应把 ATF 温度控制在一定范围内，这由变速器油冷却器（又称液压油散热器）完成。变速器油冷却器安装在变速器外部，使变速器油散热后经油管返回变速器，如图 2 - 4 - 16 所示。常用的变速器油冷却器有两种，即水冷式和风冷式。

（1）水冷式。水冷式冷却器安装在发动机冷却液散热器中，利用发动机的冷却系统散热。ATF 冷却器的管道安装在发动机冷却液散热器的底部或发动机冷却液散热器的侧面，如图 2 - 4 - 17（a）所示。正常工况下，ATF 的温度会高于发动机冷却液的温度，因此，ATF 将热量传递给发动机冷却液，然后再返回变速器。

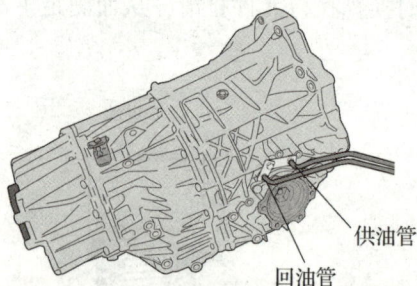

图 2 - 4 - 16　ATF 的冷却

如果冷却器有泄漏，则会影响到发动机的冷却系统和变速器的液压系统。

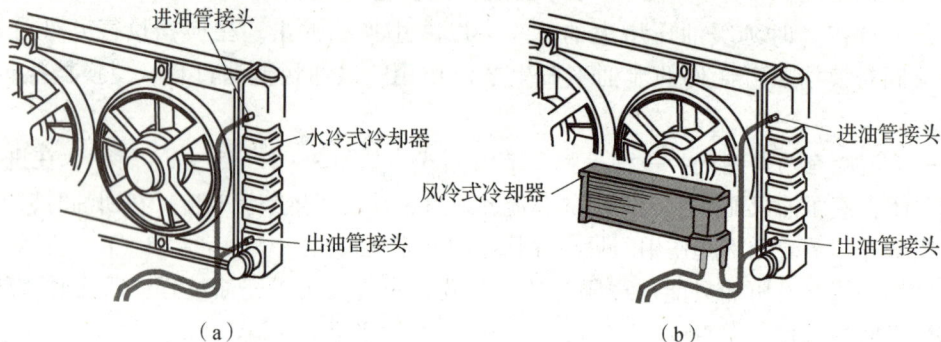

（a）　　　　　　　　　　（b）

图 2 - 4 - 17　两种冷却方式
（a）水冷式；（b）风冷式

（2）风冷式。风冷式冷却器一般安装在发动机冷却液散热器附近，或空气流通良好的地方。风冷式冷却器成本较高，但降温的效果要好于水冷式冷却器。这是因为 ATF 和外部空气之间的温差要比 ATF 和发动机冷却液之间的温差大。多数风冷式冷却器是作为附件安装在已经有水冷式冷却器的车上的，如图 2 - 4 - 17（b）所示，ATF 流经两个冷却器冷却后返回变速器。

2. 润滑系统

自动变速器壳体上加工有润滑油道，油液经过润滑油道进入输入轴衬套，并通过衬套上的油孔流至输出轴表面。输出轴上有径向油孔，油液通过这些油孔对支承衬套、垫圈及行星齿轮机构等元件进行润滑。需特别注意的是，装有自动变速器的轿车在发动机熄火的情况下不能长距离拖动，因为在这种情况下，液压系统无法提供润滑油。若拖车距离太长，会造成齿轮变速机构、衬套等元件干摩擦，影响自动变速器的使用寿命，情况严重的会造成元件烧蚀。在万不得已的情况下，拖车的最高速度不能超过 20 ~ 30 km/h，最长距离不能超过 30 km。同时，应断开传动轴。

一、液压泵的检修

（1）如图 2 – 4 – 18 所示，用厚薄规分别测量液压泵外齿轮外圆与液压泵壳体之间、外齿轮及内齿轮的齿顶与月牙板之间、外齿轮及内齿轮端面与泵壳平面之间的间隙，将测量结果与标准值对照，如不符合标准，应更换齿轮、泵壳或液压泵总成。丰田 A341E 自动变速器的液压泵间隙值如表 2 – 4 – 1 所示。

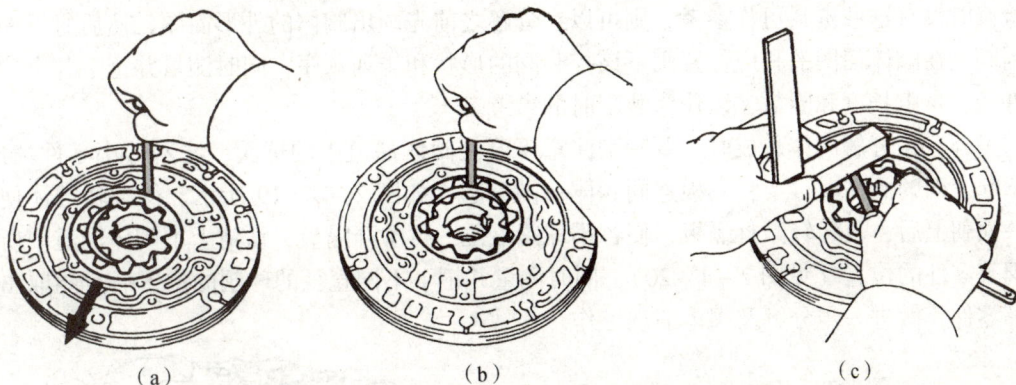

（a）　　　　　　　　　（b）　　　　　　　　　（c）

图 2 – 4 – 18　液压泵齿轮间隙的测量

表 2 – 4 – 1　丰田 A341E 自动变速器液压泵间隙测量标准　　　　　　　mm

项目	标准间隙	最大间隙
外齿轮外圆与壳体间隙	0.07 ~ 0.15	0.3
齿顶与月牙板间隙	0.11 ~ 0.14	0.3
齿轮端隙	0.02 ~ 0.05	0.1

（2）检查液压泵外齿轮、内齿轮、泵壳端面有无肉眼可见的磨损痕迹，如有，则应更换新件。

二、阀体的检修

阀体性能的好坏直接影响自动变速器的换挡规律。在拆检自动变速器时，并非一定要拆检阀体，以免无谓的拆装破坏阀体内各个控制阀的装配精度，只有在自动变速器换挡规律失常或摩擦片严重烧毁、阀体内沾有大量摩擦粉末时，才对阀体进行拆检修理。

1. 阀体的分解

由于阀体中各个控制阀的加工精度和配合精度都极高，不正确的分解方法往往会损坏控制阀，影响其正常工作。因此在分解阀体时应注意以下几点：

（1）分解阀体时，切不可让阀芯等重要零件掉落。不要将铁丝、螺丝刀等硬物伸入阀孔中，以免损伤阀芯和阀孔的精密配合表面。

（2）阀体分解后的所有零件应在清洗后用压缩空气吹干，不允许用棉布擦拭，以免沾上细小的纤维丝，造成控制阀卡滞。

（3）装配阀体时，应检查各控制阀阀芯是否能在阀孔中活动自如。如有卡滞，应拆下，经清洗后重新安装。

（4）不能在阀体衬垫及控制阀的任何零件上使用密封胶或黏合剂。

（5）在更换隔板衬垫时，要将新旧件进行对比，确认无误后再装入，以防止因零件规格不符而影响自动变速器的正常工作。

（6）在分解、装配阀体时，要有详细的技术资料（如阀体分解图），以作为对照。如果在检修时没有这些资料可作参考，则可以在分解之前先画出阀体的外形简图，然后每拆一个控制阀就在阀体简图的相应位置画下该控制阀的形状和排列顺序，同时测量并记下各个弹簧的外径、自由长度和圈数，以作为装配时的参考。

另外，在分解阀体总成时，要特别注意不要使阀体油道中的球阀、滤网等小零件掉出。在拿起上面的阀体时，要将隔板连同阀体一同拿起，如图2-4-19所示。待翻转阀体使油道一面朝上后，再轻轻敲打隔板，使各小球阀落位，再拿开隔板，认清上下阀体油道中所有球阀等零件的位置（见图2-4-20），同时测量并记下不同直径的球阀的位置后才能取出球阀等零件，做进一步分解及阀体清洗工作。

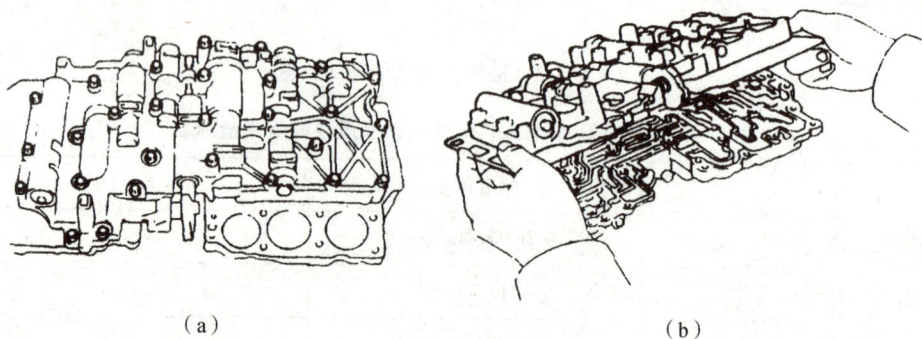

（a）　　　　　　　　　　　　　　　　（b）

图2-4-19　分开上下阀体

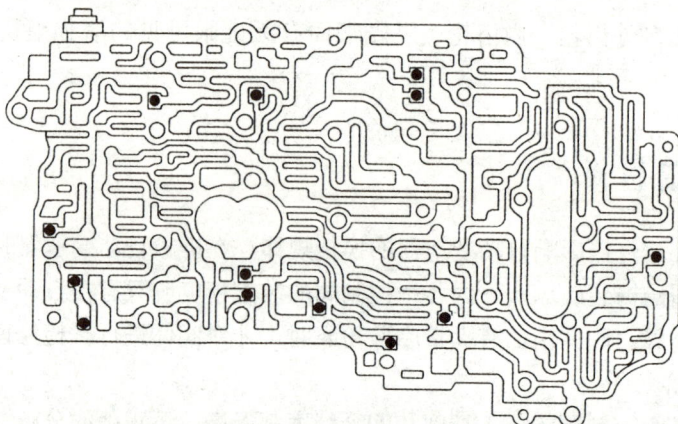

图2-4-20　阀体油道中球阀的安装位置

2. 阀体的分解图

典型车型自动变速器阀体分解图如图2-4-21所示。

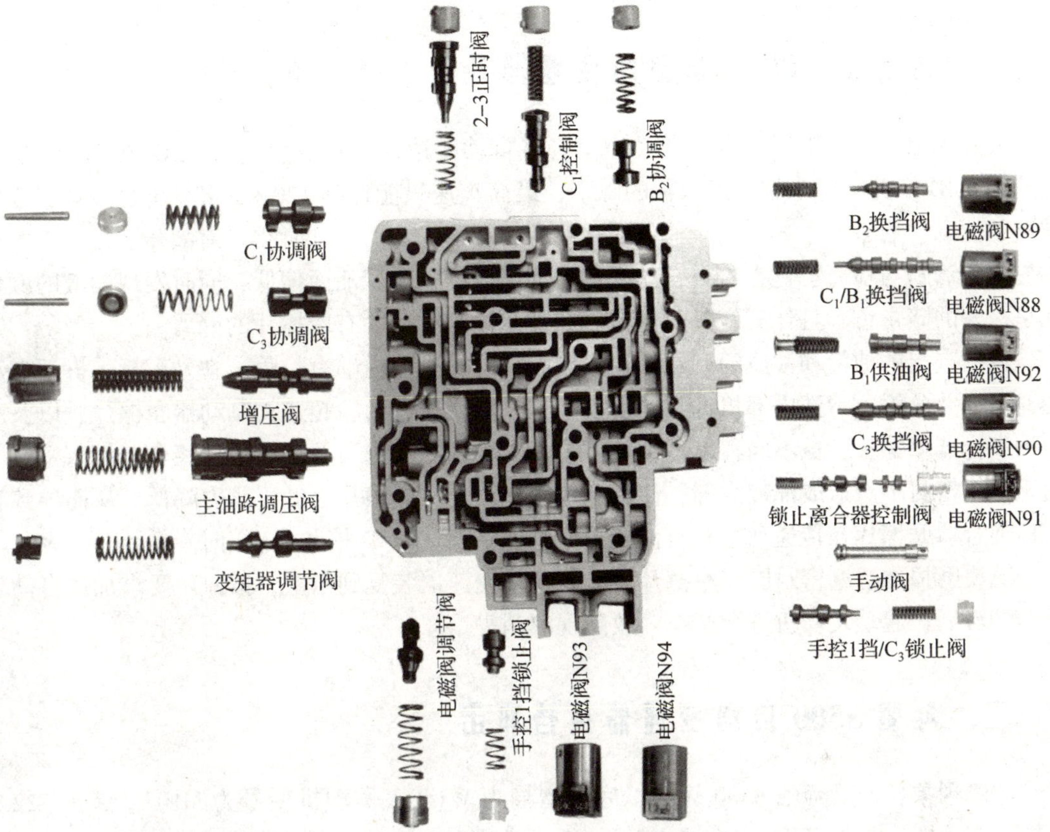

图2-4-21 大众01M变速器阀体分解图

3. 阀体零件的检修

（1）将上、下阀体所有控制阀的零件用清洁的煤油或酒精清洗干净。

（2）检查控制阀阀芯表面，如有轻微刮伤痕迹，则可用金相砂纸抛光。

（3）检查诸阀弹簧有无损坏，测量各阀弹簧的长度，如不符合规定要求，则应更换。

（4）检查滤油器，如有损坏或堵塞，应更换。

（5）检查隔板，如有创伤或损坏，应更换。

（6）更换隔板上的纸质衬垫。

（7）更换所有塑胶球阀。

（8）如控制阀卡死在阀孔中，应更换阀体总成。

　　液压阀体内的零件很精密、很小，也很多，我们在拆装液压阀体时一定要注意认真仔细，一丝不苟，这样才能保证维修质量。我们不仅仅把工作当作职业，而是当作事业；不仅仅把工作当成获取报酬、养家糊口的工具，而是要树立对职业敬畏、对工作执着、对质量负责的态度，极度注重细节，不断追求完美和极致。要把一丝不苟、精益求精的职业精神融入每一个环节，给客户提供无可挑剔的体验。这种宝贵的职业精神就是工匠精神。

案例分析

一、凌志 LS400 轿车自动变速器升挡不良故障诊断

故障现象：一辆丰田凌志 LS400 轿车，将自动变速器换挡操纵杆挂入 D 位行驶，按下超速挡 O/D 开关后，随着加速踏板的踩下，最高车速只能达到 120 km/h。开始没有引起驾驶员的注意，后来该车的最高车速仅能达到 90 km/h 左右时，才觉得车有故障。

故障诊断与检修：首先检查自动变速器油面高度，发现油面偏低，同时发现油液的颜色已呈极深的暗褐色，且伴有烧焦的气味。此外，油液中还含有摩擦片的碎屑。

依据查出的油量和油质的问题，初步判断自动变速器内部有故障。举升车辆，拆下自动变速器，并分解、清洗内部机件。结果发现在自动变速器内，超速挡制动器摩擦片，以及超速挡离合器摩擦片已被不同程度地烧蚀和损坏。再仔细检查，发现超速挡离合器活塞密封圈由于磨损密封不严造成油液渗漏，使活塞作用在离合器摩擦片上的压紧力降低，从而导致直接挡离合器摩擦片在传递动力时打滑，造成车速在超速 O/D 挡和 D3 挡时降低。

更换磨损的活塞密封圈和摩擦片后，将自动变速器装复到车上，按原厂要求加注自动变速器油液后，起动发动机进行试车，故障现象消失。

二、奔驰 S500 自动变速器换挡冲击

故障现象：一辆奔驰 S500 轿车，底盘型号为 W140，发动机型号为 M104，装配 722.3 型自动变速器，行驶里程为 131 560 km。客户反映在挂挡起步时，底盘会出现强烈的振动，在行驶过程中自动变速器出现明显的换挡冲击。

故障诊断与排除：举升车辆，检查传动系统和悬架部件，没有发现松旷或破损问题。检查自动变速器油，油面高度正常，但油有点焦煳味。拆下自动变速器油底壳，发现在自动变速器油中有摩擦片的碎屑。拆下自动变速器总成并分解，结果发现所有摩擦片都因温度过高而烧焦，离合器 K_2 外壳因过热变形，制动器 B_3 活塞底部有一道明显的环形拉痕。分解制动器 B_3 活塞，发现少了两个回位弹簧，由此可知拉痕是因制动器 B_3 活塞的回位力量不足，制动器 B_3 活塞底部被相邻的离合器 K_1 外壳切割而形成的。

对液压阀体进行分解检查。在检查上阀体下部油道中的小零件时，发现 B_2 换挡阀滤网丢失。继续检查下阀体上部油道中的小零件，发现 14 号球阀缺失。将所有零部件彻底清洗干净，购买缺失和损坏的零部件（包含摩擦元件和各类油封）以及大修包，装复自动变速器，并将各摩擦组件的自由间隙调整到标准范围之内。

将自动变速器安装到车上，添加适量的自动变速器油，经过反复路试，车辆起步时的换挡冲击现象消失了，故障彻底排除。

故障总结：产生本例故障的原因是前期维修人员装配错误，特别是弄丢了液压阀体中的小零件，导致液压回路泄漏，摩擦元件无法正常接合，最终因打滑产生过热，使摩擦元件烧损。自动变速器的装配方法并不复杂，维修人员只要按照装配图操作即可，关键在于细致和耐心。

任务小结

1. 液压控制系统的功用是提供油压，并根据车辆行驶车速和节气门开度等情况进行油压调节，最终实现齿轮变速机构挡位的自动变换及变速器锁止离合器的锁止控制。

2. 自动变速器液压控制系统由动力源、执行元件、控制元件和辅助元件等组成。

3. 自动变速器油 ATF 是一种特殊的高级润滑油，不仅具有润滑、冷却作用，还具有传递扭矩以及传递压力（充当执行元件以及液压操纵系统的工作介质）的作用。

4. 液压泵通常安装在变矩器的后方，由变矩器壳后端的轴套驱动。在发动机运转时，不论汽车是否行驶，液压泵都在运转。

5. 自动变速器控制油路是由上阀体、下阀体或者是上、中、下阀体组合在一起后形成的。阀体内集成安装有各种电磁阀、油温传感器等电气元件，还有主油路调压阀、手动阀、换挡阀、锁止离合器控制阀等。钢球、蓄能器等换挡品质控制装置也集成装在阀体上。

6. 主油路调压阀的作用是根据汽车行驶速度和节气门开度的变化，自动调节流向各液压系统的油压，保证各系统液压的稳定，使各信号阀工作平稳。

7. 手动阀是一种手动控制的多路换向阀，由驾驶员手动操作。当操纵手柄处于不同位置时，手动阀也随之移至相应的位置，使进入手动阀的主油路油压与不同的控制油路接通，或直接将主油路压力油送入不同的控制油路。

8. 换挡控制阀是一个两位换向阀，它根据发动机负荷（节气门开度）或车速的变化，自动控制挡位的升降，使自动变速器处于最适合汽车行驶状态的挡位上。

9. 自动变速器换挡阀由换挡电磁阀控制。其控制方式有两种：一种是泄压控制，另一种是加压控制。

10. 自动变速器大多采用脉冲线性式电磁阀作为锁止离合器电磁阀。

11. 蓄能器、单向节流阀等辅助控制阀可以使换挡执行元件的接合更为柔和，使换挡平稳、无冲击。

12. 变速器油冷却器有两种，即水冷式和风冷式。

学习任务五　电子控制系统检修

【思政目标】

• 培养学生各司其职、各负其责、团结协作的能力；

• 培养学生不断自我反省、不断提升自己的向上精神。

【任务目标】

• 能正确讲述自动变速器电控系统的组成；

• 能正确描述电控系统各传感器、执行器的作用及工作原理；

• 能正确描述自动变速器电控单元的控制功能；

• 能正确识读和分析自动变速器电控系统电路图；

• 会对各传感器和执行器进行检测。

【学习重点】

- 自动变速器电控单元的控制功能；
- 识读和分析自动变速器电控系统电路图；
- 自动变速器各传感器和执行器的检测。

任务导入

一辆 2016 年产北京现代伊兰特轿车，行驶里程 9.6 万 km。用户反映该车行驶或爬坡之前起步困难，车辆也无法高速行驶，当从 P 位换到 R 位时会有换挡冲击，在行驶过程中感觉不到换挡。连接故障诊断仪，进入自动变速器控制单元，发现有 1 个故障码 P0765，含义为 OD 换挡电磁阀故障。现在请你对客户轿车的自动变速器进行检修。

知识准备

现代汽车自动变速器大部分都是利用电控和液压组合的形式进行控制的。自动变速器 ECU 接收传感器和开关的信息，根据控制策略控制电磁阀进而对液压系统做出调节，从而实现变速器的自动换挡。

一、电控系统的组成

自动变速器电控系统由传感器、电子控制单元（ECU）和执行器三部分组成，如图 2－5－1 所示。电子控制单元通过检测节气门开度和车速、发动机转速、控制开关信号等参数，按照特定的处理程序处理这些数据，并做出是否需要换挡的判断。然后发出相应的换挡控制信号，控制各种电磁阀工作，于是阀体中的液压控制阀动作（接通或切断换挡控制油路），驱动离合器、制动器或锁止离合器等液力执行元件，实现对自动变速器的自动换挡等控制。

电子控制系统的组成

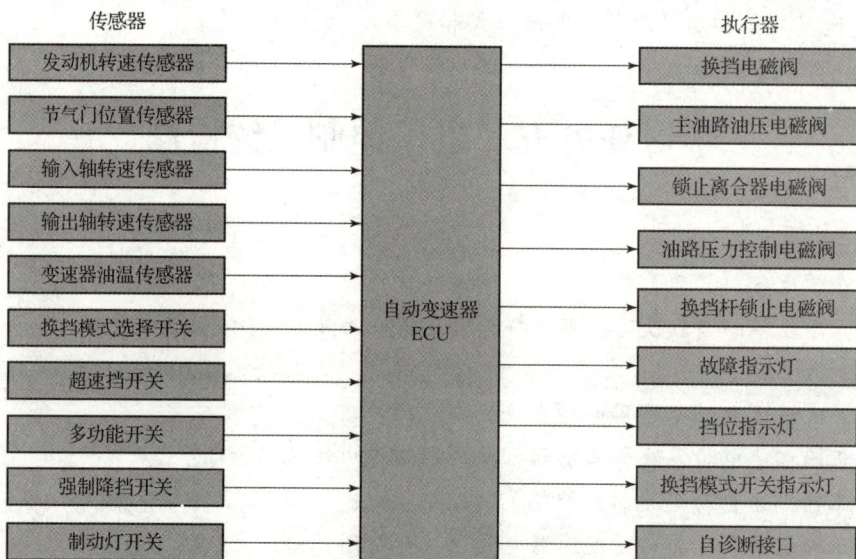

图 2－5－1　自动变速器电控系统控制原理框图

二、传感器

传感器部分主要包括发动机转速传感器、节气门位置传感器、输入轴转速传感器、输出轴转速传感器、变速器油温传感器、换挡模式选择开关、超速挡开关、多功能开关、强制降挡开关、制动灯开关等，其中发动机转速传感器、节气门位置传感器等与发动机电控系统共用。

> 传感器把收集到的信息传给ECU，ECU经过分析处理之后发送指令给执行器，由执行器完成相关的功能，它们之间紧密相关，任何一个部分出现故障都会影响整个系统的运行。在平时学习及工作中，我们既要各司其职、各负其责，也要相互合作，充分发挥集体的力量。团结协作有利于提高企业的整体效能，有助于企业目标的实现，同时也是企业创新的巨大动力。

1. 输入轴转速传感器

输入轴转速传感器用于检测变速器输入轴的转速，并将信号送入变速器ECU，便于更精确地控制换挡过程。它还作为变矩器涡轮的转速信号，与发动机转速即变矩器泵轮转速信号进行比较，计算出变矩器的传动比，使主油路油压控制和锁止离合器控制得到进一步的优化，以改善换挡感觉，提高汽车的行驶性能。

输入轴转速传感器安装在行星齿轮变速器的输入轴（液力变矩器涡轮输出轴）或与输入轴连接的离合器毂附近的壳体上，如图2-5-2所示，常采用电磁式或霍尔式。

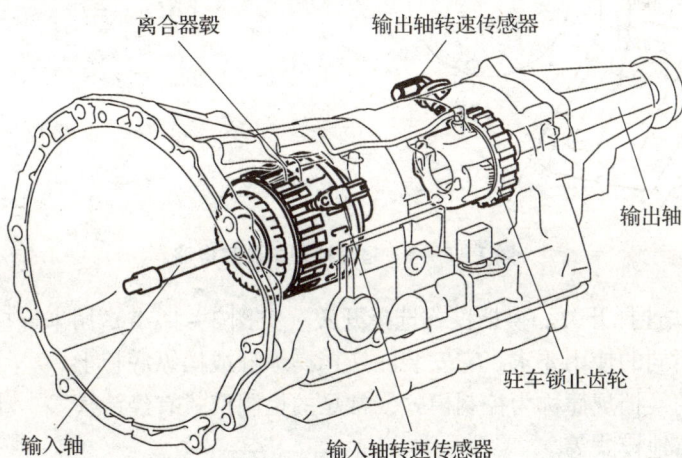

图2-5-2　输入轴转速传感器和输出轴转速传感器

2. 输出轴转速传感器

输出轴转速传感器又称为车速传感器，用于检测变速器输出轴的转速，同时也作为车速信号输出到ECU。变速器控制单元根据输出轴转速传感器的信号及输入轴转速传感器的信号等计算实际传动比，并控制变矩锁止离合器的工作。该传感器信号是自动变速器的主要控制信号，其原理与发动机电控系统中用的转速传感器相同。

输出轴转速传感器安装于输出轴附近的壳体上，如图2-5-2所示，常用电磁式或霍尔式。

3. 变速器油温传感器

变速器油温传感器用于检测自动变速器液压油的温度，作为 ECU 控制换挡品质、油压控制和锁止离合器控制的依据。变速器油温传感器一般采用负温度系数的热敏电阻，与发动机电控系统中用的水温传感器结构和特性相同。传感器一般安装在自动变速器油底壳内的阀体上，如图 2-5-3 所示，并完全浸没在变速器油液中。

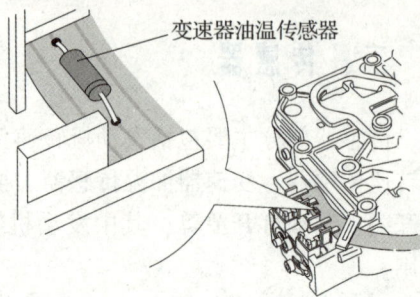

图 2-5-3 变速器油温传感器

4. 开关信号

（1）超速挡开关（OD 开关）。超速挡开关一般为按钮式，设置在换挡操纵杆上。此开关用来控制自动变速器的超速挡。此开关打开后，超速挡控制电路接通，此时若换挡操纵杆位于 D 位，自动变速器最高可升入超速挡。当该开关关闭后，超速挡控制电路被断开，仪表盘上的 O/D OFF 指示灯随之亮起（表示限制超速挡的使用），自动变速器不能升入超速挡。

超速挡开关控制电路如图 2-5-4 所示。

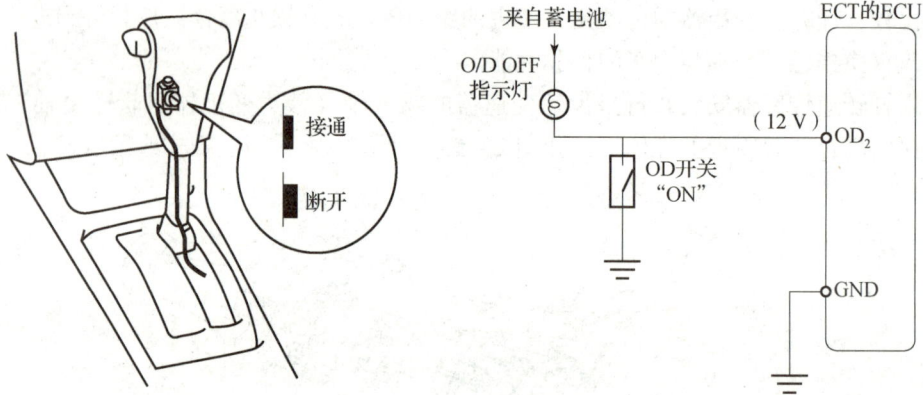

图 2-5-4 超速挡开关及其电路

（2）换挡模式选择开关。换挡模式选择开关（见图 2-1-5）用来选择自动变速器的控制模式，以满足不同的使用要求。它安装在换挡操纵杆或操纵底板上。

自动变速器的换挡规律称为控制模式，常见的控制模式有经济模式、动力模式、普通模式、手动模式和雪地模式等。

（3）多功能开关。多功能开关又称挡位开关，用于检测换挡操纵杆的位置，如图 2-5-5 所示。它一般安装在自动变速器手动阀摇臂轴上或换挡操纵杆的下方，由换挡操纵杆进行控制。它由几个触点组成，当换挡操纵杆位于不同位置时，相应的触点接通，ECU 根据被接通的触点来判断换挡操纵杆的位置，以便按照不同的程序控制自动变速器的工作。例如，在 R 位时，会控制倒车灯开启；在 P 位或 N 位时（丰田车系单独设立了一个部件，并称为空挡起动开关），才能够起动发动机；在 P、N 以外的位置时，控制发动机不能起动，从而保证使用安全。

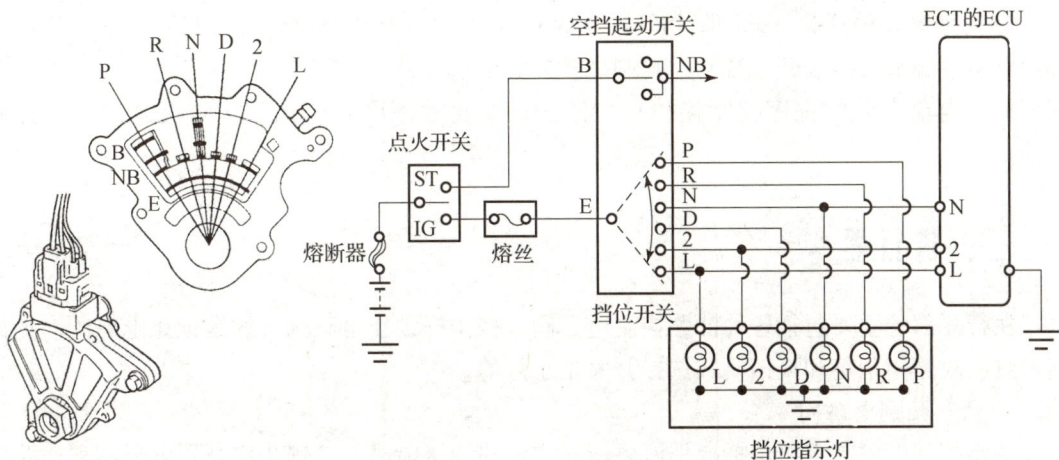

（a）

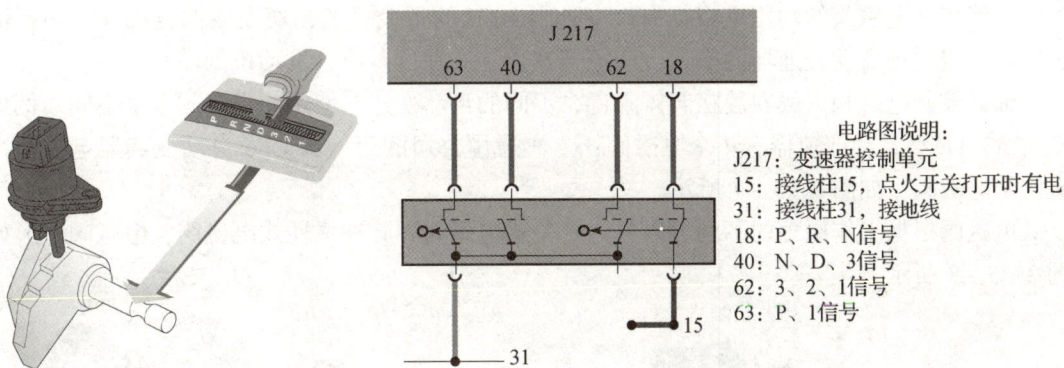

电路图说明：
J217：变速器控制单元
15：接线柱15，点火开关打开时有电
31：接线柱31，接地线
18：P、R、N信号
40：N、D、3信号
62：3、2、1信号
63：P、1信号

（b）

图 2 - 5 - 5　挡位开关

（a）丰田车系空挡起动开关和挡位开关；（b）大众车系多功能开关

（4）制动灯开关。制动灯开关安装在制动踏板下面的支架上，如图 2 - 5 - 6 所示。制动灯开关除了控制制动灯外，还向自动变速器 ECU 提供信号控制锁止离合器。当踩下制动踏板时，制动灯开关闭合，ECU 接收到信号后立即控制液力变矩器锁止离合器分离，防止制动时发动机熄火。

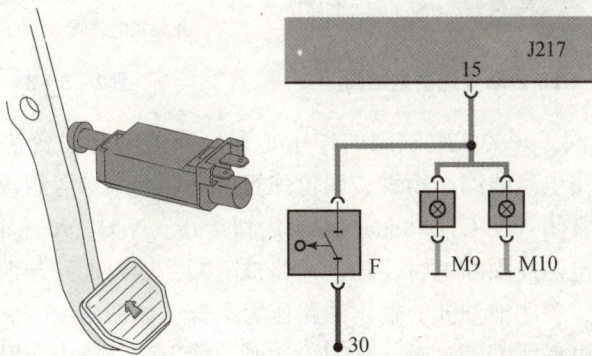

图 2 - 5 - 6　制动灯开关

J217—自动变速器控制单元；F—制动灯开关；M9，M10—制动灯

（5）强制降挡开关。强制降挡开关用来检测加速踏板是否达到节气门全开的位置。当加速踏板达到节气门全开位置时，强制降挡开关接通，并向电控单元输送信号，这时电控单元即按其内存设置的程序控制换挡，并使变速器自动下降一个挡位，以提高汽车的加速性能。

三、执 行 器

执行器部分主要包括各种油路控制电磁阀、换挡杆锁止电磁阀、钥匙锁止电磁阀、挡位指示灯、故障指示灯和换挡模式选择开关指示灯等。

1. 油路控制电磁阀

油路控制电磁阀主要包括换挡电磁阀、主油路油压电磁阀、锁止离合器电磁阀和油路压力控制电磁阀等。

油路控制电磁阀的功用是根据自动变速器 ECU 的指令接通、切断或部分接通、切断液压回路，以实现自动变速器的换挡、变矩器锁止、主油压调节、发动机制动等的控制。

油路控制电磁阀一般安装在阀体附近，不同的自动变速器使用的电磁阀数量不同。例如丰田 A341E 型自动变速器有 4 个电磁阀；上汽通用公司的第一代 GF6 自动变速器电控系统有 7 个电磁阀，如图 2 - 5 - 7 所示。

电磁阀根据工作原理的不同可以分为开关式电磁阀和脉冲线性式电磁阀，电磁阀外形如图 2 - 5 - 8 所示。

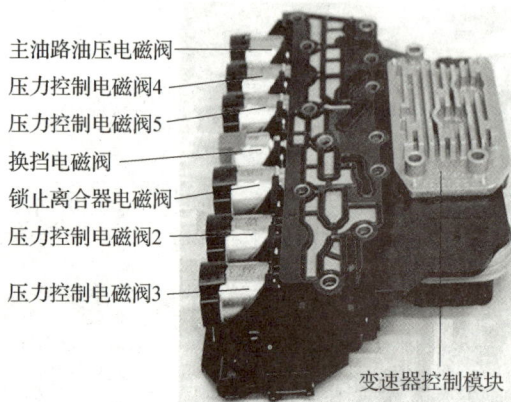

主油路油压电磁阀
压力控制电磁阀4
压力控制电磁阀5
换挡电磁阀
锁止离合器电磁阀
压力控制电磁阀2
压力控制电磁阀3
变速器控制模块

开关式电磁阀　　脉冲线性式电磁阀

图 2 - 5 - 7　GF6 自动变速器电磁阀　　　图 2 - 5 - 8　电磁阀外形

（1）开关式电磁阀。开关式电磁阀的作用是开启或关闭自动变速器液压油路，常用于换挡电磁阀。电磁阀由电磁线圈、衔铁、回位弹簧、阀芯和阀球等组成。

开关式电磁阀有常闭（N.C，Normal Close）和常开（N.O，Normal Open）两种类型。

常闭电磁阀是指电磁线圈断电时，输入油路被阻断，输出油路与泄油孔连通，油路压力下降。当线圈通电时，关闭泄油孔，输出油路压力上升，如图 2 - 5 - 9（a）所示。

常开电磁阀是指电磁线圈断电时，关闭泄油孔，输出油路压力上升；线圈通电时输出油路压力下降，如图 2 - 5 - 9（b）所示。

图 2 – 5 – 9　开关式电磁阀

(a) 常闭电磁阀；(b) 常开电磁阀

(2) 脉冲线性式电磁阀。脉冲线性式电磁阀用于控制油路中油压的大小。自动变速器 ECU 通过不同宽度的脉冲（占空比）来控制电磁线圈的电流，变化的电流会引起线圈磁场强度的改变，从而导致衔铁的位置发生改变。衔铁的位置决定了滑阀的位置，最终达到控制输出油路油压的目的。

脉冲线性式电磁阀分为常低（N. L，Normal Low）电磁阀和常高（N. H，Normal High）电磁阀两种类型。常低电磁阀输出油路压力随占空比的增大而变大，如图 2 – 5 – 10 (a) 所示；常高电磁阀输出油路压力随占空比的增大而变小，如图 2 – 5 – 10 (b) 所示。

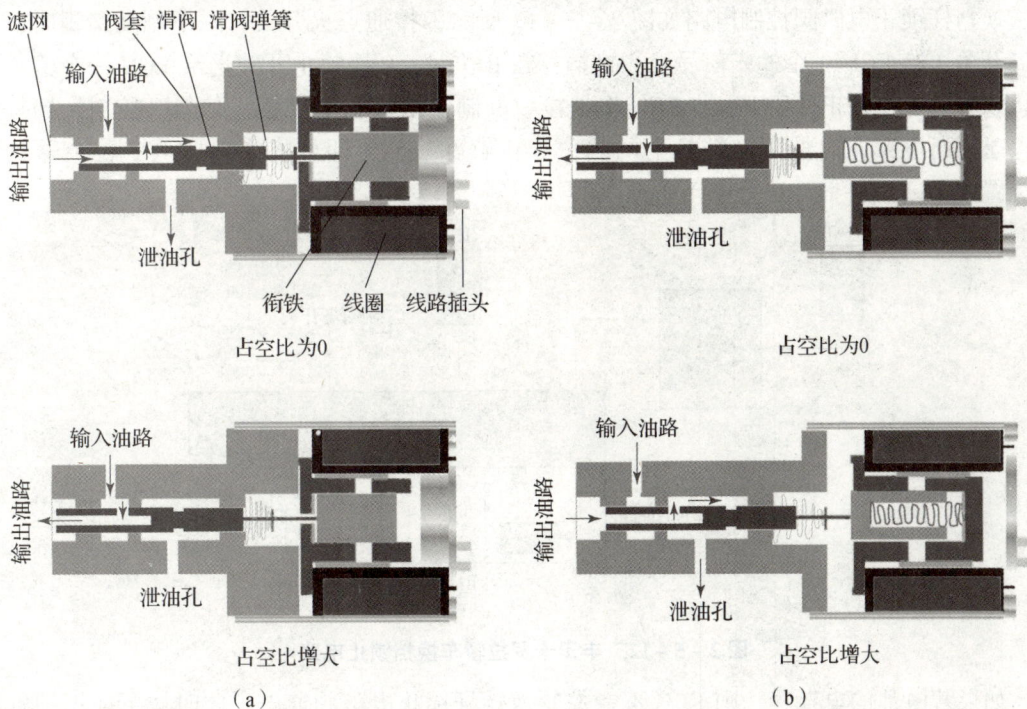

图 2 – 5 – 10　脉冲线性式电磁阀

(a) 常低电磁阀；(b) 常高电磁阀

脉冲线性式电磁阀在自动变速器中使用比较广泛，如主油路油压电磁阀、锁止离合器电磁阀和油路压力控制电磁阀等。

2. 换挡杆锁止电磁阀

在自动变速器换挡操纵杆下部的壳体上，安装有换挡杆锁止电磁阀，如图 2 - 5 - 11 所示。当换挡杆在 P 位时，换挡杆锁止电磁阀锁住换挡杆，防止它意外移动而进入其他挡位。只有点火开关处于 ON 位，且踩下制动踏板后，才可以将换挡杆从 P 位推至其他位置。

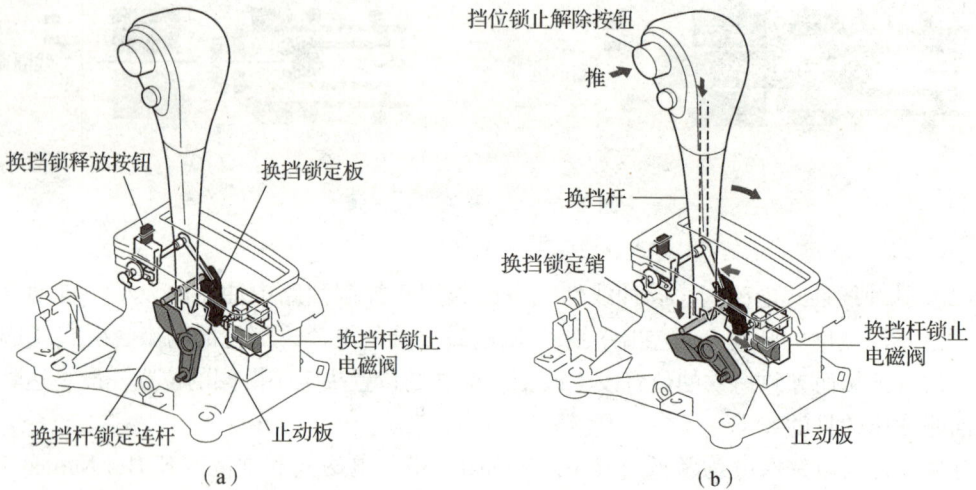

图 2 - 5 - 11　换挡杆锁止电磁阀

(a) 未通电；(b) 通电

换挡杆锁止电磁阀控制电路如图 2 - 5 - 12 所示，接通点火开关，踩下制动踏板时，制动灯开关送给 ECU 一个输入信号；当换挡杆在 P 位时，P 挡锁止开关送给 ECU 一个输入信号，以表明换挡杆正处于 P 位。ECU 根据接收的制动踏板和 P 挡锁止信号，控制换挡杆锁止电磁阀通电，此时按下换挡杆上的挡位锁止解除按钮，即可将换挡杆从 P 位上移到其他位置。

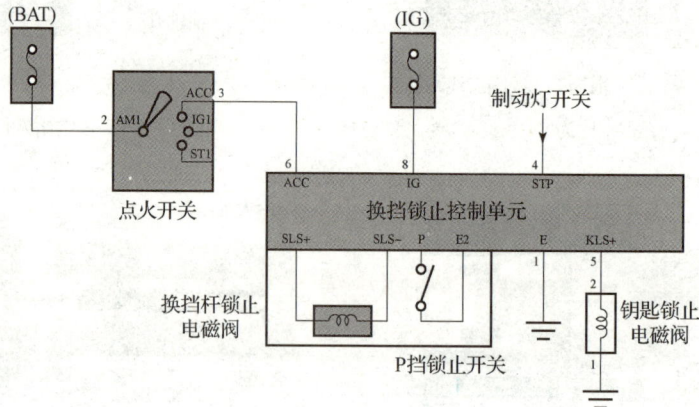

图 2 - 5 - 12　丰田卡罗拉轿车换挡锁止电路

如果蓄电池的电耗尽，则 ECU 不能控制换挡杆锁止电磁阀通电，此时按下换挡锁释放按钮，即可手动解除锁止电磁阀的锁定状态，然后同时按下换挡杆上的挡位锁止解除按钮，即可将换挡杆从 P 位上移出。

3. 钥匙锁止电磁阀

钥匙锁止电磁阀位于点火开关总成内，当点火钥匙位于 ON 位且换挡杆位于 P 位时，钥匙锁止电磁阀断电，如图 2 - 5 - 12 所示，此时钥匙才能转至 LOCK（锁止）位置，并能取下。

若换挡杆不在 P 位，则钥匙锁止电磁阀通电，点火钥匙不能转至 LOCK 位置，点火钥匙不能取下。

四、电子控制单元

电控自动变速器可与发动机电控系统共用 ECU，也可使用独立的 ECU。ECU 接受来自传感器的输入信号之后，与存储的数据进行比较，然后做出处理。在 ECU 的存储器中，存储了理想的换挡规律和执行的逻辑程序，它们提供了最佳换挡时刻，而且可以设置多种的换挡规律，来满足汽车不同使用工况下的需要。

自动变速器电控单元通常有以下控制功能。

1. 换挡控制

换挡控制即控制自动变速器的换挡时刻，也就是在汽车达到某一车速时，让自动变速器升挡或降挡。

汽车自动变速器的换挡操纵杆或模式开关处于不同位置时，对汽车的使用要求不同，换挡规律也不同，通常自动变速器 ECU 将汽车在不同使用要求下的最佳换挡规律以自动换挡图的形式储存在存储器中。

自动换挡控制过程：汽车在行驶中，ECU 根据挡位开关和模式开关的信号从存储器内选择出相应的自动换挡图，再将车速传感器和节气门位置传感器测得的车速、节气门开度与自动换挡图进行比较，根据比较结果，在达到设定的换挡车速时，ECU 向换挡电磁阀发出电信号，以实现挡位的自动变换，如图 2 - 5 - 13 所示。

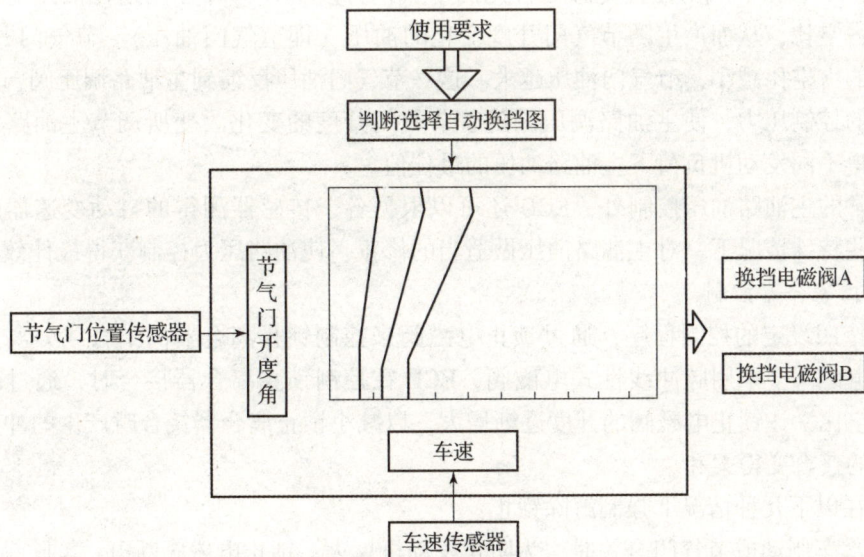

图 2 - 5 - 13　自动换挡控制方框图

将不同节气门开度和车速下的换挡点绘成曲线就称为换挡图，典型换挡图如图 2-5-14 所示。图 2-5-14 中实线为升挡线，虚线为降挡线。例如当节气门开度为 20% 时，升入 2、3 和 OD 挡的车速分别为 15 km/h、30 km/h 和 40 km/h，降入 3、2、1 挡的车速为 35 km/h、20 km/h、10 km/h；而当节气门开度为 80% 时，升入 2、3 和 OD 挡的车速分别为 50 km/h、80 km/h 和 110 km/h，降入 3、2、1 挡的车速为 90 km/h、60 km/h、10 km/h。由此可见，节气门开度越小，汽车的升挡车速和降挡车速越低；反之，节气门开度越大，汽车的升挡车速和降挡车速越高。

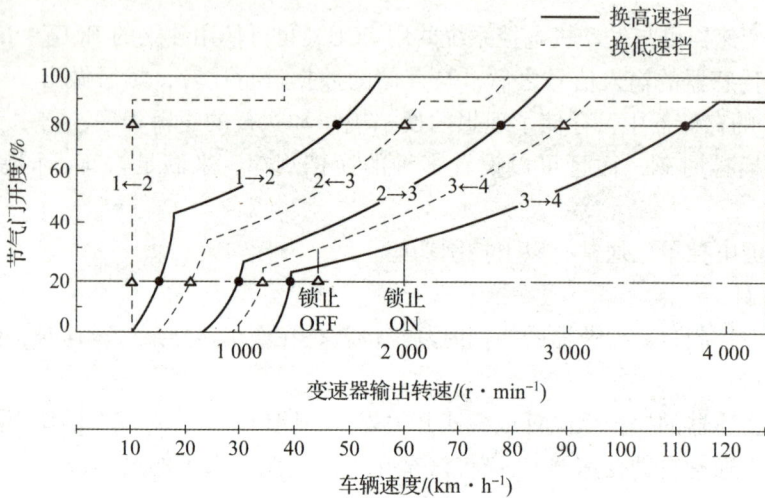

图 2-5-14　典型自动换挡图

2. 主油路油压控制

自动变速器中有一个油压电磁阀，用于产生节气门油压。油压电磁阀是一种脉冲线性式电磁阀，ECU 根据节气门位置传感器检测的节气门开度，计算并控制送往油压电磁阀的脉冲信号的占空比，从而产生随节气门开度变化的油压（即节气门油压）。节气门开度越大，脉冲信号的占空比越小，节气门油压越大。这一节气门油压反馈到主油路调压阀，作为主油路调压阀的控制压力，使主油路调压阀随着节气门开度的变化改变所调节主油路油压的大小，以获得不同发动机负荷下主油路油压的最佳值。

除正常的主油路油压控制外，ECU 还可以根据各个传感器测得的自动变速器的工作条件，在一些特殊情况下，对主油路油压做适当的修正，使油路压力控制获得最佳效果。

3. 锁止离合器控制

ECU 按照设定的控制程序，通过锁止电磁阀来控制锁止离合器的结合或分离。目前锁止离合器电磁阀多采用脉冲线性式电磁阀，ECU 在控制锁止离合器接合时，通过改变脉冲信号的占空比，让锁止电磁阀的开度逐渐增大，以减小锁止离合器接合时产生的冲击，使锁止离合器的接合变得柔和。

ECU 在以下几种情况下强制解除锁止：

（1）汽车制动或节气门全关时，为防止发动机熄火，锁止电磁阀断电，解除锁止；

（2）自动变速器升降挡过程中，暂时解除，以减少换挡冲击；

（3）发动机冷却液温度低于60℃，暂时解除，以加速预热；

（4）自动变速器油温低于某值时；

（5）ECU检测到锁止离合器控制电路故障时等。

4. 自动模式选择控制

在有换挡模式选择开关的自动变速器上，驾驶员可以通过开关来改变自动变速器的控制模式。目前有一些自动变速器已经取消了换挡模式选择开关，由ECU进行自动模式选择，ECU通过各个传感器测得汽车行驶情况和驾驶员的操作方式，经过运算分析，自动选择采用经济模式、普通模式或动力模式进行换挡控制，以满足不同的驾驶员操作要求。

（1）在前进低挡（S、L或2、1）时，ECU只选择动力模式。

（2）在前进挡D位，且加速踏板被踩下的速率较低时，ECU选择经济模式；当加速踏板被踩下的速率超过控制程序中所设定的速率时，ECU由经济模式转变为动力模式。

（3）在前进挡D位中，ECU选择动力模式之后，一旦节气门开度低于1/8时，ECU即由动力模式转换为经济模式。

5. 发动机制动控制

ECU按照设定的控制程序，在换挡操纵杆位置、车速和节气门开度等因素满足一定条件时，向强制离合器电磁阀或强制制动器电磁阀发出电信号，打开强制离合器或强制制动器的控制油路，使之接合或制动，让自动变速器具有反向传递动力的能力，在汽车滑行时以实现发动机制动。

6. 改善换挡质量的控制

为改善换挡质量，提高汽车的乘坐舒适性，采用了一些控制措施，常见的有：

（1）换挡油压控制。在升挡或降挡的瞬间，ECU通过油压电磁阀适当降低主油路油压，以减小换挡冲击，改善换挡感觉；也有一些控制系统是通过电磁阀在换挡时减小蓄能器活塞的背压，以减缓离合器或制动器液压缸内油压的增长速度，达到减小换挡冲击的目的。

（2）减扭矩控制。在换挡的瞬间，通过延迟发动机的点火时间或减少喷油量，暂时减小发动机的输出扭矩，以减小换挡冲击和输出轴的扭矩波动。

（3）N-D换挡控制。这种控制是在换挡操纵杆由停车挡或空挡（P或N）位换至前进挡或倒挡（D或R）位，或相反地由D位或R位换至P位或N位时，通过调整发动机喷油量，将发动机的转速变化减至最低程度，以改善换挡感觉。

7. 使用输入轴转速传感器的控制

通过输入轴转速传感器可以计算变矩器的传动比（即泵轮与涡轮的转速之比）及自动变速器的传动比，使系统可以更精确地控制自动变速器的工作，特别是在换挡油压控制、减扭矩控制、锁止离合器控制时，利用这一参数进行计算，可使这些控制的持续时间更加精确，从而获得最佳的换挡感觉和乘坐舒适性。

8. 故障自诊断

汽车行驶时，电控单元ECU不停地对自动变速器相关电路进行检测，若发现相关电路有故障，则将检测到的故障内容以故障代码的形式储存在ECU的存储器内，同时点亮仪表盘上的自动变速器故障警告灯，如图2-5-15所示。

图 2 − 5 − 15　电控自动变速器故障警告灯

从上面学习中可以发现，汽车电控单元不断地对自身系统进行检测，如有问题会及时以故障码的形式存储在 ECU 中，便于维修时更有针对性。其实，我们平时在工作和学习之余也要学会不断地自我反省，曾子说过"吾日三省吾身"，我们要反思自己今天的工作做得好不好，是不是还有更好的解决问题的方式和方法。通过不断地自我反省，从而更好地提升工作效率，更重要的还在于能不断提升自己。

9. 失效保护功能

ECU 在汽车行驶过程中，不停地监测自动变速器电子控制系统中所有传感器和执行器的工作，一旦发现某个传感器或执行器有故障，则立即采取以下几种保护措施：

（1）传感器出现故障时，ECU 所采取的控制方式和保护措施如下：

① 节气门位置传感器出现故障时，若加速踏板被踩下，则按节气门开度为 1/2 进行控制，同时节气门油压为最大值；若加速踏板完全放松，则按节气门处于全闭状态进行控制，同时节气门油压为最小值。

② 车速传感器出现故障时，ECU 不能进行自动换挡控制，此时自动变速器的挡位由换挡操纵杆的位置决定。例如有些自动变速器在 D 位和 S（或 2）位固定为超速挡或 3 挡，在 L（或 1）位固定为 2 挡或 1 挡；或不论换挡操纵杆在任何前进挡位，都固定为 1 挡，以保持汽车最基本的行驶能力。

③ 当输入轴转速传感器出现故障时，ECU 停止减扭矩控制，换挡冲击有所增大。

④ 当变速器油温传感器出现故障时，ECU 按液压油温度为 80℃ 的设定进行控制。

（2）当执行器出现故障时，ECU 所采取的控制方式和保护措施如下：

① 当换挡电磁阀出现故障时，ECU 控制其他无故障的电磁阀工作，以保证自动变速器仍能自动升挡或降挡，但会失去某些挡位，而且升挡或降挡规律有所变化，例如，可能直接由 1 挡升到 3 挡或超速挡。

② 当锁止电磁阀出现故障时，停止锁止离合器控制，使锁止离合器始终处于分离状态。

③ 当油压电磁阀出现故障时，停止锁止离合器控制，使油路压力保持为最大。

10. 电路图

典型汽车自动变速器电控系统电路如图 2 − 5 − 16 所示。

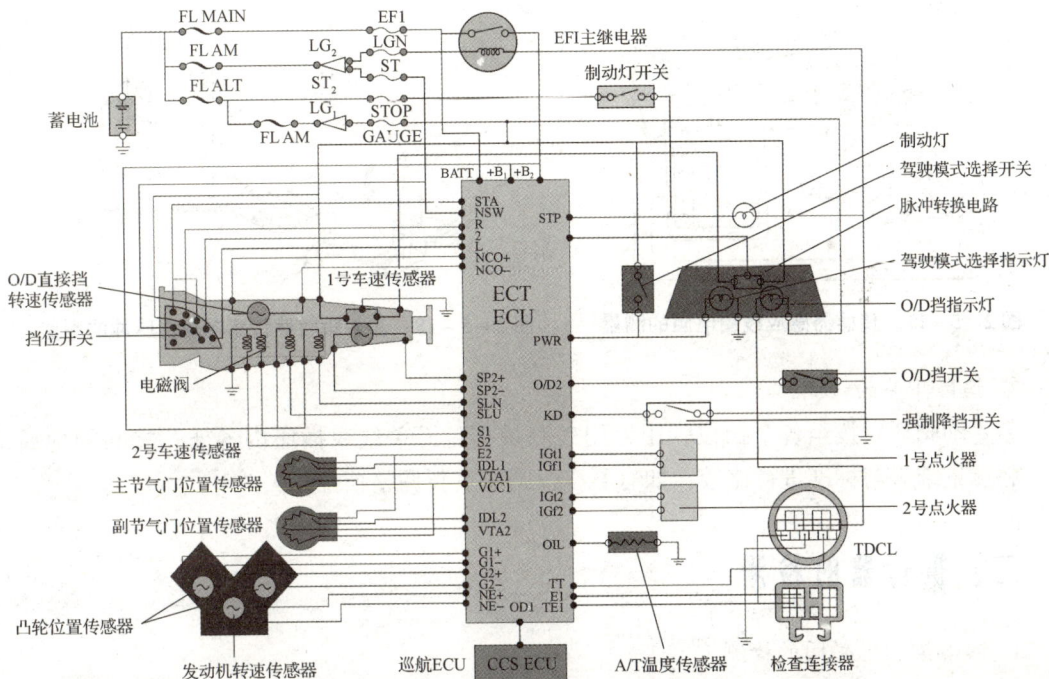

图 2 - 5 - 16　自动变速器电控系统电路图

任务实施

电子控制
系统的检修

一、传感器的检测

1. 电磁式输入轴和输出轴转速传感器的检测

（1）传感器线圈电阻的测量。关闭点火开关，拔下传感器线束插头。用万用表测量传感器两接线端之间的电阻，如图 2 - 5 - 17 所示。如果感应线圈短路、断路或电阻值不符合标准，则应更换传感器。

（2）输出轴转速传感器输出脉冲的测量。用千斤顶将汽车一侧的驱动轮顶起，换挡操纵杆位于 N 位，用手转动悬空的驱动轮，同时用万用表测量车速传感器两接线柱之间有无脉冲感应电压。若在转动车轮时传感器有脉冲输出，则说明其工作正常；否则，应更换传感器。

（3）输入轴转速传感器输出脉冲的测量。将传感器拆下，用一根铁棒或一块磁铁迅速靠近或离开传感器，如图 2 - 5 - 18 所示。同时用万用表测量传感器两接线柱之间有无脉冲感应电压。如果没有感应电压或感应电压很微弱，则说明传感器有故障，应更换。

2. 变速器油温传感器的检测

拆下变速器油温传感器，将传感器置于盛有水的烧杯中，加热杯中的水，测量在不同温度下传感器两接线端之间的电阻。将测量的电阻值与标准相比较，如果不符合标准，则应更换传感器。

图2-5-17　传感器感应线圈电阻的测量　　图2-5-18　输入轴转速传感器输出脉冲的测量

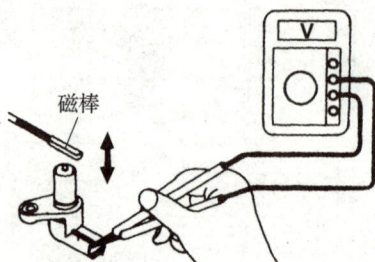

3. 挡位开关的检测

将手动阀摇臂拨至各个挡位，用万用表测量挡位开关线束插座内各插孔之间的导通情况。将测量结果与标准进行比较，如有不符，则应重新调整挡位开关。

二、执行器的检测

1. 油路控制电磁阀的检测

（1）电磁阀的就车检查。测量电磁阀线圈的电阻，开关式电磁阀线圈的电阻一般为10~30 Ω；脉冲线性式电磁阀的线圈电阻值较小，一般为2~6 Ω。若电磁阀线圈短路、断路或电阻值不符合标准，则应更换。

开关式电磁阀的就车检查。将12 V电源施加在电磁阀线圈上，此时应能听到电磁阀工作的"咔嗒"声；否则说明阀芯卡住，应更换电磁阀。

（2）电磁阀的性能检验。开关式常闭电磁阀性能的检验方法：拆下电磁阀，将压缩空气吹入电磁阀进油口。当电磁阀线圈不接电源时，进油孔和泄油孔之间应不通气；接上电源后，进油孔和泄油孔之间应相通。若不满足要求，则说明电磁阀损坏，应更换电磁阀。

脉冲线性式电磁阀性能的检验方法：拆下脉冲线性式电磁阀，将蓄电池串联一个8~10 W的车用灯泡，然后与电磁阀线圈连接（脉冲线性式电磁阀线圈电阻较小，不可直接与12 V电源连接，否则会烧毁电磁阀线圈）。通电时，电磁阀阀芯应向外伸出；断电时，电磁阀阀芯应向内缩入。如果异常，则说明电磁阀损坏，应更换。

2. 换挡杆锁止电磁阀的检测

测量换挡杆锁止电磁阀线圈的电阻，应为14~25 Ω。若电阻值不符合标准，则应更换。

将12 V电源施加在电磁阀线圈上，此时应能听到电磁阀工作的"咔嗒"声；否则说明阀芯卡住，应更换电磁阀。

案例分析

一、北京现代伊兰特轿车有换挡冲击

故障现象：一辆2016年产北京现代伊兰特轿车，行驶里程9.6万 km。用户反映该车行驶或爬坡之前起步困难，车辆也无法高速行驶，当从 P 位换到 R 位时会有换挡冲击，在行驶过程中感觉不到换挡。

　　故障诊断与排除：读取故障码，为 P0765，含义为 OD 换挡电磁阀故障。尝试读取自动变速器的数据流，发现自动变速器处于失效保护模式，自动变速器始终锁在 3 挡，也就是说只可以 3 挡起步、行车，并且不能换入更高的挡位。

　　拔下自动变速器的连接器，检查自动变速器供电和接地，正常。用故障诊断仪执行 OD 电磁阀的测试功能，在测试过程中并没有听到 OD 电磁阀有工作的声音，而测试其他几个电磁阀时都能听到相应电磁阀工作的声音。将 OD 电磁阀拆下，用万用表测量电磁阀的阻值，发现其阻值为无穷大，至此可以确认是 OD 电磁阀损坏。

　　更换 OD 电磁阀，将自动变速器进行匹配后试车，故障排除。

二、富康 AL4 自动变速器疑难故障的排除

　　故障现象：一辆富康轿车打开点火开关，自动变速器故障警告灯"SPT"和"＊"交替闪烁；同时换挡不平稳，有冲击；行车时，变速器进入强制 3 挡应急模式。

　　故障诊断与排除：读取故障码，显示为油压传感器故障。油压传感器位于变速器壳体上，它向变速器电控单元传送主油路压力信号。将油压传感器拆下，经检测发现油压传感器内部断路失效，更换新的油压传感器，故障排除。但该车运行三天后，又出现同样的故障。

　　油压传感器偶然出现一两次故障，可能是传感器自身的品质问题。但连续出现同一故障，必定与油压传感器的连接件有关。由油压传感器的工作原理可知，与其连接的部件有电控单元的 3 个端子，其中 24、25 号端子为传感器提供 5 V 的电源。检查 24、25 号端子间的电压值，高达 12 V，远远超过了规定的 5 V。油压传感器长时间在这么高的电压下工作，必然导致内部电路损坏。当更换新的油压传感器时，短时间内油压传感器不会马上烧坏，表现为正常，问题似乎得到了解决。但运行一段时间后就会烧坏，故障再次发生，这就是油压传感器连续损坏的原因。更换电控单元总成和油压传感器后，故障不再出现。

任 务 小 结 ✐

　　1. 自动变速器电控系统由传感器、电子控制单元（ECU）和执行器三部分组成。

　　2. 自动变速器传感器部分主要包括发动机转速传感器、节气门位置传感器、输入轴转速传感器、车速传感器、变速器油温传感器、换挡模式选择开关、超速挡开关、多功能开关、强制降挡开关、制动灯开关等，其中发动机转速传感器、节气门位置传感器等与发动机电控系统共用。

　　3. 输入轴转速传感器用于检测变速器输入轴的转速。一般安装在行星齿轮变速器的输入轴（液力变矩器涡轮输出轴）或与输入轴连接的离合器毂附近的壳体上，常采用电磁式或霍尔式。

　　4. 输出轴转速传感器用于检测变速器输出轴的转速，同时也作为车速信号输出到 ECU。一般安装于输出轴附近的壳体上，常用电磁式或霍尔式。

　　5. 变速器油温传感器用于检测自动变速器液压油的温度，一般采用负温度系数的热敏

电阻。传感器一般安装在自动变速器油底壳内的阀体上，并完全浸没在变速器油液中。

6. 超速挡开关打开后，超速挡控制电路接通，此时若换挡操纵杆位于 D 位，自动变速器最高可升入超速挡。当开关关闭后，超速挡控制电路被断开，仪表盘上的 O/D OFF 指示灯随之亮起，自动变速器不能升入超速挡。

7. 换挡模式选择开关用来选择自动变速器的控制模式，以满足不同的使用要求。

8. 多功能开关又称挡位开关，用于检测换挡操纵杆的位置。一般安装在自动变速器手动阀摇臂轴上或换挡操纵杆的下方。它由几个开关组成，当换挡操纵杆位于不同位置时，相应的开关被接通。

9. 执行器部分主要包括油路控制电磁阀、换挡杆锁止电磁阀、钥匙锁止电磁阀、挡位指示灯、故障指示灯、换挡模式选择开关指示灯等。油路控制电磁阀主要包括换挡电磁阀、主油路油压电磁阀、锁止离合器电磁阀和油路压力控制电磁阀等。

10. 开关式电磁阀的作用是开启或关闭自动变速器液压油路，常用于换挡电磁阀，有常闭和常开两种类型。常闭电磁阀是指电磁线圈断电时，输出油路压力下降；常开电磁阀是指电磁线圈断电时，输出油路压力上升。

11. 脉冲线性式电磁阀用于控制油路中油压的大小，分为常低电磁阀和常高电磁阀两种类型。常低电磁阀输出油路压力随占空比的增大而变大，常高电磁阀输出油路压力随占空比的增大而变小。

12. 换挡杆锁止电磁阀用于锁住换挡操纵杆，防止它意外地进入某个挡位。只有点火开关处于 ON 位，且踩下制动踏板后，才可以将换挡杆从 P 位推至其他的挡位。

13. 自动变速器电子控制单元通常有以下控制功能：换挡控制、主油路油压控制、锁止离合器控制、自动模式选择控制、发动机制动控制、改善换挡感觉的控制、使用输入轴转速传感器的控制、故障自诊断和失效保护功能。

学习任务六　自动变速器的维护与性能检测

【思政目标】

- 培养学生牢固树立按标准规范办事的意识；
- 培养学生的环境保护意识和环境保护行为；
- 培养学生牢固树立安全的意识。

【任务目标】

- 能正确讲述自动变速器的故障诊断原则和故障诊断程序；
- 会对自动变速器进行基本检查和维护；
- 会对自动变速器进行性能测试；
- 会使用故障诊断仪对自动变速器进行检测。

【学习重点】

- 自动变速器的基本检查及维护；
- 自动变速器的性能测试。

任务导入

一辆宝马轿车，装备 V12 发动机，变速器为 4HP － 22 型。变速器大修后，路试换挡平顺，但汽车行驶 200 km 后，随着行驶里程的增加，变速器换挡冲击加大。接车后暖机路试，检查变速器升挡时的发动机转速，正常。测量主油路油压，发现油压超过规定的油压范围。现在请你对客户的自动变速器进行检修。

知识准备

电控自动变速器包括机械系统、液压控制系统和电子控制系统三部分，结构比较复杂，一旦出现故障，首先应确定故障部位，而确定故障部位的关键是故障诊断。

一、自动变速器的故障诊断原则

（1）分清故障部位。分清故障是由发动机电控系统还是自动变速器液压控制系统、电子控制系统引起的，或者是机械系统（液力变矩器或行星齿轮机构）引起的。

自动变速器
的故障诊断原则
和程序

（2）坚持先易后难、逐步深入的原则。按故障的难易程度，先从最简单、最容易检查的部位入手，如开关、拉杆、自动变速器油状况等；再从那些最易于接近的部位、易被忽视的部位和影响较大的因素开始；最后再深入到实质性故障。

（3）充分利用自动变速器各个检验项目，为查找故障提供思路和线索。

（4）不要轻易分解液力自动变速器，因为在原因不明的情况下盲目解体，不但不能确诊故障原因和部位，还可能在分解过程中出现新的故障。

（5）充分利用电控自动变速器的故障自诊断功能。

（6）在进行检测与诊断前，应先阅读有关故障检测指南、使用说明书和维修手册，掌握必要的结构原理图、油路图、电控系统电路图等有关技术资料。

二、自动变速器的故障诊断程序

一般情况下，自动变速器的诊断过程应按照由简单到复杂的程序，一步一步地进行。

（1）向用户询问。向用户询问的内容包括：故障产生的时间、症状、情况、条件、如何发生、是否已检修过以及动过什么部位等。有时用户不一定都能说清楚，需要邀请他们一起在适当的路段上进行实际的行车观察。注意，有些用户限于技术水平或叙述能力，所回答的内容只能作为诊断故障的参考。

（2）初步检查。目的是确定自动变速器是否在正常前提条件下进行工作。通过初步检查往往能很快就找出故障的部位和原因。

初步检查的内容主要包括自动变速器油的检查和更换、节气门拉索的检查与调整、制动器间隙的调整、发动机怠速检查、节气门全开检查和变速器漏油检查等。上述检查项目大部分与常规检查和维护项目一致。

（3）故障自诊断测试。通过自诊断系统进行故障自诊断测试，调出故障码，帮助寻找故障发生部位。排除故障以后要清除故障代码。

（4）手动换挡测试。进行手动换挡测试的目的是判断出故障是出自电控系统还是出自机械系统（包括齿轮变速传动系统和液压控制系统）。

（5）机械系统的测试。机械系统的测试包括失速试验、油压试验、道路试验等几项内容，通过这几项试验，可以准确地判断出自动变速器机械系统的故障发生部位。

（6）电控系统测试。主要是根据系统电路图检查线束导线以及各插接件是否有断路、短路、搭铁和接触不良的故障；检测各种传感器、执行器是否损坏和失效。

（7）按故障诊断表检测。当根据前述几个诊断步骤很难准确判断具体的故障部位时，则为疑难故障。此时，可根据制造厂家提供的故障诊断表采取逐项排除法查找故障部位。

> 从上面学习中我们发现自动变速器的诊断过程是有相应的程序和标准的，是从简单到复杂的一个过程。标准就是规范，标准就是高度。我们在平时的学习和工作中，要养成一定的规范意识，牢固树立按标准办事的意识，一切工作按标准进行，衡量工作的质量以标准为尺度，完成好各项任务。

任务实施

一、自动变速器的基本检查及维护

对于有故障的自动变速器，应先进行基本检查和性能测试，以缩小故障查找范围和确认故障部位，为进一步的分解修理提供依据。

自动变速器的基本检查与维护项目包括自动变速器油面高度及油质的检查、自动变速器油的更换、节气门拉索的检查与调整、发动机怠速的检查与检修、换挡操纵杆位置的检查与调整及挡位开关的检查和调整等。

自动变速
器的基本检查
及维护

1. 油面高度和油质的检查

自动变速器油面高度和油液品质的检查是自动变速器最基本的检查项目，也是决定自动变速器是否进行拆检的主要依据之一。自动变速器每行驶 2 万 km 或 6 个月以后应检查一次油面高度和油液品质，通过检查油液品质可以判断自动变速器的工作是否正常。

各种型号自动变速器的加油量都有明确的规定，其油面高度应在厂家规定的范围内。低油面高度会使空气从液压泵的进口混入，使油压难以建立，并最终导致换挡时打滑；高油面高度同样能导致空气的混入。当行星齿轮及相连零部件在油液里旋转时，空气会被压入油液，混有空气的 ATF 容易产生泡沫、过热和氧化等现象，并造成各种阀、离合器、伺服机构等部件出现故障。

（1）油尺法检查油面高度。自动变速器油面高度最简单的检查方法是使用油尺检查。油尺有双刻线油尺、三刻线油尺和四刻线油尺三种，如图 2-6-1（a）所示。

油面检查的具体步骤如下（以双刻线油尺为例）：

① 驾驶车辆，使发动机和自动变速器处于正常工作温度（油温为 70~80 ℃）。

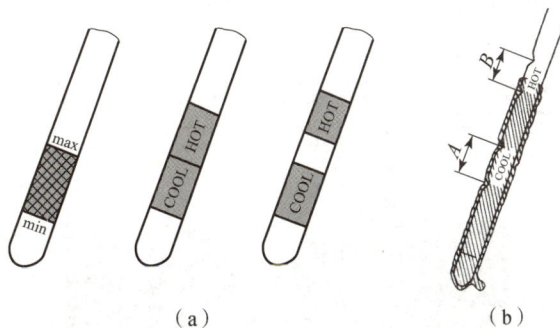

图 2 - 6 - 1 油尺

（a）三种类型；（b）油面高度范围

A—冷态时的油面高度范围；*B*—热态时的油面高度范围

② 将车辆停放在水平地面上，拉紧驻车制动器。

③ 发动机怠速，踩下制动踏板，将换挡杆拨到所有挡位并停留几秒钟，使液力变矩器和所有换挡元件中都充满液压油，最后将换挡杆拨至 P 位或 N 位。

④ 拉出油尺并将其擦干净，然后再将油尺完全推回到油管中。

⑤ 再次拉出油尺，检查液位应处在 max 和 min 之间，检查完后插回油尺。

与双刻线油尺相比，三刻线和四刻线油尺上对应两个区间，下方的"COOL"区间为油温低于 70℃ 的冷态油液面范围，上方的"HOT"区间为油温 70～80℃ 时的热态油液面范围，如图 2 - 6 - 1（b）所示。

如果油面高度过高，则排放一次并重新检查液位；若油面高度过低，则应继续向加油管内添加自动变速器油，直至油面高度符合规定为止。油位低的原因可能是漏油，这时应检查自动变速器壳体、油底壳与冷却器管路是否有泄漏，并对泄漏部位进行密封。

（2）溢油法检查油面高度。有一些自动变速器没有检测油尺，这些变速器是通过溢油法检查油面高度的。如大众车系某自动变速器，平时溢流孔用螺塞拧紧，如图 2 - 6 - 2（a）所示；上汽通用公司 GF6 变速器的油位检查孔及螺塞安装在壳体的侧面，如图 2 - 6 - 2（b）所示。油面高度检查步骤如下：

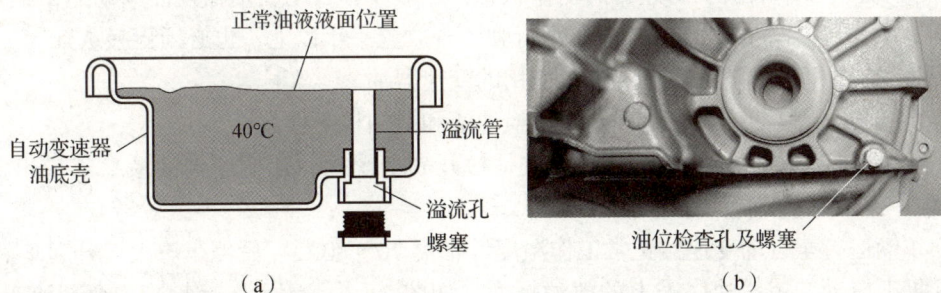

图 2 - 6 - 2 溢油孔式液面检查示意图

① 使汽车车身保持水平，发动机正常运转至怠速转速。

② 踩下制动踏板，将换挡杆置于各挡位并停顿片刻。最后保持发动机怠速运转，将换挡杆置于 P 位或 N 位，从变速器油底壳卸下油位检查螺塞，如果有少量油液连续溢出即为合适。

③ 如果油液没有溢出，则应加注 ATF 油液，直到少量油液连续溢出为止。

（3）油质的检查。ATF 通常染成红色，以在确定渗漏来源时区别于发动机机油。

在进行 ATF 的油质检查时，可以用有吸附性的白纸擦拭油尺，检查 ATF 的颜色和气味以及有无杂质。未被污染的 ATF 呈粉红或红色，无气味，也无任何颗粒沉淀或气泡悬浮，如图 2 - 6 - 3 所示。

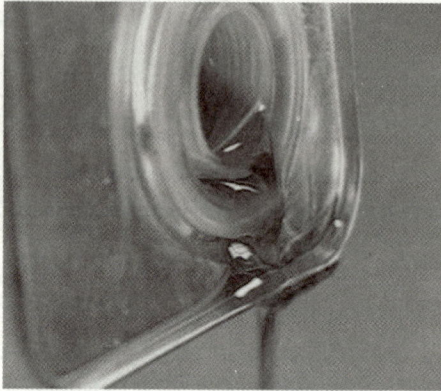

图 2 - 6 - 3　正常自动变速器油颜色

如果 ATF 呈深褐色、黑色或有焦臭味，则表明过热或没有及时换油，此时应更换 ATF 和滤清器，并检查变速器。

如果 ATF 呈乳白色，则表明发动机的冷却液通过散热器进入了变速器冷却器，此时应彻底冲洗、换油，并检查冷却器。

如果 ATF 中混有黑色颗粒状物，则表明已烧片，此时需彻底清洗、检查变速器。

如果 ATF 中混有银白色的金属微粒，则表明阀体、轴承或行星排严重磨损，此时需检查此类部件。

如果油尺上带有气泡，则表明空气渗入了油路，此时应换油并检查故障。

如果油尺上粘附有难以擦净的胶状物，则表明 ATF 已过热氧化，应更换 ATF 和滤清器。

2. 自动变速器油的更换

ATF 的更换频率取决于变速器的工作状态，一般轿车自动变速器换油周期为 2 年（换油间隔各汽车公司有不同的规定），即便不行驶，若放置一年以上，也必须更换 ATF。

换油时应采用车辆随车手册上推荐使用的变速器油。

自动变速器的换油方式有两种：重力换油法和换油机更换法。

（1）重力换油法。重力换油法的本质是松开放油螺栓，让变速器油液自然排出，其步骤如下：

① 车辆运行至自动变速器正常工作温度（油温 70～80℃）后停车熄火，升起车辆。

② 拆下自动变速器油底壳上的放油螺塞，如图 2 - 6 - 4 所示，使 ATF 全部流入油盆。对于无放油螺塞的自动变速器，应拧松所有油底壳螺栓，除三个外全都卸掉，先放出部分 ATF（注意防止烫伤），最后再拆下所有螺栓和油底壳，放出全部 ATF。

③ 去除垫片，并将油底壳清洗干净。有些自动变速器采用磁性放油螺塞或在油底壳内专门放置一块磁铁，以吸附铁屑，它们在洗干净后应放回原位。

④ 卸下滤清器。

放油螺塞

图 2 - 6 - 4 放油螺塞

⑤ 拆下 ATF 散热器油管接头，用压缩空气将散热器内的残余油吹出，再装好油管接头。

⑥ 装上新滤清器，放上新垫片，装好油底壳（注意拧紧力矩）。

⑦ 从加油管中加入规定牌号的 ATF。

⑧ 放下汽车，起动发动机，拉上驻车制动器并踩住制动踏板，手动换挡。

⑨ 检查 ATF 油面高度。如果不慎加油过多，则可以打开放油螺塞放掉一些；如无放油螺塞，则可从加油管处往外吸。

重力换油法的优点是操作方便，耗时少；缺点是换油不彻底，只能放掉 1/4 ~ 1/3 的旧油液。残油会污染新的变速器油，影响自动变速器各方面的性能。若液压油严重变质，必须全部更换时，可先按上述方法换油，然后让汽车行驶约 5 min 后再次换油。用这种换油方法换油时必须使用同一品牌的自动变速器油。

（2）换油机更换法。换油机（如图 2 - 6 - 5 所示）更换法是利用机器产生的压力来进行换油的。其方法是把换油机接自动变速器进入散热器冷却的两根管，用压力进行循环换油。换油时，先往换油机加入一定量的新油液，通过进油管泵入自动变速器，再从出油管抽出旧液，旧液输入换油机后被机油滤清器过滤，然后又泵进自动变速器，这样不断循环对变速器进行冲洗，冲洗完成后把旧液抽出，泵入新液，整个过程约需要 1 h。

换油机更换法的优点是换油比较彻底，能够放掉 85% 以上的旧油液，而且可以把自动变速器内部的油垢和金属屑清洗干净，通过机换的方式，更换油液的周期可以达到 4 万 ~ 6 万 km。其缺点是需要专用机械，耗费的工时多。

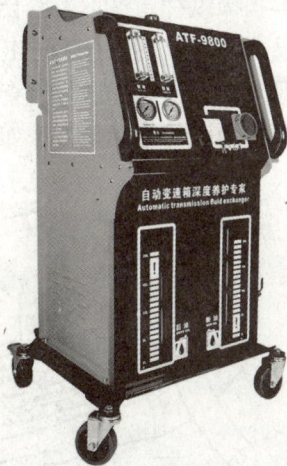

图 2 - 6 - 5 自动变速器换油机

注意换下的 ATF 油不能随意扔弃，以免污染环境，要用专门的容器收集，统一交由专业部门进行处理。我们既要树立强烈的环境保护意识，还要有自觉的环境保护行为，要树立和践行绿水青山就是金山银山的理念。我们要从自己做起，从小事做起，共同努力，持之以恒，就一定能为社会也能为自己留下一片碧水蓝天。

3. 节气门拉索的检查和调整

节气门的开度会影响自动变速器的换挡时间，松开加速踏板，节气门应全关；当加速踏板踩到底时，节气门应全开。节气门拉索的索芯不应松弛，如图2－6－6所示。若节气门拉索调整不当，则对于电控自动变速器来说，会导致主油路压力异常，造成油压过低或过高，使换挡执行元件打滑或产生换挡冲击。其调整步骤为：

（1）踩下加速踏板，检查节气门是否全开，如节气门不全开，则应调整加速踏板的联动机构。

（2）把加速踏板踩到底，将调整螺母拧松，调整节气门拉索，使拉索套端与拉索挡块标记间的距离为0～1 mm。

图2－6－6　节气门拉索的调整

（3）拧紧调整螺母。

（4）重新检查调整情况。

4. 发动机怠速的检查与检修

发动机怠速不正常，会使自动变速器工作不正常。如果怠速过高，则会出现换挡冲击、怠速爬行等故障；如果怠速过低，则容易出现入挡熄火现象。因此在对自动变速器做进一步的检查之前应先检查发动机的怠速是否正常。检查怠速时，应在发动机完成暖机之后关闭所有用电设备，将自动变速器换挡操纵杆置于P或N位。发动机的怠速通常与缸数有关，如4缸发动机的怠速为（750±50）r/min，6缸发动机的怠速为（700±50）r/min。无论发动机怠速过低还是过高，都应对发动机进行检修。

5. 换挡操纵杆位置的检查和调整

换挡操纵杆调整不当，会使换挡操纵杆的位置与自动变速器阀体中手动阀的实际位置不符，造成选挡错乱或挂不进P位或前进低挡，甚至造成在P或N位时无法起动发动机。因此必须对换挡操纵杆进行检查。

换挡操纵杆的调整方法如下（见图2－6－7）：

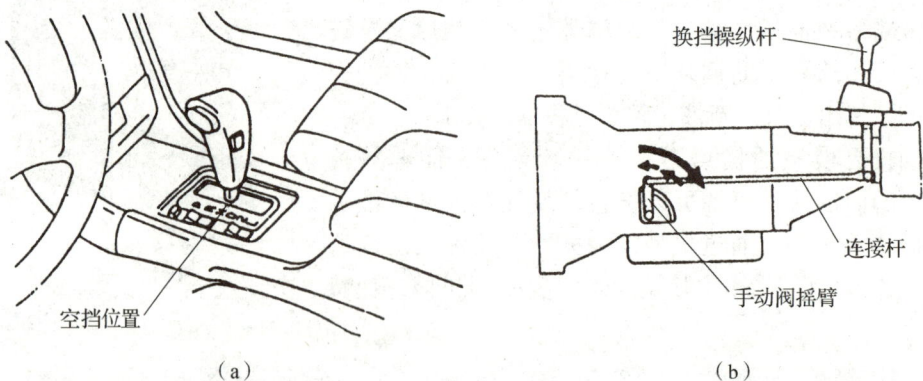

（a）　　　　　　　　　　　　　　　（b）

图2－6－7　换挡操纵杆的调整

（1）拆下换挡操纵杆与自动变速器手动阀摇臂之间的连接杆。

（2）将换挡操纵杆拨至N位。

（3）将手动阀摇臂向后拨至极限位置（P位），然后再退回2格，使手动阀摇臂处于N位。

（4）稍稍用力将换挡操纵杆靠向 R 位方向，然后连接并固定换挡操纵杆与手动阀摇臂之间的连杆。

6. 挡位开关的检查和调整

将换挡操纵杆拨至各个挡位，检查仪表板上的挡位显示与换挡操纵杆位置是否一致、P 位和 N 位时发动机能否起动、R 位时倒车灯是否亮起。发动机应只能在 P 位和 N 位时起动，其他挡位不能起动，若有异常，则应调节挡位开关电路。

（1）松开挡位开关的固定螺钉，将换挡操纵杆放到 N 位。

（2）有些自动变速器的挡位开关外壳上刻有一条基准线，调整时应将基准线和手动阀摇臂轴上的凹槽对齐，如图 2-6-8（a）所示；也有一些自动变速器的挡位开关上有一个定位孔，调整时应使摇臂上的定位孔和挡位开关上的定位孔对准，如图 2-6-8（b）所示。

（3）将挡位开关固定。

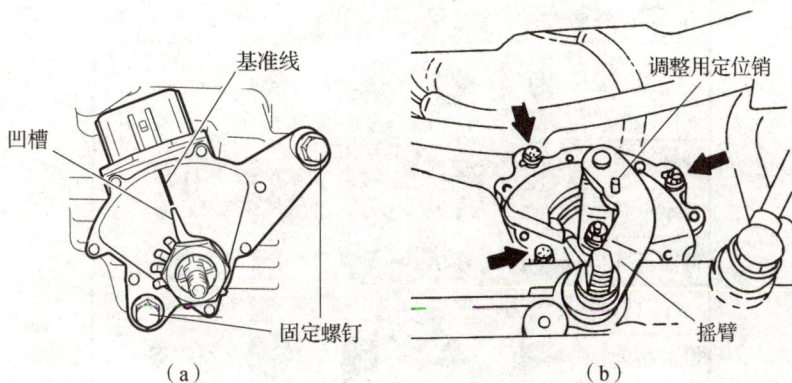

图 2-6-8 挡位开关的调整

二、自动变速器故障自诊断

如果检测到传感器、执行元件出现故障，那么该故障将存入控制单元的故障存储器中。只出现一次的故障属偶然故障，自动变速器控制单元经过分析，区分是偶然故障还是稳定故障，并将该故障存入存储器。如果汽车行驶一段路程后故障不再出现，则将作为偶然故障存储。偶然出现的故障在汽车行驶 1 000 km 或 20 h 后，将自动从故障存储器中清除。

自动变速器故障自诊断

自动变速器控制单元故障存储器中的故障信息可使用故障诊断仪来查询或清除。

1. 连接故障诊断仪并选择功能

进行自诊断前应保证蓄电池电压正常、中央熔丝盒上的熔丝正常、变速器电控单元接地状况正常、换挡杆位于 P 位并拉紧手制动器。

（1）关闭点火开关，将故障诊断仪与车辆诊断座相连，如图 2-6-9 所示。

（2）打开点火开关，启动故障诊断仪进入主菜单，选择汽车诊断模块，单击某汽车相应的图标即可对该车进行诊断，如图 2-6-10 所示。

图 2 – 6 – 9　故障诊断仪与车辆诊断座的连接

图 2 – 6 – 10　车型选择菜单

（3）单击某车型图标后，屏幕显示该车型的系统功能选择信息，如图 2 – 6 – 11 所示。单击选择系统栏进入下一级操作界面。

（4）如图 2 – 6 – 12 所示，选择所要进行自诊断的电控系统，然后选择测试功能。测试功能包括读取故障码、清除故障码、读取动态数据流、基本设定、元件控制测试、各种调整匹配和自适应值清除等。

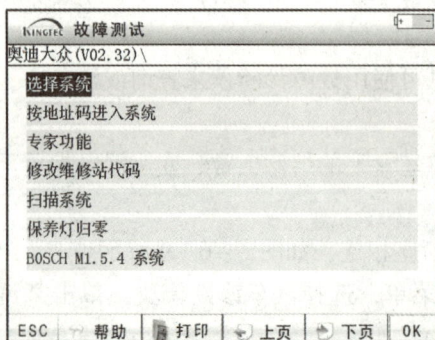

图 2 – 6 – 11　系统功能选择菜单

图 2 – 6 – 12　电控系统选择菜单

2. 读取和清除故障码

在系统功能选择菜单中选择"读取故障码"，系统开始检测 ECU 中存储的故障代码内容，并由屏幕上显示出测试结果。

在系统功能选择菜单中选择"清除故障码"，用于清除 ECU 内存储的故障代码。

3. 读取动态数据流

在系统功能选择菜单中选择"读取动态数据流"选项进入操作界面。用户在屏幕界面上通过增减组号或输入具体的数据流组号来选择不同的数据流组，以读取任意组的动态数据流。

大众汽车 01M 自动变速器显示组一览表见表 2 – 6 – 1。

表 2 – 6 – 1　显示组一览表

屏幕显示举例				显示组	显示区	说明
显示区 1	显示区 2	显示区 3	显示区 4			
P	0.8 V	0%	00000111	01	1	换挡杆位置
					2	节气门电位计电压
					3	加速踏板位置值
					4	开关位置
0.983 A	0.985 A	12.75 V	2.50 V	02	1	电磁阀 6 – N93 实际电流
					2	电磁阀 6 – N93 额定电流
					3	蓄电池电压
					4	车速传感器 G68 电压
0 km/h	900 r/min	0	0%	03	1	车速
					2	发动机车速
					3	挂入挡位
					4	加速踏板位置值
100 000	0	P	0 km/h	04	1	电磁阀
					2	挂入挡位
					3	换挡杆位置
					4	车速
45 ℃	0011011	0	900 r/min	05	1	自动变速器油温度
					2	换挡输出
					3	将要挂入挡位
					4	发动机转速
1H +/ –	200 r/min	900 r/min	0%	07	1	挂入挡位
					2	锁止离合器打滑
					3	发动机转速
					4	加速踏板位置值

三、自动变速器的性能测试

在对自动变速器进行基本检查和故障自诊断之后，如果没有找出故障部位和故障原因，就需要做进一步的性能测试试验，以便根据试验结果进行诊断。

自动变速器在修理完毕后，也应进行全面的性能检查。修理后检查是为了鉴定修理质量，检验自动变速器的各项性能指标是否达到标准要求。

自动变速器的性能测试项目包括失速试验、油压试验、换挡延迟试验、道路试验和手动换挡试验等。

1. 失速试验

在前进挡或倒挡时踩住制动踏板并完全踩下加速踏板时，发动机处于最大扭矩工况，此时自动变速器的输出轴及输入轴均静止不动，变矩器的涡轮也因此静止不动，只有变矩器壳及泵轮随发动机一同转动，这种工况称为失速工况，此时的发动机转速称为失速转速。失速试验的目的是通过检查 D 位和 R 位的失速转速，以检查发动机、液力变矩器及自动变速器中有关的换挡执行元件的工作是否正常，如图 2 - 6 - 13 所示。

失速试验和油压试验

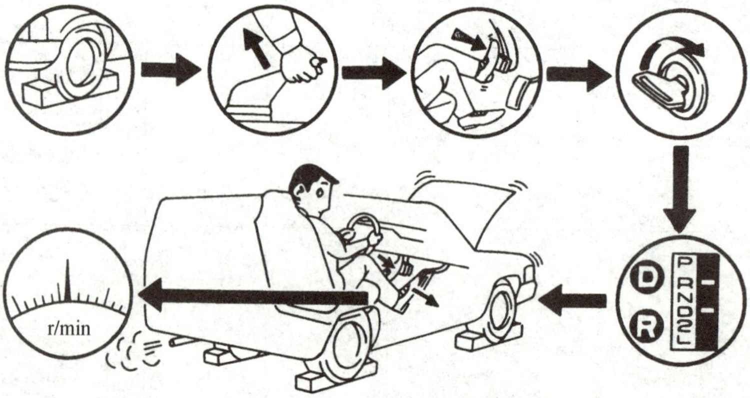

图 2 - 6 - 13　失速试验

（1）失速试验的准备。

① 起动汽车，使发动机和自动变速器均达到正常工作温度。

② 检查汽车的行车制动和驻车制动，确认其性能良好。

③ 检查自动变速器的油面高度应正常。

（2）失速试验步骤。

① 将汽车停放在宽阔的水平地面上，前后车轮用三角木块塞住。

② 无发动机转速显示的，安装发动机转速表。

③ 拉紧驻车制动，左脚用力踩住制动踏板。

④ 起动发动机。

⑤ 将换挡操纵杆拨入 D 位。

⑥ 在左脚踩紧制动踏板的同时，用右脚将加速踏板踩到底，读取此时发动机的最高转速，然后立即松开加速踏板。

⑦ 将换挡操纵杆拨入 P 位或 N 位，使发动机怠速运转 1 min 以上，防止自动变速器油因温度过高而变质。

⑧ 将换挡操纵杆拨入 R 位，做同样的试验。

在失速工况下，发动机的动力全部消耗在变矩器内液压油的内部摩擦损失上，液压油的温度急剧上升，因此在失速试验中，从加速踏板踩下到松开的整个过程的时间不得超过 5 s，否则会使液压油因温度过高而变质，甚至损坏密封圈零件。在一个挡位的试验完成之后，不要立即进行下一个挡位的试验，要等油温下降之后再进行。试验结束后不要立即熄火，应将换挡操纵杆拨入 P 位或 N 位，让发动机怠速运转几分钟，以便让液压油温度降至正常。如果在试验中发现驱动轮因制动力不足而转动，则应立即松开加速踏板，停止试验。

> 在试验过程中，车辆前后轮一定要用三角木块塞住，以免车辆移动而引发安全事故。我们要牢固树立安全意识，坚持"安全第一，预防为主"的方针，严格执行安全操作规程，让安全成为习惯。

（3）试验结果分析。不同车型的自动变速器都有其失速转速标准。例如丰田卡罗拉轿车 U341E 型自动变速器，失速转速为 2 100 ~ 2 700 r/min。

若失速转速与标准值相符，则说明自动变速器的液压泵、主油路油压及各个换挡执行元件的工作基本正常；若失速转速高于标准值，则说明主油路油压过低或换挡执行元件打滑；若失速转速低于标准值，则可能是发动机动力不足或液力变矩器有故障。例如，当液力变矩器中的单向离合器打滑时，液力变矩器在液力偶合器的工况下工作，其变矩比下降，从而使发动机的负荷增大，转速下降。不同挡位失速转速不正常的原因详见表 2 - 6 - 2。

表 2 - 6 - 2 失速转速不正常的原因

换挡操纵杆位置	失速转速	故障原因
所有位置	过高	主油路油压过低；前进挡和倒挡的换挡执行元件打滑；低挡及倒挡制动器打滑
	过低	发动机动力不足；变矩器导轮的单向离合器打滑
仅在 D 位	过高	前进挡油路油压过低；前进离合器打滑
仅在 R 位	过高	倒挡油路油压过低；倒挡及高挡离合器打滑

2. 油压试验

控制系统的油压正常是自动变速器正常工作的先决条件，如果油压过低，则会造成换挡执行元件打滑，加剧其摩擦片的磨损，甚至使换挡执行元件烧毁；如果油压过高，则会使自动变速器出现严重的换挡冲击，甚至损坏控制系统。因此，在分解修理自动变速器之前和自动变速器修复之后，都要对自动变速器做油压试验，以保证自动变速器的修复质量。

进行该项试验时，为安全起见，一定要有两人配合，即一人进行测量，另一人站在车外观察车轮或车轮垫木的情况。

（1）测试方法及步骤。

① 预热发动机和自动变速器，使其达到正常的工作温度，然后熄火。

② 在自动变速器主油压测试孔（见图2-6-14）上连接油压表（量程2 MPa左右，见图2-6-15）。

图2-6-14　油压测试孔

图2-6-15　连接油压表

③ 将全部车轮用三角木塞住，拉紧驻车制动，踩下脚制动，然后起动发动机。

④ 挂入D位，记下D位怠速时的主油压值，然后用左脚踩紧制动踏板，同时用右脚迅速将加速踏板踩到底，记下D位失速时的主油压值，在节气门全开位置上停留不要超过3 s，以免该挡位的执行系统因过载而受损。

⑤ 从D位回到N位怠速运转2 min，也可以1 200 r/min的转速运转1 min，以便使ATF得到冷却。

⑥ 再挂入R位，记下R位的怠速油压值和R位的失速油压值。

由于主油压试验是大负荷试验，因此建议车况特别差的不要做主油压试验。

（2）试验结果分析。将测得的主油路油压值与标准值进行比较。不同车型自动变速器的主油路油压值不同。若主油路油压不正常，则说明液压泵或控制系统有故障。表2-6-3列出了主油路油压不正常的可能原因。

表2-6-3　主油路油压不正常的原因

工况	测试结果	故障原因
怠速	所有挡位的主油路油压均太低	液压泵故障；主油路调压阀卡死；主油路泄漏；主油路调压阀弹簧太软；节气门拉索或节气门位置传感器调整不当
	前进挡和前进低挡的主油路油压均太低	前进离合器活塞漏油；前进挡油路泄漏
	前进挡的主油路油压正常；前进低挡的主油路油压太低	前进低挡离合器活塞漏油；前进低挡油路泄漏
	前进挡主油路油压正常；倒挡主油路油压太低	倒挡及高挡离合器活塞漏油；倒挡油路泄漏
	所有挡位的主油路油压均太高	节气门拉索或节气门位置传感器调整不当；主油路调压阀卡死；主油路调压阀弹簧太硬；油压电磁阀损坏或线路故障

续表

工况	测试结果	故障原因
失速	稍低于标准油压	节气门拉索或节气门位置传感器调整不当；油压电磁阀损坏或线路故障；主油路调压阀卡死或弹簧太软
	明显低于标准油压	液压泵故障；主油路泄漏

3. 换挡延迟试验

在发动机怠速运转时将换挡操纵杆从空挡拨至前进挡或倒挡后，需要有一段短暂时间的迟滞或延迟才能使自动变速器完成挡位的接合（此时汽车会产生一个轻微的振动），这一短暂的时间称为自动变速器换挡的延迟时间。换挡延迟试验就是测出自动变速器换挡的延迟时间，根据延迟时间的长短来判断主油路油压及换挡执行元件的工作是否正常，如图 2 - 6 - 16 所示。

其他性能试验

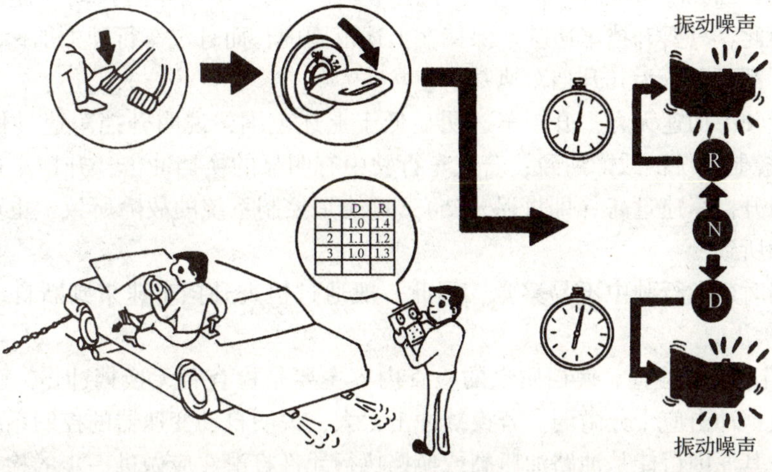

图 2 - 6 - 16　换挡延迟试验

（1）测试方法及步骤。

① 让汽车行驶，使发动机和自动变速器达到正常的工作温度。

② 将汽车停放在水平地面上，拉紧手制动。

③ 检查发动机怠速，应正常。

④ 将自动变速器纵手柄从 N 位拨至 D 位，用秒表测量从拨动换挡操纵杆开始到感觉汽车振动为止所需的时间，该时间称为 N - D 延迟时间。

⑤ 将换挡操纵杆拨至 N 位，让发动机怠速运转 1 min 后，再做一次同样的试验。

⑥ 上述试验进行 3 次，取其平均值。

⑦ 按上述方法，将换挡操纵杆由 N 位拨至 R 位，测量 N - R 延迟时间。

（2）试验结果分析。大众公司生产的 01M、01N、01V 等变速器 N - D 延迟时间小于 0.9 s，N - R 延迟时间小于 2 s。丰田卡罗拉 U341E 型自动变速器 N - D 延迟时间小于 1.2 s，

N-R 延迟时间小于 1.5 s。

若 N-D 延迟时间过长，则说明主油路油压过低，前进离合器摩擦片磨损过甚或前进单向离合器工作不良；若 N-R 延迟时间过长，则说明倒挡主油路油压过低，倒挡离合器或倒挡制动器磨损过甚或工作不良。

4. 道路试验

道路试验是对汽车自动变速器性能的最终检验，检验内容侧重于换挡点、换挡冲击、振动、噪声和打滑等方面。

在道路试验之前，应确认汽车发动机以及底盘各个系统的技术状态应完好，并且已经进行了基本检查。在汽车以中低速行驶 5~10 min，使发动机和自动变速器都达到正常的工作温度（70~80 ℃）。

（1）升挡车速的检查。起动发动机，将换挡操纵杆拨至 D 位，踩下加速踏板，并使节气门保持在某一固定开度，让汽车起步并加速。当感觉到自动变速器升挡时，记下升挡车速。一般四挡自动变速器在节气门开度保持在 1/2 时，由 1 挡升至 2 挡的升挡车速为 25~35 km/h，由 2 挡升至 3 挡的升挡车速为 55~70 km/h，由 3 挡升至 4 挡（超速挡）的升挡车速为 90~120 km/h。不同节气门开度时升挡车速不同，不同车型自动变速器的升挡车速也不相同。因此，只要升挡车速基本保持在上述范围内，而且汽车行驶中加速良好，无明显的换挡冲击，都可以认为其升挡车速基本正常。

若汽车行驶中加速无力，升挡车速明显低于上述范围，说明升挡车速过低（即过早升挡），一般是控制系统的故障所致；若汽车行驶中有明显的换挡冲击，升挡车速明显高于上述范围，说明升挡车速过高（即过迟升挡），可能是控制系统的故障所致，也可能是换挡执行元件的故障所致。

由于降挡时刻在行驶中不易察觉，因此一般通过检查升挡车速来判断自动变速器有无故障。

（2）换挡质量的检查。换挡质量的检查内容主要是检查有无换挡冲击。正常的电控自动变速器的换挡冲击应十分微弱。若换挡冲击太大，说明自动变速器的控制系统或换挡执行元件有故障，其原因可能是油路油压高或换挡执行元件打滑，应做进一步的检查。

（3）锁止离合器工作状况的检查。试验中，让汽车加速至超速挡，以高于 80 km/h 的车速行驶，并让节气门开度保持在低于 1/2 的位置，使变矩器进入锁止状态。此时，快速将加速踏板踩下至 2/3 开度，若发动机转速没有太大的变化，则说明锁止离合器处于结合状态；反之，若发动机转速升高很多，则表明锁止离合器没有结合，其原因通常是锁止控制系统有故障。

（4）发动机制动作用的检查。检查自动变速器有无发动机制动作用时，应将换挡操纵杆拨至前进低挡（S、L 或 2、1）位置，在汽车以 2 挡或 1 挡行驶时，突然松开加速踏板，若车速立即随之下降，说明有发动机制动作用，否则说明控制系统或相关的离合器、制动器有故障。

（5）强制降挡功能的检查。检查自动变速器强制降挡功能时，应将换挡操纵杆拨至 D 位，保持节气门开度为 1/3 左右，在以 2 挡、3 挡或超速挡行驶时突然将加速踏板完全踩到底，检查自动变速器是否被强制降低一个挡位。在强制降挡时，发动机转速会突然上升至 4 000 r/min 左右。若踩下加速踏板后没有出现强制降挡，则说明强制降挡功能失效。

（6）P 位制动效果的检查。将汽车停在坡度大于 9% 的斜坡上，换挡操纵杆拨入 P 位，松开驻车制动，检查机械闭锁爪的锁止效果。

5. 手动换挡试验

手动换挡试验的目的是确定故障是由机械系统还是电气系统引起的。试验时，将自动变速器所有换挡电磁阀的线束插头全部脱开，此时 ECU 不能通过换挡电磁阀来控制换挡，自动变速器的挡位取决于换挡操纵杆的位置。

手动换挡试验的步骤如下：

（1）脱开电控自动变速器的所有换挡电磁阀线束插头；

（2）起动发动机，将换挡操纵杆拨至不同位置，然后做道路试验（也可以将驱动轮悬空，进行台架试验）；

（3）观察发动机转速和车速的对应关系，以判断自动变速器所处的挡位。不同挡位时发动机转速与车速的关系可参考表 2-6-4。由于变矩器的减速作用与传递的扭矩有关，因此表中车速只能作为参考，实际车速将随着行驶中节气门开度的不同而产生一定的变化。

表 2-6-4　不同挡位时发动机转速和车速的关系

挡位	发动机转速/(r·min^{-1})	车速/(km·h^{-1})
1 挡	2 000	18 ~ 22
2 挡	2 000	34 ~ 38
3 挡	2 000	50 ~ 55
超速挡	2 000	70 ~ 75

（4）若换挡操纵杆位于不同位置，自动变速器所处的挡位车速与表 2-6-4 相同，则说明电控自动变速器的阀体及换挡执行元件基本上工作正常，否则说明自动变速器的阀体或换挡执行元件有故障。

（5）试验结束后，接上电磁阀线束插头。

（6）清除 ECU 中的故障代码，防止因脱开电磁阀线束插头而产生的故障代码保存在 ECU 中，影响自动变速器的故障自诊断工作。

案例分析

一、宝马车换挡有冲击现象

故障现象：一辆宝马轿车，装备 V12 发动机，变速器为 4HP-22 型。变速器大修后，路试换挡平顺，但汽车行驶 200 km 后，随行驶里程的增加，变速器换挡冲击加大。

故障诊断与排除：暖机路试，检查变速器升挡时的发动机转速，如表 2-6-5 所示。

由表 2-6-5 可见，路试时发动机的转速在规定范围内，并且换挡平顺无冲击。但当路试一段时间后，发现换挡过程中有轻微的冲击，并且随行驶里程的增加冲击感明显加大。于是测量主油路油压，结果如表 2 - 6 - 6 所示。结果发现，实测压力明显超过规定的油压范围。

表 2 - 6 - 5　升挡时的发动机转速

节气门开度	升挡挡位	升挡时发动机转速/(r · min⁻¹)	实测转速/(r · min⁻¹)
小节气门开度	1→2	1 900 ~ 2 100	1 900
	2→3	2 000 ~ 2 100	2 000
	3→4	2 000 ~ 2 200	2 200
节气门全开	1→2	5 100 ~ 5 600	5 500
	2→3	4 800 ~ 5 100	4 900
	3→4	4 700 ~ 4 900	4 700

表 2 - 6 - 6　液压泵压力值

压力测试条件	标准压力/kPa	实测压力/kPa
D 位 1 挡，700 ~ 1 000 r/min	586 ~ 738	930
D 位 2 挡、3 和 4 挡，4 000 r/min	448 ~ 565	700
R 位，700 ~ 1 000 r/min	1 082 ~ 1 275	1 450

初步判断阀体主油压调节部分可能有问题，因为实验初期没有冲击，过一段时间以后才有冲击，并且油压偏高。

拆下阀体，检查主油路调节电磁阀。测试其电阻，为 3.2 Ω（标准电阻值 1.8 ~ 4.6 Ω），符合规定。拆下电磁阀，发现电磁阀前的滤网被棉絮阻塞，使电磁阀卸压受阻，随着行驶里程的增加，棉絮堵在电磁阀的量增多，使油压增高。

清洁电磁阀前的棉絮后装复，暖车后测量系统的主油压，油压符合规定，然后路试。在 300 km 内换挡平顺，但随着行驶里程的增加换挡冲击加大，这时重测油压，发现油压偏高。于是彻底清洗阀体及油路，并更换了新的变速器油，冲击现象消失。

二、雪佛兰子弹头自动变速器换挡冲击

故障现象：一辆雪佛兰子弹头轿车（自动变速器型式为 4T60 型），由于自动变速器摩擦片烧蚀，在某修理厂更换后，出现换挡冲击现象。

故障诊断与排除：自动变速器换挡冲击故障是自动变速器中较棘手、复杂的一类故障，其涉及面广、故障点多。其中影响换挡冲击故障的因素主要包括以下三个方面：

（1）机械方面的故障，如摩擦片装配间隙不合适、卡环装配不到位等；

（2）油路故障，如节气门拉线调整不当、阀体中的钢球错位、蓄能器油压调整不当、换挡阀或顺序阀油路堵塞、节流孔磨损过大等；

（3）电路方面的故障（即影响换挡的传感器或执行器），如节气门位置传感器、车速传感器和换挡电磁阀故障等。

读取故障码，无故障码；读取数据流，未发现异常。起动发动机，至发动机水温和自动变速器油温正常后，在 D、R 位做失速试验，失速转速正常。做 N－D 位、N－R 位的时滞试验，其数值也在正常范围，但偏低。路试，只有在一挡时没有冲击，在 D 位和 R 位时换挡冲击，但升、降挡点正常。测试电路部分，正常。

从车上拆下自动变速器，解体，对其机械传动部分进行清洗、检查，发现其各离合器、制动器间隙正常，只是直接挡离合器间隙偏小，正常值应为 1～3 mm。在检查中发现，前进挡离合器和倒挡离合器中均缺少波形垫片，但其间隙正常。根据有关资料知道，其波形垫片的作用主要有：缓冲作用（由于波形垫片本身不平，故建立油压时必须先将其压展，才能封住卸油孔，从而起到一定的缓冲作用）、封油作用和对间隙的调整作用。因此换上波形垫片，重新按规定组装好自动变速器，装车测试，换挡冲击消失，该自动变速器工作正常。

任务小结

1. 自动变速器的基本检查与维护项目包括自动变速器油面高度及油质的检查、自动变速器油的更换、节气门拉索的检查与调整、发动机怠速的检查与检修、换挡操纵杆位置的检查与调整、挡位开关的检查及超速挡开关的检查等。

2. 自动变速器油面高度的检查方法有油尺法和溢油法。

3. ATF 通常染成红色，以在确定渗漏来源时区别于发动机机油。

4. 自动变速器的换油方式有两种：重力换油法和换油机更换法。

5. 节气门的开度会影响自动变速器的换挡时间，发动机熄火后，节气门应全关；当加速踏板踩到底时，节气门应全开。

6. 将换挡操纵杆拨至各个挡位，挡位指示灯应与换挡操纵杆位置一致，P 位和 N 位时发动机才能起动，R 位时倒车灯才能亮起。

7. 自动变速器的性能测试项目包括：失速试验、油压试验、换挡延迟试验、道路试验和手动换挡试验等。

8. 失速试验的目的是通过检查 D 位和 R 位的失速转速，以检查发动机、液力变矩器及自动变速器中有关的换挡执行元件的工作是否正常。

9. 控制系统的油压过低，会造成换挡执行元件打滑，加剧其摩擦片的磨损，甚至使换挡执行元件烧毁；如果油压过高，则会使自动变速器出现严重的换挡冲击，甚至损坏控制系统。

10. 换挡延迟试验用于测出自动变速器换挡的迟滞时间，根据迟滞时间的长短来判断主油路油压及换挡执行元件的工作是否正常。

11. 道路试验是对汽车自动变速器性能的最终检验，检验内容侧重于换挡点、换挡冲击、振动、噪声和打滑等方面。

12. 手动换挡试验的目的是确定故障发生在机械系统还是电气系统。

学习任务七　无级变速器的检修

【思政目标】
- 培养学生解决问题的创新思维，提高创新能力；
- 学会自我调节，增强社会适应能力。

【任务目标】
- 能正确讲述无级变速器的基本原理；
- 能正确描述无级变速器的结构、组成和动力传递路线；
- 能正确描述无级变速器液压控制系统和电子控制系统的组成及工作原理；
- 能正确识读和分析汽车无级变速器系统电路图。

【学习重点】
- 无级变速器的组成和工作原理；
- 识读和分析无级变速器系统电路图。

任务导入

　　一辆奥迪 2.8 L 轿车，装备 01J 无级变速器，在使用中出现挂倒挡时偶然会有冲击，挂 D 位后松开制动踏板，车辆没有爬行。当发动机转速提高到 1 200 r/min 以上时，车辆会猛地向前冲，像离合器突然接合一样。读取故障码，无故障码。读取显示组 011 显示区 1 数据，明显低于正常值。现在请你对客户轿车的无级变速器进行检修。

知识准备

　　目前在汽车上广泛使用的液力变矩器和行星齿轮系的组合有着明显的缺点：传动比不连续，只能实现分段范围内的无级变速；液力传动的效率较低，影响了整车的动力性与燃料经济性；如果要通过增加变速器的挡位数来扩大无级变速覆盖范围，就必须采用较多的执行元件来控制行星齿轮系的动力传递路线，导致自动变速器零部件数量过多，结构复杂，保养和维护不便。所以汽车行业早就开始研究其他新型变速技术，无级变速器 CVT（Continuously Variable Transmission）技术就是其中最有前景的一种。

　　CVT 采用传动带和工作直径可变的主、从动轮相配合传递动力。由于 CVT 可以实现传动比的连续改变，从而得到传动系统与发动机工况的最佳匹配，提高整车的燃油经济性和动力性，改善驾驶员的操纵方便性和乘员的乘坐舒适性，所以它是理想的汽车传动装置。

　　从有级变速器，到现在的无级变速器；从齿轮传动，到现在工作直径可变的带轮传动，带给我们的既是汽车技术的不断创新，同时也是发现问题和解决问题的过程。我们在学习工作过程中，会遇到各种各样的问题需要我们去应对和解决，在解决问题时要有创新思维，不要拘泥于传统的固有的解决方式，应采用多种方法来解决问题，从而提升自己的创新能力。

一、无级变速器的认识

1. 无级变速器的基本原理

CVT 的主要结构和工作原理如图 2 – 7 – 1 所示,该系统主要包括主动轮组、从动轮组、金属传动带和液压缸等基本部件。金属传动带由两束金属坯和几百个金属片构成。主动轮组与从动轮组都由可动盘和固定盘组成,与液压缸靠近的一侧带轮可以在轴上滑动(可动盘),另一侧则固定(固定盘)。可动盘与固定盘都是锥面结构,它们的锥面形成 V 形槽来与 V 形金属传动带啮合。发动机输出轴输出的动力首先传递到 CVT 主动轮组,然后通过 V 形金属传动带传递到从动轮组,最后经主减速器、差速器传递给车轮来驱动汽车。

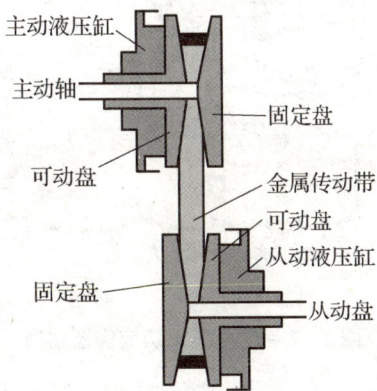

图 2 – 7 – 1　CVT 结构和工作原理

工作时通过主动轮组与从动轮组的可动盘做轴向移动来改变主动轮、从动轮锥面与 V 形金属传动带啮合的工作半径,从而改变传动比。两个带轮可以实现反向调节,即当其中一个带轮凹槽逐渐变宽时,另一个带轮凹槽就会逐渐变窄。可动盘的轴向移动是由控制系统调节主动轮、从动轮液压缸压力来实现的。由于主动轮组和从动轮组的工作半径可以实现连续调节,故实现了无级变速。

2. 无级变速器的优点

(1) 由于没有一般齿轮式变速器的传动齿轮,也就没有自动变速器的换挡过程,由此带来的换挡顿挫感也随之消失,所以 CVT 变速器的动力输出是线性的,在实际驾驶中非常平顺。

(2) CVT 的传动系统理论上可以实现无限多挡位,挡位设定更加自由,更容易达到性能、耗油和废气排放的平衡。

(3) CVT 传动的机械效率、油耗大大优于普通的自动变速器,仅次于手动变速器,燃油经济性好。

(4) CVT 系统结构简单,零部件数目比 AT 少。

二、01J 无级变速器的认识

大众 01J 无级变速器又称为 Multitronic，其结构如图 2 - 7 - 2 所示，主要由减振缓冲装置、动力连接装置、速比变换系统、液压控制系统和电子控制系统等组成。

飞轮减振装置　　倒挡制动器　　　　辅助减速齿轮组　速比变换器及传动链

行星齿轮组　　　前进挡离合器　　液压控制单元　　电子控制单元

图 2 - 7 - 2　01J 无级变速器结构

1. 减振缓冲装置

01J 无级变速器取消了变矩器。由于飞轮在工作时转动是不均匀的，即在做功行程转得快，而在其他行程则转得慢。这种转动的不均匀性传递到变速器内就会形成振动，因此在 CVT 上需要一个减振缓冲装置来缓冲这种振动。奥迪 V6 2.8L 发动机采用飞轮和减振装置，奥迪 A4 1.8L 四缸发动机采用双质量飞轮作为减振缓冲装置，如图 2 - 7 - 3 所示。

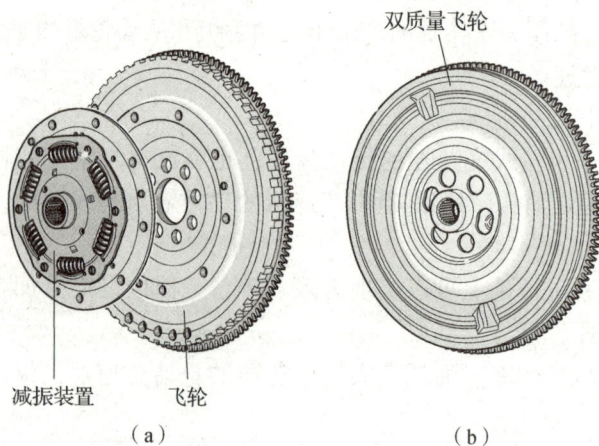

双质量飞轮

减振装置　　飞轮

（a）　　　　　　　　　　　（b）

图 2 - 7 - 3　减振缓冲装置

（a）飞轮和减振装置；（b）双质量飞轮

2. 动力连接装置

动力连接装置包括行星齿轮装置、前进挡离合器和倒挡制动器，其传动简图如图 2 – 7 –4 所示。

前进挡离合器和倒挡制动器是变速器的启动装置，与行星齿轮机构一起实现前进挡和倒挡。前进挡离合器用于连接输入轴和行星齿轮机构的行星架，倒挡制动器用于固定行星齿轮机构的齿圈，两者均采用湿式多片式结构。

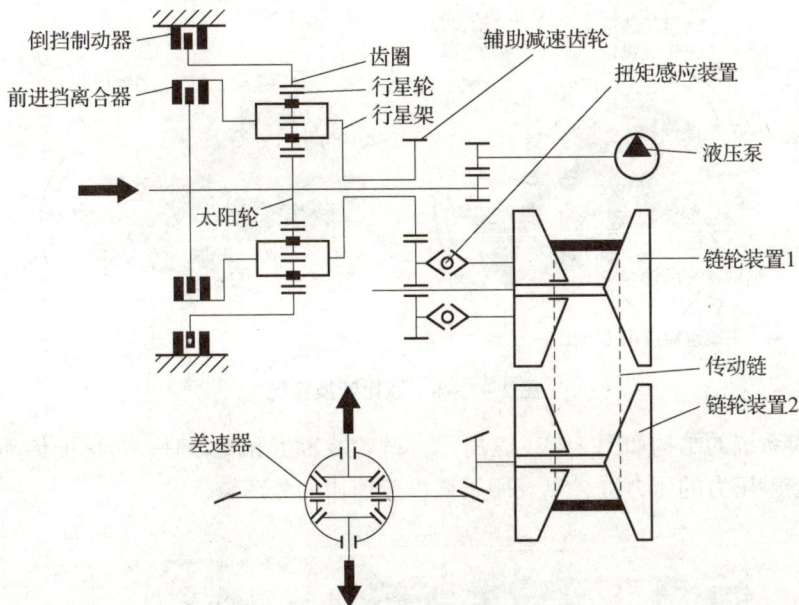

图 2 –7 –4　01J 无级变速器传动简图

行星齿轮机构如图 2 – 7 –5 所示，其唯一的功能是倒挡时改变变速器输出轴的旋转方向。发动机动力通过飞轮传递给变速器输入轴，再通过行星齿轮机构、一对辅助减速齿轮组传递到传动链轮装置。由传动链轮无级变速后，动力经过主减速器和差速器传递到驱动轮。

（1）P/N 挡的动力传动路线。当换挡杆处于 P 或 N 位时，发动机的扭矩通过输入轴相连接的太阳轮传到行星齿轮机构。当车辆尚未行驶时，前进挡离合器和倒挡制动器都不工作，因此发动机的扭矩不能传入辅助减速齿轮，汽车原地静止。

（2）前进挡的动力传动路线。当换挡杆处于 D 位时，前进挡离合器工作。此时，太阳轮（变速器输入轴）与行星架（输出部分）连接，行星齿轮机构锁死成为一体，并与发动机运转方向相同，传动比为 1:1。

（3）倒挡的动力传动路线。换挡杆处于 R 位时，倒挡制动器工作。此时，齿圈被固定，太阳轮（输入轴）为主动轮，扭矩传递到行星架。由于是双行星齿轮，所以行星架会以与发动机旋转方向相反的方向运转，车辆向后行驶。

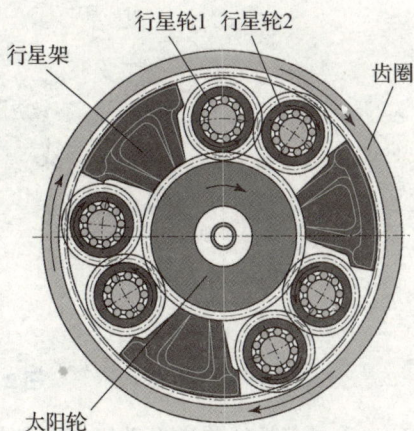

图 2 –7 –5　行星齿轮机构

3．速比变换系统

（1）组成。01J无级变速器的关键部件是速比变换系统，如图2－7－6所示。速比变换系统由主动链轮装置、从动链轮装置以及传动链三部分组成。主动链轮装置由发动机通过辅助减速齿轮组驱动，发动机扭矩经传动链传递到从动链轮装置，并由此传给主减速器。链轮装置中的一个链轮可沿轴向移动，两组链轮装置中的可动链轮必须同时进行移动，这样才能保证传动链始终处于张紧状态，并有足够的传动链和链轮之间的接触压力。

图2－7－6　速比变换系统

速比变换系统的结构如图2－7－7所示。链轮装置1和2各有一个保证传动链轮和传动链之间正常接触压力的压力缸，以及用于调整变速比的分离缸。

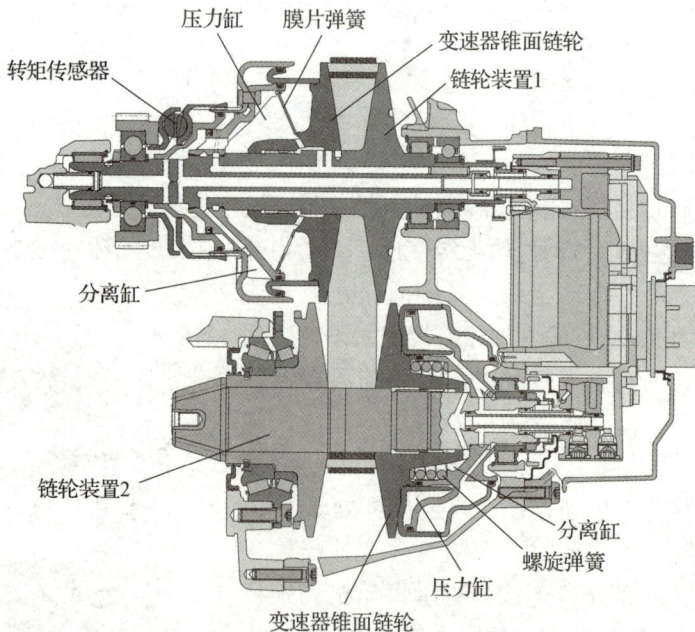

图2－7－7　速比变换系统的结构

为了有效地传递发动机产生的扭矩，锥面链轮和传动链之间需要有很高的接触压力，接触压力通过调节压力缸内的油压产生。

分离缸用于调整变速比。当一个分离缸进油，而另一个分离缸泄压时，即可调整变速比。

（2）传动链。传动链（如图2-7-8所示）是01J变速器的关键部件，传动链具有扭矩大和效率高等特点。

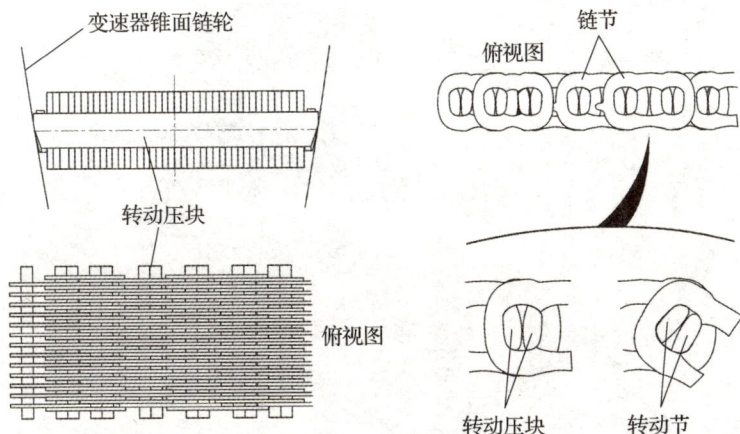

图2-7-8　传动链

传动链的相邻链节通过转动压块连接成一排（每个销子连接两个链节），扭矩靠转动压块正面和链轮接触面的摩擦力来传递。两个转动压块组成一个转动节，转动压块相互滚动，当其在链轮跨度半径范围内驱动传动链时，几乎没有摩擦。

传动链是由两种不同长度的链节构成的，使用两种不同长度链节的目的是防止共振并减小运动噪声。

4. 液压控制系统

液压控制系统主要控制离合器和制动器的接合、冷却以及锥面链轮接触压力和速比变化等。

5. 电子控制系统

电控系统主要用来监测变速器所有输入信息，通过动态控制程序实现经济模式与动力模式的转换、离合器的爬坡控制、过载保护控制以及手动模式控制等。

三、01J无级变速器的液压控制系统

01J无级变速器的
液压控制系统

液压控制系统包括供油系统和液压控制单元，如图2-7-9所示，液压控制单元、供油系统和电子控制单元集成为一体。

液压控制单元由手动阀、9个液压阀和3个电磁阀组成。

1. 供油系统

01J无级变速器装有高效率的月牙形内啮合齿轮泵，它作为一个部件集成在液压控制单元上，并直接由输入轴通过直齿轮和泵轴驱动，如图2-7-10所示。

2. 液压控制单元

液压控制单元通过旋入螺钉（导油管）与链轮装置1及链轮装置2相连接，如图2-7-11所示。液压控制单元完成下述功能：前进挡离合器和倒挡制动器的控制、离合器压力的调节、离合器的冷却、为接触压力控制提供压力油、传动控制和为飞溅润滑油罩盖供油。

图 2 - 7 - 9　液压控制系统的组成

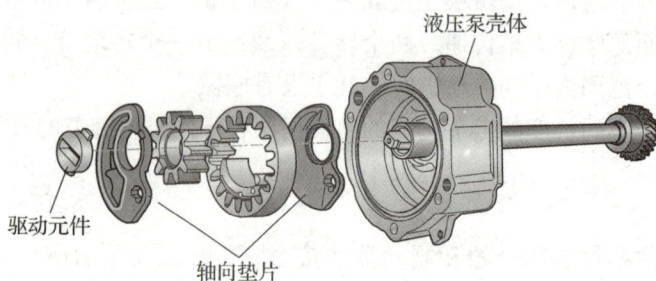

图 2 - 7 - 10　液压泵

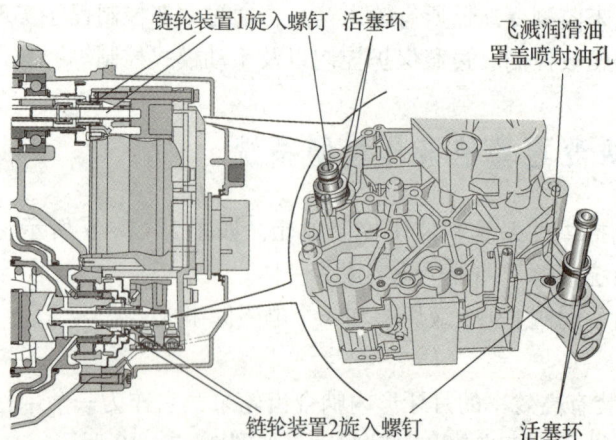

图 2 - 7 - 11　液压控制单元与变速器之间的连接

  液压控制单元由手动阀、9 个液压阀（包括限压阀、离合器冷却阀、离合器控制阀、最小压力阀、安全阀、减压阀、流量限制阀、施压阀和输导压力阀）和 3 个电磁阀组成，如图 2 - 7 - 12 和图 2 - 7 - 13 所示。液压控制单元和电子控制单元直接插接在一起。

图 2-7-12　液压控制单元（一）

限压阀将液压泵产生的最高压力限制为
0.82 MPa，以防止系统工作压力过高。

输导压力阀用于向三个压力调节电磁阀
（N88、N215 和 N216）提供一个恒定的 0.5 MPa
的控制压力。

最小压力阀用来防止启动时液压泵吸入空气，
当液压泵输出功率高时，压力阀打开，允许润滑
油从回油管流到液压泵吸入侧，提高液压泵的
效率。

施压阀控制系统压力，在特定功能下，能始
终提供足够油压（应用接触压力或调节压力）。

电磁阀 N88、N215 和 N216 为压力调节电磁
阀，用于将控制电流转变成相应的液压控制压力，
如图 2-7-14 所示。

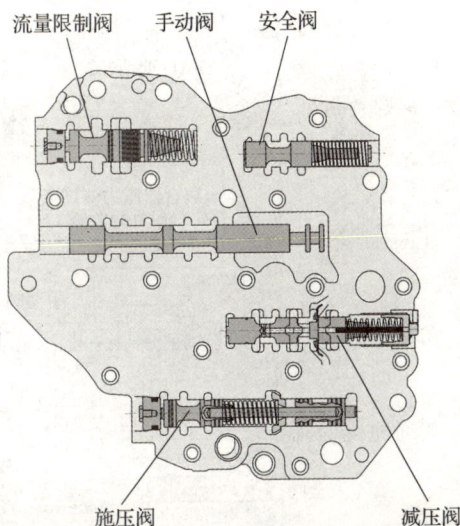

图 2-7-13　液压控制单元（二）

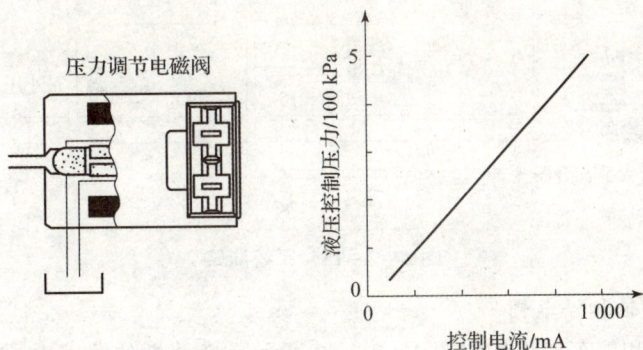

图 2-7-14　压力调节电磁阀控制图

3. 系统油路

系统油路如图 2 – 7 –15 所示。

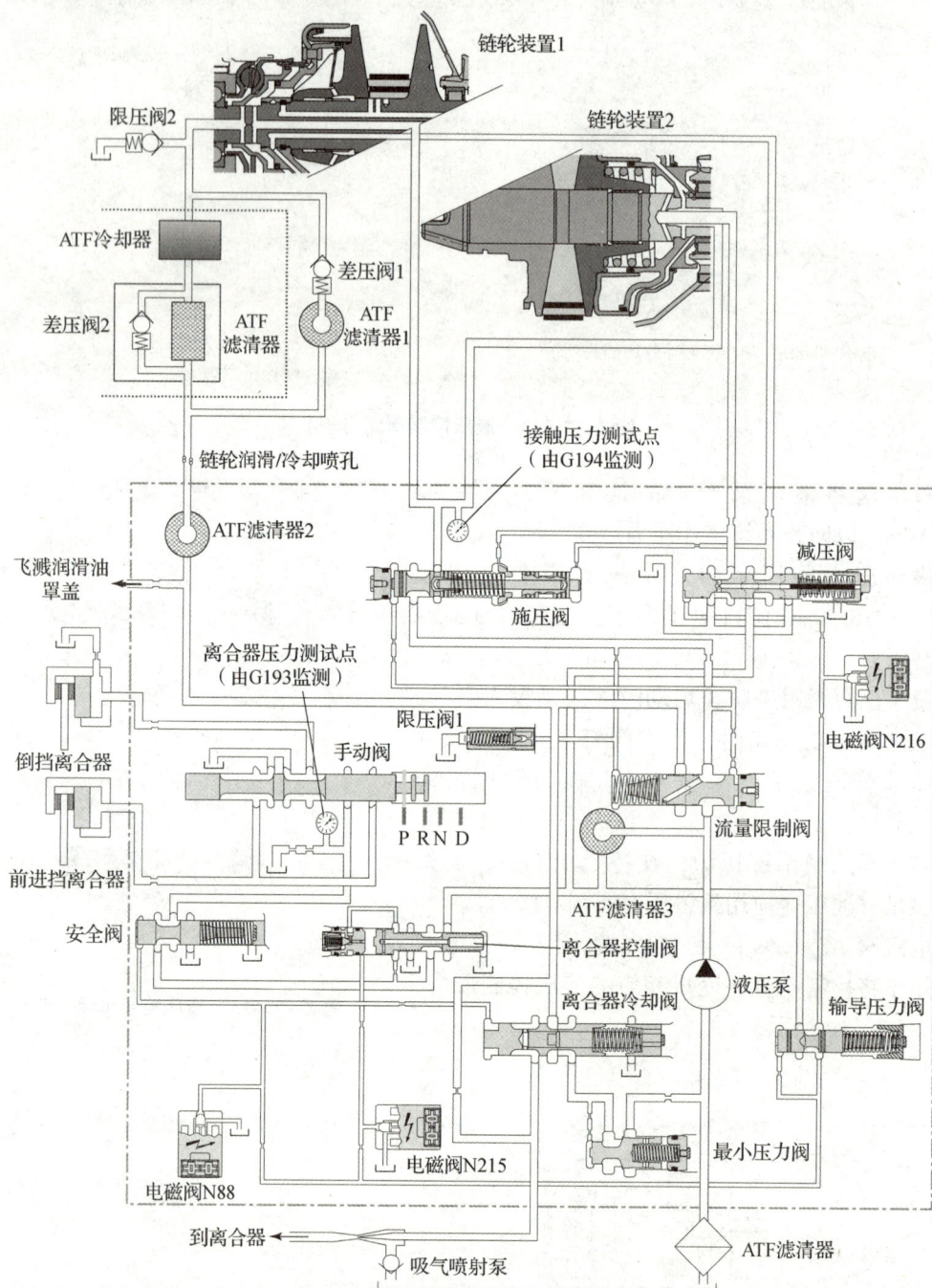

图 2 – 7 – 15　系统油路

4. 操纵杆换挡轴和停车锁

操纵杆换挡轴和停车锁机构如图 2 – 7 – 16 所示。换挡杆位置有 P、R、N、D 及手动换挡位置，在选择手动模式时，仪表会显示 6、5、4、3、2、1。通过换挡杆可触发液压控制单元手动阀、控制停车锁、触发多功能开关，以识别换挡杆位置。

图 2 – 7 – 16 换挡轴及驻车机构

当换挡杆处于 P 位时，与换挡轴相连的锁止齿轮连接杆轴向移动，停车锁支架被压向驻车锁止齿轮，并相互啮合，实现机械锁止功能。

5. ATF 冷却系统

来自链轮装置的 ATF 油首先流经 ATF 冷却器，再经 ATF 滤清器滤清后流至液压控制单元，如图 2 – 7 – 17 所示。ATF 冷却器集成在发动机散热器中。

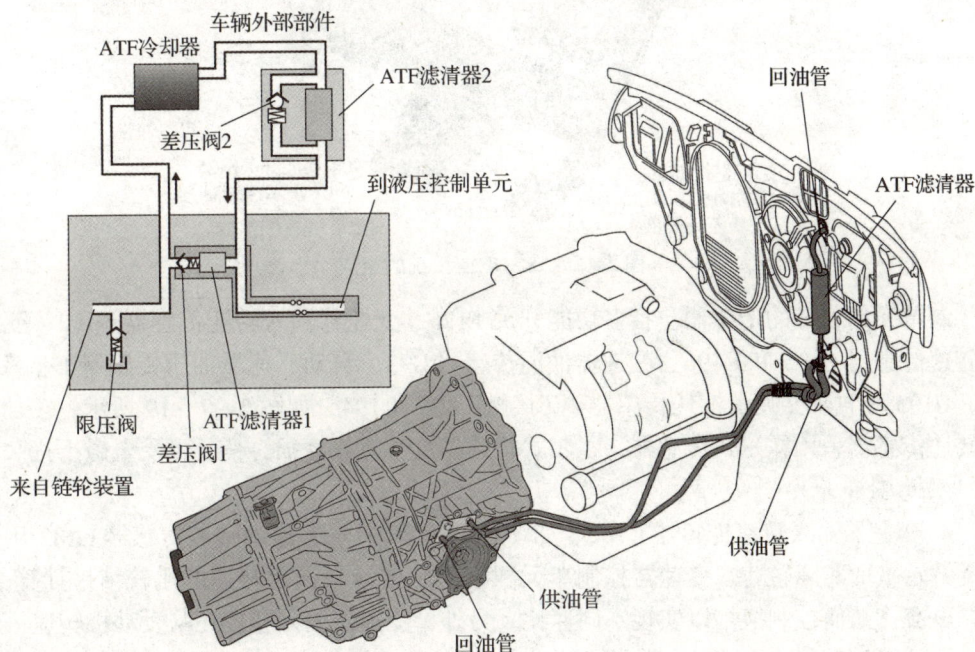

图 2 – 7 – 17 ATF 冷却系统

当 ATF 冷却器压力过高时（如 ATF 温度低），差压阀 1 打开，供油管与回油管直接接通，使 ATF 油温度迅速升高。

当 ATF 滤清器的流动阻力过高时（如滤芯堵塞），差压阀 2 打开，阻止差压阀 1 打开，ATF 冷却系统因有背压而无法工作。

四、01J 无级变速器的电子控制系统

1. 电控系统的组成

01J 无级变速器电子控制系统由三部分组成：电子控制单元、输入装置（传感器、开关）和输出装置（电磁阀）。电控单元安装在变速器内，并用螺栓紧固在液压控制单元上。三个压力调节电磁阀与控制单元通过插头连接，汽车外部线束直接与控制单元的 25 针插头相连，如图 2 - 7 - 18 所示。J217 的底座为一铝壳板，所有的传感器都集成在此铝壳板上，因此传感器与控制单元间不再需要线束和插头，这种结构大大提高了 J217 的可靠性。但若某个传感器损坏，则必须更换变速器控制单元。

01J 无级变速器的电子控制系统

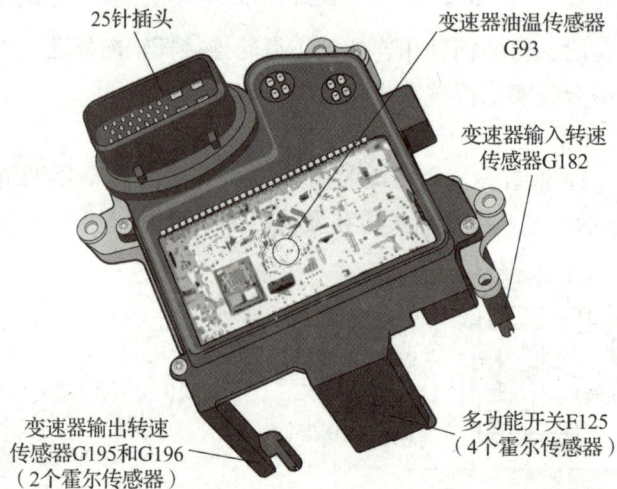

图 2 - 7 - 18　电控系统的组成

控制单元内集成的传感器包括多功能开关 F125、变速器输入转速传感器 G182、变速器输出转速传感器 G195 和 G196、变速器油温传感器 G93、自动变速器油压传感器 1（离合器压力）G193 和自动变速器油压传感器 2（接触压力）G194，如图 2 - 7 - 19 所示。多功能开关和转速传感器采用霍尔式传感器，霍尔式传感器没有机械磨损，信号不受电磁干扰。

2. 传感器和开关

（1）变速器输入转速传感器 G182。如图 2 - 7 - 20 所示，输入转速传感器 G182 用于监测主动链轮 1 的实际转速。变速器控制单元根据实际转速与设定转速的比较结果计算 N216 的控制电流，从而控制换挡以实现不同速比。另外，变速器输入转速还与发动机转速一起用于离合器的控制和作为变速控制的输入变化参考。

（2）变速器输出转速传感器 G195 和 G196。如图 2 - 7 - 20 所示，G195 和 G196 用于监测从动链轮 2 的转速，从而得出变速器的输出转速。其中来自 G195 的信号用于监测实际输出转速，来自 G196 的信号用来区别输出旋转方向，即区别汽车是向前行驶还是向后行驶。

图 2 – 7 – 19 控制单元 J217 及传感器

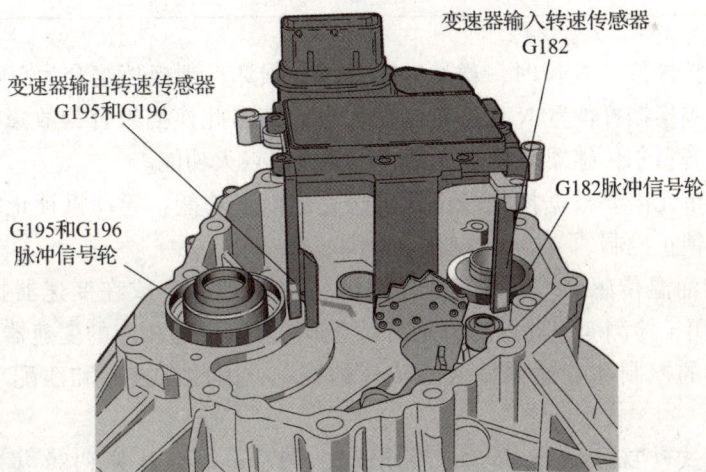

图 2 – 7 – 20 输入及输出转速传感器

（3）变速器油压传感器 G193、G194。油压传感器 G193 用于监测前进挡离合器和倒挡制动器的实际油压，从而监控离合器功能。G193 失效会使安全阀激活。若测得实际油压超出规定油压，则会激活安全保护功能。

油压传感器 G194 用于监测链轮和传动链之间的接触压力，此压力由扭矩传感器来调节。因接触压力总是与实际变速器的输入扭矩成比例，故利用 G194 的信号可十分准确地计算出变速器输入扭矩。G194 的信号用于离合器控制（爬坡功能控制和匹配）。

（4）多功能开关 F125。多功能开关 F125（见图 2 - 7 - 19）由 4 个霍尔传感器组成，霍尔传感器由换挡轴上的电磁铁控制。每个霍尔传感器的信号有两种状态：高电位和低电位，且用二进制 1 和 0 表示。4 个传感器一共可产生 16 种工作组合，其中 4 个换挡组合用于换挡杆位置识别，2 个换挡组合用于监测中间位置（P - R、R - N、N - D），10 个换挡组合用于故障分析，见表 2 - 7 - 1。

表 2 - 7 - 1　多功能开关 F125 换挡组合表

换挡杆位置	霍尔传感器				换挡杆位置	霍尔传感器			
	A	B	C	D		A	B	C	D
P	0	1	0	1	R	0	1	1	0
P - R	0	1	0	0	R - N	0	0	1	0
N	0	0	1	1	故障	1	0	0	1
N - D	0	0	1	0	故障	1	0	1	1
D	1	0	1	1	故障	1	1	0	0
故障	0	0	0	0	故障	1	1	0	1
故障	0	0	0	1	故障	1	1	1	0
故障	0	1	1	1	故障	1	1	1	1
故障	1	0	0	0					

示例：当换挡杆位于 N 位时，若霍尔传感器 C 损坏，则换挡组合为 0001，变速器控制单元将不再能识别换挡杆位置 N 位，控制单元会识别出此换挡组合为故障状态，并使用合适的替代程序。若霍尔传感器 D 损坏，则将不能完成点火功能。

变速器控制单元需要根据换挡杆位置信息完成以下功能：起动机锁止控制、倒车灯控制、P/N 挡内部锁止控制。

（5）变速器油温传感器 G93。变速器油温传感器 G93 集成在变速器控制单元内（见图 2 - 7 - 18），用于检测变速器控制单元铝制壳体的温度，即相应的变速器温度。变速器温度会影响离合器的控制和变速器输入轴转速的控制，因此在控制和匹配功能中发挥重要作用。

（6）手动模式（Tiptronic）开关。手动模式（Tiptronic）开关 F189 集成在齿轮变速机构的鱼鳞板中，由 3 个霍尔传感器 A、B、C 组成，其中 A 为减挡开关，B 为手动模式（Tiptronic）识别开关，C 为升挡开关。霍尔传感器由鱼鳞板上的电磁铁激活，如图 2 - 7 - 21 所示。

鱼鳞板上有 7 个 LED 指示灯：4 个用于换挡杆位置显示（P、R、N、D），1 个用于"制动"信号显示，其余 2 个用于 Tiptronic 护板上的"＋"和"－"信号显示。每个换挡杆位置指示灯 LED 都由单独的霍尔传感器控制。当其被激活时，手动模式（Tiptronic）开关F189 将变速器控制单元接地，同时相应的指示灯亮。

3个霍尔传感器
（A、B、C）

选挡杆护板

选挡杆护板鱼鳞板

霍尔传感器电磁铁

4个霍尔传感器（用于确定选挡杆位置）

图 2 – 7 – 21　手动模式（Tiptronic）开关 F189

3. 输出装置

01J 无级变速器采用三个电磁阀：N88、N215 和 N216，将控制电流转变成相应的液压控制压力，最终实现不同的工作。各电磁阀位置如图 2 – 7 – 12 所示。

电磁阀 N88 控制离合器冷却阀和安全阀，以实现离合器冷却控制和变速器安全模式控制。

压力调节电磁阀 N215 控制离合器控制阀，以实现离合器压力控制完成"坡道停车"功能和离合器扭矩控制匹配功能。

压力调节电磁阀 N216 控制离合器减压阀，以实现速比转换控制，完成升降挡功能。

4. 电路图

01J 型无级变速器控制系统电路如图 2 – 7 – 22 所示。

任务实施

一、01J 无级变速器的维护

在常规维护保养中需目测检查自动变速器有无渗漏，汽车每行驶
60 000 km 或 4 年需更换自动变速器油。

01J 无级
变速器的检修

1. 检查 ATF 油位

ATF 油位会随着 ATF 温度的变化而变化，因此在检查 ATF 油位时必须读取 ATF 的温度，可通过诊断仪 VAS5051 读取数据流得到。

在 ATF 的温度达到 35℃以上时，拧出 ATF 检查螺塞，如图 2 – 7 – 23 所示。当 ATF 温度为 35 ~ 45℃时，若有少量液体从 ATF 检查螺塞中溢出（由于温度上升而导致液面升高），则说明 ATF 油位正确。

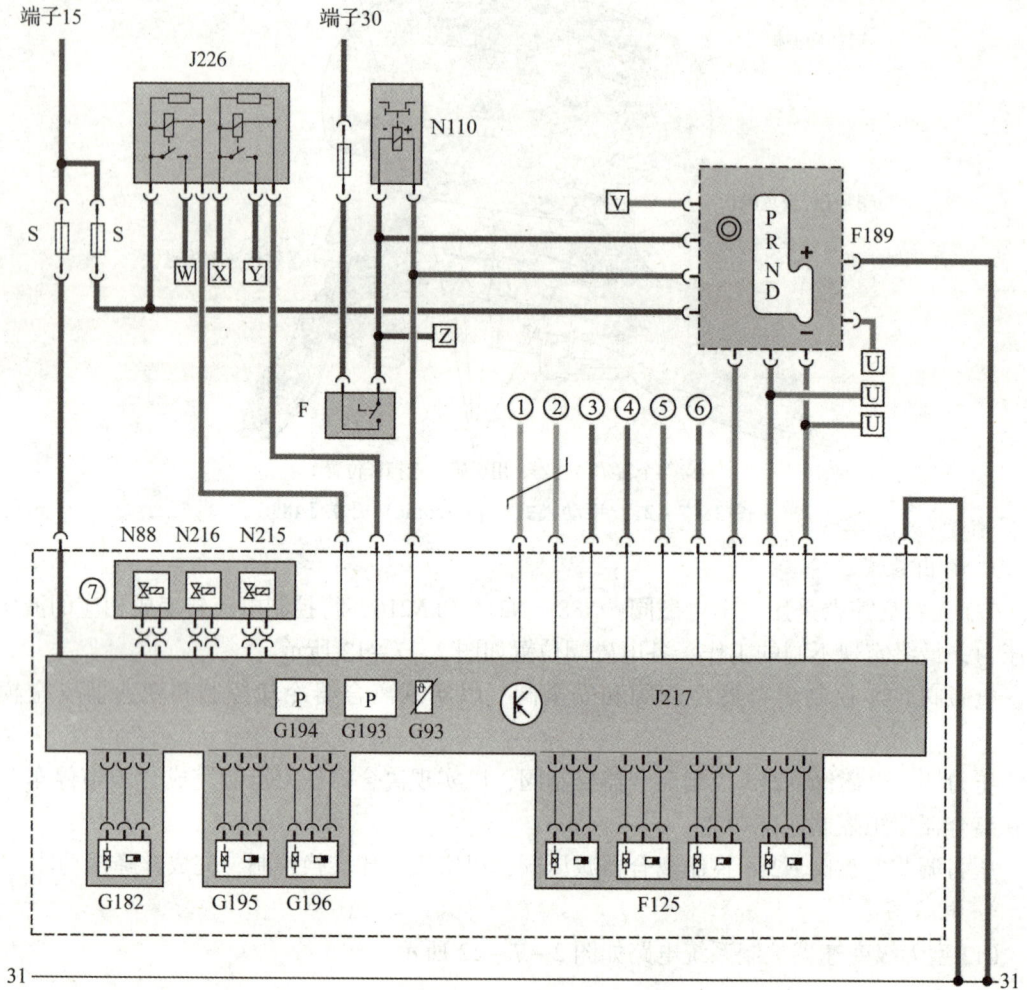

图 2 - 7 - 22　01J 无级变速器控制系统电路图

F—制动灯开关；F125—多功能开关；F189—Tiptronic 开关；G93—变速器油温传感器；

G182—变速器输入转速传感器；G193，G194—油压传感器；J217—控制单元；

G195，G196—变速器输出转速传感器；N88—电磁阀；N110—换挡杆锁止电磁阀；

N215，N216—压力调节电磁阀；J226—起动锁止和倒车灯继电器；S—熔断器；

U—到 Tiptronic 转向盘（选装）；V—来自接线柱 58 d；W—到倒车灯；

X—来自点火开关接线柱 50；Y—到起动机接线柱 50；Z—到制动灯；

1—传动系 CAN 总线，低位；2—传动系 CAN 总线，高位；3—换挡指示信号；

4—车速信号；5—发动机转速信号；6—诊断插头；7—电磁阀

2. 加注 ATF

（1）举升车辆，拆下无级变速器上的放油螺塞（见图 2 - 7 - 23），排放旧油。

ATF检查螺塞
放油螺塞

图 2 - 7 - 23　ATF 检查螺塞

（2）拆下 ATF 检查螺塞。

（3）关闭 VAS 5162 开关阀，将加满油的 VAS 5162 储油罐挂在发动机舱盖挂钩上，如图 2 - 7 - 24（a）所示，再将加油管路拧到 ATF 检查螺塞上。

（4）按图 2 - 7 - 24（b）所示方向打开开关阀，储油罐里的 ATF 就会流入变速器。

（5）加入 4.5～5 L 的 ATF 到变速器后，将换挡杆换到 P 位，起动发动机并怠速运转。

（6）用 VAS 5051 读取 ATF 温度，按图 2 - 7 - 24（c）所示方向关闭开关阀，检查 ATF 油位。

VAS 5162
储油罐

开关阀

VAS 5051

VAS 5162
储油罐

变速器

开关阀

（a）　　　　　　　（b）　　　　　　　（c）

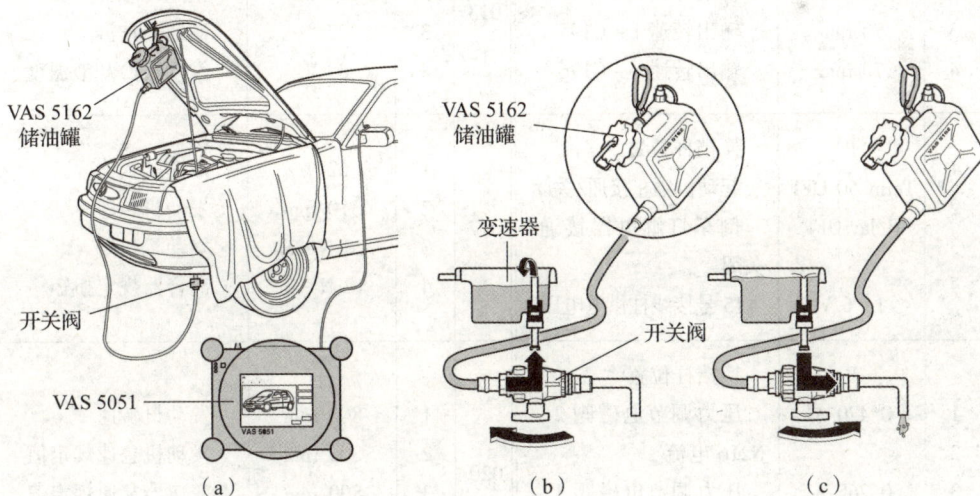

图 2 - 7 - 24　加注 ATF

二、01J 无级变速器数据流

01J 无级变速器的电气部件大多与控制单元集成安装在一起，用万用表直接检测很不方便，可通过诊断仪读取数据流进行诊断。01J 无级变速器数据流见表 2 - 7 - 2。

表 2 - 7 - 2　01J 无级变速器数据流

显示组	显示区	显示内容	内容说明	显示组	显示区	显示内容	内容说明
001	1	Bls. ON	制动灯开关	009	1	100%	加速踏板值
	2	Bts. OFF	制动检测开关		2	Kick down	强制降挡开关
	3	PN not active	换挡杆锁止电磁阀		3	234 N·m	发动机实际扭矩
	4	0 km/h	车速		4	6 500 rpm	发动机转速
002	1	P	换挡杆位置	010	1	0.25 A	前进挡离合器自适应电流
	2	0101	多功能开关状态		2	ADP OK	自适应状态
	3	Not pressed	Tiptronic 识别		3	72℃	变速器油温
	4	P	挂入挡位		4	387 N·m	离合器规定扭矩
003	1	P	换挡杆位置	011	1	0.25 A	倒挡制动器自适应电流
	2	Not pressed	Tiptronic 识别		2	ADP OK	自适应状态
	3	Not pressed	Tiptronic 升挡开关		3	72℃	变速器油温
	4	Not pressed	Tiptronic 降挡开关		4	387 N·m	离合器规定扭矩
004	1	D	换挡杆位置	013	1	8.1 bar	离合器压力
	2	Forwards	行驶方向指示		2	3.2 bar	扭矩传感器压力
	3	70 rpm	输出转速 1 - G195		3	72℃	变速器油温
	4	70 rpm	输出转速 2 - G196		4	89℃	发动机冷却液温度
005	1	P	换挡杆位置	017	1	62%	加速踏板值
	2	Term. 50 OFF	起动机锁止接通/关闭		2	310 rpm	发动机转速
	3	Relay OFF	倒车灯继电器接通/关闭		3	20 N·m	发动机扭矩
	4	13.6 V	15 号接线柱供电电压		4	12 N·m	离合器规定扭矩
006	1	P	换挡杆位置	020	1	800 rpm	发动机转速
	2	0.470 A	压力调节电磁阀 2 - N216 电流		2	800 rpm	发动机怠速规定值
	3	0.265 A	压力调节电磁阀 1 - N215 电流		3	800 rpm	变速器怠速规定值
	4	0.000 A	电磁阀 1 - N88 电流		4	—	—
007	1	760 rpm	发动机转速	022	1	ABS n. active	ABS 接通/关闭
	2	0 rpm	输入转速 - G182		2	EDL n. active	EDL 接通/关闭
	3	0 rpm	输出转速		3	TCS n. active	TCS 接通/关闭
	4	AS	同步标记信号		4	ESP n. active	ESP 接通/关闭

续表

显示组	显示区	显示内容	内容说明	显示组	显示区	显示内容	内容说明
008	1	62%	加速踏板值				
	2	310 rpm	变速器实际输出转速				
	3	2480 rpm	变速器规定输入转速				
	4	3240 rpm	变速器实际输入转速				

三、自动变速器的自适应

1. 自动变速器的自学习功能

自动变速器在生产过程中会出现各种偏差（如油压、离合器间隙等），而且随着使用时间的增长，变速器也会出现不同程度的老化现象，如离合器、制动器打滑及油路间隙等内部装置出现变化。因此为了弥补这些偏差并防止变速器老化，变速器控制单元需对变速器的状态进行监控并学习。

例如某离合器，假设通电 0.5 A 的电流产生的油压就可以使离合器彻底分离，但是使用一段时间后，离合器部件有磨损，这时仍然用 0.5 A 就会使离合器不能彻底分离，进而导致换挡不正常。于是系统根据传感器的反馈将电流增加到 0.55 A，如果还不正常，那就增加到 0.6 A，直到换挡正常。最终这个新数据 0.6 A 就被临时存储起来，这个值就是自学习值。

另外，变速器控制单元会通过学习驾驶员的驾驶习惯来微调换挡逻辑，例如驾驶员是否喜欢激烈驾驶，如果是，则调整某些换挡曲线。

上述这种功能即为自动变速器的自学习功能，自动变速器的自学习功能又称为自适应，这个功能最重要的作用就是学习驾驶员的驾驶习惯，弥补变速器的硬件磨损以及修正硬件偏差。通过自学习功能得到的数据存储于控制单元内。

如果这种自学习功能因受到某种影响而学习不充分或者效果不明显，就会出现换挡冲击或者换挡延迟等故障现象，因此有必要对自动变速器控制单元进行强制学习。

自动变速器的这种自适应能力使得变速器的控制越来越精准，我们应像自动变速器那样，去学会独立、学会学习、学会与人相处、学会选择、学会自我调节，这样才能增强社会适应能力，更好地适应社会，服务社会，健康生活。

2. 01J 自动变速器的自适应方法

当变速器大修、更换了控制单元，或拆过蓄电池后，会出现挂前进挡起步或加速时耸车、挂倒挡扭矩过大无法制动等现象，这时通过变速器的自适应学习即可解决。

01J 自动变速器有三种自适应方法：

方法一：起动车辆，使发动机与变速器达到正常工作温度，挂前进挡行驶 20 m，慢踩制动踏板直至车速为 0，保持挡位 10 s，同时观看第 010 组数据流。然后挂 R 位行驶 20 m，慢踩制动踏板直至车速为 0，保持挡位，同时观看第 011 组数据流。两项数据流都显示

"OK"，即完成了适应性学习。

方法二：起动车辆，使发动机与变速器达到正常工作温度。挂前进挡使车速达到70 km/h 以上（手动模式要升至 6 挡），然后轻点制动 10 次或带挡停车 10 s 以上；再挂 R 位行驶 20 m 以上，然后带挡停车 10 s 以上，即完成了适应性学习。

方法三：起动车辆，使发动机与变速器达到正常工作温度，挂前进挡不踩加速踏板，ECU 会提高发动机转速使车速提高，向前行驶 20 m，慢踩制动直至车速减为 0，保持挡位 10 s。然后挂 R 位，行驶 20 m，方法同前进挡。

不管使用以上哪种自适应方法，观察变速器数据流，第 010 组和第 011 组显示区 2 应显示 "OK"，若显示 "RUN"，则需重新进行学习。

案例分析

一、奥迪 2.8 L 轿车挂 D 位时车辆不行驶

故障现象：一辆奥迪 2.8 L 轿车，装备 01J 无级变速器，在使用中出现挂倒挡时偶然会有冲击，挂 D 位后松开制动踏板，车辆没有爬行。当发动机转速提高到 1 200 r/min 以上时，车辆会猛地向前冲，像离合器突然接合一样。

故障诊断与排除：读取故障码，无故障码。读取显示组 010 和 011 的数据流，显示组 010 显示区 1 的含义为前进挡离合器，电磁阀 N215 自适应的控制电流。若为 0. 25 A ~ 0. 37 A，说明自适应正常；若低于 0. 25 A，说明 ATF 回路不正常；若高于 0. 37 A，说明 ATF 液压泵不正常。显示组 011 显示区 1 的含义为倒挡制动器，电磁阀 N215 自适应控制电流。

查看显示组 010 显示区 1 数据，为 0. 28 A。显示组 011 显示区 1 数据，为 0. 24 A，明显低于正常值，于是清除自适应值，此时显示组 011 显示区 1 数据为 0. 30 A，试车正常。然后把此数据调整到 0. 27 A，锁定，试车也正常，这表明该故障现象与电控系统无关，判断是变速器内的油封泄压或间隙过大造成此故障。

将变速器进行分解，发现摩擦片磨损过大，间隙达到 2. 5 mm。更换摩擦片，再次测量前进离合器间隙为 1. 5 mm，倒挡离合器间隙为 1. 8 mm。变速器装车并做完自适应后，前进挡的故障消失，倒挡也无冲击等不良反应。此时显示组 010 显示区 1 数据为 0. 28 A，显示组 011 显示区 1 数据为 0. 27 A，倒挡和前进均正常。可行驶一段时间后，倒挡冲击又出现，摩擦片也刚换过，间隙在正常范围内。在行驶中查看油温时，发现油温达到 101 ℃，于是对变速器散热系统进行检查，发现变速器散热油管有很大的阻力。彻底清洗该油管并更换外部 ATF 滤清器后试车，一切正常，故障排除。

维修小结：该车变速器散热系统如图 2 – 7 – 17 所示。由于散热油管的外部 ATF 滤清器堵塞，ATF 油无法正常地回流散热，导致其背压升高，即主动链轮接触压力缸内的油压升高。当控制单元通过油压传感器 G194 感知到该处的真实压力后，便会调整离合器的工作压力（调整其输入力矩），从而导致前进挡没有爬行。所以，在维修自动变速器时，不可忘记清洗散热系统。

二、奥迪 A6 轿车 01J 无级变速器有冲击现象

故障现象：一辆奥迪 A6 2.4 L 轿车，搭载 01J 无级变速器。该车起步正常，行驶到 10 km/h 左右时变速器有冲击现象。如果车辆起步后不踩加速踏板，而是让车辆以怠速行驶，那么当车速达到 10 km/h 左右时变速器就没有冲击现象，而且在其他车速和倒挡行驶时均无故障现象出现。

故障诊断与排除：读取故障码，无故障码。观察变速器数据流，在显示组 010 显示区 2 显示"自适应完成"，而显示组 011 显示区 2 显示"自适应运行中"，需重新进行自适应操作。具体方法是：连接 VAS 5051，进入匹配功能，输入"000"并确定，然后分别进入数据流 010 组和 011 组的显示区 2，都显示"自适应运行中"，利用 R 位和 D 位行车功能反复地进行起步和制动操作，直到显示组 010 和 011 的显示区 2 都显示"自适应完成"。

完成自适应操作后试车，故障现象有所减轻，但是并没有完全排除。再次查看数据流，加速时显示组 010 显示区 4 的扭矩数值随着节气门开度的变化发生跳跃性变化（15 N·m→35 N·m→75 N·m），在怠速行驶时扭矩数值也是跳跃性变化（15 N·m→35 N·m→48 N·m→75 N·m），这说明变速器的冲击是由于扭矩的跳跃性变化引起的。

查看显示组 007，显示区 1 为发动机转速，显示区 2 为变速器输入转速，显示区 4 为离合器打滑标记。读取数据，发现发动机和变速器输入转速存在转速差，显示区 4 显示"AS"，表示离合器打滑，也就是说前进挡离合器没有完全接合。

导致前进挡离合器不能完全接合的原因有以下几种可能：

（1）阀体故障。

（2）前进挡离合器故障。这需要分解变速器。

（3）变速器控制单元故障。变速器控制单元出现问题的可能性很小。

根据以上分析，决定先检查阀体。在拆检阀体时，没有发现滑阀有卡滞或间隙过大的现象。在检查压力调节电磁阀 N215 时，发现其阀芯动作不太灵活，更换阀芯后试车，故障排除。

前进挡和倒挡使用共同的阀体油路和压力调节电磁阀，为什么倒挡在起步时没有问题呢？编者认为，首先是前进挡离合器和倒挡制动器的结构不同，其次是变速器控制单元对前进挡与倒挡的控制程序和控制曲线有所不同。

任 务 小 结

1. 无级变速器 CVT 采用传动带和工作直径可变的主、从动轮相配合传递动力。

2. 01J 无级变速器主要由减振缓冲装置、动力连接装置、速比变换系统、液压控制单元和电控单元等组成。

3. 前进挡离合器和倒挡制动器是 CVT 的启动装置，与行星齿轮机构一起实现前进挡和倒挡。前进挡离合器用于连接输入轴和行星齿轮机构的行星架，倒挡制动器用于固定行星齿轮机构的齿圈，两者均采用湿式多片式结构。

4. 01J 无级变速器的关键部件是速比变换器，速比变换器由主动链轮装置、从动链轮装

置以及传动链三部分组成。

5. 液压控制单元与供油系统和电子控制单元集成为一个小型的不可分单元。液压控制单元由手动阀、9 个液压阀和 3 个电磁阀组成。

6. 01J 无级变速器装有高效率的月牙形内啮合齿轮泵，它作为一个部件集成在液压控制单元上，并直接由输入轴通过直齿轮和泵轴驱动。

7. 来自链轮装置 1 的 ATF 首先流经 ATF 冷却器，再经 ATF 滤清器滤清后流至液压控制单元，ATF 冷却器集成在发动机散热器中。

8. 01J 无级变速器电控系统由三部分组成：控制单元、输入装置（传感器、开关）和输出装置（电磁阀）。电控单元集成在变速器内，并用螺栓紧固在液压控制单元上。

9. 控制单元内集成的传感器包括多功能开关 F125、变速器输入转速传感器 G182、变速器输出转速传感器 G195 和 G196、变速器油温传感器 G93、自动变速器油压传感器 1（离合器压力）G193 和自动变速器油压传感器 2（接触压力）G194。

10. 01J 无级变速器采用 3 个电磁阀：N88、N215 和 N216，它们将控制电流转变成相应的液压控制压力，最终实现不同的工作。

学习任务八　双离合自动变速器的检修

【思政目标】
- 引导学生团结协作、密切配合，树立"一盘棋"思想；
- 培养学生的服从意识、大局意识和爱岗敬业精神。

【任务目标】
- 能正确讲述双离合自动变速器的基本原理；
- 能正确描述双离合自动变速器的结构、组成和动力传递路线；
- 能正确描述双离合自动变速器液压控制系统和电子控制系统的组成及工作原理；
- 能正确识读和分析汽车双离合自动变速器系统电路图。

【学习重点】
- 双离合自动变速器的组成和工作原理；
- 识读和分析双离合自动变速器系统电路图。

任务导入

　　一位客户反映他所驾驶的一汽大众迈腾 2.0TSI 轿车，搭载 02E 型 6 挡双离合自动变速器，行驶里程 30 000 km。该车冷车行驶时一切正常，但行驶 2 km 后，车辆会突然之间失去动力，同时仪表板上挡位显示区变成红屏。读取故障码，故障码提示，离合器油温传感器 G509 监测到高温。温度传感器监测到高温怎么会导致车辆失去动力呢？现在请你对客户轿车的双离合自动变速器进行检修。

知识准备

一、双离合自动变速器的认识

双离合自动变速器的认识

双离合自动变速器 DCT（Dual Clutch Transmission）也叫直接换挡变速器 DSG（Direct Shift Gearbox），因其有两组离合器，所以称"双离合自动变速器"。

双离合自动变速器综合了手动变速器与自动变速器的优点，没有使用液力变矩器，而采用两套离合器，通过两套离合器的相互交替工作，来达到无间隙换挡的效果。两组离合器分别控制奇数挡与偶数挡，具体来说，就是在换挡之前，DCT 已经预先将下一挡位齿轮啮合，在得到换挡指令后，DCT 迅速分离第一组离合器，接合第二组离合器，从而完成一次换挡动作。这样两组离合器相互交替工作，使得换挡时间极短，动力传输过程几乎没有间断，车辆动力性能可以得到完全发挥。

1. 双离合自动变速器的类型

按照双离合器的工作性质，将双离合自动变速器分为干式双离合自动变速器和湿式双离合自动变速器两类。

（1）湿式双离合自动变速器。变速器中的双离合器摩擦片浸泡在油中，如图 2-8-1（a）所示，因此减少了摩擦片的磨损。同时通过液压来操控双离合器，在使用中会有一定的延迟。湿式双离合自动变速器散热条件好，工作可靠性更强，但结构更复杂。

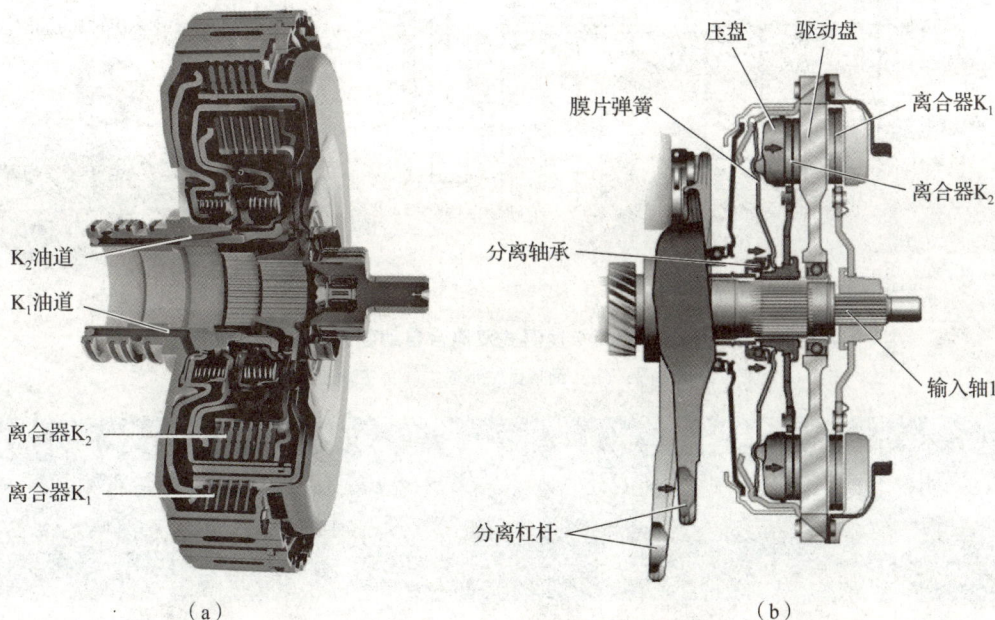

图 2-8-1　双离合器
（a）湿式双离合器；（b）干式双离合器

(2) 干式双离合自动变速器。变速器中的双离合器摩擦片没有浸泡在油中，如图 2-8-1 (b) 所示，通过离合器分离拨叉来操控双离合器。由于节省了相关液压系统，以及干式离合器本身所具有的传递扭矩的高效性（湿式离合器相比干式在换挡滑摩时要消耗更多能量），因此干式系统在很大程度上提高了燃油经济性。

2. 湿式双离合自动变速器的基本原理

下面以大众 DQ380 双离合自动变速器（代号 0DE，7 挡湿式双离合自动变速器）为例，介绍双离合自动变速器的基本原理。

如图 2-8-2 所示，变速器挡位按奇、偶数分开布置，形成两个彼此独立的分变速器。每个分变速器的结构都与一个手动变速器相同，每个分变速器都配有一个湿式多片式离合器，分变速器 1 通过湿式多片式离合器 K_1 来选择 1、3、5 和 7 挡，分变速器 2 通过湿式多片式离合器 K_2 来选择 2、4、6 和倒挡。

两个离合器交替工作，一个接合，另一个分离。例如当发动机在 1 挡传递动力时，2 挡已做好接合的准备；当 2 挡接合后，3 挡也做好了准备，以此类推。因此，只需通过切换两个离合器的工作状态就可以完成换挡操作，从而促进了动力的连续性。

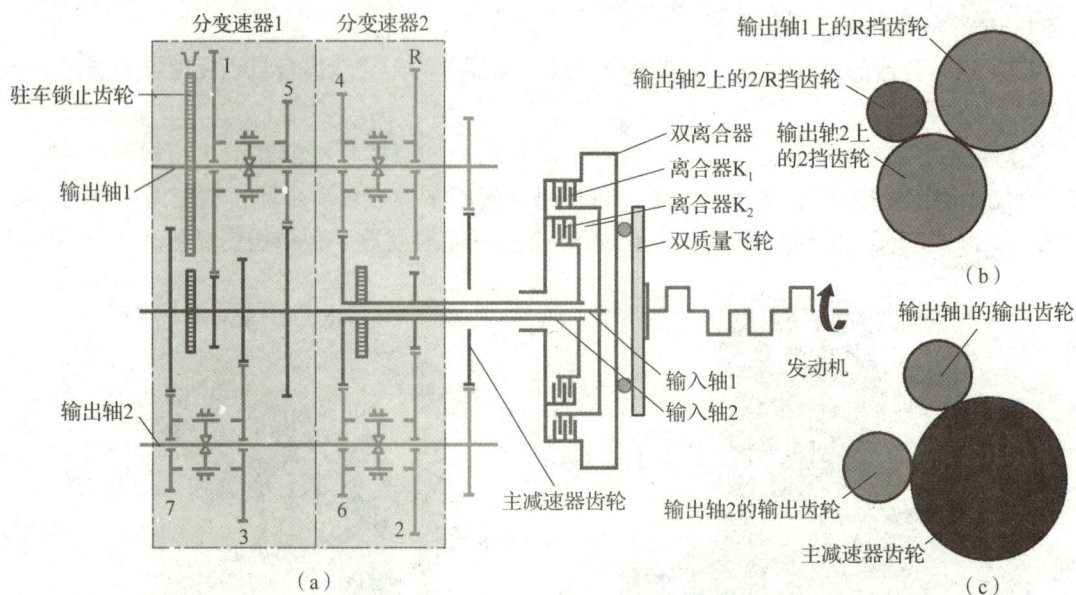

图 2-8-2　大众 DQ380 7 速湿式双离合自动变速器工作原理简图
(a) 工作原理简图；(b) 倒挡齿轮布置；(c) 主减速器齿轮布置

两个离合器一个接合，另一个就分离，这样团结协作、密切配合来完成换挡操作，保证动力的连续性。我们也应该像双离合器一样，在学习及工作中从大局出发，树立"一盘棋"思想，互相支持、团结协作、密切配合，形成强大的工作合力，务求全面、有序、高效、高质量地完成各项学习及工作任务。

3. DQ380 双离合变速器的认识

大众 DQ380 双离合自动变速器的外围件和内部零件布置如图 2-8-3 所示，其主要由机械传动机构、液压控制系统、电子控制系统等部分组成。

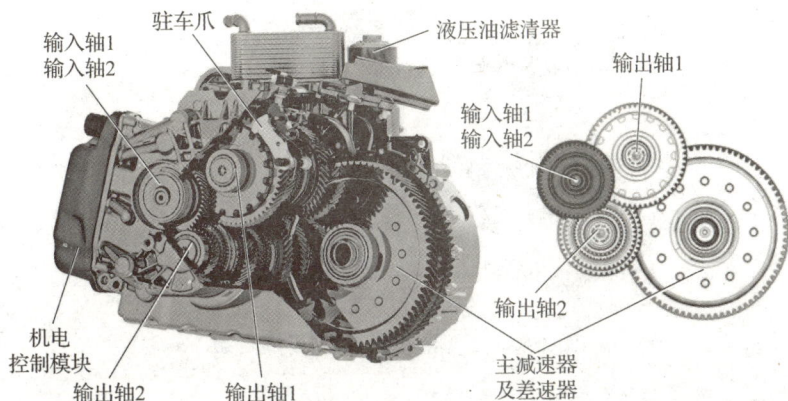

图 2 - 8 - 3　DQ380 变速器的外围件和内部零件布置

二、DQ380 双离合自动变速器的机械传动机构

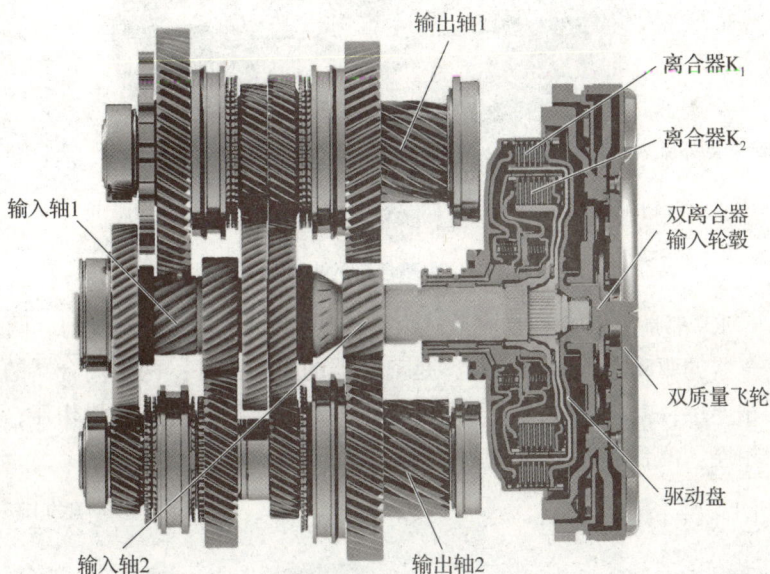

大众 DQ380 双离合自动变速器机械传动机构的组成如图 2 - 8 - 4 所示，其主要由双质量飞轮、两个多片式离合器、输入轴及齿轮、输出轴及齿轮等组成。

DQ380 双离合自动变速器的机械传动机构

图 2 - 8 - 4　DQ380 双离合器自动变速器机械传动机构的组成

1. 双质量飞轮

双质量飞轮的结构如图 2 - 8 - 5 所示。发动机扭矩通过双质量飞轮的啮合齿传递给双离合器的输入轮毂，输入轮毂与双离合器的驱动盘焊接在一起，而驱动盘与离合器 K_1、K_2 的外片支架连接在一起，这样发动机扭矩即可传递到双离合器上。

双离合器　　　　　　　　　双质量飞轮

图 2 - 8 - 5　双质量飞轮与双离合器

2. 多片式离合器

双离合器采用湿式多片式离合器，其内部组成结构如图 2 - 8 - 6 所示。图 2 - 8 - 6 中外圈是 K_1 离合器，内圈是 K_2 离合器，两个离合器装在同一个鼓内。

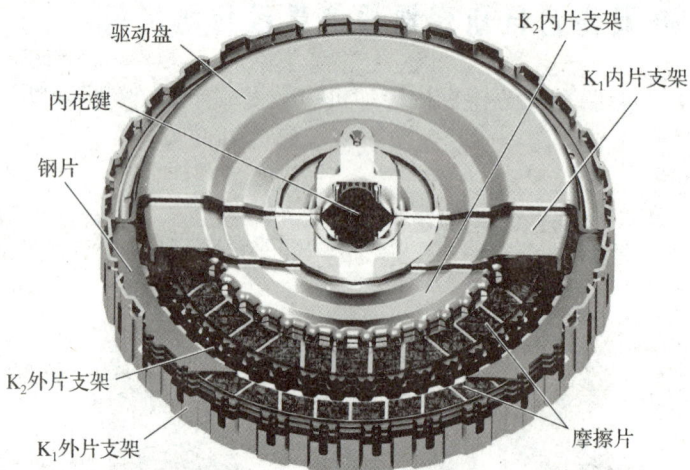

驱动盘　　　　　　K_2内片支架

K_1内片支架

内花键

钢片

K_2外片支架

K_1外片支架　　　　　　摩擦片

图 2 - 8 - 6　双离合器的内部组成结构

离合器 K_1、K_2 都是由钢片、摩擦片、内片支架和外片支架等组成的。两个离合器的外片支架与双离合器的驱动盘连接在一起，是离合器的主动部件；两个离合器的内片支架则与变速器输入轴相连接，是离合器的从动部件；钢片通过键槽与外片支架相连；摩擦片通过花键与内片支架相连。离合器的结构组成如图 2 - 8 - 7 所示。

K_1外片支架　　K_2内片支架　　　K_1内片支架　　　　　驱动盘　驱动盘的卡环

K_2外片支架　K_2钢片和摩擦片　K_2的卡环　　　K_1钢片和摩擦片

图 2 - 8 - 7　离合器结构组成

离合器 K_1 的内片支架和输入轴 1 相连，离合器 K_2 的内片支架和输入轴 2 相连。

（1）离合器 K_1 的工作过程。离合器 K_1 是外离合器，与输入轴 1 的连接如图 2-8-8 所示。离合器 K_1 接合时，液压油经 K_1 进油口进入离合器 K_1 的油压室，K_1 活塞移动，将钢片和摩擦片挤压在一起。于是动力经 K_1 外片支架、钢片、摩擦片、K_1 内片支架传递到输入轴 1 上，输入轴 1 及轴上的 1、3、5、7 挡齿轮旋转，与之相啮合的输出轴上的齿轮空转。K_1 分离时，液压油泄压，K_1 螺旋弹簧将 K_1 活塞推回，钢片和摩擦片相互分离，动力中断。

（2）离合器 K_2 的工作过程。离合器 K_2 是内离合器，与输入轴 2 的连接如图 2-8-9 所示。当离合器 K_2 接合时，液压油经 K_2 进油口进入离合器 K_2 的油压室，K_2 活塞移动，将钢片和摩擦片挤压在一起。于是动力经 K_2 外片支架、钢片、摩擦片、K_2 内片支架传递到输入轴 2 上，输入轴 2 及轴上的 2、4、6、R 挡齿轮旋转，与之相啮合的输出轴上的齿轮空转。

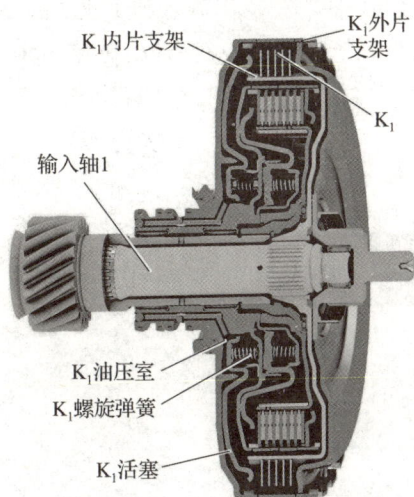

图 2-8-8　离合器 K_1 与输入轴 1 的连接　　　图 2-8-9　离合器 K_2 与输入轴 2 的连接

3. 输入轴及齿轮

输入轴有 2 根，即输入轴 1 和输入轴 2，2 根输入轴套在一起，如图 2-8-10 所示。

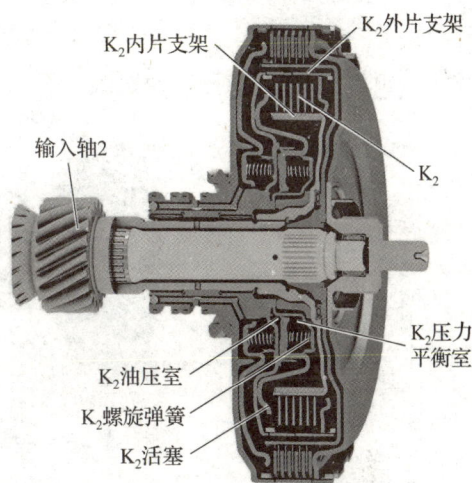

图 2-8-10　输入轴的连接关系

输入轴 1 的结构如图 2-8-11 所示。输入轴 1 穿过空心的输入轴 2 后，通过啮合齿与离合器 K_1 相连，其上有 1 挡、3 挡、5 挡和 7 挡齿轮，另外还有转速传感器 G501 的脉冲信号轮，用于检测输入轴 1 的转速。

图 2 – 8 – 11　输入轴 1 的结构

输入轴 2 的结构如图 2 – 8 – 12 所示。空心的输入轴 2 安装在输入轴 1 上，通过啮合齿与离合器 K_2 相连，其上有 2 挡、4 挡、6 挡和 R 挡齿轮，另外还有转速传感器 G502 的脉冲信号轮，用于检测输入轴 2 的转速。

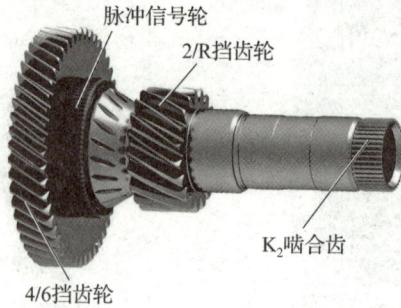

图 2 – 8 – 12　输入轴 2 的结构

4. 输出轴

输出轴 1 上安装有 1、4、5 和 R 挡齿轮，1/5 挡同步器，4/R 挡同步器，驻车锁止齿轮和输出齿轮等，如图 2 – 8 – 13 所示。

图 2 – 8 – 13　输出轴 1 的结构

输出轴 2 上安装有 2、3、6 和 7 挡齿轮，3/7 挡同步器，2/6 挡同步器，输出齿轮等，如图 2 - 8 - 14 所示。

图 2 - 8 - 14　输出轴 2 的结构

5. 驻车锁止装置

驻车锁止齿轮安装在输出轴 1 上，驻车爪以纯机械方式工作，它通过换挡杆和变速器上驻车锁之间的一条线缆来工作，如图 2 - 8 - 15 所示，锁止后的情况如图 2 - 8 - 16 所示。

图 2 - 8 - 15　驻车锁止齿轮

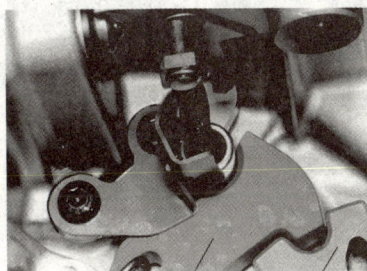

图 2 - 8 - 16　锁止后的位置

6. 挡位调节器

挡位调节器安装位置如图 2 - 8 - 17 所示，需要换挡时，一侧油缸进入压力油，另一侧油缸泄压，于是在液压油推力的作用下，换挡拨叉移动并控制同步器接合套移动，由此挂入挡位。

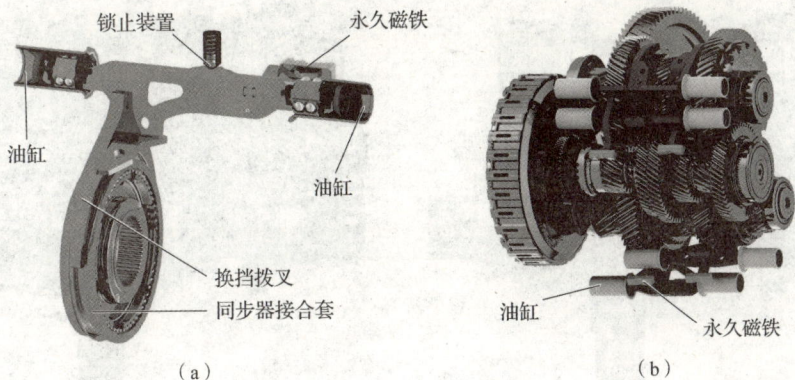

（a）

（b）

图 2 - 8 - 17　换挡拨叉及安装位置

（a）换挡拨叉；（b）安装位置

在每一个换挡拨叉上都有一块永久磁铁，通过永久磁铁，电子控制单元内的行程传感器可以获得各个换挡拨叉的准确位置。

7. 各挡动力传递路线

（1）1挡。1/5挡同步器接合套左移，动力传递路线：发动机动力→双质量飞轮→离合器 K_1→输入轴1→输入轴1上的1挡齿轮→输出轴1上的1挡齿轮→1/5挡同步器→输出轴1→输出轴1上的输出齿轮→主减速器，如图2-8-18所示。

（2）2挡。2/6挡同步器接合套右移，动力传递路线：发动机动力→双质量飞轮→离合器 K_2→输入轴2→输入轴2上的2/R挡齿轮→输出轴2上的2挡齿轮→2/6挡同步器→输出轴2→输出轴2上的输出齿轮→主减速器，如图2-8-19所示。

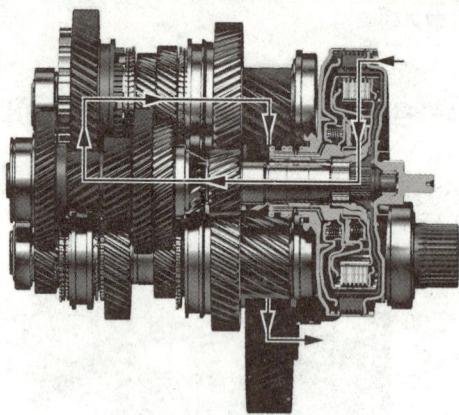

图2-8-18　1挡动力传递路线　　　　图2-8-19　2挡动力传递路线

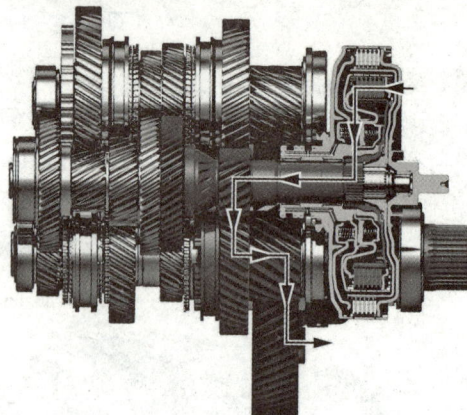

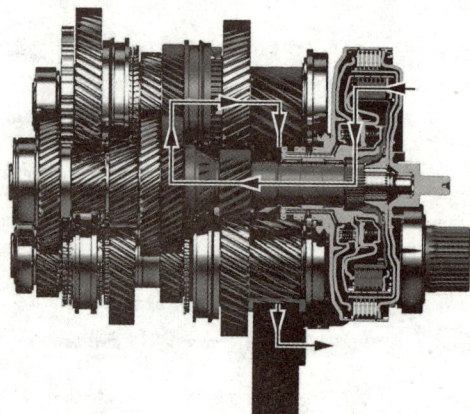

（3）3挡。3/7挡同步器接合套右移，动力传递路线：发动机动力→双质量飞轮→离合器 K_1→输入轴1→输入轴1上的3挡齿轮→输出轴2上的3挡齿轮→3/7挡同步器→输出轴2→输出轴2上的输出齿轮→主减速器，如图2-8-20所示。

（4）4挡。4/R挡同步器接合套左移，动力传递路线：发动机动力→双质量飞轮→离合器 K_2→输入轴2→输入轴2上的4/6挡齿轮→输出轴1上的4挡齿轮→4/R挡同步器→输出轴1→输出轴1上的输出齿轮→主减速器，如图2-8-21所示。

图2-8-20　3挡动力传递路线　　　　图2-8-21　4挡动力传递路线

（5）5 挡。1/5 挡同步器接合套右移，动力传递路线：发动机动力→双质量飞轮→离合器 K_1→输入轴 1→输入轴 1 上的 5 挡齿轮→输出轴 1 上的 5 挡齿轮→1/5 挡同步器→输出轴 1→输出轴 1 上的输出齿轮→主减速器，如图 2 – 8 – 22 所示。

（6）6 挡。2/6 挡同步器接合套左移，动力传递路线：发动机动力→双质量飞轮→离合器 K_2→输入轴 2→输入轴 2 上的 4/6 挡齿轮→输出轴 2 上的 6 挡齿轮→2/6 挡同步器→输出轴 2→输出轴 2 上的输出齿轮→主减速器，如图 2 – 8 – 23 所示。

图 2 – 8 – 22　5 挡动力传递路线　　　　图 2 – 8 – 23　6 挡动力传递路线

（7）7 挡。3/7 挡同步器接合套左移，动力传递路线：发动机动力→双质量飞轮→离合器 K_1→输入轴 1→输入轴 1 上的 7 挡齿轮→输出轴 2 上的 7 挡齿轮→3/7 挡同步器→输出轴 2→输出轴 2 上的输出齿轮→主减速器，如图 2 – 8 – 24 所示。

（8）R 挡。4/R 挡同步器接合套右移，动力传递路线：发动机动力→双质量飞轮→离合器 K_2→输入轴 2→输入轴 2 上的 2/R 挡齿轮→输出轴 2 上的 2 挡齿轮→输出轴 1 上的 R 挡齿轮→4/R 挡同步器→输出轴 1→输出轴 1 上的输出齿轮→主减速器，如图 2 – 8 – 25 和图 2 – 8 – 26 所示。

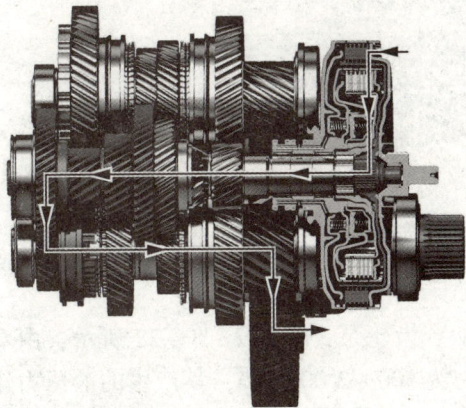

图 2 – 8 – 24　7 挡动力传递路线　　　　图 2 – 8 – 25　R 挡动力传递路线

倒挡采用了全新设计，在变速器内改变转动方向不再采用倒挡轴，这样既节省了空间又减轻了重量。

输出轴1上的R挡齿轮

主减速器及差速器

输出轴2上的2/R挡齿轮

输出轴2上的2挡齿轮

图2－8－26　倒挡齿轮传动

三、DQ380双离合自动变速器的液压控制系统

液压控制系统的主要功用是根据需求调整液压系统压力，对双离合器和挡位调节器进行控制，并对离合器进行冷却控制，为整个齿轮机构提供可靠的冷却和润滑。液压控制系统的主要部件如图2－8－27所示，其动力源是液压泵。

DQ380 双离合
自动变速器的液压
控制系统

挡位控制油缸

机电控制模块

液压油滤清器

冷却齿轮的喷油管　液压泵　吸油滤清器

图2－8－27　液压系统主要部件

1. 液压泵

液压泵安装在双离合器总成的后端，为内啮合齿轮泵，如图2－8－28所示，由双离合器轴上的传动齿轮直接驱动。液压泵的工作压力为500～2 000 kPa，其产生的液压力作用于离合器 K_1、离合器 K_2、离合器冷却装置、换挡液压系统、齿轮和轴的润滑装置等。

2. 液压系统控制油路

液压系统控制油路如图2－8－29所示。

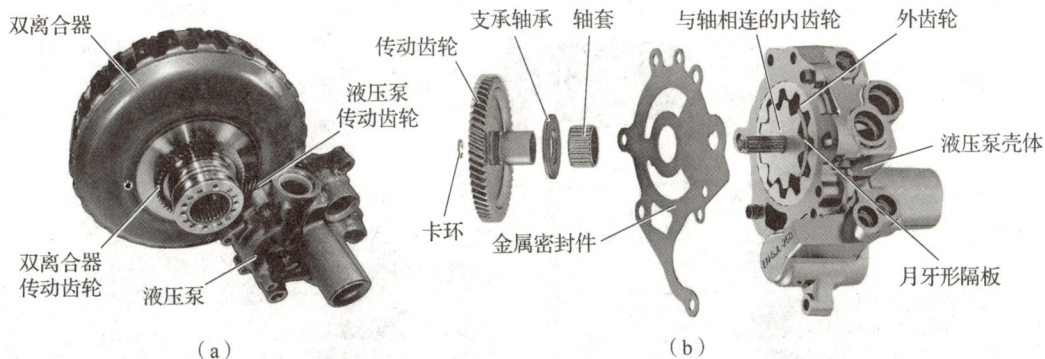

图2-8-28　液压泵安装位置及分解图

（a）安装位置；（b）液压泵分解图

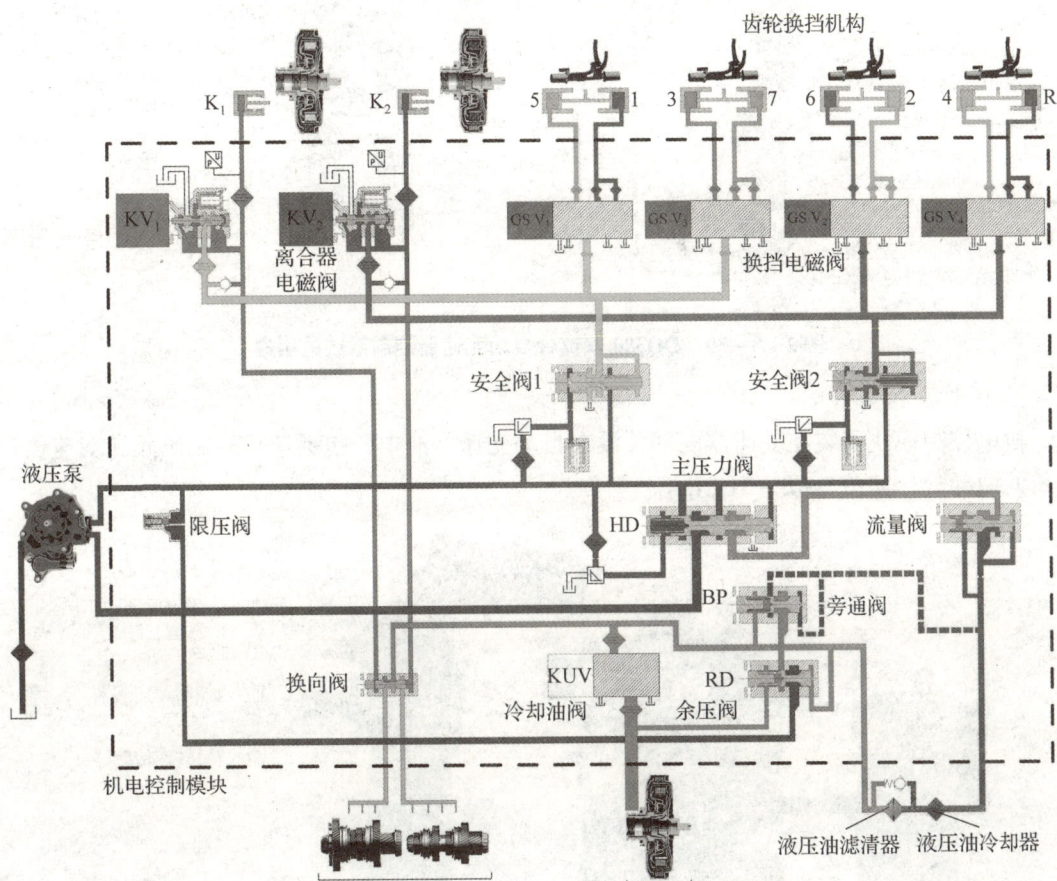

图2-8-29　液压系统控制油路

四、DQ380双离合自动变速器的电子控制系统

DQ380双离合自动变速器的电子控制系统由传感器、执行器和控制单元三部分组成，如图2-8-30所示。

DQ380双离合
自动变速器的电子
控制系统

机电控制模块J743　换挡杆E313　组合仪表控制单元J285

传感器

变速器输入
转速传感器G182
离合器温度传感器G509

挡位行程传感器1 G487
挡位行程传感器3 G489

输入轴1转速传感器G501
输入轴2转速传感器G502

挡位行程传感器2 G488
挡位行程传感器4 G490

油压传感器1 G545
油压传感器2 G546

变速器油温传感器G93
控制单元温度传感器G510

执行器

离合器K₁电磁阀N435
离合器K₂电磁阀N439

安全阀1 N436
安全阀2 N440

换挡电磁阀A N433（1/5挡）
换挡电磁阀C N434（7/3挡）
换挡电磁阀B N437（2/6挡）
换挡电磁阀D N438（R/4挡）

冷却油阀 N471
主压力电磁阀 N472

图2－8－30　DQ380双离合自动变速器控制系统的组成

1. 机电控制模块

机电控制模块安装在变速器内部并浸在自动变速器油中，包括液压控制单元和变速器控制单元两部分，如图2－8－31所示。

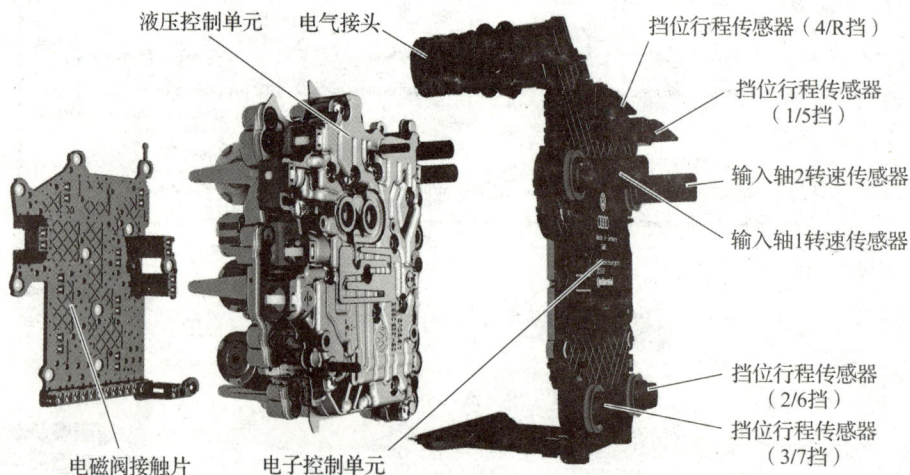

液压控制单元　电气接头　挡位行程传感器（4/R挡）

挡位行程传感器
（1/5挡）

输入轴2转速传感器

输入轴1转速传感器

挡位行程传感器
（2/6挡）

挡位行程传感器
（3/7挡）

电磁阀接触片　电子控制单元

图2－8－31　机电控制模块

电子控制单元整合了大部分传感器，并通过与电路相连的接触片来控制电磁阀，接触片插在电磁阀触点上，所有的传感器信号和来自其他控制单元的信号都由电子控制单元接收并进行监控。

2. 传感器

传感器的位置如图 2 - 8 - 32 和图 2 - 8 - 33 所示。

图 2 - 8 - 32 控制单元外部传感器的位置

G487—挡位行程传感器 1（1/5 挡）；G489—挡位行程传感器 3（4/R 挡）；G488—挡位行程传感器 2（3/7 挡）；
G490—挡位行程传感器 4（2/6 挡）；G501—输入轴 1 转速传感器；G502—输入轴 2 转速传感器；T16—16 针电气接头

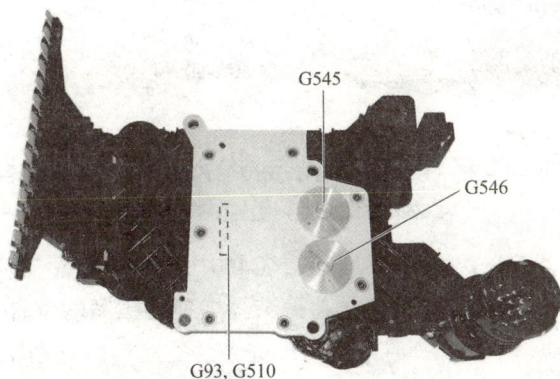

图 2 - 8 - 33 控制单元内部传感器的位置

G93—变速器油温传感器；G510—控制单元温度传感器；G545—油压传感器 1；G546—油压传感器 2

（1）变速器输入转速传感器 G182。传感器 G182 用于获得变速器的输入转速。变速器的输入转速与发动机转速一致，转速传感器根据霍尔原理工作。转速传感器 G182 外壳内部还有离合器油温传感器 G509，这两个传感器通过电路与电子控制单元相连，如图 2 - 8 - 34 所示。

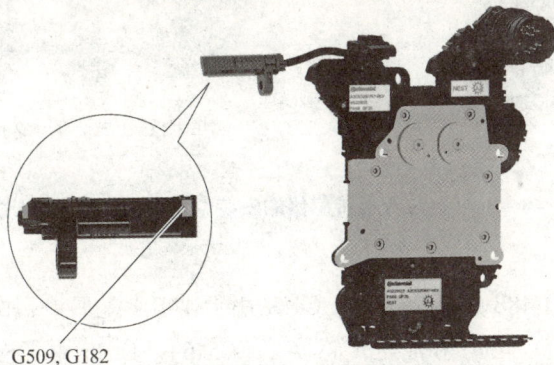

图 2 - 8 - 34 变速器输入转速传感器 G182

电子控制单元根据变速器输入转速信号、输入轴 1 转速信号及输入轴 2 转速信号，来计算离合器 K_1、K_2 的打滑情况，从而精准控制离合器的分离和闭合。

（2）输入轴 1、2 转速传感器 G501、G502。两传感器安装位置如图 2 – 8 – 35 所示，分别用于检测输入轴 1、2 的转速，以确定离合器 K_1 和 K_2 的输出转速，并根据 G182 信号计算离合器 K_1 和 K_2 的打滑情况，借助打滑情况可以识别离合器是分离还是接合。另外，控制单元可根据此信号和变速器输出轴转速信号判定是否已挂入正确挡位。这两个传感器均为霍尔式传感器。

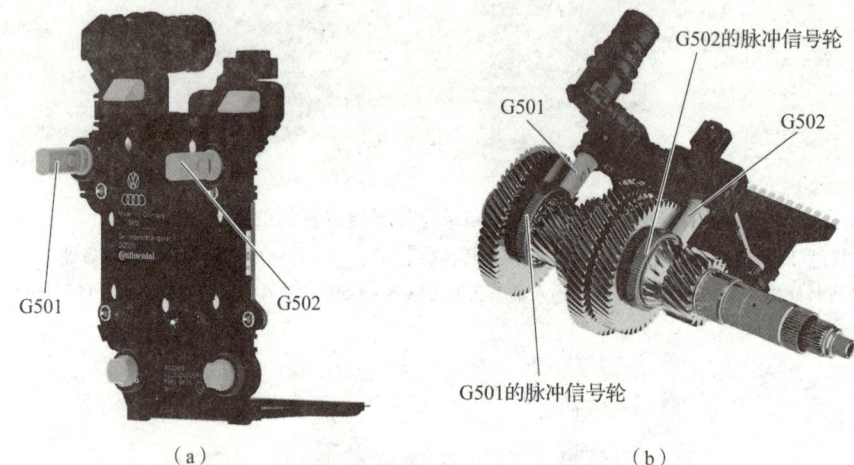

图 2 – 8 – 35　G501 和 G502 安装位置及对应的传感器轮
（a）安装位置；（b）对应的脉冲信号轮

（3）挡位行程传感器 G487、G488、G489、G490。此四个传感器均是霍尔式传感器，其安装位置如图 2 – 8 – 36 所示，用于检测挡位调节器或换挡拨叉的位置。

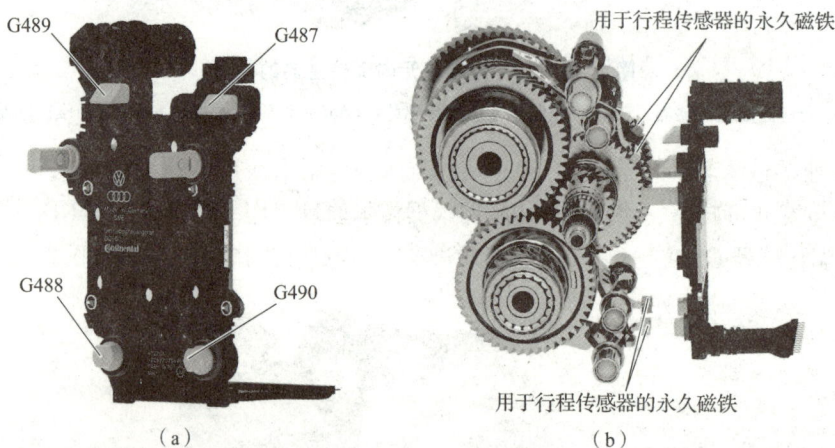

图 2 – 8 – 36　挡位行程传感器的安装位置及对应的永久磁铁
（a）安装位置；（b）对应的永久磁铁

G487 用于 1/5 挡，G488 用于 3/7 挡，G489 用于 4/R 挡，G490 用于 2/6 挡。

（4）油压传感器 1（G545）和油压传感器 2（G546）。G545 用于检测离合器 K_1 的油压，G546 用于检测离合器 K_2 的油压，以供电子控制单元对离合器 K_1 和 K_2 的压力进行精确调节。

（5）离合器油温传感器 G509。传感器安装在变速器输入转速传感器 G182 的壳体里，用于检测离合器出口处自动变速器油的温度，其工作温度范围为 −55 ~ 180 ℃，电子控制单元通过此信号，调节离合器冷却油的流量并采取其他措施来保护变速器。

（6）变速器油温传感器 G93 和控制单元温度传感器 G510。两传感器安装在变速器控制单元内的印刷电路板上，液压油通过油道流过变速器控制单元的铝板，G93 和 G510 获取铝板的温度，并以此得出变速器的油温。电子控制单元根据此油温信号，用于起动暖机，另外若机电控制模块过热，则可以提前执行相应措施来降低油温。

3. 电磁阀

电磁阀的布置如图 2 − 8 − 37 所示。液压控制单元阀体上共有 10 个电磁阀。电磁阀分两种类型：开关式电磁阀和脉冲线性式电磁阀（占空比调节阀）。开关式电磁阀主要是换挡电磁阀，脉冲线性式电磁阀包括离合器电磁阀、安全阀、冷却油阀和主压力电磁阀。

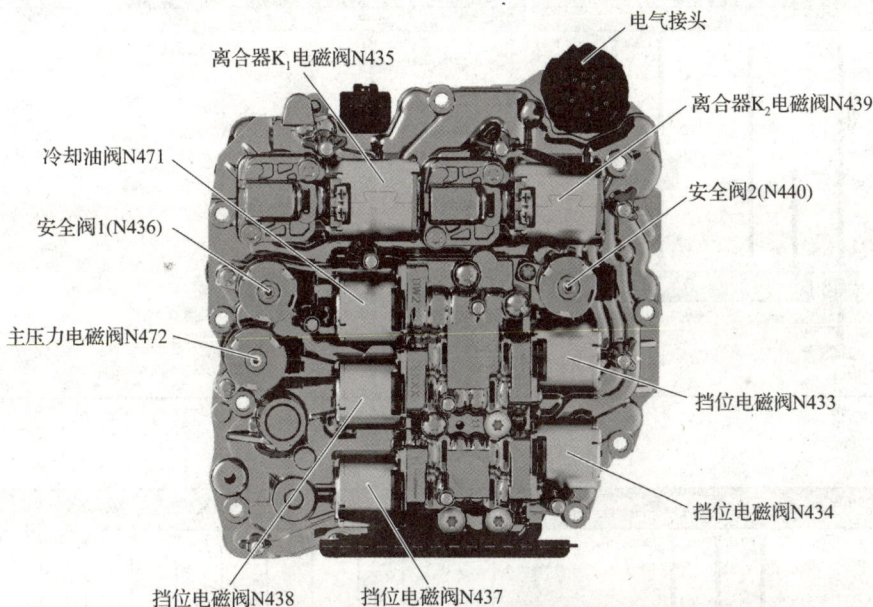

图 2 − 8 − 37　电磁阀的布置

（1）主压力电磁阀 N472。主压力电磁阀 N472 是一个常高型电磁阀，用于调节液压系统内的主油路压力，即变速器电控单元不断地调整主油路压力，使其与当前工作条件和扭矩要求相匹配。

如果主压力电磁阀出现故障，那么就会一直以最大主压力工作。

（2）离合器 K_1 电磁阀 N435、离合器 K_2 电磁阀 N439。电磁阀 N435、N439 主要用于调节双离合器的控制压力，离合器的控制压力根据发动机当前的扭矩来计算。

（3）冷却油阀 N471。N471 是一个调节阀，用于控制冷却离合器的油量。

（4）换挡电磁阀 N433、N434、N437 和 N438。N433 用于控制 1 挡和 5 挡换挡的油压；N434 用于控制 3 挡和 7 挡换挡的油压；N437 用于控制 2 挡和 6 挡换挡的油压；N438 用于控制 4 挡和 R 挡换挡的油压。如果电磁阀出现故障，那么相应的分变速器会停止工作。

（5）安全阀 N436 和 N440。N436 和 N440 采用的是正比例阀，它根据发动机扭矩在相应分变速器内调节必要的油压。当变速器内出现安全方面的故障时，它将相应的分变速器切换到无压状态。N436 和 N440 用于各个分变速器的安全运转，由于是正比例阀，在需要时安全阀不再控制各个分变速器的主压力，所以当电磁阀出现故障或者遇到与安全相关的故障时，分变速器内没有压力。

众多的电磁阀在变速器控制单元的控制下，各司其职，有条不紊地完成自己的工作，从而保证了换挡和其他控制的顺利进行。随着生产力的发展，社会分工越来越细致，我们在工作过程中要牢固树立服从意识、大局意识，遵守相关制度，爱岗敬业，甘于奉献，在平凡的岗位上做出不平凡的成绩。

4. 系统电路图

一汽大众迈腾 B8L 轿车 DQ380 双离合自动变速器电路如图 2 - 8 - 38 所示。

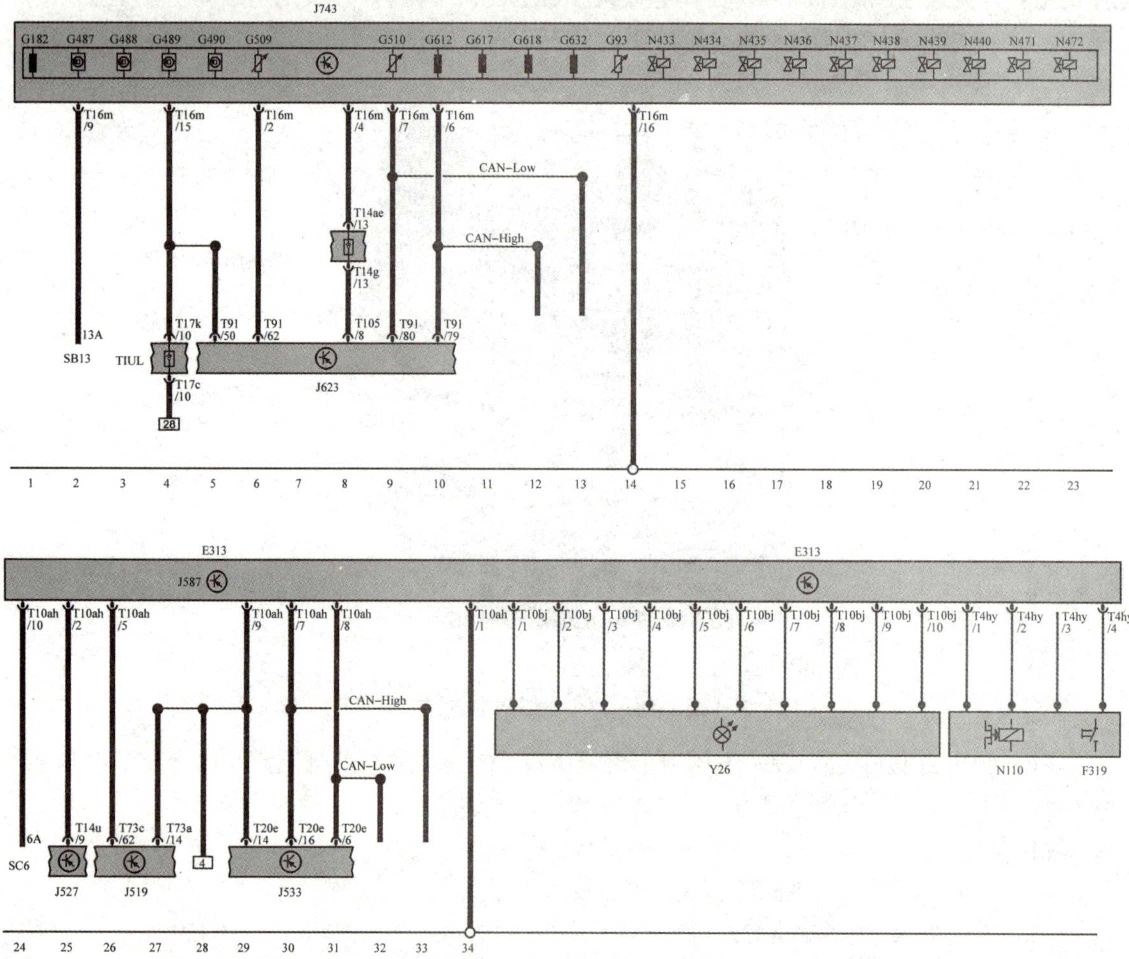

图 2 - 8 - 38　迈腾 B8L 轿车 DQ380 双离合自动变速器电路图

E313—换挡杆；F319—换挡杆 P 位锁止开关；G182—变速器输入转速传感器；G487—挡位行程传感器 1；G488—挡位行程传感器 2；G489—挡位行程传感器 3；G490—挡位行程传感器 4；G509—离合器温度传感器；G510—控制单元温度传感器；G612—变速器输入转速传感器 2；G617—离合器行程传感器 1；G618—离合器行程传感器 2；G632—变速器输入轴 1 转速传感器；G93—变速器油温传感器；J519—车载电网控制单元；J527—转向柱电子控制单元；J533—数据总线诊断接口；J587—换挡杆传感器控制单元；J623—发动机控制单元；J743—机电控制模块；N110—换挡杆锁止电磁阀；N433—换挡电磁阀（1/5 挡）；N434—换挡电磁阀（7/3 挡）；N435—离合器 K_1 电磁阀；N436—安全阀 1；N437—换挡电磁阀（2/6 挡）；N438—换挡电磁阀（R/4 挡）；N439—离合器 K_2 电磁阀；N440—安全阀 2；N471—冷却油阀；N472—主压力电磁阀；SB13、SC6—保险丝；Y26—换挡杆位置显示单元

一、迈腾轿车突然失去动力

故障现象：一辆 2015 年产的一汽大众迈腾 2.0TSI 轿车，搭载 02E 型 6 挡双离合自动变速器，行驶里程 30 000 km。用户反映该车冷车行驶时一切正常，但行驶 2 km 后，车辆会突然之间失去动力，同时仪表板上挡位显示区变成红屏。

故障诊断与排除：首先读取故障码，故障码提示，离合器油温传感器 G509 监测到高温。

02E 型变速器设有 3 个温度传感器，其中一个是离合器油温传感器 G509，其作用是通过监测离合器外缘处变速器油液的温度，来防止离合器出现过热，它与变速器输入转速传感器 G182 集成在一起。当监测到的油温超过 160 ℃时，变速器会进入应急模式，这时发动机会自动降低输出扭矩，同时变速器电控单元指令离合器分离，此时车辆会失去动力。另外两个温度传感器是 G93 和 G510，它们分别用于检测变速器油液温度和变速器控制单元温度，如果两个传感器中的任何一个检测到温度超过 145 ℃，变速器也会进入应急模式。

路试中当故障出现时，读取变速器的数据流，从 019 组数据第 3 区看到，G509 的温度数据是 165 ℃，超过了限值，而其他两个传感器的温度仅为 50 ℃，这一结果很不正常。由于 G509 是直接测量双离合器油液温度的，油液在变速器内部循环，按照热传导的规律，G509 与 G93 处的油液温度不应该有如此大的温差，由此推测 G509 输出信号出错的可能性较大。

更换集成了 G509 和 G182 的传感器总成，故障排除。

二、迈腾在 D 挡行驶时无法自动换挡故障

故障现象：一辆 2015 年款 1.8TSI 迈腾轿车，装载 0AM 双离合自动变速器，在 D 挡行驶时无法自动换挡，变速器只能以 2 挡应急行驶。

故障诊断与排除：首先读取故障码，显示故障码为 P173A，含义为挡位调节器的行程传感器 G488 信号不可靠，故障点指向 1/3 挡换挡拨叉的位置传感器。

1/3 挡换挡拨叉位置传感器如图 2-8-39 所示。电子控制单元通过活塞推动换挡拨叉移动，拨叉带动同步器接合套进行挡位选择。传感器 G488 负责将换挡拨叉的实际位置传递给变速器控制单元，变速器控制单元根据此信号对换挡拨叉进行闭环控制。

读取数据流。发生故障时，系统供油压力为

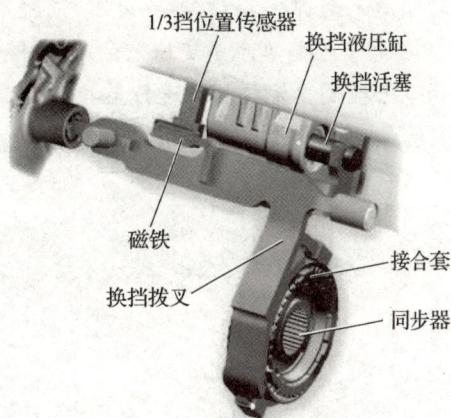

图 2-8-39　1/3 挡换挡拨叉位置传感器

4 850 kPa，在正常值范围内。换挡执行器 1/3 挡的实际位置值为 4.5 mm，这个数值是有问题的。在正常情况下，G488 数值为 8～9 mm 时换挡拨叉处于 1 挡位置，数值为 −0.2 mm 左右时换挡拨叉处于空挡位置，数值在 −9～−8 mm 时换挡拨叉处于 3 挡位置。现在数值为 4.5 mm，说明 1/3 挡换挡拨叉处于 1 挡和空挡之间的某一位置。当出现此不可信的位置信号后，为保护变速器机械部分，变速器控制单元关闭变速器部分 1，离合器 K₁ 断开，1、3、5、7 等奇数挡无法接合，变速器在 D 挡行驶时无法正常换挡。

分析可能导致换挡拨叉位置错误的原因有：

（1）变速器机械部分故障，换挡拨叉移动受阻；

（2）换挡活塞故障，无法正确移动拨叉；

（3）换挡拨叉位置传感器故障，传递错误信息。

拆下液压控制单元总成，用手推动 1/3 挡换挡拨叉，未发现有卡滞现象。检查液压控制单元中 1/3 挡换挡拨叉控制活塞及活塞杆等部位，均未发现异常。目测换挡拨叉位置传感器 G488，未发现异常。检查 1/3 挡换挡拨叉，发现传感器磁铁支架有轻微变形。该变速器曾因壳体撞裂进行过维修，磁铁支架变形可导致磁铁与传感器 G488 的相对位置发生变化，从而导致位置信号失常。调整 1/3 挡换挡拨叉磁铁支架后，试车，故障未出现。

任务小结

1. 双离合自动变速器 DCT 也叫直接换挡变速器 DSG，因其有两组离合器，所以称"双离合自动变速器"。

2. 双离合自动变速器分为干式双离合自动变速器和湿式双离合自动变速器两类。

3. 双离合自动变速器主要由机械传动机构、液压控制系统、电子控制系统等部分组成。

4. 双离合自动变速器机械传动机构主要由双质量飞轮、两个多片式离合器、输入轴及齿轮、输出轴及齿轮等组成。

5. 双离合自动变速器液压控制系统的主要功用是根据需求调整液压系统压力，对双离合器和挡位调节器进行控制，并对离合器冷却进行控制，为整个齿轮机构提供可靠的冷却和润滑。

6. 机电控制模块安装在变速器内部并浸在自动变速器油中，包括液压控制单元和变速器控制单元两部分。

7. 电子控制单元是变速器的控制中心，所有的传感器信号和来自其他控制单元的信号都由电子控制单元接收并进行监控。

8. 挡位行程传感器是霍尔式传感器，用于检测挡位调节器或换挡拨叉的位置。

项目三　汽车电子制动控制系统检修

汽车制动系统是强制车轮减速或停止转动的装置。汽车制动性直接关系交通安全，重大交通事故往往与制动距离太长、制动时侧滑甩尾等有关。随着汽车技术的发展和汽车行驶速度的提高，其重要性越来越明显。

按照功能划分，汽车制动系统可分为行车制动系统和驻车制动系统。行车制动系统在汽车行驶中使用，能够使汽车减速或在最短的距离内停车，它是由驾驶员用脚来操纵的，习惯上被称为脚刹。驻车制动系统在汽车停稳后使用，能够使停在平地或斜坡上的汽车保持不动，它通常是由驾驶员用手操纵的，习惯上被称为手刹。

为了提高车辆安全性能，汽车制动系统中增加了很多电子控制系统，常见的有防抱死制动系统（ABS）、电子制动力分配（EBD）、制动辅助系统（BAS）、驱动防滑系统（ASR）、电子稳定程序（ESP）、上坡起步辅助控制系统（HAC）、下坡辅助控制系统（DAC）、电子驻车制动（EPB）等。

本项目主要讲述汽车电子制动控制系统的结构、工作原理及其诊断，通过对电子制动控制系统的实践操作，使学生认知到电子制动控制系统的构造和工作原理以及相应的检修方法。

项目学习目标

【思政目标】

1. 树立劳动意识、环保意识、节约意识、安全意识，爱岗敬业，锤炼工匠精神；

2. 养成组员之间协同配合、精诚合作的团队协作精神；

3. 开拓创新思路，依靠创新、创造解决问题，提高工作能力；

4. 实践操作期间，做到整理、整顿、清扫、清洁、素养、安全、节约等规范。

【知识目标】

1. 能够认知汽车电子制动控制系统的组成、结构和工作原理；

2. 能看懂汽车电子制动控制系统电路图，并能根据电路图检测、分析故障。

【技能目标】

1. 按照标准工艺流程，完成相应的汽车电子制动控制系统的检修作业项目；

2. 能够熟练使用万用表、故障诊断仪等检测设备检修故障。

学习任务一　防抱死制动系统检修

【思政目标】

- 引导学生崇尚科技，坚信科技是第一生产力的态度；
- 培养学生脚踏实地、不好高骛远的工作态度；
- 培养学生合理利用资源平台，实干巧干，提升个人能力；
- 引导学生合理分配时间，协调学习与生活的能力；
- 引导学生劳逸结合、张弛有度的生活作息规律；
- 引导学生正视问题，无论大小，及时改正。

【任务目标】

- 能正确讲述 ABS 系统的作用、分类及发展趋势；
- 能正确描述 ABS 系统的基本组成和控制原理；
- 能正确描述 ABS 系统零部件的结构和工作原理；
- 能正确讲述 EBD 与 BAS 系统的作用和工作原理；
- 能正确识读和分析汽车 ABS 系统电路图；
- 会使用万用表和故障诊断仪对汽车 ABS 系统进行检测。

【学习重点】

- ABS 系统的工作原理；
- 识读和分析汽车 ABS 系统电路图；
- ABS 系统及零部件的检测。

任务导入

一辆雷克萨斯轿车，在一次行车时，ABS 故障指示灯突然点亮，随后 ABS 系统显著不起作用，制动效果减弱。下车观察，发觉地面上有较显著的制动印痕。用故障诊断仪读取故障码，为"右前轮转速传感器信号故障"。现在请你对客户车辆的 ABS 系统进行检修。

知识准备

在被雨淋湿的柏油路或在积雪道路上紧急制动时，汽车会发生侧滑，严重时会掉头。如果是在有车辙的雪路上行驶，左、右车轮分别行驶在雪地和裸露的地面上，产生剧烈旋转的可能性更大。在这种路面上行驶时，若紧急制动，汽车方向会失去控制。若是弯道，就有可能从路边滑出或驶入对面车道，即使不是弯道，也无法躲避障碍物。

防抱死制动系统就是为了防止这些危险状况的发生而研制的装置。它是在传统制动系统的基础上，增加了一套防止车轮制动抱死的控制系统，在制动过程中，当车轮趋于抱死时，该装置会迅速降低制动系统压力，通过这种自动、高频率地对制动系统压力进行调节，来实现防止车轮抱死，获得最佳制动性能，因此被认为是当前提高汽车行驶稳定性的有效措施之一。

防抱死制动系统（Anti-lock Braking System，ABS）能防止汽车在常规制动过程中由于车轮完全抱死而出现的后轴侧滑、前轮丧失转向能力等现象，从而充分发挥轮胎与路面间的潜在附着力，最大限度地改善汽车的制动性能，达到提高汽车在制动过程中的方向稳定性和转向操纵能力的目的，以满足行车安全的需要。

防抱死制动系统概述

ABS 的出现，大大地提高了汽车行驶安全性，为安全行车保驾护航。ABS 系统是电子技术和大规模集成电路迅速发展下的产物，是现代科学技术飞速发展下的产物。人类已经进入二十一世纪的信息时代，科技让我们的生活方式变得更舒适，促进了社会进步及社会生产力、社会经济和社会生活结构的重大变化，给我们的衣食住行都带来了很大的改变。我们要崇尚科技，坚信科技是第一生产力，科技改变生活，创新引领未来。

一、ABS 系统的认知

1. 汽车制动时的运动分析

（1）汽车制动时的附着条件。汽车制动时，车轮制动器通过摩擦副之间的制动力约束车轮转动，于是产生地面制动力 F_x，作用于车轮上使汽车减速。地面制动力 F_x 是轮胎与地面之间的摩擦力，是汽车减速的外力，地面制动力 F_x 越大，汽车的制动效能越高。

当制动器制动力比较小时，随着制动器制动力的增大，地面制动力 F_x 也增大，汽车制动减速度增大，此时轮胎在路面上滚动。但随着制动器制动力的继续增大，地面制动力将受到地面与轮胎之间的附着力 F_φ 的限制而不再增长，当地面制动力 F_x 增长到附着力 F_φ 时，车轮便抱死滑移，因此地面制动力 F_x 只能小于或等于附着力 F_φ，即

$$F_x \leqslant F_\varphi = F_z \cdot \varphi$$

因此，增大附着力 F_φ 是提高制动效能的关键。附着力 F_φ 是地面阻止车轮滑动所能提供的切向反作用力的极限值。附着力 F_φ 正比于地面对车轮的法向反作用力 F_z 以及车轮与地面之间的附着系数 φ。附着系数 φ 的大小不仅与路面和轮胎的性质有关，还与车轮的滑移率有关。

轮胎与地面间的附着力和轮胎与地面的接触状况密切相关，结合牢靠了，地面附着力就大了，安全就有保障了。我们做人做事也要脚踏实地，一步一个脚印，不要好高骛远。凡事都有其自身发展规律，不按规律办事，急于求成，只会弄巧成拙。万丈高楼平地起，认真走好人生的每一步，任何成功的背后都是付出了艰辛的努力的。脚踏实地，方得始终。

（2）车轮滑移率。观察汽车制动过程中车轮与地面的接触痕迹的变化（见图3-1-1），可知制动时车轮的运动状态一般经历三个变化阶段，即开始的纯滚动、随后的边滚边滑和后期的纯滑动。

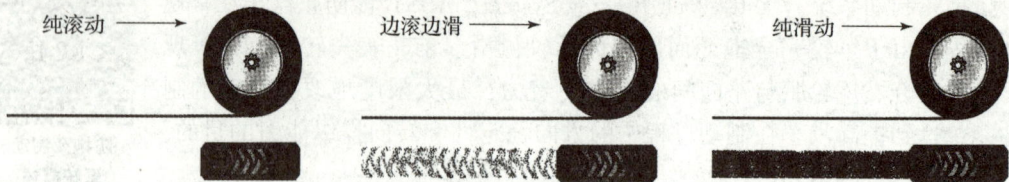

图 3 – 1 – 1　车轮与地面接触痕迹的变化

可以用车轮滑移率来表示制动过程中车轮的运动状态。平轮滑移率 S 是指车轮运动中滑移成分所占的比例，可按下式计算：

$$S = \frac{v - v_\omega}{v} \times 100\% = \frac{v - r\omega}{v} \times 100\%$$

式中：v_ω——车轮瞬时圆周速度（m/s）；

　　　v——车轮中心纵向速度（m/s）；

　　　r——车轮半径（m）；

　　　ω——车轮转动角速度（rad/s）。

当 $v = v_\omega$ 时，滑移率 $S = 0$，车轮自由滚动；

当 $v_\omega = 0$ 时，滑移率 $S = 100\%$，车轮完全抱死滑移；

当 $v > v_\omega$ 时，滑移率 $0 < S < 100\%$，车轮既滚动又滑移。

滑移率越大，车轮滑移程度越大。

图 3 – 1 – 2 所示为试验所得的车轮与地面附着系数（纵向附着系数 φ_x 与横向附着系数 φ_y）随车轮运动状态不同而变化的规律。从图 3 – 1 – 2 中可以看出，在滑移率 $S = 10\% \sim 30\%$ 时，纵向附着系数 φ_x 达到最大值 φ_p（亦称峰值附着系数），同时，轮胎的横向附着系数 φ_y 也较大。当滑移率超出这个范围，特别是车轮完全抱死后，纵向附着系数下降，而横向附着系数降为零，这意味着制动距离加长，而且方向稳定性大为降低。

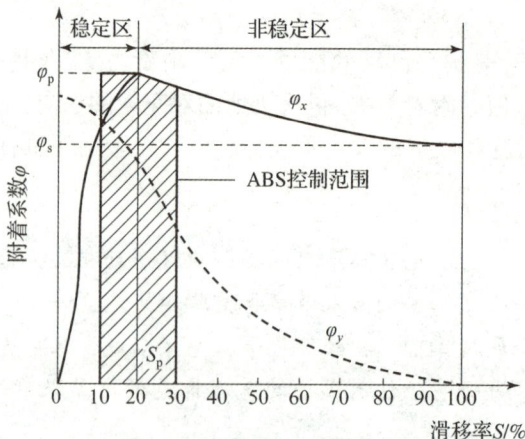

图 3 – 1 – 2　汽车制动时附着系数随滑移率的变化规律

从以上分析可知，理想制动过程应当是：当汽车制动时，若将车轮滑移率 S 控制在峰值系数滑移率（即 $S = 20\%$）附近，可使纵向附着系数和横向附着系数都较大，这样既能使汽车获得较高的制动效能，又可保证它在制动时的方向稳定性。

2. ABS 的基本组成与控制原理

ABS 系统的基本组成如图 3-1-3 所示，ABS 系统通常由车轮转速传感器、液压控制单元（即制动压力调节装置）、电子控制单元 ECU 和 ABS 故障指示灯等组成。

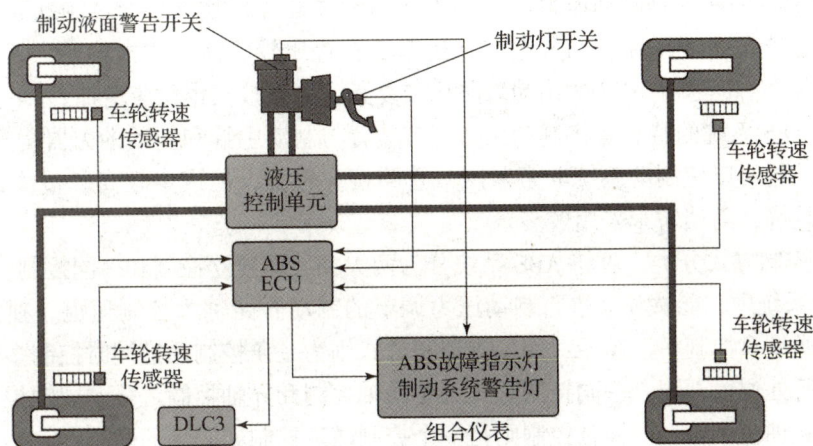

图 3-1-3　ABS 系统的基本组成

ABS 的制动过程分为常规制动和 ABS 调节制动两部分。

汽车在制动过程中，ECU 接受来自车轮转速传感器的信号，再根据设定的控制逻辑对车轮转速传感器输入的信号进行处理，计算汽车的参考车速、各车轮的速度和减速度，确定各车轮的滑移率，并将滑移率与设定滑移率控制极限值进行比较。若无车轮抱死（即所有车轮的滑移率均在设定的滑移率控制极限值内），则 ABS 系统不起作用，制动过程为常规制动过程。当某车轮的滑移率接近设定的滑移率控制极限值时，ECU 发出指令给制动压力调节装置（执行器），使该车轮的制动压力保持一定；当某车轮的滑移率超过了设定的滑移率控制极限值时，ECU 发出指令给制动压力调节装置，使该车轮的制动压力减小。由此可见，ABS 制动过程就是在制动时，利用制动压力调节系统对制动管路油压高速地进行"增压 - 保压 - 减压"的循环调节过程，从而将各车轮滑移率控制在最佳范围内，缩短制动距离，提高车轮制动时的方向稳定性。

3. ABS 系统的作用

（1）提高制动性能。ABS 系统能充分利用轮胎和地面的附着系数，在紧急制动情况下，可将滑移率控制在 20% 左右，即可获得较大的地面附着系数，使汽车在车轮不抱死的情况下获得较大的制动力，提高制动减速度、缩短制动距离。

（2）提高制动时的方向稳定性。汽车制动时，由于制动力较大而有可能造成车轮抱死。当前轮抱死时汽车会失去转向能力，后轮抱死时会造成汽车后轴侧滑，严重时甚至造成急转翻车。ABS 系统可以防止任何车轮完全抱死，因此能有效地提高汽车制动时的方向稳定性和转向操纵能力，保证汽车的行驶安全。

（3）能够改善轮胎的磨损状况。由于车轮抱死而造成轮胎的磨损是造成轮胎损坏的重要原因。经测定，汽车在紧急制动时，车轮抱死所造成的轮胎累加磨损费已超过一套 ABS 系统的造价。

4. ABS 系统的分类

（1）按照产生制动压力的动力源分类，分为液压式 ABS 系统、气压式 ABS 系统和气液混合式 ABS 系统。在轿车中液压式 ABS 系统应用最广泛。

（2）按制动液压调节装置和制动主缸的相对位置关系分类，分为分离式 ABS 系统和整体式 ABS 系统。

分离式 ABS 的特点是制动压力调节装置和制动主缸各自独立，通过制动管路与制动主缸和制动助力器相连。分离式 ABS 系统在汽车上布置比较灵活，成本较低，无须对汽车的布置做较大改动。但这种 ABS 的制动管路比较复杂，管路接头也相应增加。

整体式 ABS 系统的特点是将制动压力调节装置与制动主缸和制动助力器构成一个整体。采用整体式结构可以使制动系统非常紧凑，管路接头较少，但成本较高。整体式 ABS 结构复杂，成本较高，高档轿车采用较多。

（3）按控制方式分类，可将 ABS 系统分为两大类，即独立控制和一同控制。

在 ABS 系统中，能够独立进行制动压力调节的制动管路称为控制通道。独立控制方式指一条控制通道只控制一个车轮；而一同控制方式则为一条控制通道同时控制多个车轮。依照这些车轮所处位置不同，一同控制方式又有同轴控制和异轴控制之分。同轴控制是一个控制通道控制同轴两车轮，而异轴控制则是一个控制通道控制非同轴的两个车轮。

按照控制过程中控制依据选择不同，又可将 ABS 的一同控制方式区分为低选择控制和高选择控制两种。低选择控制是以保证附着系数较小的一侧车轮不发生抱死为原则来进行制动压力调节的，而高选择控制则是以保证附着系数较大的一侧车轮不发生抱死为原则来实施制动压力调节的。

（4）按控制通道数目分类，ABS 系统分为四通道式、三通道式、二通道式和一通道式。

① 四通道式布置，即在四个车轮上各设置一个车轮转速传感器，并在通往轮缸的制动管路中各设置一个执行器（制动压力调节分装置），如图 3-1-4 所示。这种控制一般有前后（独立控制）和对角（前轮独立，后轮低选择控制）两种布置方式。

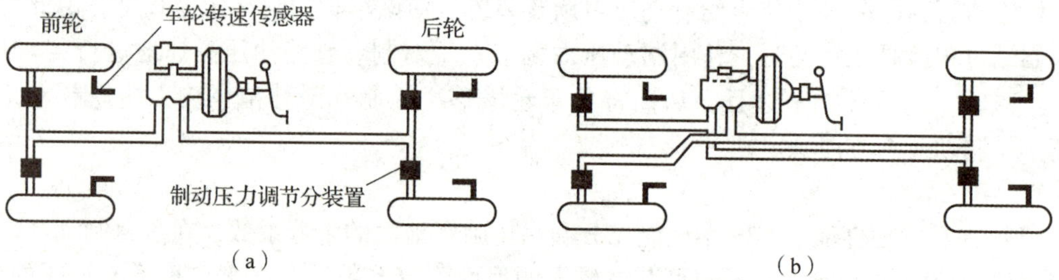

图 3-1-4　四传感器四通道布置方式

（a）前后布置；（b）对角线布置

② 三通道式布置，分为四传感器三通道式布置和三传感器三通道式布置。

四传感器三通道（前轮独立、后轮低选择）式布置方式如图 3-1-5 所示，一般有前后和对角线两种布置方式（两个后轮制动压力调节装置一同控制）。

三传感器三通道（前轮独立、后轮低选择）式布置方式如图 3-1-6 所示，该系统适用于前后布置的制动管路系统，前轮独立、后轮低选择控制。

③ 二通道式布置。如图 3-1-7 所示，由于二通道布置方式在提高汽车制动性能和改善汽车制动时的方向稳定性方面均无优势，故目前较少采用。

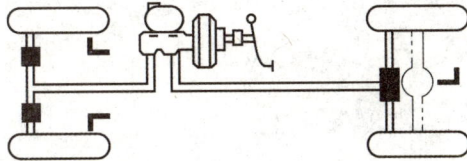

（a）　　　　　　　　　　　　　（b）

图 3 – 1 – 5　四传感器三通道式布置方式

（a）前后布置；（b）对角线布置

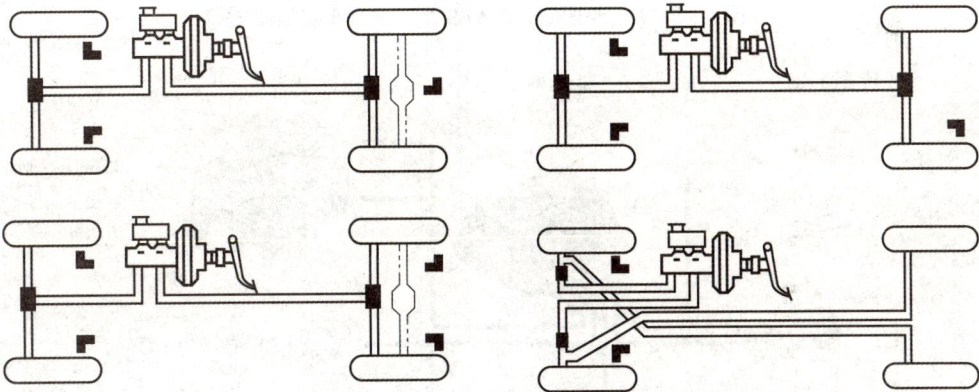

图 3 – 1 – 6　三传感器三通道式布置方式

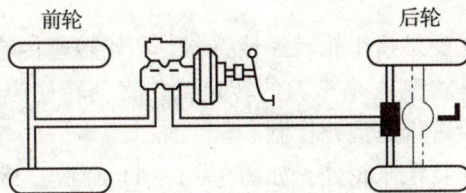

图 3 – 1 – 7　多传感器二通道控制系统

④ 一通道式布置。如图 3 – 1 – 8 所示，此种控制方式制动方向稳定性差，制动距离较长。

前轮　　　　　　　　　　　　后轮

图 3 – 1 – 8　一传感器一通道控制系统

二、液压式 ABS 系统的组成与工作原理

典型液压式 ABS 系统在汽车上的布置如图 3 – 1 – 9 所示，其主要由车轮转速传感器、ABS 电控单元、液压控制单元（含电磁阀）、ABS 液压泵、ABS 故障指示灯和制动装置警告灯等组成，如图 3 – 1 – 10 所示。

液压式
ABS 系统的组成
及工作原理

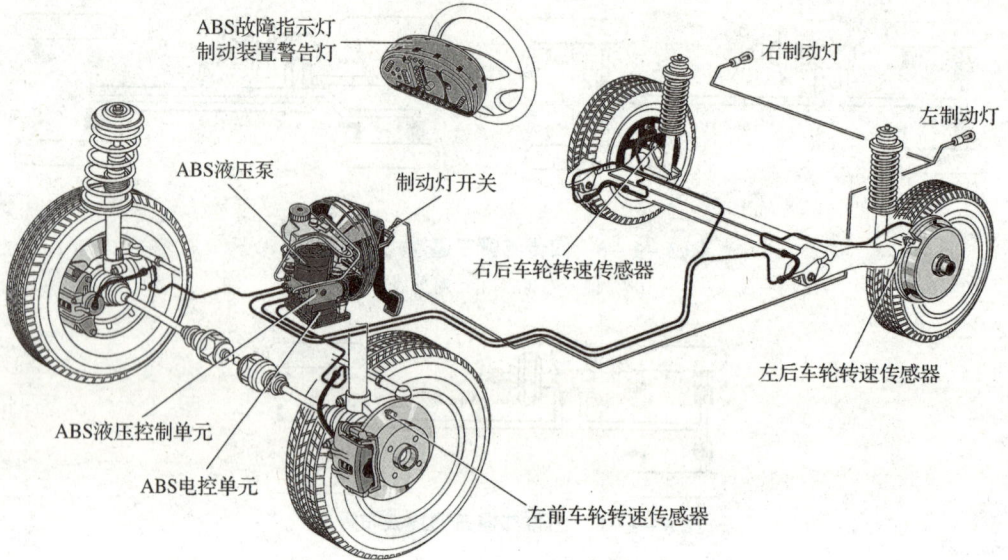

图 3 - 1 - 9   典型液压式 ABS 系统在汽车上的布置

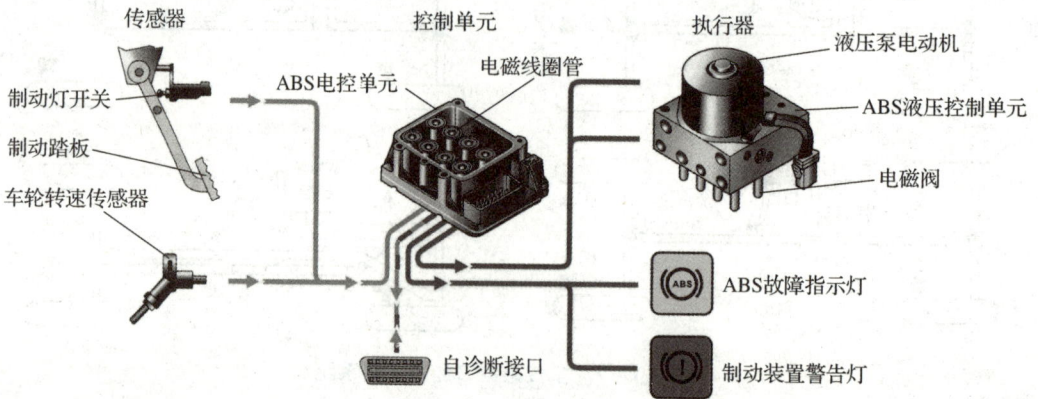

图 3 - 1 - 10   典型汽车液压式 ABS 系统的组成

1. 车轮转速传感器

ABS 系统中的传感器主要是指车轮转速传感器。车轮转速传感器又称为轮速传感器、车轮速度传感器等，其作用是检测汽车车轮的转速，并将其转变为电信号后输入 ECU，用于计算、判断，决定是否开始进行防抱死控制。

车轮转速传感器一般安装在车轮处，如图 3 - 1 - 11 所示，其主要由传感器头和信号转子组成。传感器头是一个静止部件，一般安装在车轮附近不随车轮转动的部件上，如制动底板、转向节和半轴套管等处。信号转子是一个齿圈或一个齿环，为运动部件，一般安装在随车轮一起转动的部件上，如轮毂、半轴、制动盘等处。

目前用于汽车 ABS 系统的车轮转速传感器主要有电磁式、霍尔式和磁阻式等类型。

1）电磁式车轮转速传感器

传感器头的结构如图 3 - 1 - 12 所示，用来产生感应电压，通常由永久磁铁、电磁线圈和磁极等构成。磁极与永久磁铁相连，感应线圈套在磁极的外面。根据磁极的结构不同，传感器头磁极有长方形、圆柱形等形式，但其基本工作原理都是相同的。

图 3-1-11　车轮转速传感器的安装位置

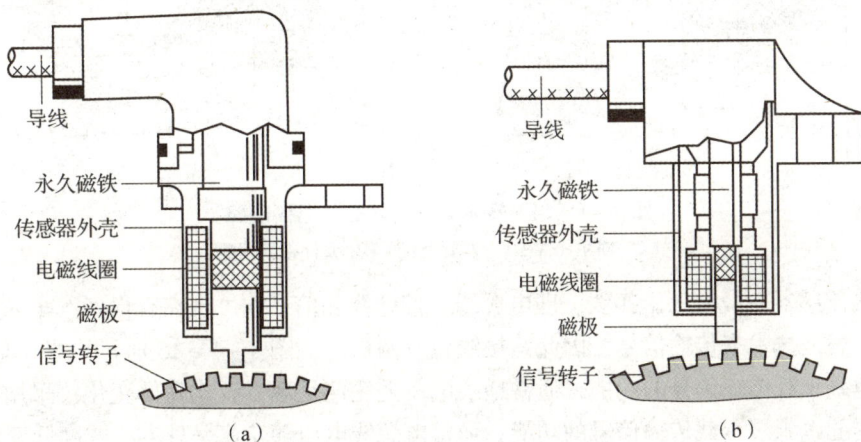

图 3-1-12　车轮转速传感器构造
（a）长方形磁极；（b）圆柱形磁极

车轮转速传感器产生的信号如图 3-1-13 所示。当车轮转速较高时，磁通变化率较大，感应电压的频率和波幅均较大；反之，感应电压的频率和波幅均较小。

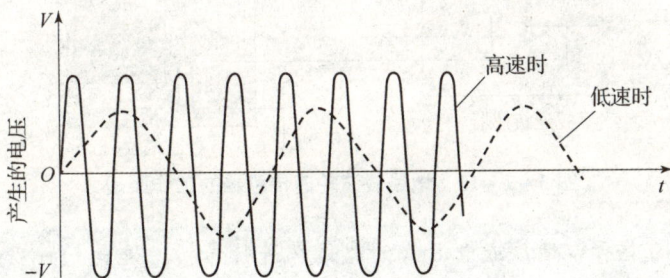

图 3-1-13　电磁式车轮转速传感器输出的电压信号

传感器头与信号转子之间的间隙很小，通常为 0.4~2.0 mm。例如桑塔纳 2000GSi 和捷达轿车使用的传感器，前轮间隙为 1.10~1.97 mm，后轮间隙为 0.42~0.80 mm。为保证传感器间隙的正确，传感器头的安装位置必须正确，并按规定的力矩拧紧，否则会影响传感器的正常信号输出。

电磁式车轮转速传感器结构简单，成本低，但存在以下缺点：当车速很低时，传感器输出的电压信号很弱；当车速过高时，传感器的频率响应跟不上，容易产生错误信号；传感器抗电磁波干扰是能力较差，尤其是输出信号幅值较小时。

2）霍尔式车轮转速传感器

霍尔式车轮转速传感器是利用霍尔效应原理产生与车轮转速相对应的电压脉冲信号，其也是由传感器头和齿圈组成的，其中传感器头由永久磁铁、霍尔元件和电子电路等组成，如图 3 - 1 - 14 所示。当齿圈位于如图 3 - 1 - 14（a）所示位置时，穿过霍尔元件的磁力线分散，磁场相对较弱，产生的电压信号也较小；当齿圈位于如图 3 - 1 - 14（b）所示位置时，穿过霍尔元件的磁力线集中，磁场相对较强，产生的电压信号较大。

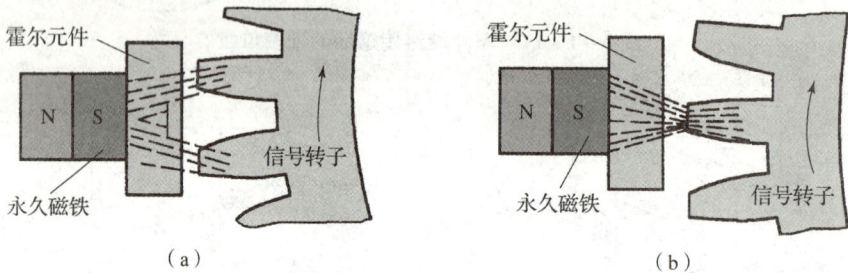

图 3 - 1 - 14　霍尔式车轮转速传感器磁路

（a）霍尔元件磁场较弱；（b）霍尔元件磁场较强

霍尔式传感器一般有三个接线，即电源线、接地线和信号线。现在有很多汽车采用地线载波或电源线载波技术来传输信号，因此其接线只有两根，如图 3 - 1 - 15 所示。采用地线载波，传感器的地线承载传输信号的功能，通常地线电压随轮速呈现方波式高低变化；采用电源线载波，传感器的电源线承载传输信号的功能，通常电源线电压随轮速呈现方波式高低变化。

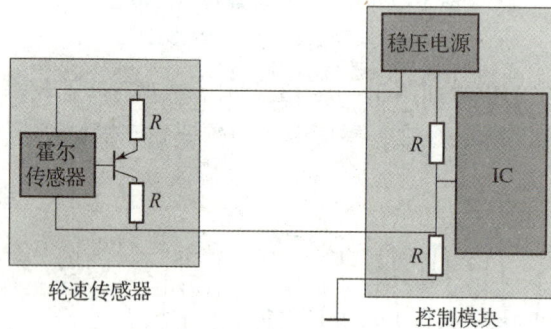

图 3 - 1 - 15　地线载波轮速传感器的工作原理

载波，就是让信号以地线或电源线为载体来进行传播，这是一种变通、灵活应用。我们干事情不仅要撸起袖子加油干、踏踏实实干，也要随机应变，学会巧干。实干就是认认真真的干，不投机取巧；巧干就是办事有独创性、有办法和想法。实干讲干劲，是一个态度问题；巧干讲科学、讲创新，是一个能力问题，我们既要实干更要巧干。个人的能力、努力、天赋很重要，但如果有一个合适的平台，则可以帮助你达到另一个高度。我们要充分利用这个平台，善于选择资源、运用资源提高个人能力，实现自我目标。

霍尔式车轮转速传感器具有以下优点：输出信号电压幅值不受转速影响；频率响应高达 20 kHz，相当于车速为 1 000 km/h 时所检测的信号频率；抗电磁波干扰能力较强。

3）磁阻式车轮转速传感器

磁阻式车轮转速传感器是利用磁阻元件的磁阻效应来检测车轮转速的。磁阻效应是指半导体材料的电阻值随磁场强度变化而变化的现象，磁场增大，电阻增大；磁场减小，电阻减小，实现磁和电－电阻的转换。利用磁阻效应制成的磁敏电阻元件称为磁阻元件。

传感器由多极磁环（或变磁阻转子）、磁阻元件和电子电路组成，并且将磁阻元件接入测量电桥的一个桥臂。如图 3-1-16 所示，当多极磁环随车轮转动时，磁阻元件的磁通量呈周期性变化，其电阻随之变化，电子电路将这一电阻转变为脉冲信号输出。

磁阻式车轮转速传感器通常有三个接线，即电源线、接地线和信号线。现在也有很多汽车采用二线式，即采用地线载波或电源线载波方式。

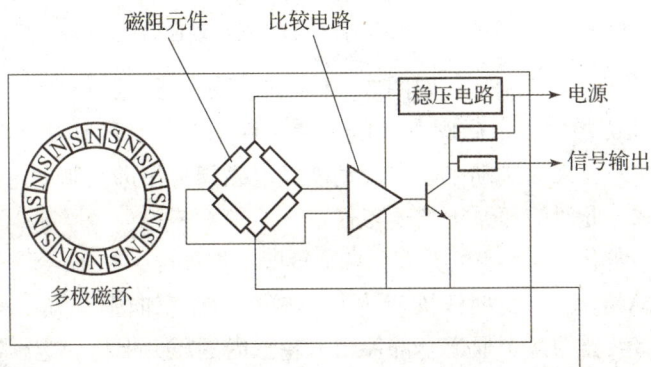

图 3-1-16　磁阻式车轮转速传感器

2. 液压控制单元

液压控制单元又称为液压调节器、制动压力调节器、制动压力调节装置等，它是 ABS 系统的执行机构，功用是接受 ECU 的指令，通过电磁阀自动调节各个车轮制动轮缸的制动压力。

1）制动压力调节器的类型

根据制动压力调节器调压方式的不同，制动压力调节器又可以分为循环式和可变容积式，其中循环式制动压力调节器是直接控制制动压力，可变容积式制动压力调节器是间接控制制动压力。目前循环式制动压力调节器在轿车中应用较多。

循环式制动压力调节器主要由电动液压泵、电磁阀及储液器等组成，其特点是制动压力油路与 ABS 控制压力油路相通。各种车型上装用的循环式压力调节器工作原理基本相同，都是通过串联在制动主缸和制动轮缸之间的电磁阀直接控制制动管路中油液的流动，使制动油液在轮缸内外不断循环，以达到调节轮缸制动压力的目的。

循环式制动压力调节器常用的电磁阀有三位三通电磁阀和二位二通电磁阀。

2）带三位三通电磁阀的循环式制动压力调节器

带三位三通电磁阀的循环式制动压力调节器的结构如图 3-1-17 所示，其工作原理如下：

循环式制动
压力调节器

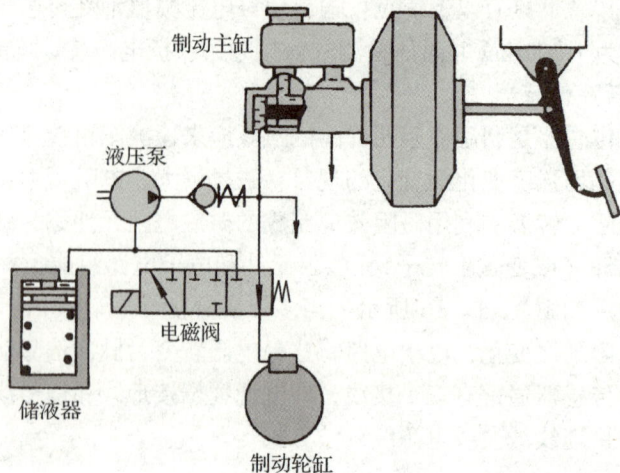

图 3 - 1 - 17　带三位三通电磁阀的循环式制动压力调节器的结构

（1）常规制动（ABS 不工作）。如图 3 - 1 - 18 所示，制动时，若车轮没有抱死趋势，则 ABS 不参与制动压力控制，电磁阀不通电。此时柱塞在弹簧的作用下处于最低位置，制动主缸与制动轮缸相通，来自制动主缸的制动液经电磁阀直接进入制动轮缸，轮缸内的压力随主缸的压力而增减，此时液压泵不需要工作。

（2）保压过程。如图 3 - 1 - 19 所示，当车轮即将抱死时，ECU 给该轮缸的电磁阀输送一个较小的电流（2A 电流），此时线圈吸力相对较小，柱塞向上移动一段距离，于是连接制动主缸、轮缸及储液器的三个通道全部关闭，轮缸内的压力保持一定，从而达到防止该车轮抱死的目的。

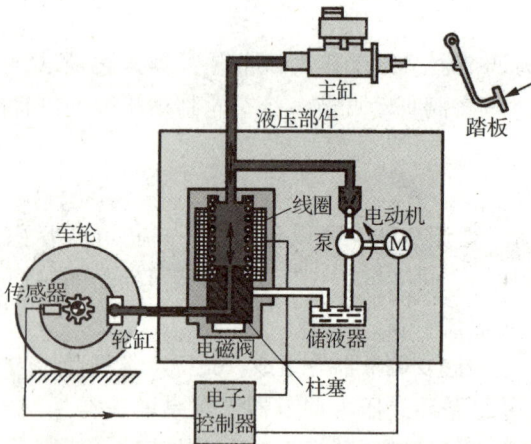

图 3 - 1 - 18　常规制动过程

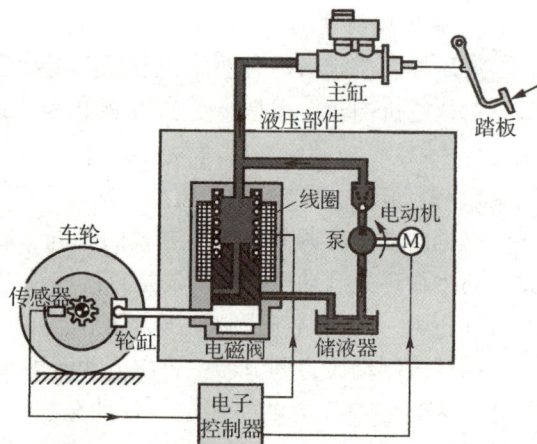

图 3 - 1 - 19　保压过程

（3）减压过程。如图 3 - 1 - 20 所示，当车轮即将抱死，经历了"保压"阶段抱死趋势仍无改善迹象时，ECU 给该轮缸的电磁阀输送一个最大的电流（5 A 电流），线圈吸力最大，柱塞向上吸到最高位置，关闭从制动主缸到制动轮缸的通道，同时将轮缸和储液器接通，制动轮缸的制动液经电磁阀流回储液器，从而减小该轮缸内的制动压力。此时，液压泵工作，将储液器内的制动液泵送回制动主缸。

图 3 – 1 – 20　减压过程

由于减压过程中，由制动轮缸流入储液器的制动液被液压泵又泵回制动主缸，因此这种制动压力调节器称为循环式制动压力调节器。另外，制动液在循环回制动主缸的过程中，会造成制动主缸内的制动液压力波动，因此制动踏板会有反弹的感觉，反弹的频率为 3 ~ 4 次/s。

（4）增压过程。如图 3 – 1 – 21 所示，当压力下降后车轮转速太快时，ECU 切断电磁阀电流，于是制动主缸与制动轮缸再次接通，来自制动主缸的制动液再次进入制动轮缸，使制动轮缸的压力增大。

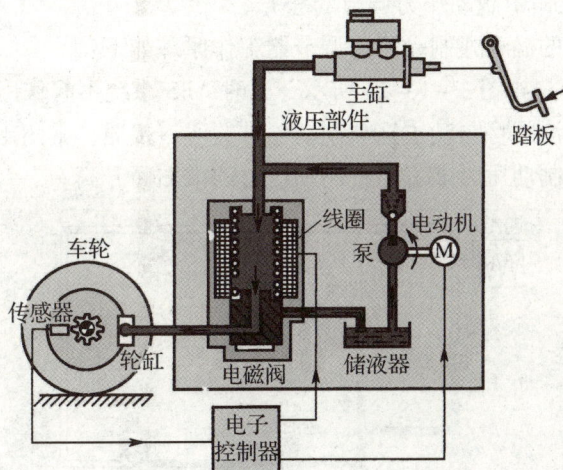

图 3 – 1 – 21　增压过程

制动时，上述"增压 – 保压 – 减压"的调压过程循环进行，直到解除制动为止。在压力调节的过程中，油液在轮缸、储液器、主缸之间不断循环流动，故称为循环式制动压力调节器。

ABS 系统的目标是确保在不抱死的前提下制动力尽可能大，为此系统不停地进行"增压－保压－减压"循环过程。我们的学习和生活亦是如此，需要劳逸结合、松弛有度，让自己达到最佳的学习、工作状态。过度的紧张和繁忙或者过度的安逸都不利于我们身心的健康，也不利于工作的开展。在繁忙的工作中要学会放松，当你意识到自己因为繁忙的工作而导致压力过大时，一定要学会减压。

3）带二位二通电磁阀的循环式制动压力调节器

二位二通电磁阀的结构及图形符号如图 3 – 1 – 22 所示，其又分为二位二通常开电磁阀和二位二通常闭电磁阀，两种电磁阀均由阀门、衔铁、电磁线圈和回位弹簧等组成。

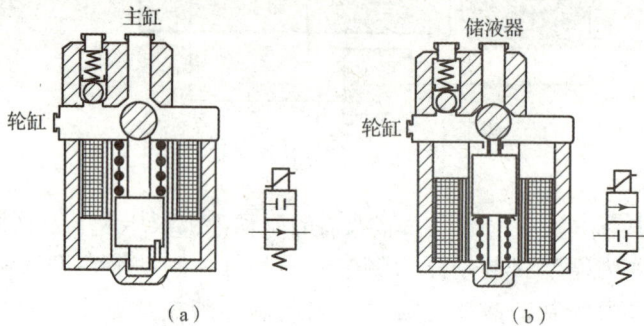

（a）　　　　　　　　　　　　（b）

图 3 – 1 – 22　二位二通电磁阀的结构及图形符号

（a）常开电磁阀；（b）常闭电磁阀

常开电磁阀用于控制制动主缸到制动轮缸的制动液通路，又称为常开进油电磁阀；常闭电磁阀用于控制制动轮缸到储液器的制动液回路，又称为常闭出油电磁阀。两个电磁阀配合使用，共同完成 ABS 工作中制动压力调节的任务。

带二位二通电磁阀的循环式制动压力调节器工作原理如下：

（1）常规制动过程。如图 3 – 1 – 23 所示，此时 ABS 系统不起作用，即各轮缸的两个电磁阀均不通电。常开进油阀将制动主缸与制动轮缸的通道接通，常闭出油阀则断开了轮缸到储液器的通道，轮缸的制动压力随着主缸制动压力的增加而升高。

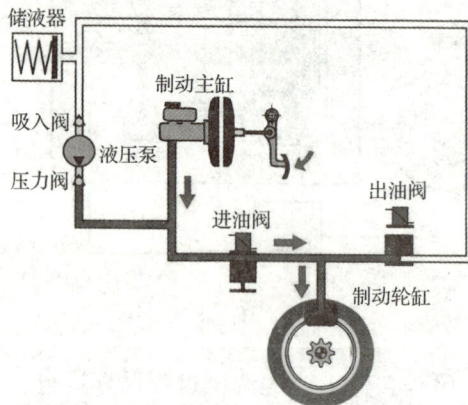

图 3 – 1 – 23　常规制动过程

（2）保压过程。如图 3 – 1 – 24 所示，制动压力升高到车轮出现抱死趋势时，ECU 给常开进油阀通电使阀门关闭，即断开制动主缸与制动轮缸的通道，而常闭出油阀因断电使阀门关闭，将轮缸到储液器的通道断开，轮缸的制动压力保持一定。

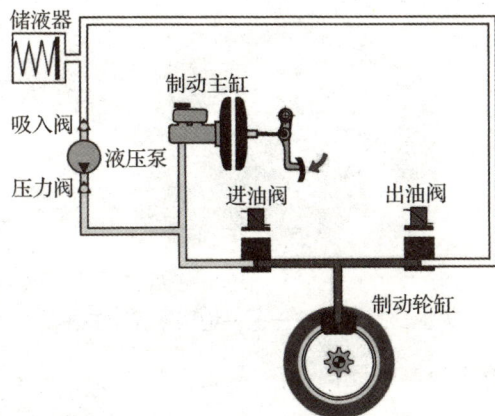

图 3 – 1 – 24　保压过程

（3）减压过程。如图 3 – 1 – 25 所示，当制动压力保持不变但车轮仍有抱死趋势时，ECU 给常闭出油阀通电使阀门打开，即接通了轮缸到储液器的通道，而常开进油阀继续通电断开制动主缸与制动轮缸的通道，制动轮缸的制动液流向储液器，使轮缸的制动压力减小，防止该车轮抱死。同时液压泵通电工作，将储液器内的制动液泵送回制动主缸。

（4）增压过程。如图 3 – 1 – 26 所示，当车轮转速增加到一定值时，ECU 又使两个电磁阀处于断电状态，使轮缸的制动压力随着主缸制动压力的增加而升高。液压泵继续工作，将储液器残余的制动液送至制动轮缸，确保制动轮缸压力迅速增加。

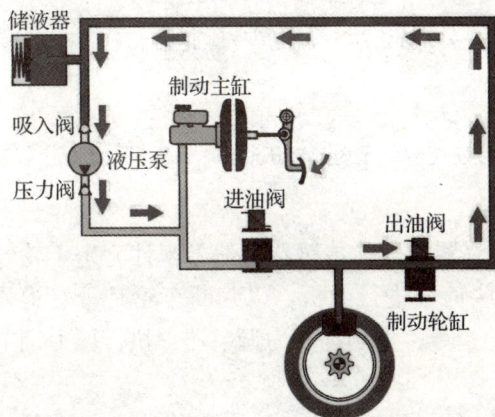

图 3 – 1 – 25　减压过程　　　　　　　图 3 – 1 – 26　增压过程

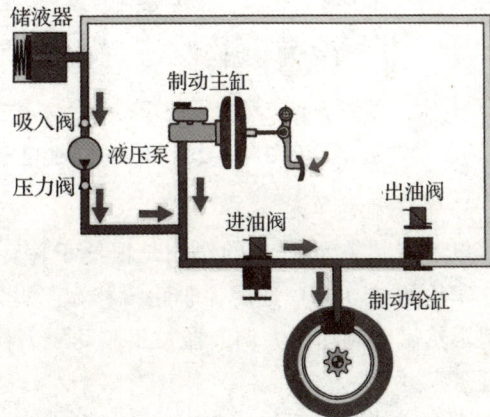

现代汽车大量采用这种带二位二通电磁阀的循环式制动压力调节器，并将制动压力调节器、电动液压泵和电控单元集成于一体，简称液压电子控制单元（Hydraulic Electronic Control Unit，HECU）或 ABS 控制器，如图 3 – 1 – 27 所示。

液压控制单元阀体内包含八个二位二通式电磁阀，每两个电磁阀控制一个车轮。两个电磁阀中，一个是常开进油阀，另一个是常闭出油阀，它们在制动主缸和轮缸之间建立联系，使制动油液在制动主缸、轮缸以及专门设置的低压储液器中循环流动。如果 ABS 系统出现故障，ECU 将使进油阀和出油阀断电，于是 ABS 不工作，但常规制动系统仍可以工作。

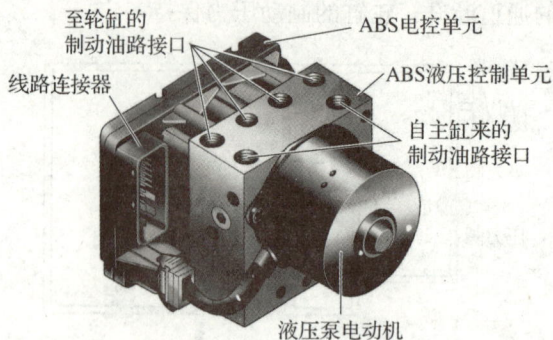

图 3 - 1 - 27　液压电子控制单元 HECU

带二位二通电磁阀的液压控制单元内部液压油路如图 3 - 1 - 28 所示。

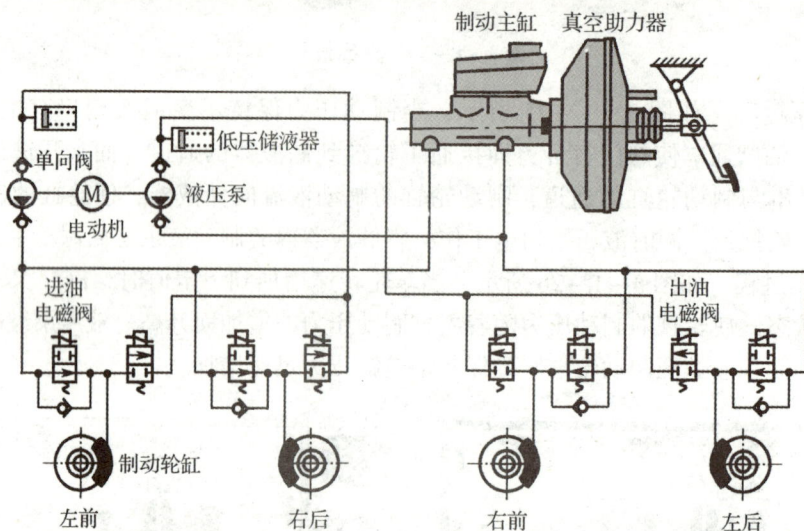

图 3 - 1 - 28　带二位二通电磁阀的液压控制单元内部液压油路

3. 电子控制单元

电子控制单元 ECU 的作用是根据车轮转速传感器和其他传感器的信号来计算出车轮转速、车轮的加（减）速度、车轮滑移率，并对这些信号进行分析，以判断车轮是否有抱死趋势，然后向制动压力调节器发出制动压力控制的指令，由制动压力调节器去执行压力调节的任务。

为保证其可靠工作，ECU 一般安装在行李舱、乘员室等少尘和防潮的地方。为了使 ABS 系统结构紧凑，减少插头和线束，很多车型将 ECU 与液压控制单元组合在一起。

当 ECU 检测到 ABS 系统工作不正常时，会自动停止 ABS 系统工作，并点亮 ABS 故障指示灯，以免因系统故障造成错误的控制结果，同时将故障信息以故障代码的形式存储在 ECU 内。在正常情况下，发动机起动后，ABS 故障指示灯点亮数秒后就应自动熄灭，否则说明 ABS 系统有故障。

4. 故障灯

ABS 系统有两个故障指示灯，一个是红色的制动装置警告灯，一个是黄色的 ABS 故障指示灯，如图 3 - 1 - 29 所示。

图 3 – 1 – 29　ABS 系统故障指示灯

当点火开关接通时，红色制动装置警告灯与黄色 ABS 故障指示灯一同点亮。红色制动装置警告灯在汽车停车后驻车制动时也会点亮。如果在上述情况下灯不亮，则说明灯本身或灯的线路有故障，应进行检修。

红色制动装置警告灯常亮，说明制动液不足或蓄能器中的制动液压力较低。此时，常规制动系统与 ABS 均不能正常工作，要及时查找故障原因并排除。

黄色 ABS 故障指示灯常亮，说明 ECU 发现 ABS 系统有问题，要及时检修。

发生故障时要及时检修，生活、工作中发现问题也要及时改正，不能养痈遗患。我们要及时正视自己的问题并改正。正视问题，激发我们去思考、去学习、去实践，让个人能力得到升华；问题要抓早抓小，发现问题要及时处理，避免问题的深化，带来更加恶劣的后果。亡羊补牢，犹未晚也；知错能改，善莫大焉！

三、上汽通用雪佛兰科鲁兹轿车 ABS 系统

1. 系统组成

上汽通用雪佛兰科鲁兹轿车装备了 Teves Mk60/Mk70 制动系统，系统主要由轮速传感器、制动压力调节器、电子制动控制模块（EBCM）和 ABS 故障指示灯等组成。

上汽通用雪佛兰
科鲁兹轿车
ABS 系统

2. 主要部件结构

（1）轮速传感器。科鲁兹轿车采用的是磁阻式轮速传感器，其结构如图 3 – 1 – 30 所示。前轮轮速传感器安装于转向节上，后轮轮速传感器安装于后轮肘节上。信号转子（多极磁环）属于车轮轴承总成的一部分，不能够单独维修和更换，传感器与信号转子之间的间隙也不可调节。

（2）电子制动控制模块。电子制动控制模块（EBCM）与液压控制单元集成在一起。

（3）液压控制单元。液压控制单元与电子制动控制模块、电动液压泵集成在一起，如图 3 – 1 – 31 所示，液压控制单元内还集成了四个二位二通进油电磁阀、四个二位二通出油电磁阀、低压储液器等部件，采用四轮独立控制方式，其内部油路如图 3 – 1 – 32 所示。

（a）　　　　　　　　　　　（b）

图 3 - 1 - 30　科鲁兹磁阻式轮速传感器

（a）前轮；（b）后轮

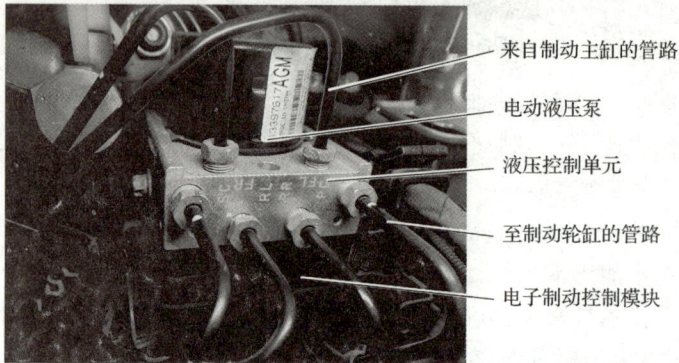

图 3 - 1 - 31　科鲁兹 ABS 系统液压控制单元

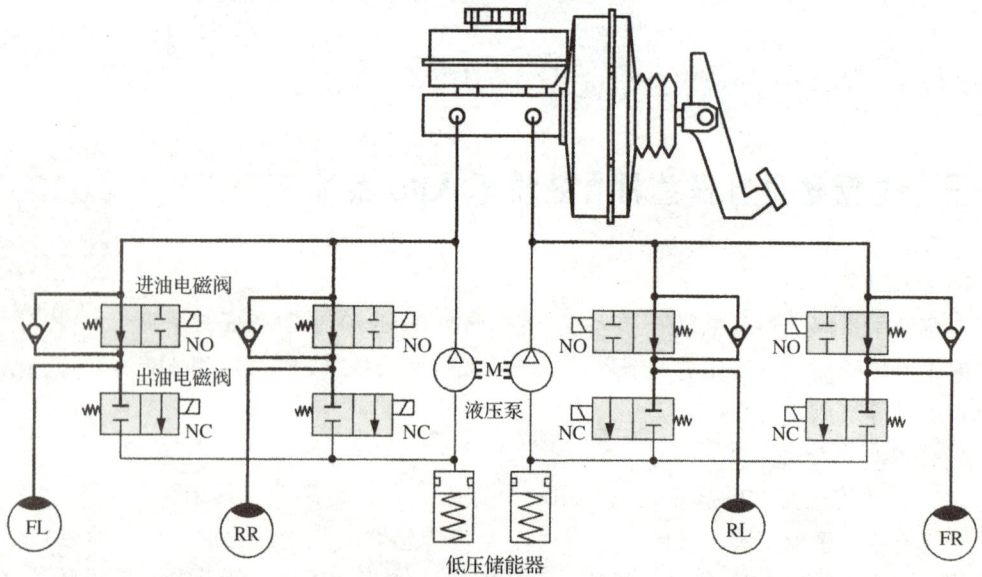

图 3 - 1 - 32　液压控制单元内部油路（NO：常开，NC：常闭）

（4）ABS 故障指示灯。当 ABS 系统工作异常或出现故障时，ABS 故障指示灯将会点亮，以提示驾驶员进行维修。

3. 系统电路图

上汽通用雪佛兰科鲁兹轿车 ABS 系统电路图如图 3 - 1 - 33 所示。

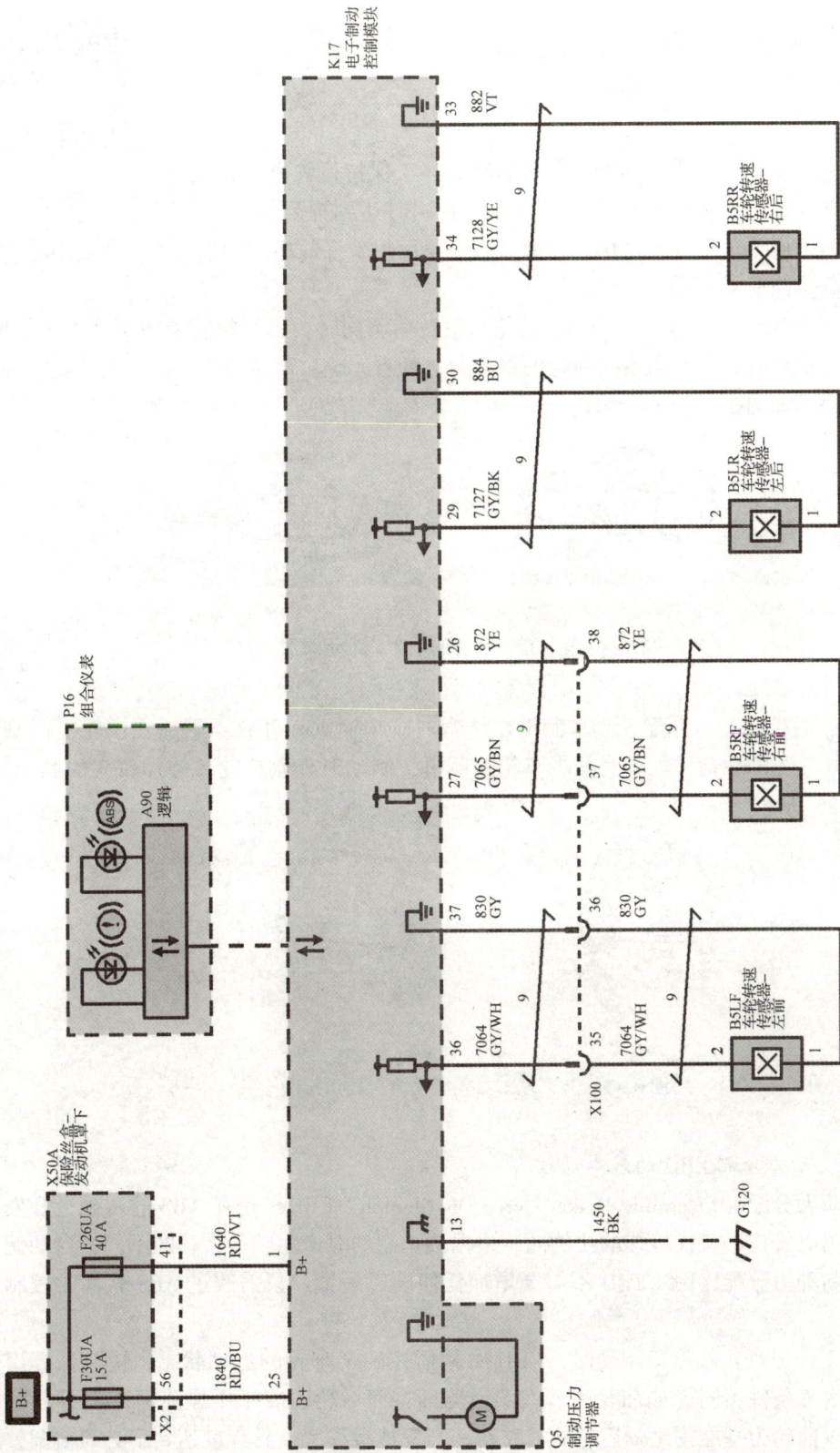

图 3 - 1 - 33　科鲁兹轿车 ABS 系统电路图

四、电子制动力分配系统 EBD

电子制动力
分配系统

1. 概述

制动时，要使汽车既获得尽可能大的制动力，又保持行驶方向稳定性，最理想的状态就是使汽车各车轮特别是前、后轮同时达到抱死的边缘，即各车轮制动力之比等于附着力之比。在前、后轮路面附着系数相同的情况下，地面附着力与轮胎承受的垂直载荷成正比。

（1）前、后轮制动力分配。当前、后轮承载负荷不同时，各车轮所需的制动力也不同。在车辆后部无负荷时，可适当增大前轮的制动力。随着车辆后部负荷重量的加大，就要加大后轮的制动力，如图 3-1-34 所示。

图 3-1-34　前、后轮制动力分配示意图
（a）后轮负荷小；（b）后轮负荷大

（2）左、右轮制动力分配。当车辆正在转弯时，车辆重心外移，则加在内轮上的载荷减少，加在外轮上的载荷增加。为减少车轮的侧滑，制动时外侧车轮要施加较大的制动力，如图 3-1-35 所示。

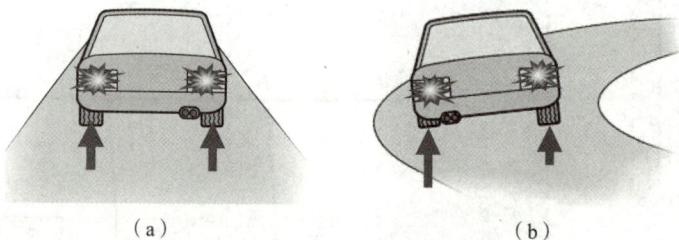

图 3-1-35　左、右轮制动力分配示意图
（a）直行；（b）转弯

2. 电子制动力分配 EBD 的基本原理

电子制动力分配（Electronic Brake-force Distribution，EBD）是在 ABS 的基础上开发出来的，其采用电子技术替代传统的比例阀，根据汽车制动时产生轴荷转移的不同，自动调节前、后桥的制动力分配比例。EBD 不需要增加任何硬件配置，只需改进 ABS 软件的控制逻辑即可实现。

EBD 的工作原理：在汽车制动时，EBD 时刻监控四个车轮的运动状态，快速计算出四个车轮由于附着条件不同（如前轮附着在湿滑路面，而后轮附着于干燥路面）而各异的附着力，自动以前轮为基准去比较后轮的滑移率。当发现滑移率差异程度达到了必须被调整的设定值，但又没达到 ABS 的调节值时，EBD 将启动，系统将通过制动压力调节器电磁阀的工作，调整滑移率较大的车轮的制动管路油压，以使制动力之比与附着力之比相匹配，使四个车轮得到更平衡且更接近理想化的制动力分配，从而保证车辆的平稳和安全。如果车轮在EBD控制下仍要抱死，则系统将自动转入ABS控制，并使EBD停止工作。

EBD系统对制动管路油压的调节原理与ABS类似，也是在"增压－保压－减压"三个阶段不断循环，直至车速很低或各车轮滑移率差值在规定范围之内。

图3－1－36所示为配置EBD与未配置EBD的汽车在制动过程中的不同表现。配置有EBD系统的车辆，会自动侦测各个车轮与地面间的抓地力状况，将制动系统所产生的制动力适当地分配至四个车轮。

有些汽车使用制动装置警告灯作为EBD故障指示灯，有些车辆有专用的EBD故障指示灯。当EBD出现故障时，其故障指示灯和ABS故障指示灯都会点亮。

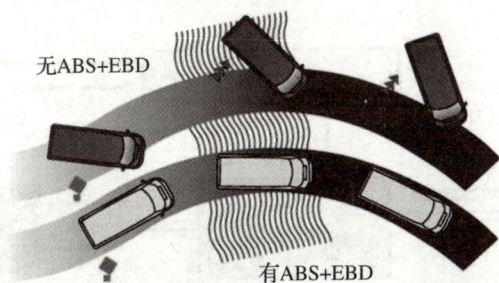

无ABS+EBD

有ABS+EBD

图3－1－36　车辆配置EBD与未配置EBD系统行驶过程比较

EBD系统可以合理分配每个车轮上的制动力，正如我们的生活，需要协调好工作、学习和生活，合理分配自己的工作、学习时间和精力。合理安排时间，就等于节约时间。合理的时间管理方法，有利于提升你实现目标的工作效率，加快你实现人生目标的速度。

五、制动辅助系统BAS

制动辅助系统

1. 概述

制动辅助系统（Brake Assistant System，BAS）是针对紧急情况下，汽车驾驶员踩制动踏板时缺乏果断而设计的。BAS可以从驾驶员踩制动踏板的速度中检测到行车状况，当驾驶员在紧急情况下迅速踩制动踏板，但踏板力又不足时，此系统便会在不到1 s的时间内把制动力增至最大，缩短紧急制动情况下的制动距离。

在车辆行驶过程中，制动辅助系统会全程监测车辆制动过程，利用传感器及ECU控制单元感应、判断驾驶员的制动意图，一般正常制动时该系统并不会介入，会让驾驶员自行决定制动时的力度大小，但当其侦测到驾驶员忽然以极快的速度和力量踩下制动踏板时，会被判定为需要紧急制动，于是BAS会指示制动系统产生更高的制动压力使ABS尽快发挥作用，从而使制动力快速提升，减小制动距离。

2. BAS的基本工作原理

如图3－1－37所示，制动控制ECU利用ABS制动执行器内的压力传感器来探测制动踏板被踩下时的速度和力量，通过分析、计算，推算出驾驶员紧急制动的意愿，然后利用辅助的制动能源迅速将制动压力提高至 ABS 工作状态，以使车辆迅速减速。

制动辅助系统工作过程：

（1）增压过程。当制动控制 ECU 确定驾驶员需要紧急制动时，制动辅助系统工作，液压泵通电泵油，将更多的制动液送至车轮制动器，使轮缸压力迅速升高，制动效能明显。

（2）ABS 的工作过程。增压过程中轮缸迅速升高的油压很快达到制动抱死压力，此时制动控制 ECU 开始进入 ABS 工作状态，对车轮进行"增压－保压－减压"的循环油压控制，车辆由于获得来自制动系统中的最大制动性能而迅速减速。

（3）恢复常规制动过程。若在制动辅助系统工作后，驾驶员对制动踏板施加的压力低于特定值，则制动系统压力又趋于与驾驶员制动踏板压力相近，制动系统重新由驾驶员控制。

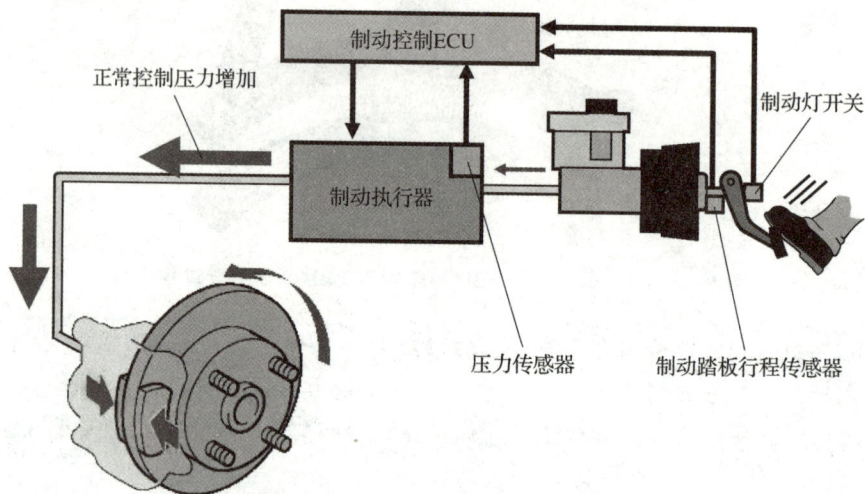

图 3-1-37　制动辅助系统 BAS 的控制示意图

任务实施

一、ABS 的使用

1. ABS 系统正常工作时的情形

由于 ABS 系统采用电子液压控制，因此在 ABS 系统正常工作情况下出现表 3-1-1 所列现象是正常的，并不是故障。

ABS 系统使用与检修注意事项

表 3-1-1　ABS 系统的正常工作情况

现象	说明
系统自检声音	起动发动机后，有时会从发动机舱中传出类似碰击的声音，这是 ABS 进行自检的声音，并非不正常

现象	说明
ABS 起作用时的声音	（1）ABS 液压控制单元内液压泵电动机的声音； （2）与制动踏板振动一起产生的声音； （3）ABS 工作时，因制动而引起悬架碰击声或轮胎与地面接触发出"嘎吱"声
ABS 起作用， 但制动距离长	在积雪或是砂石路面上，有 ABS 的车辆的制动距离有时会比没有 ABS 车辆的制动距离长，因此须提醒驾驶员在上述路面行驶时应加倍小心

2. 驾驶 ABS 汽车时的注意事项

ABS 系统可使汽车的制动性能得到改善，但驾驶 ABS 汽车必须注意以下事项：

（1）装有 ABS 系统的汽车在紧急制动时应踩下离合器或挂空挡。ABS 根据车轮的运动状态，通过调节制动压力使车轮的滑移率维持在 20% 附近。车轮的转动惯量越小，ABS 对于制动压力的调节效果越明显。因此，汽车紧急制动时应断开动力，以避免转动惯量有附加值（来自发动机）。

（2）使用 ABS 汽车不需要点制动，驾驶员只需要踩下制动踏板即可，ABS 将会自动将车轮运动状态调至最佳值。

（3）ABS 只能在一定的条件下才能充分发挥它的作用。在湿滑的道路上紧急制动，ABS 系统保持车辆行驶平稳的效果较明显，可在较短的距离内将汽车制动；在干燥的路面上，虽可以减少和避免"甩尾"现象，但一般不能缩短制动距离。因此，使用 ABS 汽车仍然需要严格控制车速。

（4）为防止 ABS 系统对制动压力进行错误调节，ABS 绝不可带故障行驶。当 ABS 故障指示灯点亮后，ABS 会停止工作。

二、ABS 系统故障自诊断

1. ABS 的自检

点火开关接通，ABS ECU 立即对其外部电路进行检查，这时 ABS 故障指示灯亮，3 s 后熄灭。若 ABS 故障指示灯一直亮，则说明 ABS 电路有故障。

发动机起动后，车速第一次达到 60 km/h，ABS 系统完成自检。

自检过程中若有异常，则停止使用 ABS，储存故障码并点亮 ABS 故障指示灯。

2. ABS 系统故障自诊断

具有故障自诊断功能的车辆，在使用中当 ABS 系统出现故障时，ECU 会点亮 ABS 故障指示灯。在诊断 ABS 系统故障时，可借助故障诊断仪通过一定的程序将故障码从 ECU 中读出，根据故障码所显示的内容，迅速而准确地确定故障的性质及故障发生的部位。故障排除后，需要及时清除故障码。

三、ABS 系统检修注意事项

（1）系统发生故障由 ABS 故障指示灯和制动装置警告灯指示，某些故障只能在车速超过 20 km/h 后才能被检测到。

（2）ABS 系统工作环境必须绝对清洁，决不要使用含矿物油的物质，例如机油或油脂。

（3）如果不能立刻完成修理工作，则拆下的元件必须小心地盖好或者用塞子封闭。

（4）擦拭时，不要使用起毛的抹布。

（5）系统打开后不要使用压缩空气，也不要移动车辆。

（6）打开制动系统完成作业后，应对系统进行排气。

（7）在试车中，至少进行一次紧急制动。当 ABS 正常工作时，会在制动踏板上感到有反弹，并可感觉到车速迅速降低而且平稳。

（8）维修车轮速度传感器时一定要十分小心。拆卸时注意不要碰伤传感器头，不要撬传感器信号转子，以免损坏。安装时应先涂覆防锈油，安装过程中不可敲击或用力过大。一般情况下，传感器间隙是可调的（也有不可调的），调整时应使用非磁性塞卡，如塑料或铜塞卡，当然也可使用纸片。

（9）维修液压控制装置时，切记首先要进行泄压，然后再按规定进行修理。例如制动主缸和液压调节器设计在一起的整体 ABS，其蓄压器存储了高达 18 000 kPa 的压力，修理前要彻底泄压，以免高压油喷出伤人。

四、ABS 系统的主要元件检测

**ABS 系统主要
元件检测**

1. 车轮转速传感器的检测

1）电磁式车轮转速传感器的检测（以桑塔纳 2000GSi 轿车为例）

（1）传感器的外观检查。检查传感器外观是否损坏、传感器头部或信号转子上是否有碎屑或脏污、车轮轴承是否松动或磨损、传感器是否松动或安装不正确、传感器和信号转子之间的间隙是否正常等。

（2）传感器的电阻值检查。关闭点火开关，拔下传感器线束连接器，用万用表测量传感器电磁线圈的电阻值，应为 1.1 ~ 1.3 kΩ。若电阻值偏差过大，则应检查传感器导线是否短路或断路。

（3）传感器的信号电压检查。将安装被测传感器的车轮顶起（使车轮离开地面能够旋转），以 1 r/s 的速度旋转车轮，用万用表交流电压挡测量传感器 2 个端子之间的输出电压，前轮传感器输出电压为 70 ~ 310 mV，后轮传感器输出电压为 190 ~ 1 140 mV。

（4）传感器间隙的检查。传感器出现故障不一定说明传感器损坏，而往往是传感器头脏污，传感器的间隙没有达到要求，这都会引起传感器的工作不良。在传感器信号转子上取 4 个点，用非磁性塞尺分别测量传感器头与信号转子之间的间隙，前轮间隙应为 1.10 ~ 1.97 mm，后轮为 0.42 ~ 0.80 mm。

2）磁阻式车轮速度传感器检测（以科鲁兹轿车为例）

（1）传感器的外观检查。检查传感器外观是否损坏、传感器头部或信号转子上是否有碎屑或脏污、车轮轴承是否松动或磨损、传感器是否松动或安装不正确等。

（2）传感器的搭铁线路检查。关闭点火开关，断开传感器的线束连接器，测量传感器电路端子 1 和搭铁之间的电阻，应小于 1 Ω。

（3）传感器的电源检查。点火开关置于 ON 位置，测量传感器电路端子 2 和搭铁之间的电压，应为 12 V。

（4）传感器的信号电压检查。在蓄电池正极和传感器端子 2 之间连接一根带保险丝的跨接线，在传感器端子 1 与搭铁之间串联一个万用表（电流挡），缓慢转动车轮，观察万用表所测的交流电流应为 7～14 mA。如果不在规定范围内，则更换传感器。

2. 液压控制单元的电磁阀测试

液压控制单元中的电磁阀不能直接进行检测，但是可以通过故障诊断仪向 ABS 电控单元发出指令，由 ABS 电控单元驱动液压泵和控制打开或关闭液压电磁阀，通过查看车轮是否抱死来判断电磁阀工作是否正常。

以上汽通用雪佛兰科鲁兹轿车为例，液压控制单元电磁阀测试步骤如下：

（1）将上汽通用汽车故障诊断仪 GDS 通过多功能诊断接口 MDI 与车辆上的故障诊断接口连接，举升车辆，让车辆轮胎离地即可。

（2）打开点火开关，但不要起动发动机。

（3）运行 GDS 软件，进入主页面，依次单击选择"诊断"→"模块诊断"→"电子制动控制模块"→"控制功能"，进入如图 3 – 1 – 38 所示页面。

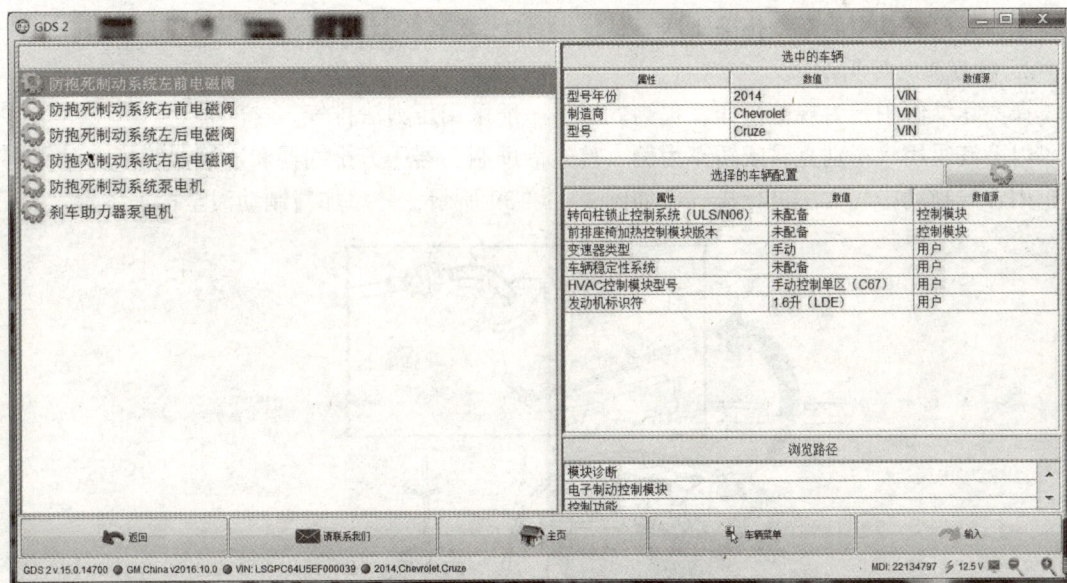

图 3 – 1 – 38　控制功能页面

（4）首先单击"防抱死制动系统左前电磁阀"，根据系统提示一步一步进行操作，系统会依次打开或关闭左前进油电磁阀或左前出油电磁阀，然后检查左前车轮能否转动或锁定，以此测试电磁阀工作是否正常。此操作需要两人配合，一人车上作业，一人车下作业。

① 变速器切换至空挡，检查车轮是否可以转动，如若不能，则测试失败。

② 向下踩住制动踏板，检查车轮是否锁定，如未锁定，则测试失败。

③ 松开制动踏板，检查车轮是否可以转动，如若不能，则测试失败。

④ 向下踩住制动踏板，检查车轮是否可以转动，如若不能，则测试失败。

⑤ 继续踩住制动踏板不动，检查车轮是否锁定，如未锁定，则测试失败。

⑥ 继续踩住制动踏板不动，检查车轮是否可以转动，如若不能，则测试失败。

至此，左前电磁阀成功通过测试，左前电磁阀合格。

（5）按照同样的方法，检查右前、左后、右后电磁阀是否合格。

（6）单击"防抱死制动系统泵电机"，选择锁定"ABS 泵电机电压"参数，观察泵电机电压数值变化。单击"向上箭头"，泵电机电压数值增加，工作声响增大；单击"向下箭头"，泵电机电压数值减小，工作声响减小。若满足要求，则说明泵电机工作正常。

五、制动系统的排气

1. 制动系统排气的必要性

当出现制动踏板无力，制动踏板行程过长等现象而导致制动不足甚至制动失灵时，说明制动液压系统中有空气进入；或在修理过程中拆卸了制动液压系统时，必须对制动液压系统进行空气排除。

**ABS 系统
的排气**

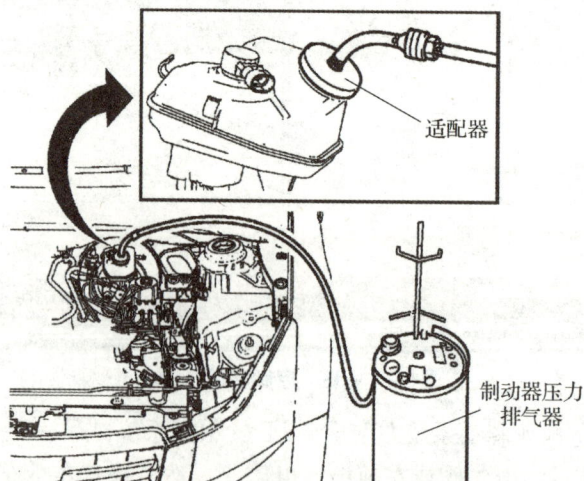

在 ABS 液压控制单元中，由于电磁阀断电，有部分油路是封闭的，若此油路内混有空气，则采用常规排气方法不能完全排除，这时需要借助故障诊断仪打开电磁阀，并运行液压泵，才能完全将其中的空气排除干净。

2. 制动系统排气方法

在实际维修中，为规范操作，提高效率，一般采用压力法排气。

以上汽通用汽车别克君威轿车为例，首先借助制动器压力排气器和适配器，依次对所有车轮用常规制动排气方法进行排气，如图 3 – 1 – 39 所示，并添加新制动液至标准位置。

图 3 – 1 – 39　制动器压力排气器和适配器

当常规制动系统排气未使制动踏板达到理想的踏板高度或脚感、制动液严重流失及怀疑制动调节器总成内的油路有气阻时，执行制动排气程序，其步骤如下：

（1）将上汽通用汽车故障诊断仪 GDS 通过多功能诊断接口 MDI 与车辆上的故障诊断接口连接，打开点火开关，但不要起动发动机，换挡杆置于 P 位或 N 位。

（2）运行 GDS 软件，进入主页面，依次单击选择"诊断"→"模块诊断"→"电子制动控制模块"→"控制功能"→"自动制动排气"，进入自动制动排气页面，按提示要求一步一步进行操作。

（3）将制动器压力排气器连接至车辆制动主缸储液罐，并设置到 300 kPa。将透明软管和放气瓶安装至右后制动轮缸排气阀端口。

（4）根据故障诊断仪的提示，用扳手打开右后制动轮缸排气阀，此时会听到 ABS 液压泵电动机运转的"嗡嗡"响声，空气将随制动液一起通过右后制动轮缸排气阀排入放气瓶中，静待响声逐渐消失后，拧紧右后轮排气阀。

（5）用同样的方法对左后车轮、右前车轮、左前车轮液压回路进行排气。

（6）检查制动主缸储液罐液面高度，并添加制动液至标准位置。

（7）路试车辆，同时检查制动踏板高度。踩下制动踏板，如果感觉绵软，则重复制动排气步骤。

案例分析

一、雷克萨斯 ABS 故障指示灯亮

故障现象：一辆雷克萨斯轿车，在一次行车时，ABS 故障指示灯突然点亮，随后 ABS 系统显著不起作用，制动效果减弱。下车观察，发觉地面上有较显著的制动印痕。

故障诊断与排除：首先进行常规制动系统的检测，分别对制动液液面高度及品质、摩擦片厚度、制动盘、制动主缸及轮缸、液压系统进行检查，结果均正常；然后用故障诊断仪读取 ABS 系统故障代码，为"右前轮转速传感器信号故障"。

拆下右前翼子板，断开右前轮转速传感器连接器，测得传感器的电阻值为 1.2 kΩ，正常。检查传感器安装无松动，检查导线和连接器，也没有损坏。检测传感器信号转子，齿面均完好，但发现有几个齿之间塞满了污泥及一些铁屑，用铁丝除去传感器转子上的杂质，并用水清洗干净。插上传感器连接器，清除 ECU 内存储的故障代码，打开点火开关，ABS 故障指示灯不再亮起。再次读取故障码，没有发现 ABS 故障码。

在公路上以 80～100 km/h 的速度试车，大约驾驶了 60 km，选择在各类地面状况下实行紧急制动，踩下制动踏板时感觉踏板有轻微脉动，说明 ABS 系统起作用，制动平稳有力，只有轻微的制动印痕，一切正常。

二、雪佛兰科鲁兹 ABS 故障指示灯常亮

故障现象：一辆雪佛兰科鲁兹轿车，ABS 故障指示灯常亮。

故障诊断与排除：用故障诊断仪读取 ABS 系统故障码，为 C0035 5A，左前轮转速传感器电路不合理。路试车辆，用诊断仪查看各个车轮的车速信号数据，发现左前车轮有时会从 30 km/h 突然跳到 15 km/h，有时会从 50 km/h 突然跳到 40 km/h，而其他车轮则数据正常并且数据一致。

科鲁兹采用的是磁阻式车轮转速传感器，查看维修手册可知，故障码 C0035 5A 产生的可能原因是：物理损坏、车轮转速传感器和多极磁环之间的气隙过大、线束进水、车轮转速传感器或多极磁环上有碎屑或是松动。

检查左前车轮转速传感器外观，没有损坏迹象；检查与多极磁环之间的安装位置和间隙，也正常。但是用手转动左前车轮，观察前轮轴承上的多极磁环上吸附了一个小铁片，分析可能是行驶过程中吸附路面或水中铁屑造成的。

清理多极磁环上的小铁片后，ABS 能正常使用，故障消失。

注意：不能用磁铁来清理多极磁环上的铁屑，否则可能使多极磁环失效；用抹布擦铁屑时要小心，避免铁屑划伤多极磁环。

任务小结

1. 汽车防抱死制动系统 ABS 是在传统制动系统的基础上，增加了一套防止车轮制动抱死的控制系统。该装置在制动过程中，当车轮趋于抱死时，会迅速降低制动系统压力。

2. ABS 系统通常由车轮转速传感器、液压控制单元（即制动压力调节装置）、电子控制单元 ECU 和 ABS 故障指示灯等组成。

3. ABS 制动过程就是在制动时，利用制动压力调节系统对制动管路油压高速地进行"增压 – 保压 – 减压"的循环调节过程，将各车轮滑移率控制在最佳范围内，从而缩短制动距离，提高车轮制动时的方向稳定性。

4. 现代汽车大量采用带二位二通电磁阀的循环式制动压力调节器，并将制动压力调节器、电动液压泵和电控单元集成于一体，简称为液压电子控制单元 HECU 或 ABS 控制器。

5. ABS 系统有两个故障警告灯，一个是红色的制动装置警告灯，一个是黄色的 ABS 故障指示灯。红色制动装置警告灯常亮，说明制动液不足或蓄能器中的制动液压力较低；黄色 ABS 故障指示灯常亮，说明 ECU 发现 ABS 系统有问题，要及时检修。

6. EBD 是在 ABS 的基础上开发出来的，采用电子技术替代传统的比例阀，根据汽车制动时产生轴荷转移的不同，自动调节前、后桥的制动力分配比例。

7. 制动辅助系统 BAS 利用 ABS 制动执行器内的压力传感器来探测制动踏板被踩下时的速度和力量，通过分析、计算，推算出驾驶员紧急制动的意愿，然后利用辅助的制动能源迅速将制动压力提高至 ABS 工作状态，以使车辆迅速减速。

8. 液压控制单元中的电磁阀不能直接进行检测，但是可以通过故障诊断仪向 ABS 电控单元发出指令，由 ABS 电控单元驱动液压泵及控制打开或关闭液压电磁阀，通过查看车轮是否抱死来判断电磁阀工作是否正常。

9. 在 ABS 液压控制单元中，由于电磁阀断电，有部分油路是封闭的，若此油路内混有空气，则采用常规排气方法不能完全排除，这时需要借助故障诊断仪打开电磁阀，并运行液压泵，才能完全将其中的空气排除干净。

学习任务二　汽车驱动防滑和行驶稳定控制系统检修

【思政目标】
- 培养分析问题、解决问题及思维创新的能力；
- 引导学生自觉遵守交通法规，提升法制意识；
- 引导学生正确处理个人与集体、国家之间的关系；
- 引导学生正确面对挫折和困难，迎难而上的锐意进取精神。

【任务目标】
- 能正确叙述 ASR 系统功用、控制方式、组成及控制原理；
- 能正确叙述 ESP 系统功用、组成及控制原理；
- 能正确识读与分析汽车 ASR 和 ESP 系统电路图；
- 会使用万用表与故障诊断仪对 ASR 和 ESP 系统进行检测。

【学习重点】
- ASR 和 ESP 系统的工作原理；
- 识读与分析汽车 ASR 和 ESP 系统电路图；
- ASR 和 ESP 系统的检测。

任务导入

　　一辆上汽通用别克君越 2.4 L 轿车，行驶里程约为 2.3 万 km，车主反映该车 ESP 故障灯和 ASR 黄色指示灯均亮。读取故障码，有 3 个故障代码，分别是：U0073——控制模块通讯总线 A 关闭；U0074——控制模块通讯总线 B 关闭；U0126——与转向盘转角传感器模块失去通讯。下面请你对客户车辆的 ASR 及 ESP 系统进行检修。

知识准备

一、汽车驱动防滑系统

　　汽车驱动防滑系统（Anti – Slip Regulation，ASR），有些车系也将其称为牵引力控制系统（Traction Control System，TCS 或 TRC）。

　　驱动防滑系统 ASR 的作用是在汽车驱动过程中，将车轮的滑转率控制在理想滑转率的范围（10%~30%）内，防止车轮滑转，特别是防止汽车在非对称路面或转弯时驱动轮的滑转，以提高汽车在驱动过程中的方向稳定性和转向控制能力，并且提高汽车的加速性能。

　　有无 ASR 系统的比较如图 3 – 2 – 1 所示。

汽车驱动防
滑系统

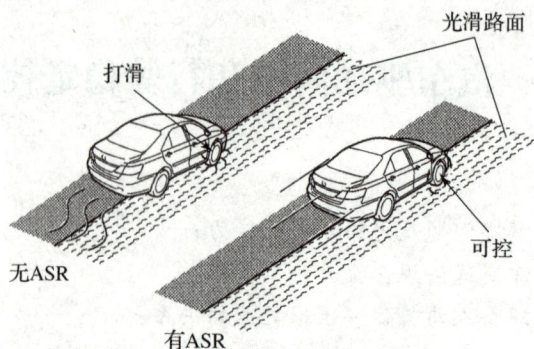

图 3 – 2 – 1　有无 ASR 系统的比较

1. ASR 系统的认知

1）车轮滑转率

汽车在加速或起步时，若驱动力大于地面附着力，则有可能会发生"滑转"现象，即车轮转动而车身不动或是汽车的移动速度低于车轮轮缘的转动速度，此时车轮胎面与地面之间存在相对的滑动。通常用滑转率 S_d 来表示汽车驱动时车轮滑转的程度，驱动轮滑转率的计算公式如下：

$$S_{\mathrm{d}} = \frac{v_\omega - v}{v_\omega} \times 100\% = \frac{r\omega - v}{r\omega} \times 100\%$$

式中：v_ω——车轮瞬时圆周速度（m/s）；

　　　v——车轮中心纵向速度（m/s）；

　　　r——车轮半径（m）；

　　　ω——车轮转动角速度（rad/s）。

驱动时车轮与路面之间的附着系数与滑转率之间的关系和制动时类似，当滑转率达到 10% ~ 30% 时，纵向附着系数达到最大值，横向附着系数也比较大，此时车轮与路面保持较高的附着力，能提高汽车的牵引力和操控性。

2）ASR 系统的控制方式

驱动防滑控制系统 ASR 对驱动轮的控制方式有发动机输出功率控制、驱动轮制动控制、差速器锁止控制和综合控制等。

（1）发动机输出功率控制。当滑转率已达到受控的极限值时，ECU 通过限制发动机的功率输出，达到抑制驱动轮滑转的目的。

通常采用三种控制方法进行发动机功率控制：一是节气门开度调节，即在发动机原节气门的基础上，串联一个副节气门；或者直接安装电子节气门，由 ASR 系统或发动机控制系统控制其开度；二是减少或切断喷油量；三是减小点火提前角。

（2）驱动轮制动控制。通过对单边滑转的驱动轮施加适当的制动力，从而使两侧驱动轮同步转动并限制其滑转率。如果两侧驱动轮转速不同，则快速侧车轮将被实施部分制动。

当单侧驱动轮打滑时，ASR 控制单元将发出控制指令，通过制动系统的压力调节器对产生滑转的车轮施加制动，直到滑转率降到预定范围之内。当两侧驱动轮均出现滑转，但滑转率不同时，可以通过对两边驱动轮施加不同的制动力，分别抑制它们的滑转，从而提高汽车在湿滑路面上的起步、加速能力和行驶的方向稳定性。这种方式是防止驱动轮滑转最迅速有效的一种控制方法。但是，出于对舒适性的考虑，一般这种制动力不可太大，因此，常常作为第一种方法的补充，以保证控制效果和控制速度的统一。

（3）差速器锁止控制。利用一种电控的可变锁止差速器（又称为防滑差速器 LSD），在可变锁止差速器向车轮输出端设置离合器，用增减液压的方法来实现锁止控制，锁止程度可以从基本锁止到完全锁止。其控制压力来自蓄能器的高压油液，压力值的大小由 ECU 控制，通过电磁阀来调节，并由压力传感器和驱动轮转速传感器反馈给 ECU 实行反馈控制。这种控制方式使车辆在各种路面行驶与起步时具有更高的稳定性和操纵性。

（4）发动机功率控制和制动力控制的综合控制。为了达到更理想的控制效果，可采用上述各种控制方法相结合的控制系统。通常采用发动机功率控制和制动力控制的综合控制。ECU 会根据车轮转速传感器的信号对车辆的运行状况做出判断，使这两种控制装置分别工作或同时工作。

　　解决驱动轮滑转的方法是多样的。我们在面对问题时，也要寻求多渠道解决方法，要突破传统思维的桎梏，以新颖独创的方法和视角去思考、解决问题。知识是创新的基础，知识越丰富，基础打得越牢，创新的机会才会越多，并且要善于观察，见微知著是产生创新思维的重要前提。我们要紧跟时代步伐，根据自身的发展需要，不断改进和完善知识结构，增强自主创新能力。

3）ASR 系统与 ABS 系统的比较

ASR 系统与 ABS 系统相比较，有相同之处，也有不同之处。

相同之处：

（1）ABS 与 ASR 都是通过控制作用于所控制车轮上的力矩（ABS：制动力矩；ASR：驱动力矩）而将车轮的滑移率或滑转率控制在理想范围内，以提高地面附着力的利用率，从而改善汽车的制动性能（ABS）或加速性能（ASR）的。

（2）ABS 系统与 ASR 系统都要求系统具有快速反应能力，以适应地面附着力的变化。

（3）ABS 系统与 ASR 系统都要求系统具有较高的控制精度。

不同之处：

（1）ABS 对所有车轮均可进行控制，而 ASR 系统只对驱动轮进行控制。

（2）ABS 控制起作用阶段是在制动期间，即离合器处于分离状态，发动机处于怠速运转状态；而 ASR 控制阶段是在汽车驱动期间（尤其是在起步、加速、转弯等过程中），离合器处于接合状态，发动机的惯性会对 ASR 控制产生一定的影响。

（3）在 ABS 控制期间，各车轮之间的相互影响不大，而在 ASR 控制期间，由于差速器的作用会使驱动轮之间产生较大的相互影响。

ASR 是 ABS 系统的延伸，ASR 和 ABS 在技术上比较接近，部分软、硬件可以共用。在 ABS 的基础上，只需添加 ASR 电磁阀，即可对打滑的驱动轮实施制动。所以很多车型通常把二者有机地结合起来，采用了集成 ABS 与 ASR 功能于一体的结构，并共用一个 ECU，这种结构也简称为 ABS/ASR 防滑控制系统。

2. ASR 系统的组成

ASR 系统是由 ABS 增加一些部件后升级演变而来的,其组成框图如图 3 – 2 – 2 所示,由传感器(车轮转速传感器、节气门位置传感器、ASR 关闭开关)、电子控制单元 ECU、执行器(液压控制单元、节气门驱动装置)等组成。

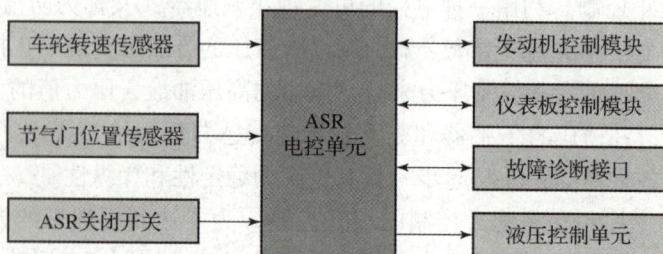

图 3 – 2 – 2 ASR 系统组成

1)ASR 电控单元

ASR 与 ABS 共用控制单元,称为 ABS/ASR 控制单元,共享 ABS 所有输入信号和液压控制单元。此外 ASR 还需要一些附加信号,例如发动机扭矩信息、ASR 关闭开关信号和节气门开度信号等,这些信息均可通过专线或网络进行传输。当 ASR 对驱动轮进行防滑控制时,通过网络向发动机控制模块、仪表板控制模块及故障诊断接口等输出相关请求信号或故障信息。

2)传感器及 ASR 关闭开关

ASR 传感器主要是车轮转速传感器和节气门位置传感器。车轮转速传感器信号用于计算车轮滑转率,节气门位置传感器提供当前节气门的开度信息,ASR 参考这两个信号来改善驱动轮的加速性能。

ASR 关闭开关是一个瞬时接触开关(见图 3 – 2 – 3),用于临时关闭防滑控制功能,但 ABS 仍然有效。在下一个点火循环,ASR 功能会重新启用。

3)ASR 状态指示灯

ASR 状态指示灯位于仪表板上,有两个,为 ASR 指示灯和 ASR 关闭指示灯,如图 3 – 2 – 4 所示。

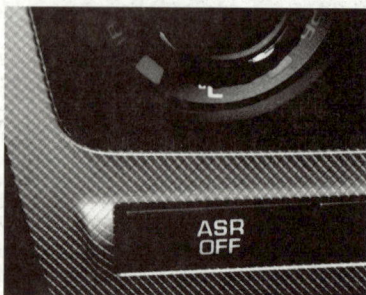

图 3 – 2 – 3 ASR 关闭开关

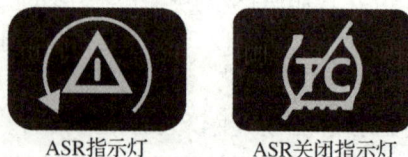

图 3 – 2 – 4 ASR 指示灯和 ASR 关闭指示灯

当仪表板上的黄色 ASR 指示灯闪烁时,表明 ASR 正在工作;当 ASR 指示灯常亮时,表示 ASR 系统出现故障。按下 ASR 关闭开关,ASR 关闭指示灯点亮,表示 ASR 功能已经关闭;再次按下 ASR 关闭开关,ASR 关闭指示灯熄灭。

4）液压控制单元

采用二位二通电磁阀的 ABS 液压控制单元有 8 个电磁阀，即 4 个进油电磁阀、4 个出油电磁阀，带 ASR 功能的液压控制单元再增加 2 个隔离电磁阀和 2 个启动电磁阀，共 12 个电磁阀。有的液压控制单元中还增加了一个制动压力传感器，如图 3-2-5 所示。

隔离电磁阀为常开电磁阀，断电时打开，通电时关闭。其作用是将制动回路与制动主缸隔开，防止制动液在 ASR 系统工作时回流至制动主缸。

启动电磁阀为常闭电磁阀，断电时关闭，通电时打开。其作用是在 ASR 系统工作时，液压泵能从制动主缸中抽取制动液。

制动压力传感器内置于液压控制单元内，用于检测来自制动主缸管路的制动液压力。

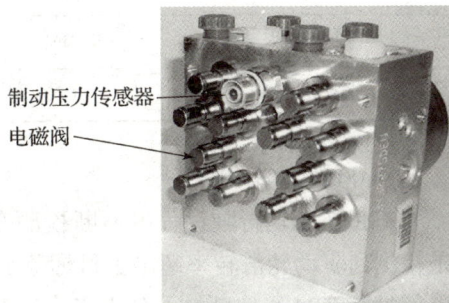

图 3-2-5　ASR 液压控制单元

ASR 液压控制单元的控制油路如图 3-2-6 所示。

当 ASR 不工作时，隔离阀和启动阀断电，隔离阀打开，启动阀关闭。此时，制动系统可以通过油路进行常规制动和防抱死控制。

当对滑转的驱动轮进行制动时，隔离阀和启动阀通电，隔离阀关闭，启动阀打开。同时液压泵电动机通电，制动主缸的油液经启动阀、液压泵、进油阀进入驱动轮制动轮缸，对驱动轮进行制动，如图 3-2-6 所示。与 ABS 工作过程一样，ASR 也有增压、保压和减压三个过程。ASR 工作时，电磁阀的控制如表 3-2-1 所示。

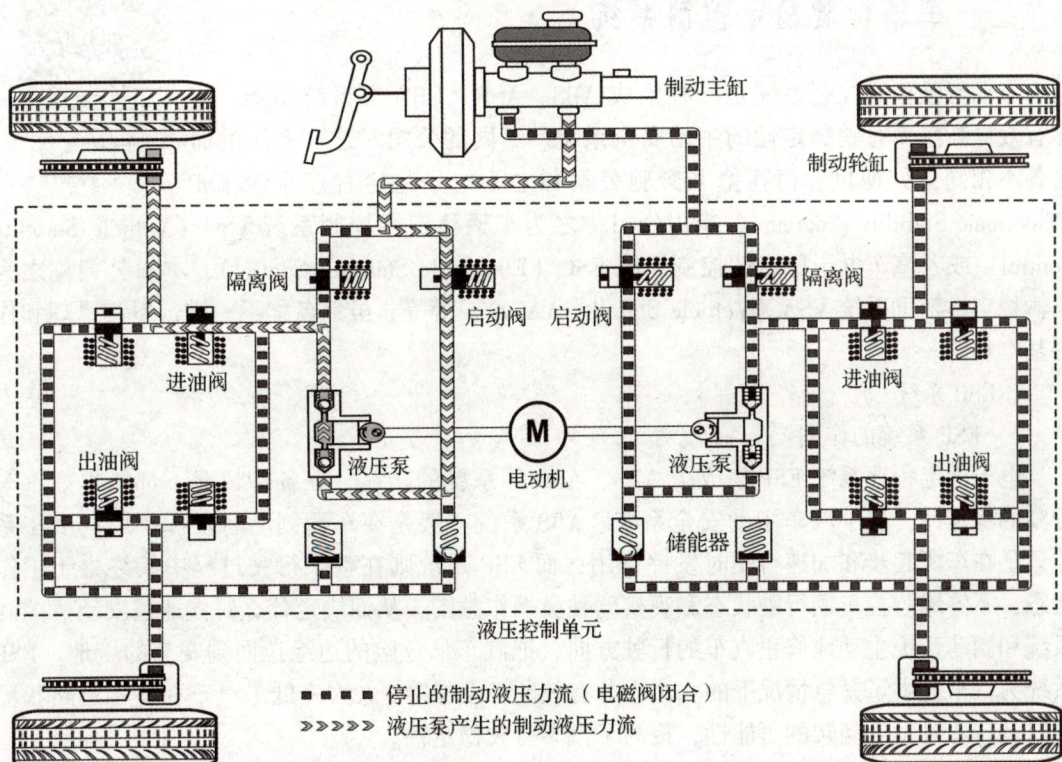

■■■■　停止的制动液压力流（电磁阀闭合）

▷▷▷▷▷　液压泵产生的制动液压力流

图 3-2-6　ASR 液压控制单元的控制油路

表 3 – 2 – 1　ASR 工作过程中电磁阀状态

电磁阀类别　　工作过程	隔离阀	启动阀	进油阀	出油阀
增压过程	ON	ON	OFF	OFF
保压过程	ON	ON	ON	OFF
减压过程	ON	ON	ON	ON

3. ASR 控制原理

ASR 在车辆行驶过程中不断检测车轮转速传感器等输入信号。在车辆加速过程中，如果检测到驱动轮滑转率超出了目标范围，ASR 首先向发动机控制模块 ECM 发出降低扭矩请求信号，ECM 采取断缸、延迟点火、改变空燃比或升高变速器挡位（由变速器 ECU 完成）等措施来降低输出扭矩。如果车辆配置电子节气门，ECM 还可以通过减小节气门开度来降低发动机输出扭矩。如果这些措施仍然无法完全解决驱动轮滑转现象，ASR 就会通过液压控制单元对滑转的驱动轮进行主动制动，以阻止驱动轮滑转。此时动力将通过差速器传递给具有更大附着力的其他驱动轮。

当 ASR 系统出现故障时，ASR 向仪表板控制模块发出点亮 ASR 故障指示灯的请求信号，同时把故障信息储存在存储器内。

二、车辆行驶稳定控制系统

车辆行驶稳定控制系统是一种集成 ABS、ASR、EBD 等系统功能，能够有效提高汽车行驶稳定性的主动安全系统。不同的公司对这一系统的命名各不相同，如博世、梅赛德 – 奔驰公司称之为电子稳定程序系统 ESP（Electronic Stability Program），丰田公司称之为车辆稳定性控制系统 VSC（Vehicle Stability Control）或者汽车电子稳定性控制系统 ESC（Electronic Stability Control），本田公司称之为车辆稳定性辅助系统 VSA（Vehicle Stability Assist），等等，虽然名称不一样，但其原理和作用基本相同。

车辆行驶稳定控制系统

1. ESP 系统

1）ESP 系统的作用

电子稳定程序系统 ESP 集成了 ABS、ASR 等系统的功能，在各种情况下都能提高汽车行驶的稳定性，属于汽车主动安全系统。ABS 系统一般是在车辆制动时发挥作用；ASR 系统只是在车辆起步和加速行驶时发挥作用；而 ESP 系统则在整个行驶过程中始终处于工作状态，不停地监控车辆行驶状态和观察驾驶员操作意图，从而决定什么时候通过发动机控制系统和制动系统主动地修正汽车的行驶方向，把汽车从危险的边缘拉回到安全的境地。ESP 系统为汽车提供了紧急情况下的一个十分有效的安全保障，大大降低了汽车在各种道路状况下以及转弯时发生翻转的可能性，提高了汽车行驶稳定性。

2）ESP 系统的工作原理

不带 ESP 系统的汽车在高速行驶急转弯时会出现两种危险状况：一种是不足转向（有

漂移冲出弯道的倾向），如图 3 - 2 - 7（a）左所示；另一种是过度转向（有甩尾的倾向），如图 3 - 2 - 7（b）左所示。两者相比，过度转向是一种危险的不稳定状况，它可导致汽车急速旋转甚至翻车。

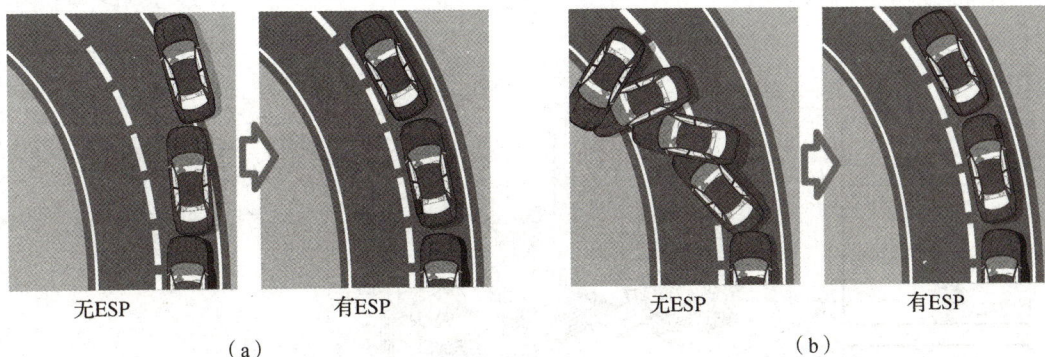

图 3 - 2 - 7　比较装配 ESP 车辆与未装配 ESP 车辆转弯行驶
（a）不足转向；（b）过度转向

ESP 系统的工作原理：传感器实时监测驾驶员的行驶意图和车辆的实际行驶情况，其中转向盘转角传感器用来收集驾驶员的转向意图；车轮转速传感器（每个车轮上都装有一个）、偏转率传感器、纵向/横向加速度传感器等用来监测车辆运动状况。ECU 根据各传感器的信号计算出车辆的实际运动轨迹，如果实际运动轨迹与理论运动轨迹（驾驶员意图）有偏差，或者检测出某个车轮打滑（丧失抓地能力），ECU 就会首先通知副节气门控制机构（或电子节气门）减小开度（收油），然后通知制动系统对某个车轮进行制动，来修正运动轨迹。当实际运动轨迹与理论运动轨迹相一致时，ESP 自动解除控制。

例如，当车辆转向不足时，ESP 系统使用发动机和变速器控制系统并有意识地对位于弯道内侧的后轮实施瞬间制动，防止车辆驶出弯道；当车辆转向过度时，ESP 系统使用发动机和变速器控制系统，并有意识地对位于弯道外侧的前轮实施瞬间制动，防止甩尾和掉头。

图 3 - 2 - 7（a）右与图 3 - 2 - 7（b）右所示均为带 ESP 系统的车辆在高速急转弯时的控制结果。

　　ESP 系统大大提高了行车安全性。随着科技的发展，汽车上安装的主动安全系统越来越多，有效地预防和规避了交通事故的发生。但主动安全并不是万能的，在人—车—路构成的交通系统中，起主导作用的还是驾驶员，唯有驾驶员熟练掌握驾驶技能，培养良好的驾驶作风，心平气和地规范行车，严格遵守交通法律法规，才能真正从源头上杜绝交通事故的发生。所以我们需要提升法制意识，心中警钟长鸣，自觉遵守交通规则。

3）ESP 系统的组成

电子稳定程序系统 ESP 是在 ABS/ASR 系统的基础上发展起来的，故大部分元件与 ABS/ASR 系统共用，其也是由传感器、电控单元及执行器三部分组成。典型汽车 ESP 系统安装位置如图 3 - 2 - 8 所示，系统组成如图 3 - 2 - 9 所示。

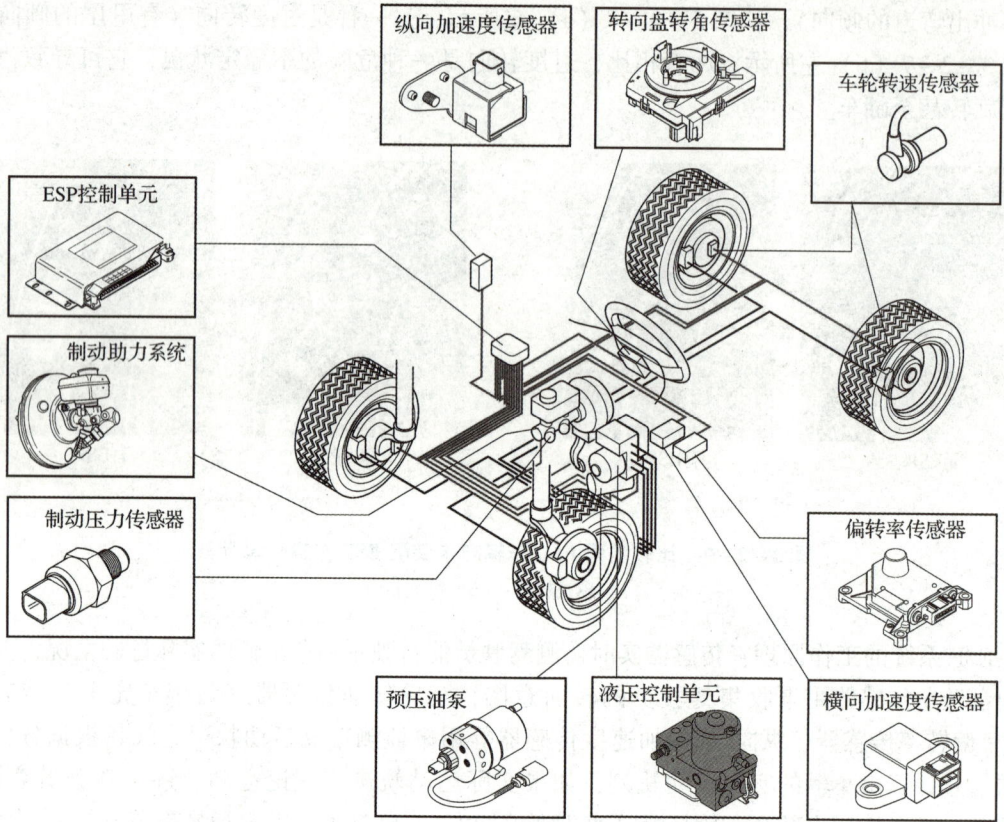

图 3-2-8　ESP 系统的安装位置

图中标注：
纵向加速度传感器　转向盘转角传感器　车轮转速传感器
ESP控制单元
制动助力系统
制动压力传感器
偏转率传感器
预压油泵　液压控制单元　横向加速度传感器

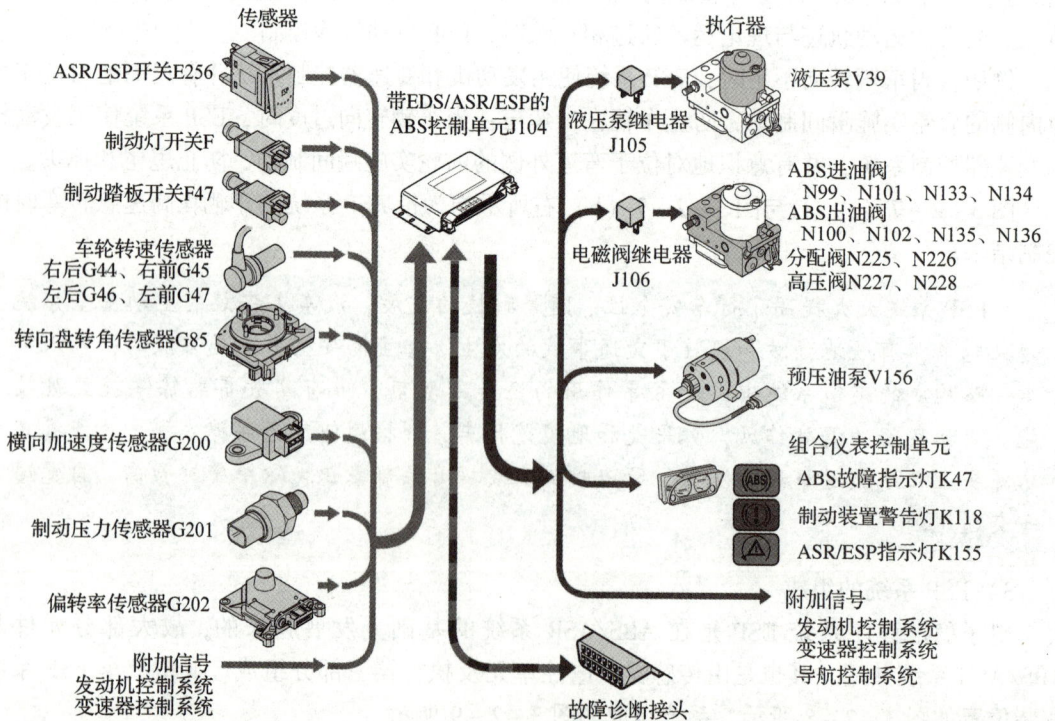

传感器　　　　　　　　　　执行器

ASR/ESP开关E256
带EDS/ASR/ESP的ABS控制单元J104
液压泵V39
液压泵继电器J105
制动灯开关F
ABS进油阀 N99、N101、N133、N134
ABS出油阀 N100、N102、N135、N136
制动踏板开关F47
电磁阀继电器J106
分配阀N225、N226
高压阀N227、N228
车轮转速传感器右后G44、右前G45左后G46、左前G47
转向盘转角传感器G85
预压油泵V156
横向加速度传感器G200
组合仪表控制单元 ABS故障指示灯K47
制动装置警告灯K118
制动压力传感器G201
ASR/ESP指示灯K155
偏转率传感器G202
附加信号发动机控制系统变速器控制系统导航控制系统
附加信号发动机控制系统变速器控制系统
故障诊断接头

图 3-2-9　电子稳定程序 ESP 系统组成

2. ESP 系统主要零部件的结构与工作原理

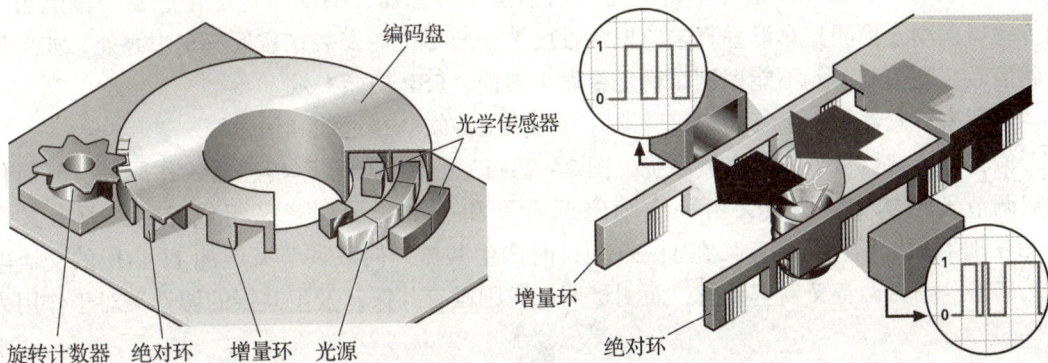

1）传感器

ESP 系统在 ABS/ASR 的基础上增加了转向盘转角传感器、偏转率传感器、加速度传感器等，其中加速度传感器有沿汽车前进方向的纵向加速度传感器（用于四轮驱动车辆）和垂直于前进方向的横向加速度传感器，基本原理相同，只是成 90°夹角安装。

ESP 系统零部件的结构与工作原理

（1）转向盘转角传感器。转向盘转角传感器也叫转向传感器、转向角传感器等，安装在转向柱上，位于转向开关与转向盘之间，与安全气囊螺旋弹簧集成一体。

转向盘转角传感器检测并向控制单元传送转向盘转动的角度信号，包括转向盘的中间位置、转动方向、转动角度和转动速度等，若无此信号，则车辆无法确定行驶方向，ESP 将失效。传感器测量的角度范围是 ±720°，对应转向盘转 4 圈。

现代汽车多采用光电式转向盘转角传感器，大众汽车光电式转向盘转角传感器的工作原理如图 3－2－10 所示。安装在转向柱上的编码盘由两个齿环——绝对环和增量环组成。当编码盘随转向盘转动时，齿盘间断地遮挡发光光源，使光学传感器的输出电压发生变化，其中位于内侧增量环上的齿槽大小相等且均匀分布，产生的电压脉冲信号是均匀的；而位于外侧绝对环上的齿槽大小、分布不均匀，产生的电压脉冲信号也不均匀。ECU 可以通过两组脉冲序列来确定当前转向盘的绝对转角。

转向盘转角传感器通过 CAN 总线实现与 ECU 的通信。

图 3－2－10　转向盘转角传感器原理

（2）横向加速度传感器。横向加速度传感器主要用于检测车辆偏离原行驶路线的侧向力及其大小。如果无此信号，控制单元将无法计算出车辆的实际行驶状态，ESP 功能将失效。

横向加速度传感器应尽可能靠近车辆重心安装，常见的类型有霍尔式、电容式等。横向加速度传感器是一个三线的传感器，分别为电源线、接地线和信号线。

霍尔式横向加速度传感器原理如图 3－2－11 所示，其是由霍尔元件、永久磁铁、减振板和片簧等组成的。当横向加速度作用在车辆上时，减振板随传感器体及车辆一起摆动，而永久磁铁则由于惯性摆动时刻慢于减振板。由于减振板在振动中会产生电子涡流，故将产生一个与永久磁铁形成的磁场方向相反的磁场，在两个叠加磁场的作用下，霍尔元件中产生一个变化的电压，该电压大小与横向加速度大小成比例。

电容式横向加速度传感器原理如图 3 - 2 - 12 所示，该传感器采用的是微机械系统，可动的电容器片在两块固定安装的电容器片之间摆动，于是便形成了两个电容器 K_1 和 K_2，借助电极即可测出这两个电容器容纳的电容值 C_1 和 C_2。如果没有加速度作用在这个系统上，则电容 $C_1 = C_2$；当有加速度作用在该系统上时，可动的电容器片因惯性力而移动，于是一个电容间隙增加、一个减小，相应的电容值 C_1 和 C_2 发生变化，最终电容 C_1 和 C_2 的大小即可反映侧向力的大小和方向。

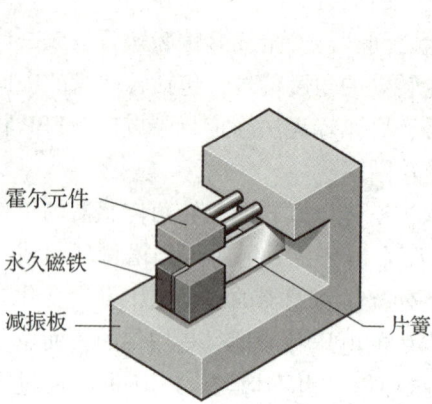

图 3 - 2 - 11　霍尔式横向加速度传感器原理　　**图 3 - 2 - 12　电容式横向加速度传感器原理**

（3）偏转率传感器。偏转率传感器也叫偏摆率传感器、横摆角速度传感器、偏航角速度传感器，用于检测汽车沿垂直轴的偏转程度，一般尽可能安装在靠近汽车中心处。如果没有此信号，则控制单元不能识别车辆是否发生转向，ESP 功能失效。

偏转率传感器是一个三线的传感器，分别为电源线、接地线和信号线。

偏转率传感器常采用微机械系统。图 3 - 2 - 13 所示为偏转率传感器工作原理，其简化为双调节叉结构。双调节叉由一个励磁调音叉和一个测量调音叉组成，励磁调音叉在 11 kHz 时共振，而测量调音叉在 11.33 kHz 时产生共振。向双调节叉施加 11 kHz 的交流电压，于是，励磁调音叉发生共振，而测量调音叉则没有共振。发生共振的调音叉对于作用力

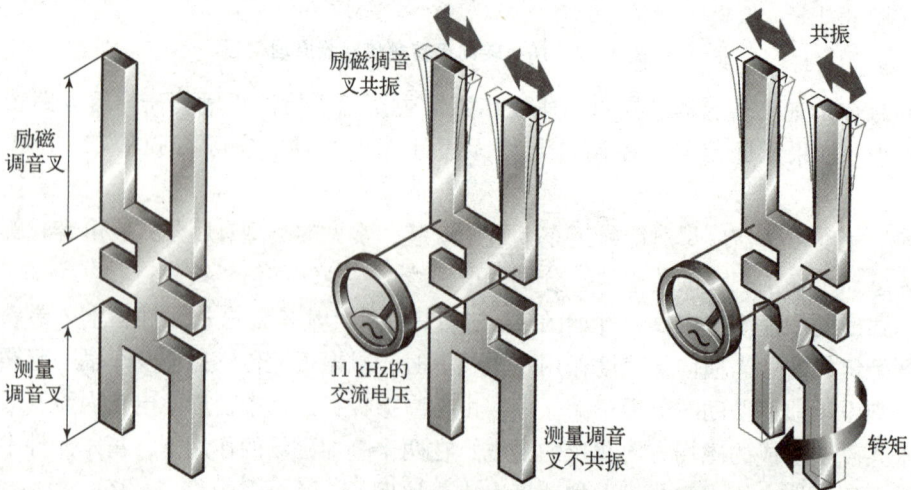

图 3 - 2 - 13　偏转率传感器原理

的反应要比没有共振的调音叉慢，这意味着当车辆绕垂直轴线方向转动时，传感器和不发生共振的测量调音叉也随同转动，而发生共振的励磁调音叉的转动则滞后了，于是双调节叉发生扭曲。这个扭曲会改变调音叉上电荷的分布，故传感器测出这个信号并送给控制单元。

偏转率传感器、横向加速度传感器的安装位置基本相同，输出的都是 0~5 V 的模拟量，且由于汽车颠簸造成的信号波动特性一致，故有些车型将它们封装在同一模块中。

共振调音叉和非共振调音叉在面对作用力做出了不同反应，使双调节叉发出扭曲信号。当个人的利益与集体利益发生冲突时，我们要坚持：个人利益必须服从集体利益，只有集体利益得到保证，个人利益才能久远；在维护集体利益的前提条件下，尽可能保护个人利益。我们寻求个人的前途和发展与集体、国家的发展相结合，同频共振。只有在个人成长与国家发展实现"共振"时，个人才有真正的发展。让个人价值与国家命运同频共振，少年强则中国强！

（4）制动压力传感器。制动压力传感器安装在液压泵、制动主缸甚至液压控制单元上，用于检测制动管路内的实际压力，以计算出作用在车轮上的制动力和整车的纵向力大小。如果没有制动压力信号，则系统将无法计算出正确的侧向力，ESP 失效。

制动压力传感器有压电式、电容式等类型。传感器是一个三线的传感器，分别为电源线、接地线和信号线。

压电式制动压力传感器原理如图 3-2-14 所示，制动液的压力作用在压电元件上，压电元件上的电荷发生改变。如果没有压力作用，则压电元件上的电荷分布是均匀的，如图 3-2-14（b）所示；当有压力作用时，电荷分布在空间发生变化，于是就产生了电压，如图 3-2-14（c）所示。压力越大，电荷分布的趋势就越强，产生的电压就越高。

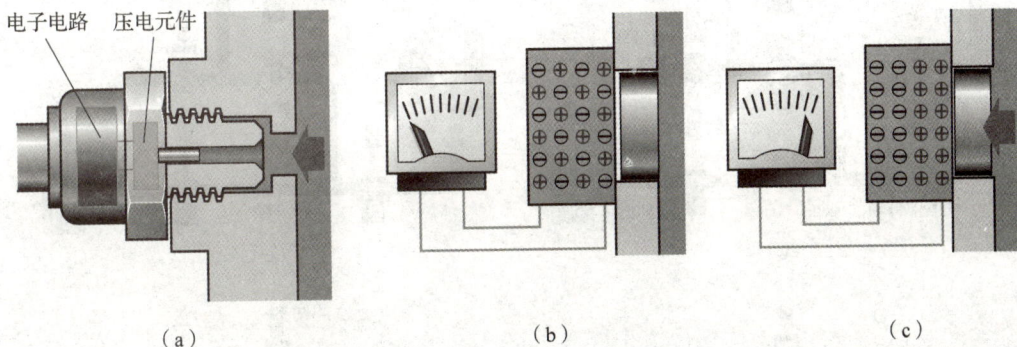

（a）　　　　　　　　　（b）　　　　　　　　　（c）

图 3-2-14　压电式制动压力传感器
（a）工作原理；（b）没有压力；（c）有压力

（5）车轮转速传感器。用以检测每个车轮的实际转速，以便判断车轮的运动状态。如果没有信号，则 ABS、ESP 警告灯亮，表明系统无法正常工作，即 ABS、ESP 功能失效。

（6）ASR/ESP 开关。ASR/ESP 开关通常安装在仪表板附近，按下 ASR/ESP 开关，ESP 功能关闭；再次按该开关，ESP 功能重新激活。

以下三种情况下应关闭 ESP：

①车辆在深雪或松软地面行驶时；

②车辆带防滑链行驶时；

③车辆在功率试验台上检测时。

2）执行器

执行器包括 ESP 液压控制单元、电子节气门、ASR/ESP 指示灯等。这里主要介绍液压控制单元和 ESP 指示灯。

（1）液压控制单元。如图 3 - 2 - 15 所示，液压控制单元由 12 个电磁阀、1 个液压泵等组成，其中 8 个电磁阀用于 ABS 控制，4 个电磁阀用于 ASR 和 ESP 控制。ECU 通过控制液压控制单元的电磁阀，达到对 ABS/ASR/ESP 的控制。

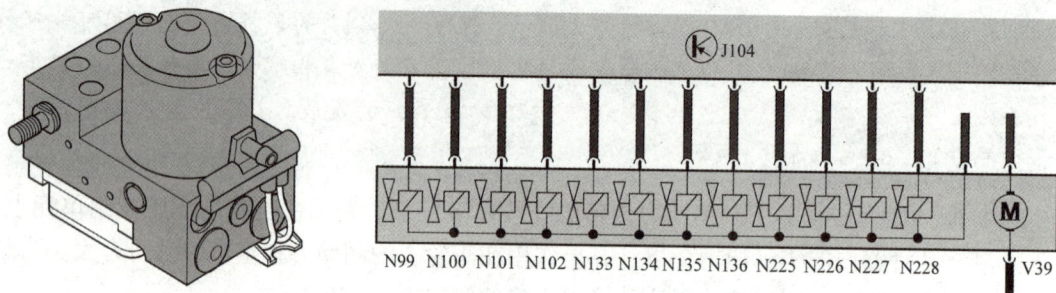

图 3 - 2 - 15 液压控制单元及电路

该系统有两条对角线控制回路，每条回路上多了两个控制电磁阀（分配阀和高压阀），如果系统某一个阀工作不正常，则 ESP 系统将关闭。

图 3 - 2 - 16（a）所示为一个车轮的液压控制回路。当 ESP 起作用时，ESP 的控制过程如下：

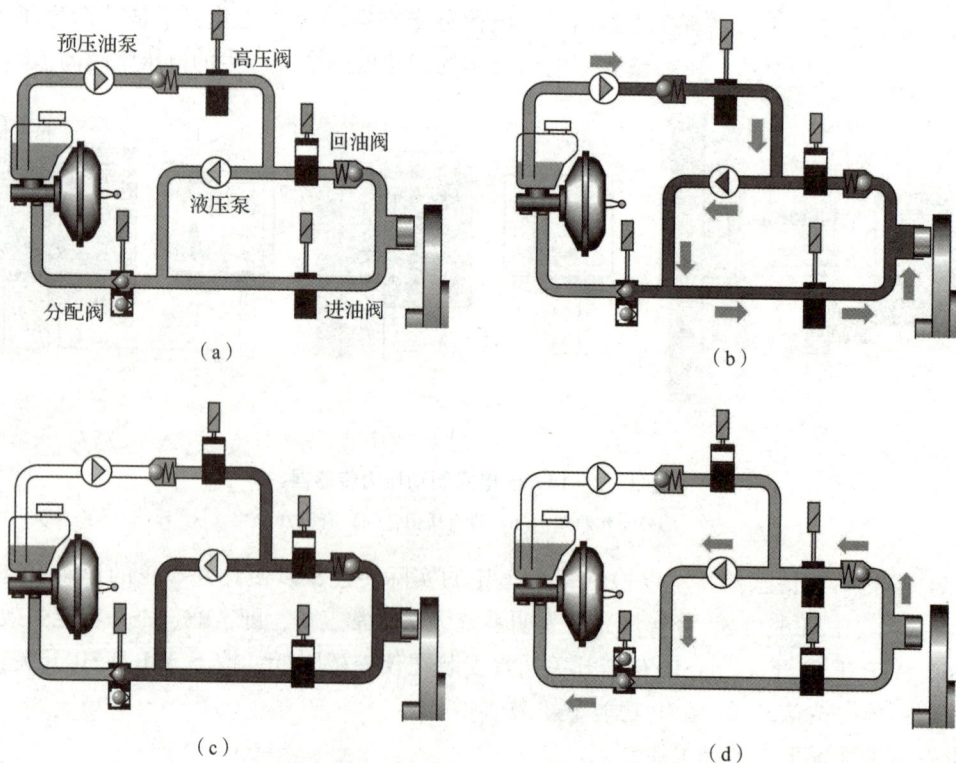

（a）

（b）

（c）

（d）

图 3 - 2 - 16 液压控制单元工作原理

（a）液压控制单元工作原理；（b）增压阶段；（c）保压阶段；（d）减压阶段

① 增压阶段。如图 3 - 2 - 16 （b） 所示，分配阀关闭、高压阀打开、进油阀打开、回油阀关闭，预压油泵开始将储油罐中的制动液输送到制动管路中，液压泵也开始工作，使车轮制动轮缸中的制动压力加大，系统处于增压状态。

② 保压阶段。如图 3 - 2 - 16 （c） 所示，分配阀关闭、高压阀关闭、进油阀关闭、回油阀关闭，液压泵停止工作，系统处于保压状态。

③ 减压阶段。如图 3 - 2 - 16 （d） 所示，分配阀打开、高压阀关闭、进油阀关闭、回油阀打开，制动液通过串联式制动主缸流回储油罐中，系统处于减压状态。

（2） ESP 系统警告灯。ESP 系统共有 3 个警告灯，分别为制动装置警告灯、ABS 故障指示灯、ASR/ESP 指示灯。当系统处于不同的状态时，3 个警告灯就会有不同的显示，所以在实际应用过程中，可以根据 3 个警告灯的显示情况来判断整个 ESP 系统的工作是否正常。

当 ASR/ESP 起作用时，ASR/ESP 指示灯闪烁；当按下 ASR/ESP 开关，且 ABS 有效时，ASR/ESP 指示灯亮起；当 ASR/ESP 系统及 ABS 系统发生故障时，ASR/ESP 指示灯和 ABS 故障指示灯点亮。

三、上汽通用别克君威轿车 ABS/TCS/ESP 控制系统

上汽通用君威轿车 ABS_TCS_ESP 系统

上汽通用别克君威轿车装备了美国天合 TRW 公司生产的 TRW EBC450 制动系统，此系统集合了防抱死制动系统（ABS）、牵引力控制系统（TCS）和稳定性控制系统（ESP）等功能。

1. 系统组成

上汽通用别克君威轿车 ABS/TCS/ESP 系统由电子制动控制模块（EBCM）、液压调节器总成、车轮转速传感器、转向盘转角传感器、多轴加速度传感器、制动压力传感器以及 TCS/ESP 关闭开关等部件组成，系统控制框图如图 3 - 2 - 17 所示。

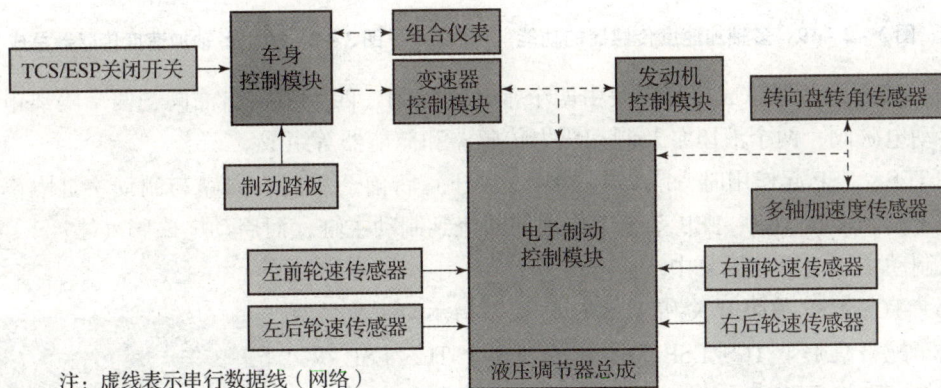

注：虚线表示串行数据线（网络）

图 3 - 2 - 17　系统控制框图

（1） 电子制动控制模块 EBCM。电控单元采用 ABS/TCS/ESP 组合式 ECU，并与液压调节器组合集成在一起，安装在发动机舱内，如图 3 - 2 - 18 所示。

（2） 车轮转速传感器。四个车轮转速传感器均为磁阻式传感器，为主动式车轮速度传感器，能够识别车轮旋转的方向和静止状态。EBCM 根据传感器方波信号的频率计算轮速。

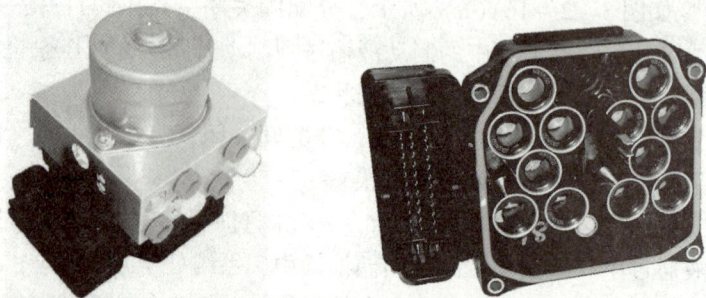

图 3 – 2 – 18　电子制动控制模块和液压调节器总成

（3）转向盘转角传感器。转向盘转角传感器安装在转向柱上，用于检测转向盘转动的方向和速度，并将这些信息通过网络输送给 EBCM，以供其识别驾驶员的转向意图。

（4）多轴加速度传感器。横向偏转率、横向加速度和纵向加速度传感器组合成一体，称为多轴加速度传感器，也称惯性测量单元（IMU），其功能为三者合一，如图 3 – 2 – 19 所示。它通常安装在中控台下方的车架上，外形如图 3 – 2 – 20 所示。电子制动控制模块根据多轴加速度传感器信号，可以确定车辆的实际状态。

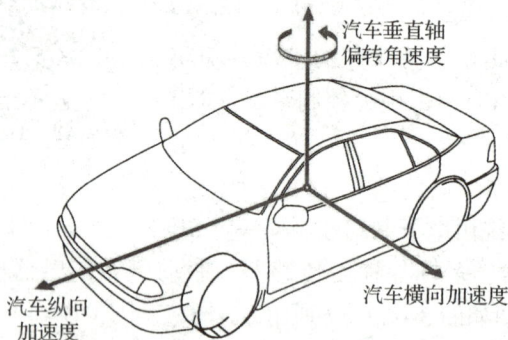

图 3 – 2 – 19　多轴加速度传感器的功能

图 3 – 2 – 20　多轴加速度传感器总成

（5）液压调节器总成。其主要由四个常开进油阀、四个常闭出油阀、两个隔离电磁阀、两个启动电磁阀、两个液压泵及制动压力传感器和储能器等组成。

在 TCS、ESP 起作用时，隔离电磁阀（常开）将前、后制动回路与制动主缸隔离开来，从而防止制动液在 TCS、ESP 系统工作期间回流到制动主缸，而启动电磁阀（常闭）可使制动液从制动主缸流至液压泵中。

（6）TCS/ESP 关闭开关和 TCS/ESP 状态指示灯。别克君威轿车配备有 1 个 TCS/ESP 关闭开关和 3 个 TCS/ESP 状态指示灯（TCS/ESP 指示灯、TCS 关闭指示灯和 ESP 关闭指示灯）。

TCS/ESP 关闭开关位于仪表控制台上，如图 3 – 2 – 21 所示。按下 TCS/ESP 关闭开关，TCS 功能关闭，TCS 关闭指示灯亮。当按下 TCS/ESP 关闭开关持续 5 s 后，ESP 功能关闭，ESP 关闭指示灯和 TCS 关闭指示灯均点亮。当再次按

图 3 – 2 – 21　TCS/ESP 开闭开关

下 TCS/ESP 关闭开关时，TCS/ESP 重新启用，TCS 关闭指示灯和 ESP 关闭指示灯均熄灭。

当系统处于 TCS 或 ESP 工作状态时，TCS/ESP 指示灯闪烁；当检测到故障时，TCS/ESP 指示灯常亮。每次打开点火开关，系统默认 TCS/ESP 功能启用。

将点火开关置于 ON 位置，系统将进行自检，TCS/ESP 指示灯、TCS 关闭指示灯和 ESP 关闭指示灯亮约 5 s 后熄灭，如图 3 – 2 – 22 所示。

图 3 – 2 – 22　TCS/ESP 状态指示灯

2. ABS/TCS/ESP 系统控制原理

ESP 在车辆行驶的整个过程中都工作，它根据横向加速度传感器、纵向加速度传感器、转向盘转角传感器信号和车辆速度来计算车辆所需要的理想偏转率。ESP 将车辆实际偏转率（由横向偏转率传感器测得）与理想偏转率进行对比，当两者之间出现偏差时，说明车辆存在转向过度或转向不足，此时 EBCM 将向发动机控制系统 ECM 发送一个串行数据通信信号，请求发动机减小输出扭矩。如果车辆继续侧向滑移，则 EBCM 会尝试对一个或多个车轮施加制动，实行主动制动干预。

这里主要介绍实施制动力控制的液压调节器，其内部油路控制如图 3 – 2 – 23 所示。

（1）常规制动功能。踩下制动踏板，制动主缸向前、后轮制动轮缸提供制动液压力，进入常规制动的增压阶段，如图 3 – 2 – 23 所示。此时 ABS 系统不起作用，液压调节器中所有电磁阀都处于不工作的位置（断电），于是制动液从制动主缸顺利地流入制动轮缸或从制动轮缸流回制动主缸。

（2）制动防抱死功能（ABS 控制）。当左后车轮开始抱死时，ABS 控制分为保压、减压、增压三个阶段。

① 保压阶段。EBCM 检测到左后轮开始抱死，对左后轮实施保压控制。此时左后轮进油阀（通电）关闭，左后轮出油阀（断电）关闭，如图 3 – 2 – 24 所示。

② 减压阶段。对左后轮实施保压控制后，仍有抱死趋势，EBCM 开始对左后轮实施减压控制。此时左后轮进油阀（通电）关闭，左后轮出油阀（通电）打开，并使液压泵工作，将制动液泵送回主缸。

③ 增压阶段。对左后轮实施减压控制后，EBCM 检测到左后轮制动不足，开始对左后轮实施增压控制。此时左后轮出油阀（断电）关闭，左后轮进油阀（断电）打开，并使液压泵工作，主缸和电动液压泵同时向轮缸补充制动液，使其制动压力上升。

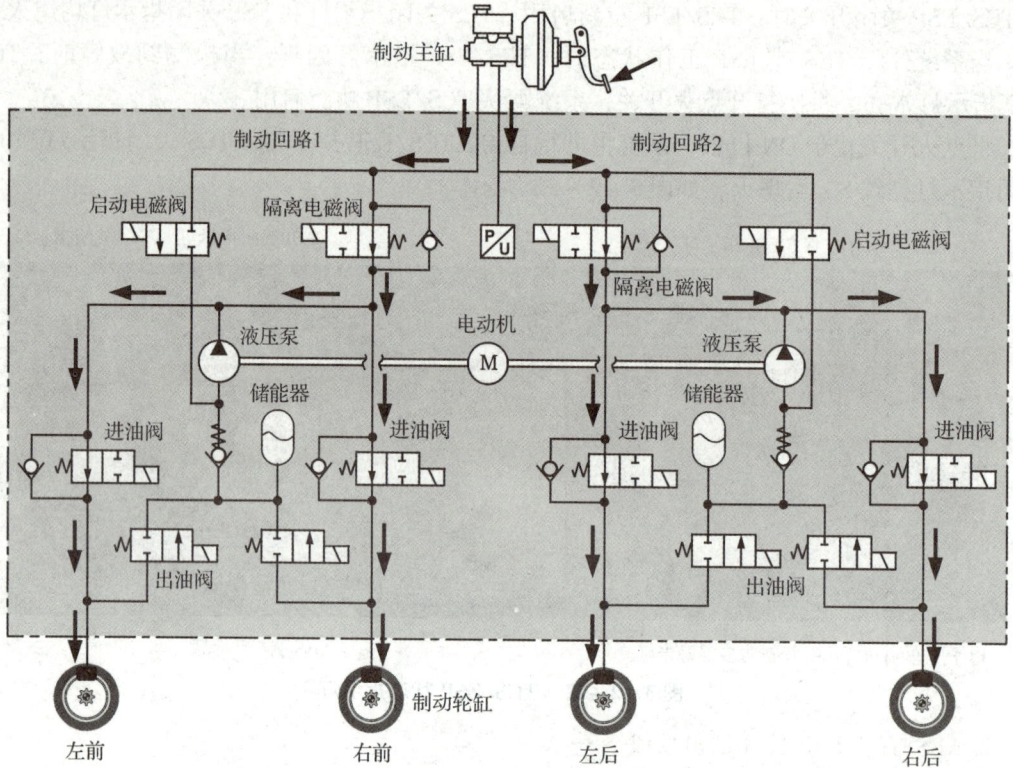

图 3 – 2 – 23　常规制动过程

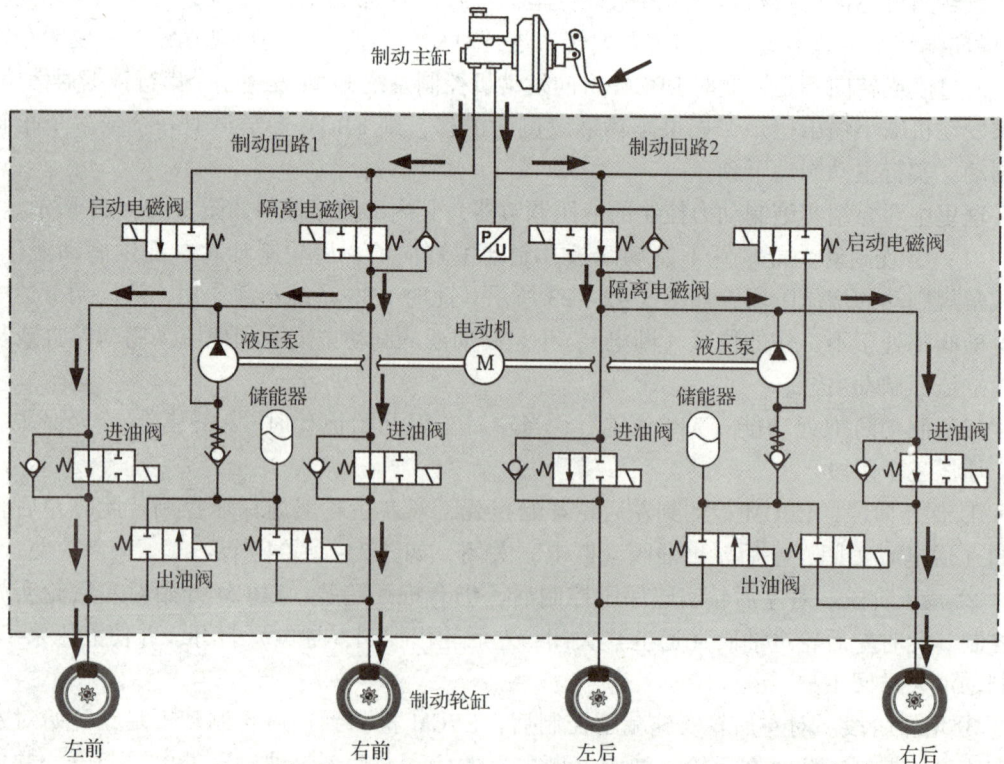

图 3 – 2 – 24　ABS 保压过程

（3）驱动防滑控制功能（TCS 控制）。当汽车在起步及加速工况驱动轮出现空转、打滑时，EBCM 将进行 TCS 控制。

如 EBCM 检测到左前驱动轮滑转，EBCM 首先向发动机控制单元 ECM 发送一个串行数据通信信号，请求减小发动机扭矩，如在发动机扭矩减小后仍然能检测到驱动轮滑转，则实行 TCS 制动干预。此时 EBCM 控制前轮隔离电磁阀（通电）关闭，前轮启动电磁阀（通电）打开，右前轮进油电磁阀（通电）关闭，同时使液压泵工作。液压泵将制动液从储液罐中抽出，加压后施加到左前轮制动轮缸上，以阻止左前轮滑转，如图 3－2－25 所示。

EBCM 在对左前轮进行 TCS 控制时也具有增压、保压和减压三个过程。

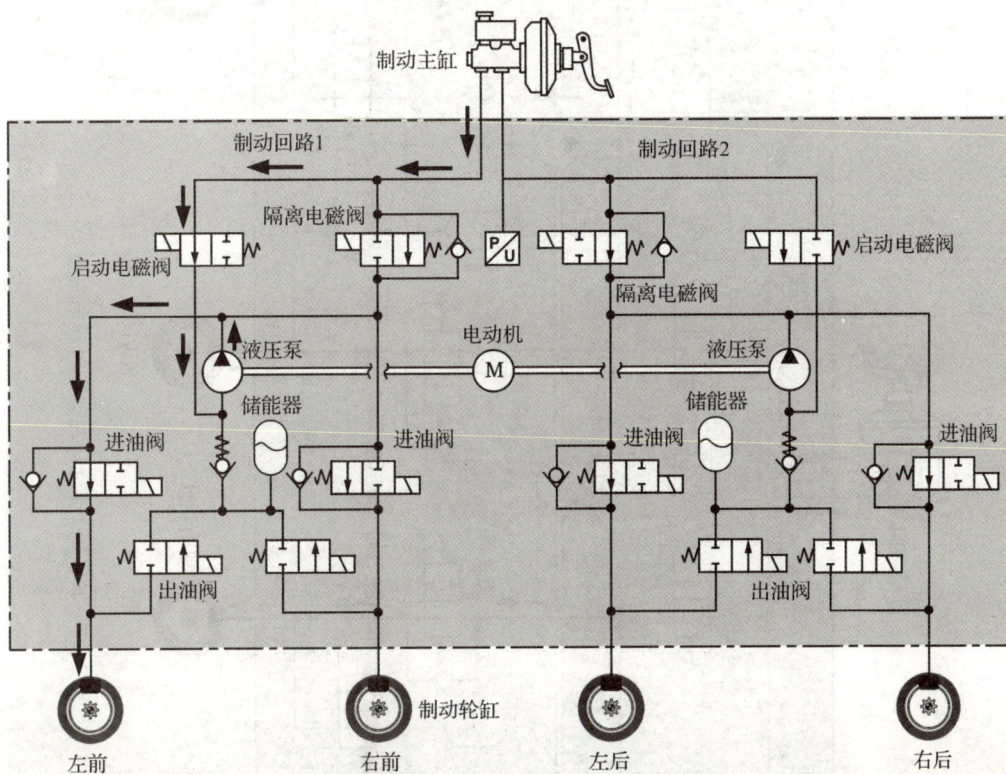

图 3－2－25　TCS 制动干预（增压过程）

（4）行驶稳定控制功能（ESP 控制）。当 EBCM 判定车辆转向过度或者转向不足时，若 ECM 降低输出扭矩后仍不能控制，则对相关车轮实行制动。例如当车辆左转弯出现过度转向时，EBCM 将通过制动车辆外侧的右前轮（或所有右侧车轮）来纠正这种错误。

图 3－2－26 所示为 EBCM 对转向过度（左转弯）车辆进行 ESP 控制，即制动两个右侧车轮时液压调节器总成内制动液流向的示意图。此时前、后轮隔离电磁阀（通电）关闭，前、后轮启动电磁阀（通电）打开，左前和左后轮进油阀（通电）关闭，同时使液压泵工作。液压泵将制动液从储液罐中抽出，加压后施加到外侧（右轮）制动轮缸上，以修正转向过度。

EBCM 对车轮进行 ESP 控制时也包含增压、保压和减压三个过程。

3. ESP 系统电路图

上汽通用别克君威轿车 ABS/TCS/ESP 控制系统电路图如图 3－2－27 和图 3－2－28 所示。

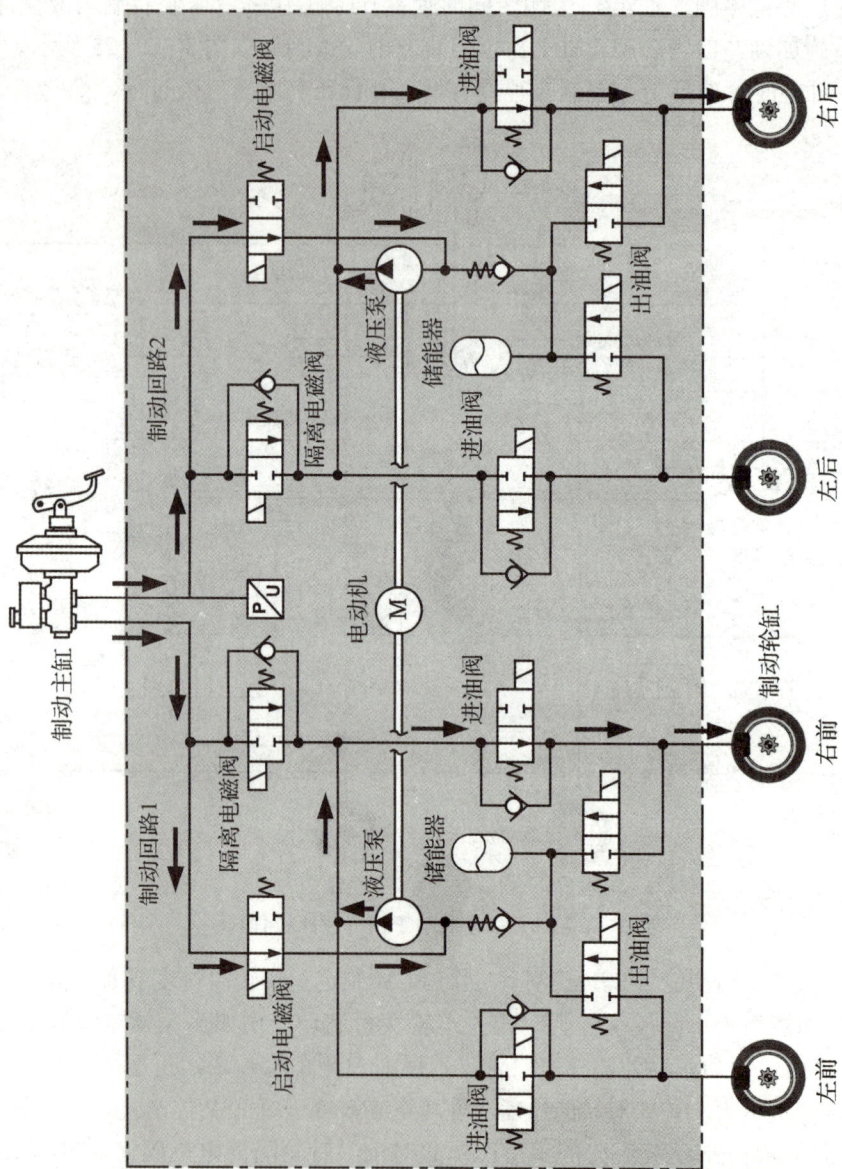

图 3 - 2 - 26　ESP 控制（左转弯时转向过度）

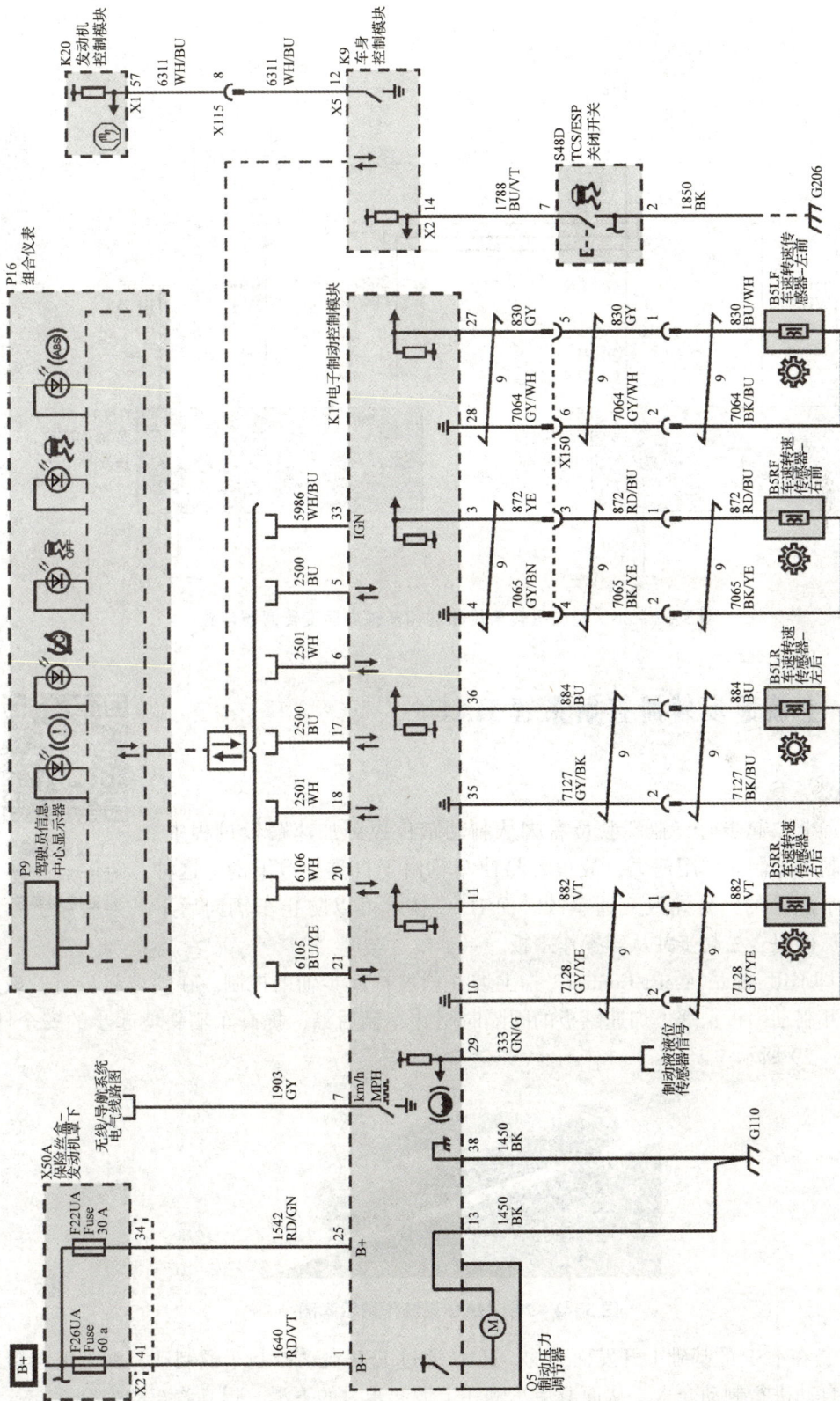

图 3-2-27 别克君威轿车 ESP 系统电路图

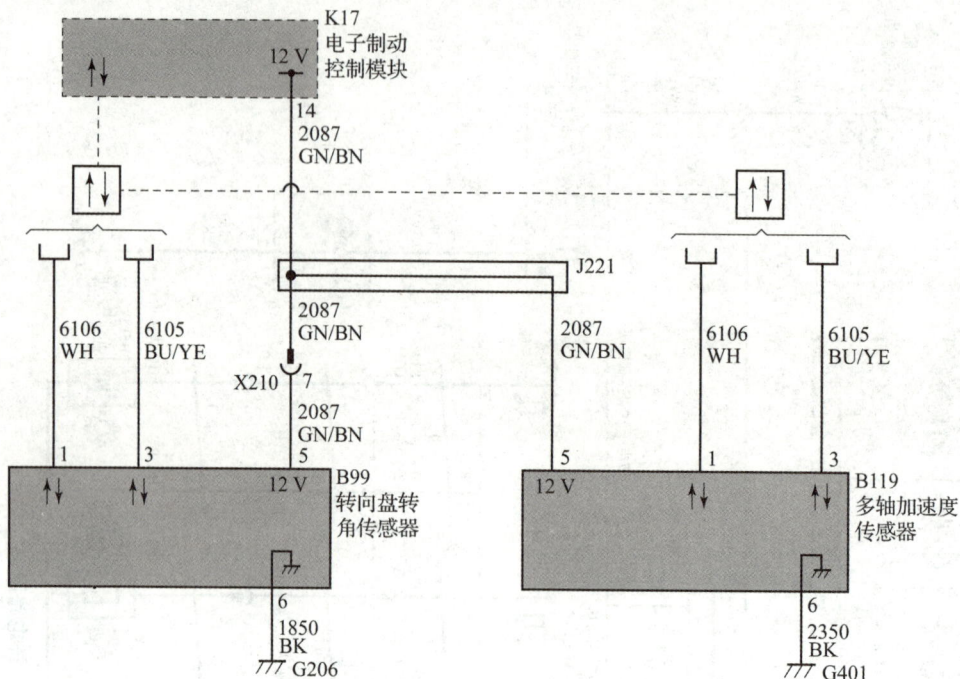

图 3 - 2 - 28　转向盘转角传感器和多轴加速度传感器电路

四、上坡起步辅助控制系统 HAC

1. HAC 系统概述

当汽车上坡起步时，在驾驶员右脚从制动踏板换到加速踏板过程中，由于行车制动器制动作用消失，故很容易使车辆由于自重导致下滑，这种情况是非常危险的，易导致交通事故。而 HAC 技术可以防止车辆向后下滑，驾驶员可以轻松起步并从容操作踏板。

上坡起步辅助控制和下坡辅助控制系统

HAC 即 Hill - start Assist Control，指上坡（斜坡）起步辅助控制。在斜坡起步时，该系统可在松开制动踏板、踩下加速踏板的间隔时阻止车辆后溜，提高车辆斜坡起步的安全性，如图 3 - 2 - 29 所示。

图 3 - 2 - 29　HAC 系统作用示意图

HAC 是在 ESP 的基础上开发而成的。HAC 通过 ESP 自动控制车辆制动，在上坡起步出现下滑时自动进行制动介入，从而避免车辆在上坡起步时的下滑，提高汽车的安全性。

上坡时，有了 HAC 的辅助，汽车能够克服各种阻力，迎难而上。我们在学习和工作中，同样会面临各种挑战、各种困难，这需要我们乐观积极应对，始终保持一颗锐意进取的心。在面对挫折和挑战时，我们要克服各种内部困难和外部困难，才能取得胜利与成功。

2. HAC 系统起作用的条件

车辆基本条件：

（1）换挡杆位于 P 外的任何位置（自动挡车型）；

（2）车辆处于静止状态；

（3）加速踏板未踩下；

（4）驻车制动器未拉起。

在满足以上基本条件，车辆停止且驾驶员进一步踩下制动踏板的情况下，车辆启动 HAC 控制。另外，在坡路上倒车时 HAC 系统同样起作用。

HAC 功能启动之后，汽车制动系统会在驾驶员脚离开制动踏板之后的 2～3 s 内仍然保持压力，从而使车辆不后溜。此时驾驶员只需要在制动系统保持压力的 2～3 s 内踩加速踏板即可，超过了一定时间不踩加速踏板，制动系统就会卸掉压力导致车辆后溜。

五、下坡辅助控制系统 DAC

1. DAC 系统概述

汽车在下坡过程中，若驾驶员没有采取合理制动措施，车辆由于自重很容易迅速下滑，这种情况是非常危险的，也很容易导致交通事故。

下坡辅助控制（DAC，Down - hill Assist Control）也称为陡坡缓降控制、斜坡控制，它的主要功能是当车辆在较陡的下坡路面行驶时，可以将车辆的速度控制在较低的水平，并维持轮胎的抓地能力，让汽车能够安全地行驶到坡下平坦路面。

DAC 必须在变速器位于 1 挡或是倒挡（下陡坡有前进下坡和倒车下坡两种）时作用，系统基本上会设定车速上限，例如 Land Rover 汽车，DAC 设定后的上限车速为 9 km/h，以便驾驶员能从容控制车辆。

2. DAC 系统的使用

DAC 的使用非常简单，只需要在下陡坡前打开 DAC 开关（见图 3 - 2 - 30）就行了。此时，只要松开加速和制动踏板，DAC 系统就开始介入工作，而当踩下制动或者加速踏板时，DAC 系统就会立即失效。

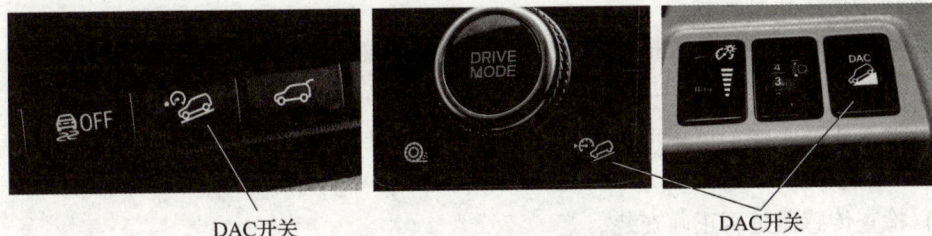

DAC开关　　　　　　　　　　　　　　　　　　　　DAC开关

图 3 - 2 - 30　DAC 开关

在打开 DAC 功能之后，变速器维持在 1 挡转速，车辆利用发动机的制动作用将车速维持在较低的范围内；若坡道很陡，发动机制动不足以控制车辆的速度，则 ESP 和 ABS 系统就会联合工作，通过高频率的"点刹"控制车辆平稳地将车速降低到安全范围内。

任务实施

下面以上汽通用 2013 款别克君威轿车 ABS/TCS/ESP 系统为例介绍 TCS 和 ESP 系统的检修。

一、目视检查

目视检查可以发现比较明显的故障，能够节省时间，提高维修效率。

（1）检查管路。

（2）检查制动器有无拖滞现象。

（3）检查所有继电器、熔丝是否完好，插接是否牢固。

（4）检查电子控制单元和液压调节器总成。

（5）检查传感器及线路。

（6）检查蓄电池电压是否在规定范围内。

TCS 和 ESP 系统的检修_1

TCS 和 ESP 系统的检修_2

二、主要零部件的检测

1. 转向盘转角传感器检测

将点火开关置于 ON 位置，观察故障诊断仪"转向盘转角"参数，其数值应与实际的转动角度相对应。若不对应，则应进行以下检测（电路图如图 3 - 2 - 28 所示）。

（1）将点火开关置于 ON 位置，检查并确认不存在转向盘传感器未校准、无转向盘传感器信号或者信号不合理、不在规定范围内等故障。

（2）检查转向盘转角传感器是否正确安装。如果安装有松动或安装不正确，则正确安装部件，并执行"转向盘转角传感器对中"操作。

（3）关闭点火开关，断开转向盘转角传感器连接器。

（4）测试搭铁电路端子 6 和搭铁之间的电阻，应小于 1 Ω。

（5）将点火开关置于 ON 位置，测试电路端子 5 和搭铁之间的电压，应为 12 V。

（6）如果上述测试正常，则更换转向盘转角传感器。

2. 多轴加速度传感器检测

当出现 DTC C0187 等有关横向加速度、纵向加速度或偏转率传感器的故障码时，可按下述步骤检测（电路图如图 3 - 2 - 28 所示）。

（1）如果故障码显示"纵向加速度传感器电路校准未读入"，则执行"车辆横向偏摆传感器读入"程序。

（2）检查传感器是否正确安装。

（3）关闭点火开关，断开多轴加速器传感器的连接器。

（4）测试电路端子 6 和搭铁之间的电阻，应小于 1 Ω。

（5）将点火开关置于 ON 位置，测试电路端子 5 和搭铁之间的电压，应为 12 V。

（6）如果上述测试正常，则更换多轴加速器传感器。

三、电气元件基本设定

1. 转向盘转角传感器对中/重新设定

转向盘转角传感器不需要经常对中或重新设定。当更换电子制动控制模块、更换转向盘转角传感器、更换转向器、更换转向柱、碰撞或其他物理损坏时，转向盘转角传感器的标定数据会丢失或不准确，需要重新做初始化标定。其步骤如下：

（1）拉起驻车制动器，或将变速器挂入 P 位。

（2）连接故障诊断仪 GDS，打开点火开关，发动机不起动。

（3）运行 GDS 软件，进入系统主页面，依次单击选择"诊断"→"模块诊断"，进入模块诊断选择页面。

（4）选择"方向盘角度传感器模块"，在"配置/重新设置功能"列表中选择"复位方向盘角度传感器"，按故障诊断仪的提示打开点火开关，然后关闭点火开关，再打开点火开关，复位完成。

（5）再从"配置/重新设置功能"列表中选择"方向盘角度传感器学习"，按照故障诊断仪的提示转动转向盘使前轮对准正前方，转向盘居中。关闭点火开关，然后打开点火开关，完成学习程序。

（6）再从"电子制动控制模块"中的"配置/重新设置功能"列表中选择"方向盘角度传感器学习"，按故障诊断仪的提示转动转向盘使前轮对准正前方，转向盘居中，然后完成学习过程。

（7）清除可能设置的故障诊断码。

2. 车辆横向偏摆率传感器读入

横向偏摆率传感器不需要经常校准。当更换电子制动控制模块、更换横向偏摆率传感器时，则需要校准横向偏摆率传感器。校准的目的是归零，学习偏转率传感器的初始位置。其步骤如下：

（1）将车辆停在水平地面上，接合驻车制动器，或将变速器挂入 P 位。

（2）接好故障诊断仪，点火开关置于 ON 位置，发动机不起动。

（3）运行 GDS 软件，进入系统主页面，依次单击选择"诊断"→"模块诊断"，进入模块诊断选择页面。

（4）选择"多轴加速度传感器模块"，在"配置/重新设置功能"列表中选择"偏航角速度传感器复位"，按故障诊断仪的提示关闭点火开关，然后打开点火开关，复位完成。

（5）再在列表中选择"偏航角速度传感器学习"，按故障诊断仪的提示关闭点火开关，然后打开点火开关，学习完成。

（6）再从"电子制动控制模块"中的"配置/重新设置功能"列表中选择"偏航角速度传感器学习"，按故障诊断仪的提示进行，完成学习过程。

（7）清除可能设置的故障诊断码。

一、别克君越轿车 ESP 故障灯和 ASR 指示灯常亮

故障现象：一辆2011年上汽通用别克君越2.4 L轿车，行驶里程约为2.3万 km，出现ESP故障灯和ASR黄色指示灯均亮的现象。

故障诊断与排除：连接故障诊断仪，进入电子制动控制模块读取故障码，有3个故障代码，分别是：U0073——控制模块通讯总线 A 关闭；U0074——控制模块通讯总线 B 关闭；U0126——与转向盘转角传感器模块失去通讯。从上述故障代码的内容来看，故障应该是网络通信问题所导致。

先检查电控模块线路，拔下 EBCM 连接器，检查 EBCM 的电源和搭铁情况，正常。用工具将两侧的连接器端子清洁干净，重新连接牢固后试车约 10 km。再次用诊断仪读取故障代码，除了上述故障代码外，其他系统也出现了无法与转向盘转角传感器模块通信的故障代码，则转向盘转角传感器出现故障的可能性较大。

拆下组合开关罩，测量转向盘转角传感器模块连接器端子5，有12 V电源，端子6搭铁正常。另外4根线为通信线，与电子制动控制模块及诊断座相通。将车辆停正，将转向盘调整到正中的位置，拆下驾驶员侧安全气囊及螺旋电缆，换上新的转向盘转角传感器后重新读取故障代码，此时故障代码有 U0073——控制模块通讯总线 A 关闭，偶发；C0710——转向角传感器角度位置信号故障，转向盘位置信号校准未编程。

对车辆执行转向盘转角传感器对中程序，清除故障代码后，故障消失。

二、奔驰 600SEL 轿车 ASR 故障灯常亮

故障现象：一辆奔驰 600SEL 轿车，车主反映该车在行驶一段时间后 ASR 指示灯会亮；再重新起动，ASR 指示灯又会熄灭，但行驶一段路程后，ASR 指示灯又会重新点亮。

故障诊断与排除：仪表板上的 ASR 指示灯常亮，说明该车 ASR 系统有故障。读取 ASR系统故障代码，故障代码显示：ASR 控制单元与 EGAS（电子节气门控制系统）控制单元信号传输有问题。

对 EGAS 系统进行故障自诊断，调取故障代码，但读不出任何信息，因此怀疑其线路存在故障。经仔细检查 EGAS 控制单元的线路系统，没有发现任何异常现象。打开 EGAS 控制单元，发现 EGAS 控制单元里面有个集成块已经烧毁。更换 EGAS 控制单元后试车，ASR 指示灯不再点亮，但路试一段距离后，ASR 指示灯又点亮了。再读取 ASR 系统的故障代码，故障代码显示：怠速触点线路不良。

查怠速触点线路（奔驰车怠速触点装在加速踏板下），发现怠速触点线路有一个线插断开，把该线插接上，试车，ASR 指示灯不再点亮，故障彻底排除。

任 务 小 结

1. 驱动防滑系统 ASR 的作用是在汽车驱动过程中，将车轮的滑转率控制在理想滑转率的范围（10%~30%）内，防止车轮滑转，特别是防止汽车在非对称路面或转弯时驱动轮的滑转。

2. ASR 系统的控制方式主要有发动机输出功率控制、驱动轮制动控制、差速器锁止控制以及综合控制。

3. ABS 与 ASR 都是通过控制作用于所控制车轮上的力矩来实现防抱死或防滑转的，但 ABS 只在制动过程中可对所有车轮进行控制，而 ASR 系统主要用于起动和加速过程中，并且只对驱动车轮进行控制。

4. ASR 是 ABS 系统的延伸，ASR 和 ABS 在技术上比较接近，部分软、硬件可以共用。

5. ASR 系统由传感器（车轮转速传感器、节气门位置传感器、ASR 关闭开关）、电子控制单元 ECU、执行器（液压控制单元、节气门驱动装置）等组成。

6. 车辆行驶稳定控制系统 ESP 是一种集成 ABS、ASR、EBD 等系统功能，能够有效提高汽车行驶稳定性的主动安全系统。不同的公司对这一系统的命名各不相同。

7. ABS 系统一般是在车辆制动时发挥作用，ASR 系统只是在车辆起步和加速行驶时发挥作用，而 ESP 系统则在整个行驶过程中始终处于工作状态。

8. ESP 系统在 ABS/ASR 基础上增加了转向盘转角传感器、偏转率传感器、加速度传感器等。其中加速度传感器有沿汽车前进方向的纵向加速度传感器（用于四轮驱动车辆）和垂直于前进方向的横向加速度传感器，基本原理相同，只是成 90°夹角安装。

9. 在以下三种情况下应关闭 ESP：

（1）车辆在深雪或松软地面行驶时；

（2）车辆带防滑链行驶时；

（3）车辆在功率试验台上检测时。

10. ESP 系统共有 3 个警告灯，分别为制动装置警告灯、ABS 故障指示灯和 ASR/ESP 指示灯。

学习任务三　电子驻车制动系统

【思政目标】

- 引导学生保持良好的安全驾驶习惯，树立交通安全意识；
- 培养学生解决问题的创新思维能力。

【任务目标】

- 能正确讲述电子驻车制动系统的作用和类型；
- 能正确描述电子驻车制动系统的组成及主要零部件的工作原理；
- 能正确识读和分析电子驻车制动系统电路图。

【学习重点】

- 电子驻车制动系统主要零部件的工作原理；
- 识读和分析电子驻车制动系统电路图。

任务导入

　　一辆大众途观汽车，配置 1.8T 发动机，行驶里程为 47 539 km。客户反映车辆的电子驻车制动器无法释放，目前车辆已经无法移动。拖车来店后，检查发现故障和车主描述一致，组合仪表中电子驻车制动警告灯点亮。用故障诊断仪读取系统故障码，为右制动电动机供电对地短路故障。现在请你对客户车辆的电子驻车制动系统进行检修。

知识准备

一、电子驻车制动系统概述

电子驻车制动系统概述

1. 什么是电子驻车制动系统

　　早期的驻车制动系统是机械式的，靠驾驶员拉起驻车制动手柄（或脚踏驻车制动踏板）来实施驻车制动。

　　现在越来越多的汽车采用电子驻车制动系统（Electrical Park Brake，EPB）。电子驻车制动系统又称为电子手刹，它采用一个电子按钮取代驻车制动手柄（或驻车制动踏板），如图 3－3－1 所示，从而简化了操纵机构，且比传统的驻车制动操作更简便，不会因驾驶员的力度而改变制动效果。

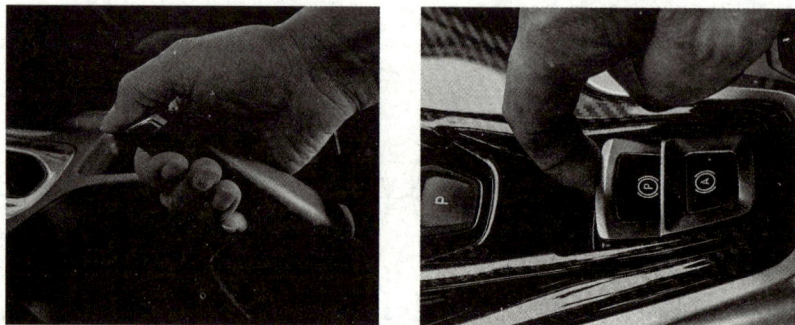

（a）　　　　　　　　　　　　（b）

图 3－3－1　传统手刹和电子手刹
（a）传统手刹；（b）电子手刹

　　当停车后，一定要记得拉上传统手刹，否则车辆会发生溜车，容易引发交通事故。目前交通事故造成的死亡人数占各种事故的 90% 以上，对人类的危害已远远超过了地震、洪水、火灾这些可怕的灾难。而发生交通事故的重要原因之一，是缺乏交通安全意识。交通安全意识不仅关系到个人的生命和安全，同时也是尊重他人生命的体现，是构筑和谐社会的重要因素。因此不管我们是作为驾驶员，还是行人，都要明白安全行车的重要性，增强交通安全意识。

2. 电子驻车制动系统的类型

　　在汽车上应用的电子驻车制动系统主要有两种形式，一种是拉线式 EPB 系统，另一种是卡钳集成式 EPB 系统。

拉线式 EPB 系统保留了传统的机械式驻车制动系统拉线，是最早应用的一种过渡产品，如图 3 – 3 – 2 所示，在汽车上的应用较少。目前在汽车上应用的最多的是卡钳集成式 EPB 系统，如图 3 – 3 – 3 所示，制动电动机集成到了左右制动钳上，电控单元和制动电动机直接通过导线连接。当需要驻车时，驾驶员操作电子按钮，电控单元将控制集成在左右制动钳中的电动机动作，并带动制动钳活塞移动产生机械夹紧力，进而完成驻车。

注意：当 EPB 系统断电，但需要解除驻车时，需用专门的释放工具释放驻车。

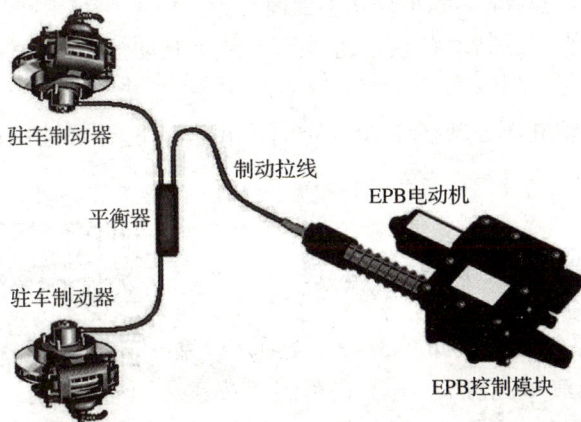

图 3 – 3 – 2　拉线式 EPB 系统

图 3 – 3 – 3　卡钳集成式 EPB 系统

3. 电子驻车制动系统的优点

与传统的机械式驻车制动系统相比，电子驻车制动系统具有以下优点：

（1）车厢内取消了驻车制动手柄（或驻车制动踏板），为整车内饰造型的设计提供了更大的发挥空间。

（2）停车制动由一个电子按钮来完成，简单省力，降低了驾驶员的操作难度。

（3）EPB 系统不仅能够实现静态驻车、静态释放驻车等基本功能，还额外增加了很多新的功能，例如，自动驻车和动态驻车，这些新功能的增加给驾驶员带来了极大的便利。

4. 自动驻车功能

自动驻车（AUTO HOLD）功能可使驾驶员在车辆停下时自动驻车，能避免车辆不必要的滑行。简单来说，就是在车辆停下时，自动拉手刹。

EPB 通过内置在其电控单元中的纵向加速度传感器来测算坡度，从而计算出车辆在斜坡上由于重力而产生的下滑力，电控单元通过电动机对后轮施加制动力来平衡下滑力，使车辆能停在斜坡上。当车辆起步时，电控单元通过离合器位置传感器（MT）以及节气门位置传感器来计算需要施加的制动力，并在发动机驱动力增加时相应地减少制动力。当驱动力足够克服下滑力时，电控单元驱动电动机解除驻车制动，从而实现车辆顺利起步。

EPB 可以保证车辆在 30% 的斜坡上安全稳定驻车。另外系统可自动实现热补偿，即如果车辆经过驻车制动后，后制动盘会因为温度下降而与摩擦片产生间隙，此时制动电动机会自行启动，驱动压紧螺母来补偿温度下降产生的间隙，保证可靠的驻车效果。

5. 电子驻车制动系统的功能

根据车速可以将制动模式分为两种，一种是静态模式（车速低于 7 km/h 时），另一种是动态制动模式（车速高于 7 km/h 时）。静态模式下，驻车制动器的开启和关闭为电控机械式的；动态制动模式下，车轮的制动通过 ABS/ESP 系统由液压控制。

电子驻车制动系统的功能有驻车制动功能、动态起步辅助、动态紧急制动和自动驻车功能。

（1）驻车制动功能。当车速低于 7 km/h 时，通过电子驻车制动按钮实现传统手刹的静态驻车和静态释放功能。

（2）动态起步辅助功能。车辆在坡道上起步，当电控单元判断车辆的驱动扭矩大于车辆的行驶阻力时，后轮制动钳自动松开，这样车辆起步时就不会溜车了。

（3）动态紧急制动功能。行车时，若不踩制动踏板，通过电子驻车制动按钮，一样可以实现制动功能。

（4）自动驻车功能。车辆静止时自动驻车，车辆起步（前行或倒车）时踩加速踏板，挂挡后自动解除驻车。

二、卡钳集成式 EPB 系统的组成及工作原理

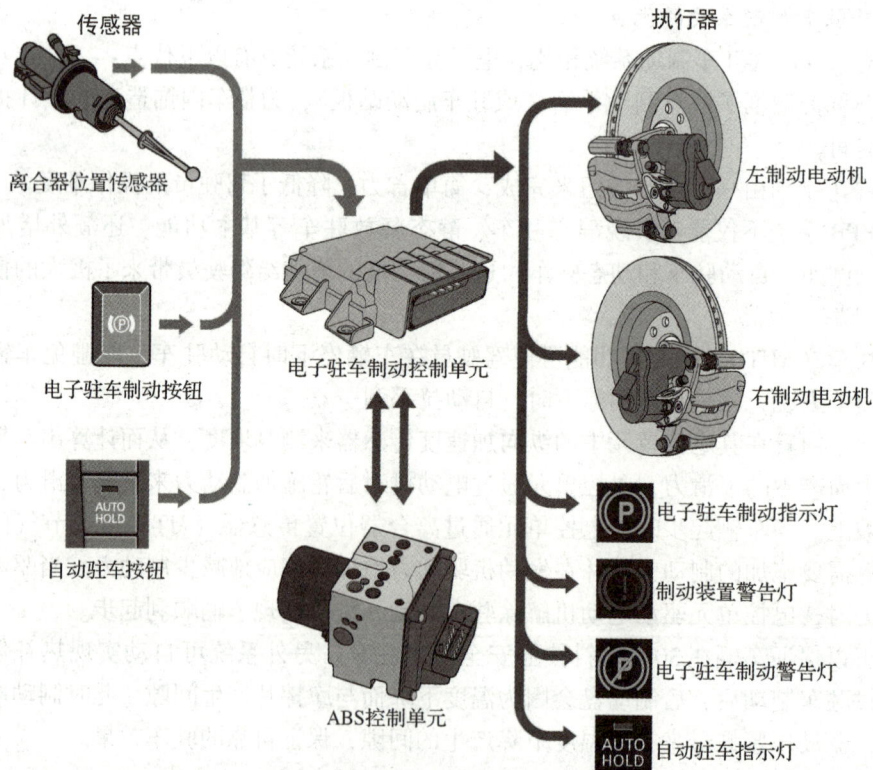

典型汽车卡钳集成式电子驻车制动系统的组成如图 3－3－4 所示，系统包括离合器位置传感器（手动变速器汽车配置）、电子驻车制动按钮、自动驻车按钮、电子驻车制动控制单元、ABS 控制单元、制动电动机和指示灯等。

卡钳集成式 EPB 系统的组成及工作原理

图 3－3－4　电子驻车制动系统的组成

1. 离合器位置传感器 G476

自动变速器的挡位信息由挡位传感器（如多功能开关）检测后，通过 CAN 总线传递给电子驻车制动控制单元，而手动变速器的车辆因无此传感器，则需要通过分析离合器的动作顺序来确定是否挂入挡位，所以需配置离合器位置传感器。当踩下离合器踏板时，离合器位置传感器向电子驻车制动控制单元提供信号，控制单元分析离合器的位置和离合器踏板动作的速度，计算出动态起步的最佳制动时刻。

离合器位置传感器固定在离合器主缸上，如图 3 - 3 - 5 所示，用于检测驾驶员是否踩了离合器踏板。

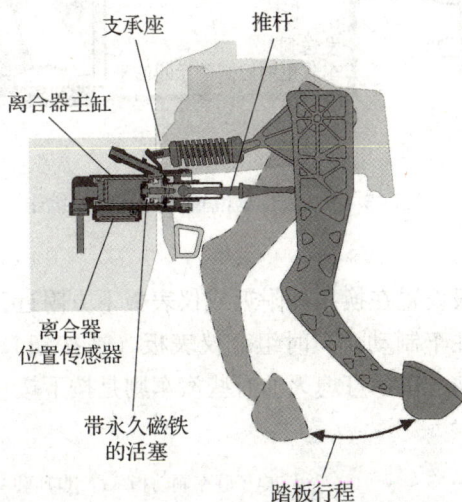

图 3 - 3 - 5　离合器位置传感器安装位置

离合器位置传感器工作原理如图 3 - 3 - 6 所示。当踩下离合器踏板时，推杆和活塞左移。活塞顶部有一块永久磁铁，传感器线路板上集成了 3 个霍尔传感器。当永久磁铁滑过霍尔传感器时，产生相应的信号并传递给相应的控制单元。

图 3 - 3 - 6　离合器位置传感器

如图 3 - 3 - 7 所示，霍耳传感器 1 的数字信号发送到发动机控制单元，控制单元根据此信号关闭定速巡航装置；霍耳传感器 2 的模拟信号发送到电子驻车制动控制单元，以准确识别离合器踏板位置，这样在动态起步时，控制单元可以计算出什么时候打开驻车制动器；霍耳传感器 3 的数字信号发送到车载电网控制单元，以识别是否踩下离合器，只有在踩下离合器的情况下发动机才能起动。

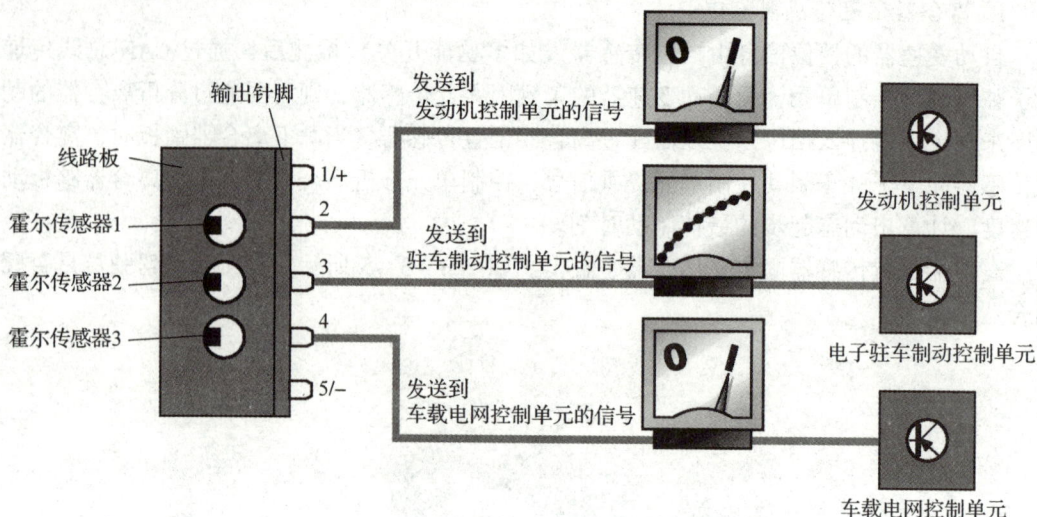

图 3 - 3 - 7　离合器位置传感器线路输出

2. 电子驻车制动按钮

电子驻车制动按钮一般设置在换挡杆附近或仪表板下方附近，如图 3 - 3 - 8 所示，用手指勾住按钮上拉，则启用驻车制动，同时组合仪表板（或按钮）上的电子驻车制动指示灯点亮；下压则释放驻车制动，指示灯熄灭。有些汽车则是按下按钮，启用驻车制动，再次按下按钮，则释放驻车制动。

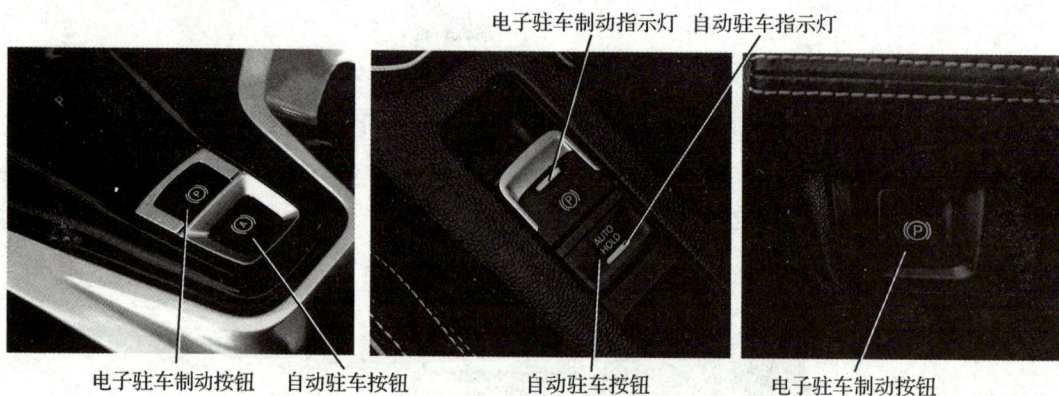

图 3 - 3 - 8　电子驻车制动按钮和自动驻车按钮

3. 自动驻车按钮（或称 AUTO HOLD 按钮）

自动驻车按钮一般设置在电子驻车制动按钮旁边，如图 3 - 3 - 8 所示。按下自动驻车按钮，打开自动驻车功能，同时按钮上的自动驻车指示灯点亮；再次按下按钮，则关闭自动驻车功能，指示灯熄灭。

打开自动驻车功能，在行驶过程中，当停车时，系统会自动驻车，起步时，只需轻点加速踏板即可解除制动。坡道停车时，系统也会自动驻车；在起步时，当驱动力大于行驶阻力时自动释放驻车制动，从而使汽车能够平稳起步，车辆不至于后溜。

自动驻车功能激活的条件：驾驶员侧车门关闭；安全带已经系上；发动机已经起动。车辆在每次重新点火起动时，都必须按下自动驻车按钮重新激活该功能。

4. 指示灯

与 EPB 有关的指示灯共有以下四个：

（1）电子驻车制动指示灯。指示灯位于组合仪表或电子驻车制动按钮中，当启动电子驻车制动时，指示灯点亮。

（2）制动装置警告灯。警告灯位于组合仪表中，当驻车制动器打开或储液罐中的制动液面过低时，警告灯点亮。

（3）电子驻车制动警告灯。警告灯位于组合仪表中，当 EPB 系统发生故障时，警告灯点亮。

（4）自动驻车指示灯。指示灯位于自动驻车按钮中，当按下按钮打开自动驻车功能时，指示灯点亮。

5. 电子驻车制动控制单元

电子驻车制动控制单元位于车内中控台区域，通过 CAN 数据总线与 ABS 控制单元进行数据共享。电子驻车制动控制单元中还集成了横向加速度传感器、纵向加速度传感器以及偏转率传感器，这些传感器的信号不仅用于电子驻车制动系统，还用于 ESP 系统。

6. 后车轮制动执行器

后车轮制动执行器集成在后车轮制动钳中，要想实现驻车制动功能，就必须将制动电动机的旋转运动转换成制动活塞的一个非常小的直线往复运动。制动电动机的旋转运动到制动活塞的直线运动，其整体传动比为 1 : 150，也就是说，制动电动机转动 150 r，能带动螺杆转动 1 圈。这个过程可分解成三步：

第一步：齿形皮带传动，从制动电动机到斜盘式齿轮输入端完成第一步传动，传动比为1 : 3。

第二步：斜盘式齿轮传动，通过斜盘式齿轮进行第二步传动，传动比为 1 : 50。

第三步：螺杆传动，通过螺杆传动将旋转运动转化为往复运动。

（1）齿形皮带传动。如图 3 - 3 - 9 所示，动力由一个小齿轮（制动电动机输出端），经齿形皮带传给一个大齿轮（斜盘式齿轮输入端），传动比为 1 : 3。

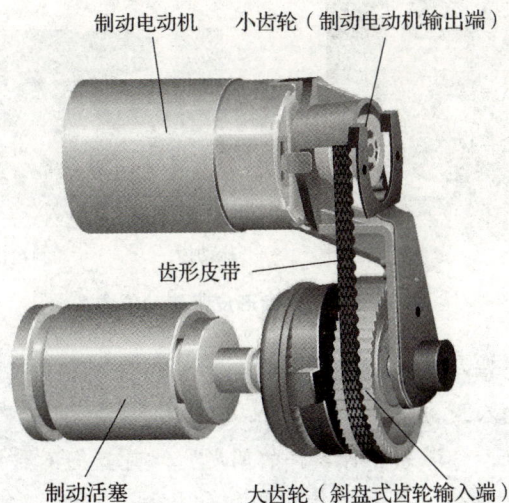

制动电动机　　小齿轮（制动电动机输出端）

齿形皮带

制动活塞　　　大齿轮（斜盘式齿轮输入端）

图 3 - 3 - 9　齿形皮带传动

（2）斜盘式齿轮传动。从动轮固定在轴上，大齿轮（斜盘式齿轮输入端）空套在轴上。斜盘齿插在大齿轮的轮毂上，并通过两个凸耳固定在外壳中，因此无法转动，如图 3-3-10 所示。轮毂和轴之间有一个角度错位，正因为这个角度错位使得斜盘轮只能做摆动运动。

齿形皮带传动位置 1。大齿轮旋转期间，斜盘轮的两个齿一直与从动轮的两个齿啮合，如图 3-3-11 所示。当大齿轮转动半圈之后，斜盘轮与从动齿在位置 2（图 3-3-12 中位置）进行啮合。

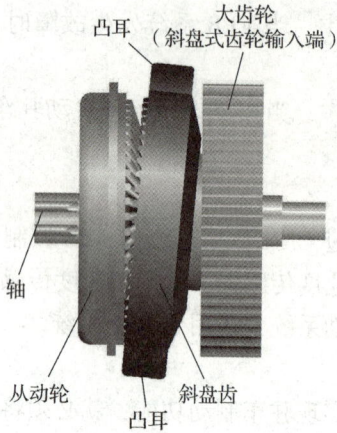

图 3-3-10　斜盘式齿轮传动

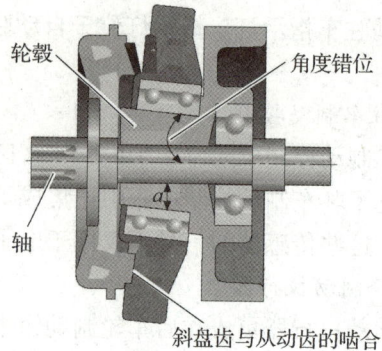

图 3-3-11　齿形皮带传动位置 1

齿形皮带传动位置 2。如图 3-3-12 所示，由于斜盘轮有 51 个齿，从动轮有 50 个齿，这样就使得齿和齿槽间永远不可能完全啮合，因此斜盘轮的齿始终啮合在从动轮一个齿面上。通过这个压力，从动轮转动一个小角度，这样从动轮就移动到位置 1（图 3-3-11 位置），然后一直啮合，直到到达位置 2（图 3-3-12 中位置）。这样大齿轮每转动 1 圈，从动轮就能移动 1 个齿宽。由于从动轮有 50 个齿，所以大齿轮必须转动 50 次才能使从动轮转动 1 次。因此，这一步的传动比为 1：50。

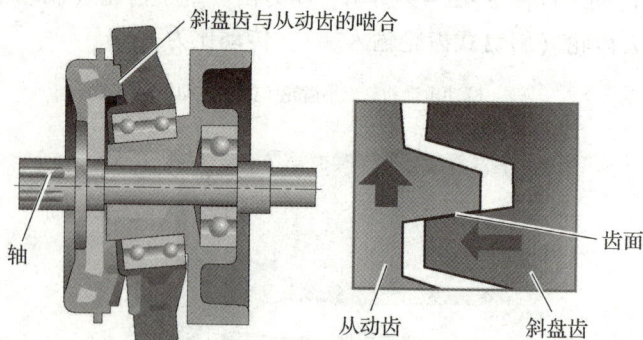

图 3-3-12　齿形皮带传动位置 2

　　这种斜盘式的齿轮传动，可以轻松实现 1：50 的传动比，其结构可谓是相当巧妙，令人叹服，这既是劳动人民勤劳和智慧的结晶，也是创新思维的充分体现。我们在学习、生活和工作过程中，会遇到各种各样的问题，此时我们不要拘泥于传统的固有的解决方式，而应进行思维创新，要突破传统思维的桎梏，以新颖独创的方法和视角去思考、解决问题。

（3）螺杆传动。螺杆通过螺纹与压力螺母相连，压力螺母纵向安装在制动活塞中，制动活塞内部及压力螺母的形状决定了压力螺母不能旋转，只能轴向移动，如图 3 – 3 – 13 所示。

从动齿及轴转动后，带动螺杆转动，于是套在螺纹上的压力螺母向前或向后移动，通过这种螺纹传动，将螺杆的旋转运动转变成压力螺母的往复运动。螺杆螺纹是自锁式的，以保证压力螺母不会自动退回。

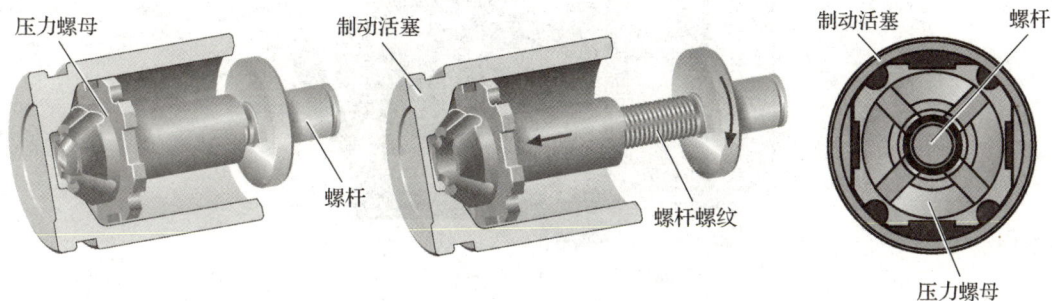

图 3 – 3 – 13　螺杆传动

7. 电子驻车制动系统的制动控制过程

（1）静态模式（电控机械式控制）。驾驶员按下电子驻车制动按钮 E538，电子驻车制动控制单元 J540 通过 CAN 数据总线与 ABS 控制单元 J104 互通信息，如图 3 – 3 – 14 所示。当车速低于 7 km/h 时，电子驻车制动控制单元 J540 启动两个后车轮制动电动机 V282 和 V283。

制动电动机转动，通过齿形皮带传动、斜盘式齿轮传动，最终压力螺母向前移动，推动制动活塞，压向制动摩擦片产生制动，如图 3 – 3 – 15 所示。

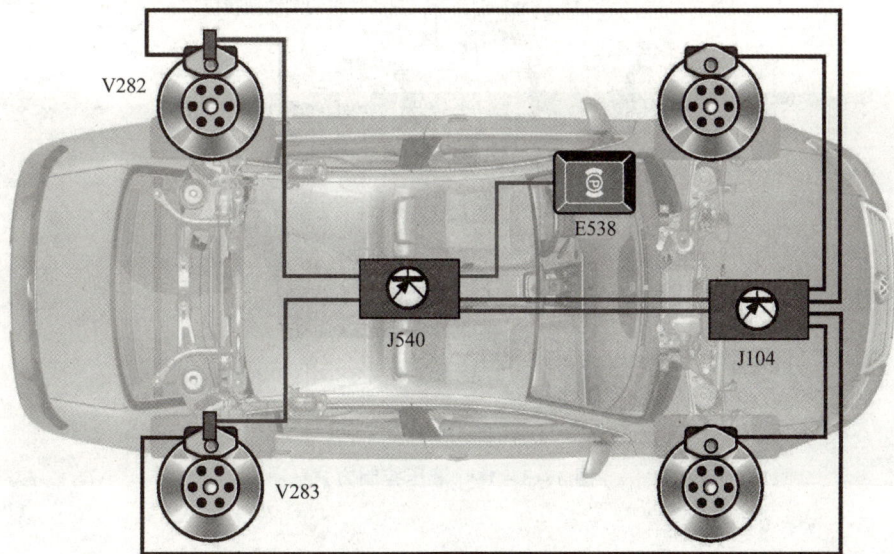

电子驻车制动系统的制动控制过程

图 3 – 3 – 14　电子驻车制动系统的制动控制过程

E538—电子驻车制动按钮；J104—ABS 控制单元；J540—电子驻车制动控制单元；
V282—左制动电动机；V283—右制动电动机

当需要解除驻车制动时，制动电动机反向通电，螺杆上的压力螺母向后移动，制动活塞松开。随着制动活塞上的密封环逐渐恢复原形，制动活塞缩回，摩擦片离开制动盘。

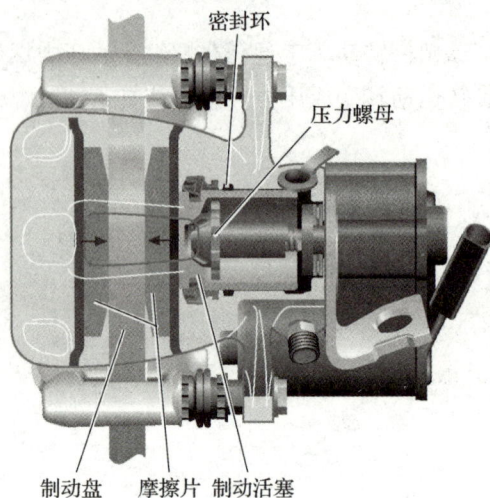

图 3 - 3 - 15　电控机械式

（2）动态紧急制动模式（液压控制方式）。当制动踏板失灵或锁住时，可以通过动态制动功能强行制动车辆。在车辆行驶时，按下电子驻车制动按钮 E538，电子驻车制动控制单元 J540 通过 CAN 数据总线与 ABS 控制单元 J104 互通信息。当车速大于 7 km/h 时，ABS 控制单元 J104 启动液压泵，将制动液抽出并提高压力后进入车轮制动器，将制动活塞压向制动摩擦片产生制动，如图 3 - 3 - 16 所示，从而实现动态紧急制动功能。ABS/ESP 系统根据行驶状况调节制动过程，确保制动期间车辆的稳定性。

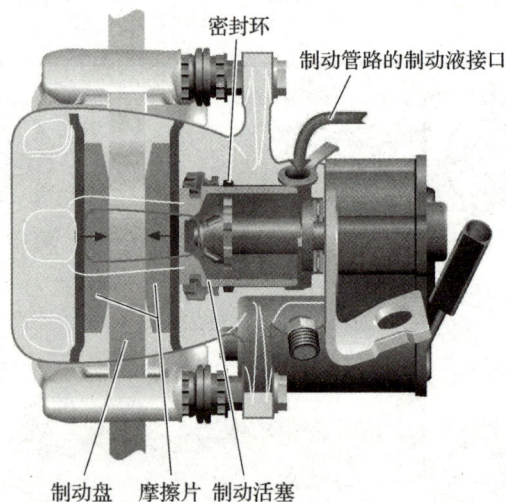

图 3 - 3 - 16　液压控制方式

三、上汽途观汽车电子驻车制动系统电路图

上汽途观汽车电子驻车制动系统电路如图 3 - 3 - 17 所示。

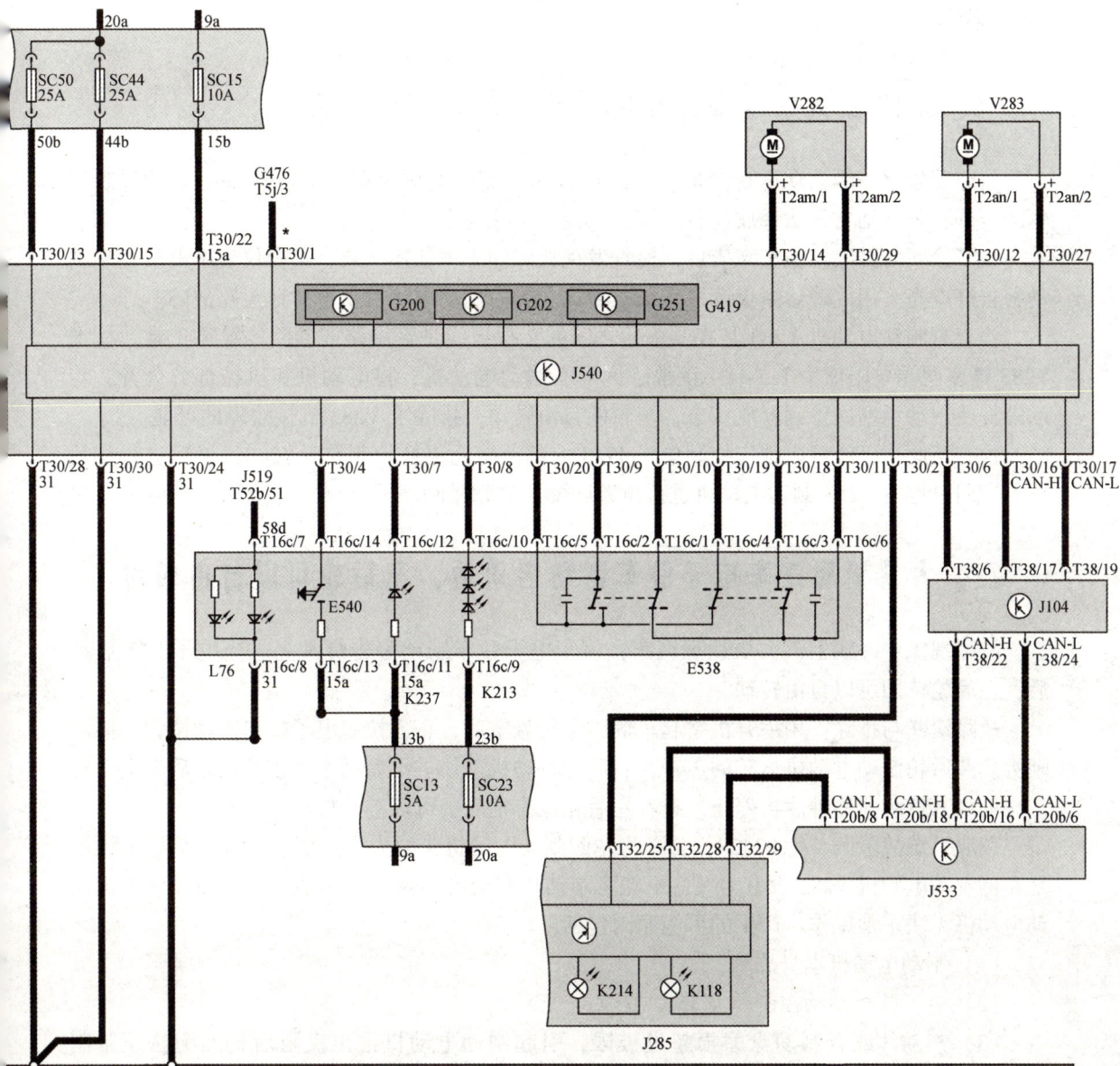

图 3 - 3 - 17 上汽途观汽车电子驻车制动系统电路

E538—电子驻车制动按钮；E540—自动驻车按钮；G200—横向加速度传感器；G202—偏转率传感器；

G251—纵向加速度传感器；G419—ESP 传感器单元；G476—离合器位置传感器；J104—ABS 控制

单元；J285—组合仪表中带显示单元的控制单元；J519—BCM 车身控制单元；J533—数据总线

诊断接口；J540—电子驻车制动控制单元；K118—制动装置警告灯；K213—电子驻车制

动指示灯；K214—电子驻车制动警告灯；K237—自动驻车指示灯；L76—按钮照明；

V282—左制动电动机；V283—右制动电动机；＊—用于装备

6 挡手动变速箱标识字母 LMT 的车型

一、2015 款大众途观汽车电子驻车制动系统故障

故障现象：一辆大众途观汽车，配置 1.8T 发动机，行驶里程为 47 539 km。客户反映车辆的电子驻车制动器无法释放，目前车辆已经无法移动。

故障诊断与排除：拖车来店后，检查发现故障和车主描述一致，组合仪表中电子驻车制动警告灯点亮。用故障诊断仪读取系统故障码，为右制动电动机供电对地短路故障。

检查右制动电动机 V283 与控制单元之间的 2 根导线是否短路或断路，结果正常。检查 V283 插座两端电阻值为 1.7 Ω，正常。拆下右制动电动机，将电动机和机械部分分开，转动螺杆使制动活塞回位到释放状态，车轮能自由转动，排除了 V283 机械故障的可能。

检查至此，已经可以锁定控制单元 J540 内部故障。更换控制单元 J540，然后进行相关编码，同时也对 V283 制动电动机进行位置匹配，故障排除。

二、大众途观汽车电子驻车制动启动后，左后轮可以自由转动

故障现象：一辆上汽大众途观汽车，该车电子驻车制动警告灯常亮。当电子驻车启动后，左后轮依旧可以自由转动。

故障诊断与排除：用举升机举起车辆，车轮悬空后，一人拉起电子驻车制动按钮，能清晰听到两后轮制动电动机运转的声音，右后轮电动机工作一下后马上停止，而左后轮电动机工作的声音持续几秒钟后再停止，查看左后轮没有抱死，可以继续旋转。

读取系统故障码，为 02428，含义为左侧制动电动机张紧力未达到，偶发。简单来说就是左侧制动电动机 V282 没有力气，不能将制动片完全推出来压紧制动盘，从而导致该侧制动电动机无法正常工作。产生的可能原因包括：

（1）制动电动机本身故障；

（2）电子驻车制动控制单元 J540 故障；

（3）制动片或者制动盘磨损超过极限，引起制动电动机推出极限后仍然无法压紧制动盘；

（4）制动电动机和 J540 之间的线路故障。

首先检查了制动片和制动盘，其厚度都正常。检查制动电动机和 J540 之间的线路，感觉没有断路和短路。接着更换了一个全新的制动电动机，发现故障码可以清除，但是只要拉紧一次驻车按钮，故障会立即重现。最后试着更换了 J540，经编码和基本设定后，发现故障依旧存在，由此维修陷入了困境。

找来一辆同型号的正常车辆，读取正常车辆电子驻车制动时的数据流。在拉起电子驻车制动按钮之后，制动电动机工作时，左、右侧电压均为蓄电池电压，切断电流数据则迅速增大，基本上极限电流都能达到 17 ~ 18 A，如表 3 - 3 - 1 所示。当驻车动作完成之后，左、右侧电压变为 0 V，表示 J540 停止对制动电动机供电，但最终的切断电流值会定格在数据流

上。解除驻车制动时，左、右侧电压值仍是蓄电池电压，而切断电流数据随着驻车的解除变为 0 V。驻车制动完全解除后，电压和电流全部变为 0。不管是驻车启用还是驻车解除的时间都很短，也就是左、右侧电压显示为蓄电池电压的时间在 1 s 左右，而这个时间也是制动电动机正常工作的时间。

表 3 - 3 - 1　驻车制动时数据流

序号	数据流参数	正常车辆值		本车故障值
		驻车启动时	驻车完成	
1	左侧切断电流/A	0→17.2	17.2	4.6
2	右侧切断电流/A	0→17.9	17.9	17
3	左侧电压/V	12	0	11.9
4	右侧电压/V	12	0	0

再次读取本次故障车辆的数据流，发现左侧切断电流为 4.6 A，远远低于正常车辆。左侧电压继续保持在 11.9 V，这是因为 J540 检测到左侧电流过小，因此会继续通电一段时间，努力尝试将左侧制动电动机推出，确保左侧驻车制动到位。通过实际观察，这个尝试的时间持续在 5 s 左右。若制动电动机确实因故无法推出，则 J540 停止对这个制动电动机提供电源，同时 J540 会记忆相应的故障码。于是将相应制动电动机至 J540 的两条线束全部拆开，将两条线路分别单独包扎好之后，装回车上试车，故障不再出现，至此故障彻底排除。

故障总结：J540 至制动电动机的线路处在似断非断之间。通过前面的数据流可知，切断电流接近 20 A，能通过这么大的电流，则该线束横截面肯定比较大，查阅电路图，该线的截面积为 2.5 mm²。如果该线某处的铜丝似断非断或大大减少了，则单纯通过万用表测量线束两端电阻来判断好坏，明显是检查不到任何问题的，但是在通电时，减小的截面积线束对通过电流的影响则非常大，因为电动机需要的电流非常大，故直接导致制动电动机电流过小，制动电动机自然也就无法正常工作了。

🖊 任 务 小 结

1. 电子驻车制动系统又称为电子手刹，它采用一个电子按钮取代驻车制动手柄（或驻车制动踏板）。

2. 电子驻车制动系统主要有两种形式，一种是拉线式 EPB 系统，另一种是卡钳集成式 EPB 系统，目前在汽车上应用最多的是卡钳集成式 EPB 系统。

3. 卡钳集成式电子驻车制动系统包括离合器位置传感器（手动变速器汽车配置）、电子驻车制动按钮、自动驻车按钮、电子驻车制动控制单元、ABS 控制单元、制动电动机和指示灯等。

4. 离合器位置传感器固定在离合器主缸上，用于检测驾驶员是否踩了离合器踏板。

5. 电子驻车制动按钮一般设置在换挡杆附近或仪表板下方附近，用手指勾住按钮上拉，则启用驻车制动，同时组合仪表板（或按钮）上的电子驻车制动指示灯点亮；下压则释放驻车制动，指示灯熄灭。有些汽车则是按下按钮，启用驻车制动，再次按下按钮，则释放驻车制动。

6. 自动驻车按钮一般设置在电子驻车制动按钮旁边。按下自动驻车按钮，打开自动驻车功能，同时按钮上的自动驻车指示灯点亮；再次按下按钮，则关闭自动驻车功能，指示灯熄灭。

7. 制动电动机的旋转运动转换成制动活塞的直线运动分解成三步：第一步，齿形皮带传动，从制动电动机到斜盘式齿轮输入端完成第一步传动，传动比为 1∶3；第二步，斜盘式齿轮传动，通过斜盘式齿轮进行第二步传动，传动比为 1∶50；第三步，螺杆传动，通过螺杆传动将旋转运动转化为往复运动。

项目四　汽车电控悬架系统检修

汽车悬架是连接车架（或承载式车身）和车桥（或车轮）之间全部传力装置的总称，主要由弹性元件、减震器和导向机构组成。传统悬架系统的刚度和阻尼参数是按经验设计或优化设计方法选择的，一经选定后，在汽车行驶过程中就无法进行调节。如果悬架弹簧刚度选定的较低或减震器阻尼减小，则可充分缓冲车身所受冲击，使平顺性变好，但同时会导致车体位移幅度增大，对操纵稳定性产生不良影响；如果悬架弹簧刚度增大或提高减震器阻尼，会提高操纵稳定性，但将导致汽车对不平路面的缓冲能力减弱，使平顺性降低。这种刚度和阻尼参数均固定的传统悬架系统又称为被动悬架。

理想的悬架应在不同的工况下具有不同的弹簧刚度和减震器阻尼，既能满足平顺性要求，又能满足操纵稳定性要求。被动悬架不可能达到悬架控制的理想目标，这就促使人们开始考虑对传统悬架系统进行变革，要求悬架的刚度和阻尼系数根据车辆的运动状况和路面状况进行主动调节，于是电控悬架系统就应运而生。

电控悬架系统（Electronic Control Suspension System，ECS）又称为电子调节悬架系统（Electronic Modulated Suspension System，EMS）。

本项目主要讲述电控悬架系统的结构、工作原理及其诊断，通过对电控悬架系统的实践操作，使学生认知到汽车电控悬架系统的构造和工作原理以及相应的检修方法。

项目学习目标

【思政目标】

1. 树立劳动意识、环保意识、节约意识、安全意识，爱岗敬业，锤炼工匠精神；
2. 养成组员之间协同配合、精诚合作的团队协作精神；
3. 开拓创新思路，依靠创新创造解决问题，提高工作能力；
4. 实践操作期间，做到整理、整顿、清扫、清洁、素养、安全、节约等规范。

【知识目标】

1. 能够认知汽车电控悬架系统的组成、结构和工作原理；
2. 能看懂汽车电控悬架系统电路图，并能根据电路图检测、分析故障。

【技能目标】

1. 按照标准工艺流程，完成相应的汽车电控悬架系统的检修作业项目；
2. 能够熟练使用万用表、故障诊断仪等检测设备检修故障。

学习任务一　汽车电控悬架系统检修

【思政目标】
- 培养学生爱岗敬业、任劳任怨的工作精神；
- 引导学生面对不同的岗位时放松心态；
- 引导学生紧跟国家政策，提高创新意识，加强技术学习。

【任务目标】
- 能正确讲述汽车电控悬架系统的分类和基本功能；
- 能正确描述汽车电控悬架系统传感器、执行器的结构及工作原理；
- 能正确识读和分析汽车电控悬架系统电路图；
- 会使用万用表和故障诊断仪对汽车电控悬架系统进行检测。

【学习重点】
- 电控悬架系统传感器、执行器结构及其工作原理；
- 识读和分析电控悬架系统电路图；
- 电控悬架系统的检测。

任务导入

一辆丰田 LEXUS LS400 轿车，因事故大修后，右前车身低落，失去高度自动调整功能。打开点火开关，仪表板上的 NORMAL 高度控制指示灯便闪烁不停。读取故障码，为右前高度控制电磁阀电路故障。现在请你对客户轿车的电控悬架系统进行检修。

知识准备

一、电控悬架系统概述

电控悬架系统可根据不同的路面条件、不同的装载质量、不同的行驶速度等来调节悬架系统的弹簧刚度和减震器的阻尼力，还可以调整车身高度，从而使悬架的特性与道路状况和行驶状态相适应，保证汽车在行驶过程中获得良好的行驶平顺性和操纵稳定性。

电控悬架系统概述

不论是传统悬架还是电控悬架，一直处于不显眼的角落，默默无闻、能屈能伸、不知疲倦地工作，为驾驶员和乘坐者提供一定的操控性和舒适性，这是一种"老黄牛精神"。当前社会呼唤、需要这样的精神，它包含着忠诚执着、吃苦耐劳和忘我付出的良好品格，凝聚了爱岗敬业和无私奉献的伟大精神。其实其象征的就是辛勤劳作、默默奉献、任劳任怨、忍辱负重、稳重踏实等精神。

1. 电控悬架系统的分类

（1）按有源和无源分类，电控悬架系统分为半主动电控悬架和主动电控悬架两大类。

半主动悬架一般采用阻尼可调减震器或刚度可变弹簧，系统根据汽车行驶工况和自身运动状况的变化调节阻尼或刚度，以提高悬架对行驶条件的动态适应性。半主动悬架结构简单，成本低，工作时几乎不消耗车辆动力，即系统是无源的。

主动悬架能根据行驶条件和运行状况，随时对悬架系统刚度、减震器的阻尼以及车身的高度和姿势进行调整，从而能同时满足汽车行驶平顺性和操纵稳定性等各方面的要求。主动悬架的调节需要能量，所以系统需要采用液压泵或空气压缩机等提供动力，即系统是有源的。主动悬架造价昂贵、能耗高，对控制系统实时响应要求较高。

（2）按悬架受控介质的不同分类，电控悬架系统分为空气悬架、液压悬架和电磁悬架。

（3）按悬架调节的方式不同分类，电控悬架系统分为有级调节式悬架和无级调节式悬架。有级调节式悬架可将悬架的刚度或阻尼分为 2～3 级进行调整；无级调节式悬架可实现连续调整悬架的刚度和阻尼。

2. 电控悬架系统的基本功能

不同的电控悬架系统的基本功能大致相同，主要有以下几个方面：

（1）减震器阻尼力控制。通过对减震器阻尼系数的调整控制，防止汽车起步或加速时车辆的后坐、紧急制动时车辆的点头、汽车急转弯时车身的横向摆动、汽车换挡时车身的纵向摆动等，从而提高汽车行驶的平顺性和操纵稳定性。

（2）弹簧刚度控制。通过对弹簧弹性系数的调整控制，来改变悬架的刚度，从而改善汽车的乘坐舒适性和操纵稳定性。

（3）车身高度控制。在车辆负载变化时，车身的高度可以保持一定，车身能保持水平，从而使汽车的大灯光束方向保持不变；当汽车在坏路面上行驶时，可以使车高升高，防止汽车底盘的刮碰；当汽车高速行驶时，又可以使车高降低，降低车辆重心，以便减少空气阻力，提高操纵稳定性。

大多数车型具有以上三个功能中的一个或两个，而有些车型同时具有以上三个功能。

车身高度能够根据路面的不同情况做出相应的调整，同样我们在以后的工作和生活中也会面对不同的问题，我们要以积极的心态去迎接新的挑战，积极主动地面对出现的问题，想办法解决问题，就一定能够很快适应新环境。因此，放松和积极的心态，是成就职业理想、实现自我价值的必备素质。

二、电控悬架系统的组成和工作原理

电控悬架系统主要由传感器和开关、电控单元以及执行机构等组成。传感器主要有加速度传感器、车身高度传感器、转向盘转角传感器、车速传感器、节气门位置传感器等。开关主要有模式选择开关、制动灯开关和车门开关等。执行机构主要有可调节阻尼力的减震器、可调节弹簧刚度和弹性大小的弹性元件等。典型汽车电控悬架系统组成如图 4－1－1 所示。

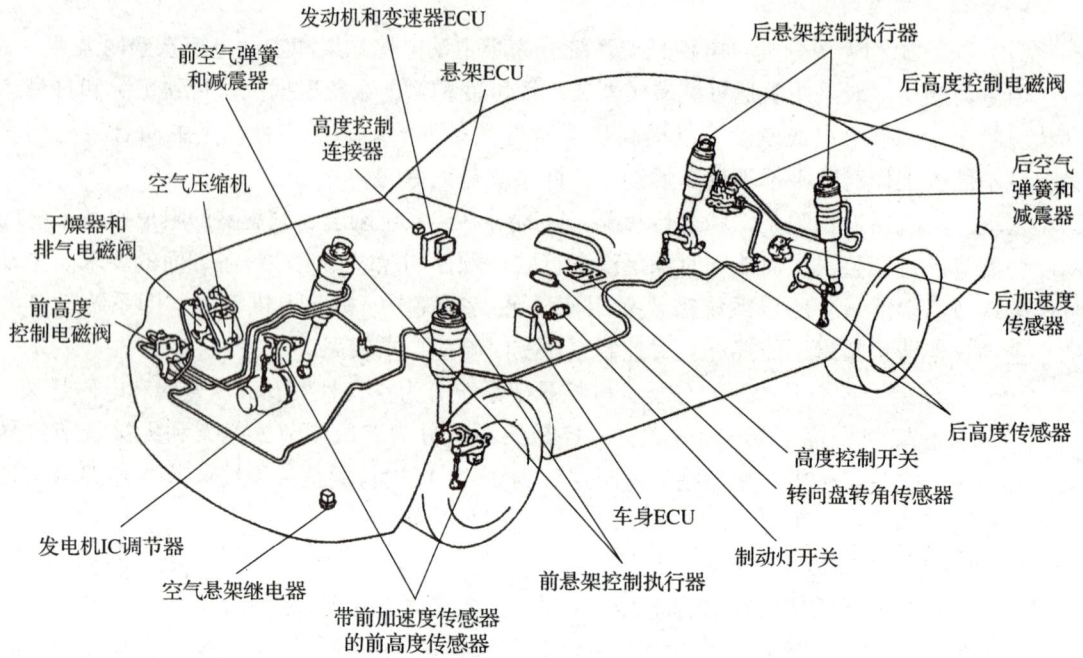

图 4 - 1 - 1   典型汽车电控悬架系统零件位置图

电控悬架的一般工作原理：利用传感器与开关采集汽车行驶时路面的状况和车身的状态参数信号（车身高度、车速、转向角度及速率、制动等），电控单元对采集的信号进行处理，并通过驱动电路控制悬架系统的执行机构，使悬架系统的刚度、减震器的阻尼力及车身高度等参数得以改变，从而使汽车具有良好的乘坐舒适性和操纵稳定性，如图 4 - 1 - 2 所示。

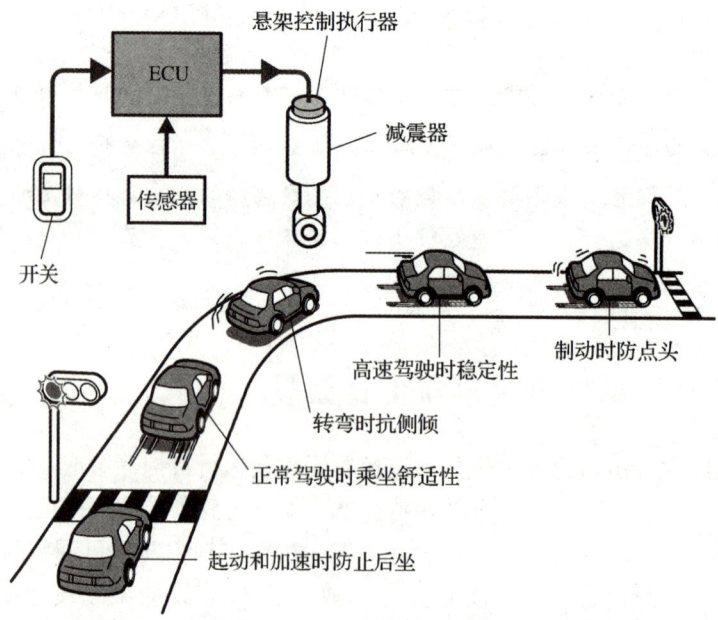

图 4 - 1 - 2   电控悬架的功能

三、传感器的结构与工作原理

电控悬架
系统的传感器

1. 转向盘转角传感器

在电控悬架中，电控单元根据转向盘转角传感器信号和车速传感器信号，判断汽车转向时侧向力的大小和方向，以控制车身的侧倾。同时，还可以根据信号的相位差来判断转向盘的偏转方向。

2. 车身高度传感器

车身高度传感器又称为车高传感器、高度传感器等，其作用是将车身与车桥之间的相对高度变化（悬架位移量的变化）转化成电信号输送给控制单元。车身高度传感器一般有3~4个，通常通过它监测车身与悬架下臂之间的距离变化，来检测汽车高度和因道路不平而引起的悬架位移量。

车身高度传感器的安装位置如图4-1-3所示，传感器轴与摇臂相连，摇臂再与控制杆连接，控制杆另一端安装在悬架的下摆臂上。当车桥与车身相对运动时，控制杆上下摆动带动摇臂绕传感器轴转动，因此车身高度传感器其实是一个角度传感器，借助一个连杆机构将车身高度变化转换成角度的变化。

常用的车身高度传感器有光电式、电位计式和霍尔式等。

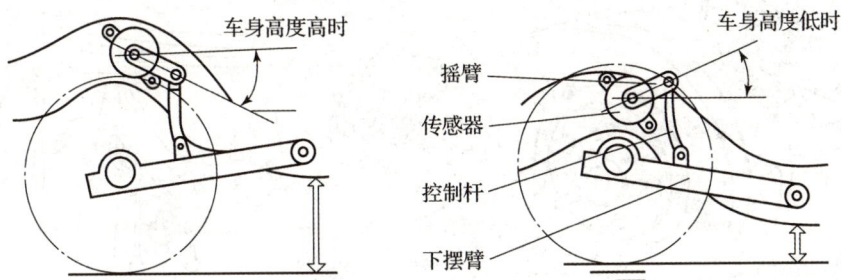

图4-1-3 高度传感器信号转换

电位计式车身高度传感器如图4-1-4所示，传感器轴、转板和电刷组合成一个整体，由摇臂带动而转动；印刷电路板上有一电阻器，电刷可在电阻器上滑动。

当由于车身高度的变化使与转板和传感器轴一体的电刷在电阻器上滑动时，A和B之间的电阻值就会发生变化，从而产生信号电压的变化。这个信号电压与电阻值有关，而电阻值与转板的转动角度成正比，也即与车身高度的变化成正比。

3. 垂直加速度传感器

垂直加速度传感器用来测量车身的垂直加速度，悬架ECU根据垂直加速度信号计算出四个车轮弹簧支承质量的垂直加速度。

汽车上一般有多个垂直加速度传感器，例如丰田LEXUS LS400加速度传感器共有三个，两个前加速度传感器分别装在前左、前右高度传感器内，一个后加速度传感器装在行李舱右侧的下面，如图4-1-5所示。这三个加速度传感器分别用于检测车身的前左、前右和后右位置的垂直加速度，车身后左位置的垂直加速度则由悬架ECU从这三个加速度传感器所获得的数据中推导出来。

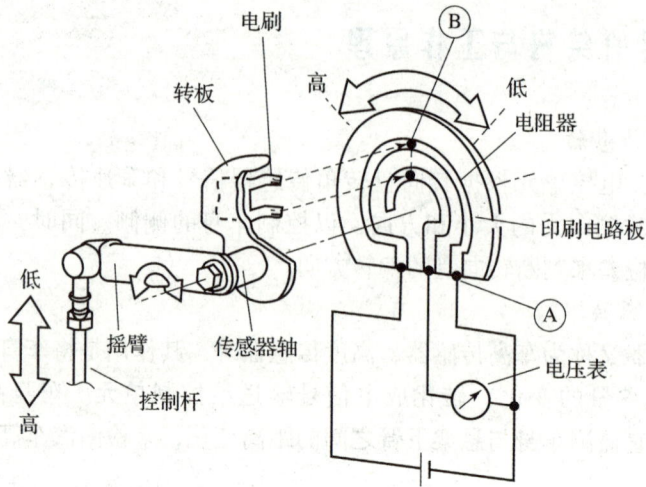

图 4 – 1 – 4　电位计式高度传感器结构和原理

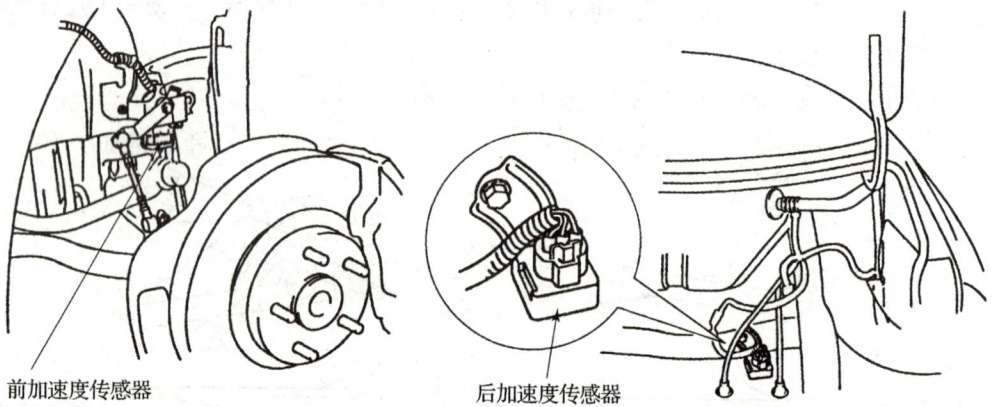

图 4 – 1 – 5　加速度传感器位置

　　丰田汽车压电式垂直加速度传感器主要由压电陶瓷盘和膜片组成，如图 4 – 1 – 6 所示，两个压电陶瓷盘固定在膜片两侧，并支承在传感器中心。当加速度作用在整个传感器时，压电陶瓷盘在其自身重量的作用下弯曲变形。根据压电陶瓷的特性，它们将产生与其弯曲率成正比例变化的电荷，这些电荷由传感器内的电子电路转换成与加速度成正比例变化的电压，输送到悬架 ECU。

　　4. 高度控制开关

　　高度控制开关如图 4 – 1 – 7 所示，用于选择所希望的车身高度（NORMAL 或 HIGH）。当高度控制开关处于"NORM（标准）"位置时，系统对车身高度进行"常规值自动控制"；当高度控制开关处于"HIGH（高）"位置时，系统对车身高度进行"高值自动控制"，同时组合仪表内的高度控制指示灯也点亮。

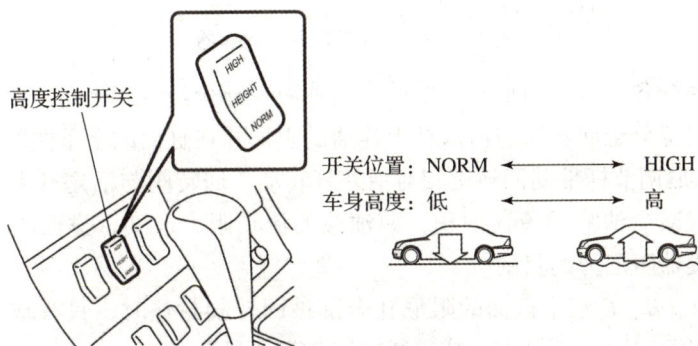

图4-1-6　加速度传感器结构及工作原理

（a）后加速度传感器结构；（b）原理图

图4-1-7　高度控制开关

四、执行机构的结构与工作原理

悬架电控单元根据各传感器和开关的信号，确定四个车轮上的减震器阻尼力、悬架弹簧刚度和车身高度等参数的目标值后，控制悬架系统的执行器动作，带动执行机构（可变阻尼力减震器、可变刚度的弹性元件等）动作，完成悬架系统的工作过程。

悬架的控制项目主要有减震器阻尼力控制、弹簧刚度控制、车身高度控制和侧倾刚度控制等。

1. 减震器阻尼力控制机构

根据对悬架减震器阻尼力的控制方式不同有电动机控制方式、占空比控制方式和电磁减震器等。

1）电动机控制方式可调阻尼力减震器

（1）可调阻尼力减震器。图4-1-8所示为可调阻尼力的减震器（三级可调）的结构，减震器的活塞杆是空心的，内有一个回转阀，回转阀上端与阻尼调节杆相连，阻尼调节杆的上端与执行器（电动机）相连。

减震器阻尼
力控制机构

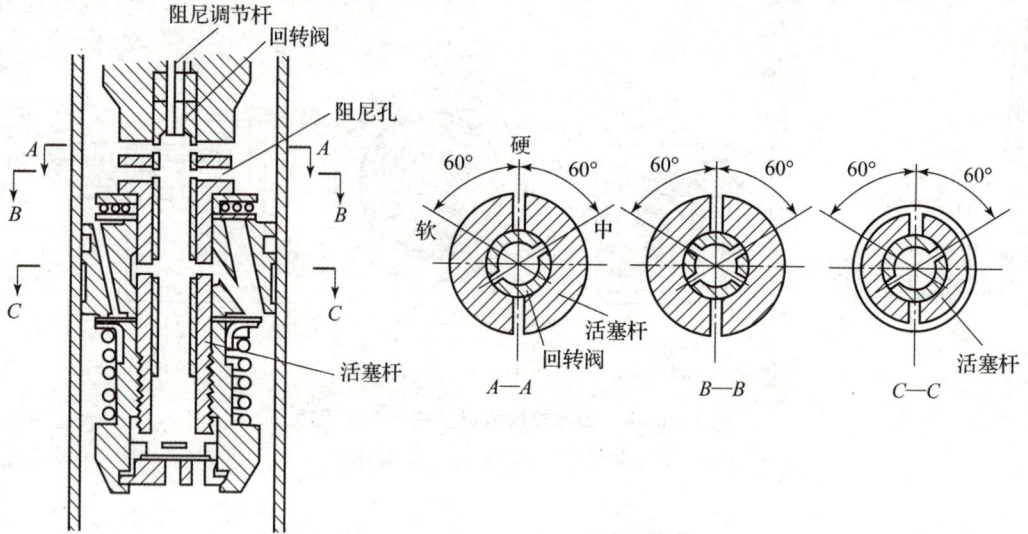

图4-1-8 可调阻尼力减震器

回转阀和活塞杆各有三排阻尼孔,缸筒中的油液一部分经活塞上的主阻尼孔在缸筒的上下两腔流动,另一部分经回转阀与活塞杆上连通的阻尼孔在缸筒的上下两腔间流动。执行器(电动机)通过阻尼调节杆带动回转阀相对活塞杆转动,回转阀与活塞杆上的阻尼孔连通或切断,从而增加或减少油液的流通面积,使油液的流动阻力改变,进而改变悬架阻尼的大小,达到调节减震器阻尼力的目的。

当回转阀上A、B、C三个截面的阻尼孔全部被回转阀封住时,只有减震器下面的主阻尼孔在工作,所以此时阻尼为最大,减震器被调节到"硬"状态。

当回转阀从"硬"状态位置顺时针转动60°时,B截面的阻尼孔打开,A、C两截面的阻尼孔仍关闭。因为多了一个阻尼孔参加工作,减震器处于"运动"状态,故也称为中间状态。

当回转阀从"硬"状态位置逆时针转动60°时,A、B、C三个截面的阻尼孔全部打开,此时减震器的阻尼最小,减震器处于"软"状态。

这种阻尼力三级可调的减震器只能在一定程度上符合车辆对减震器阻尼状态的变化要求,目前越来越多地采用阻尼孔大小连续变化、阻尼力连续可变的减震器,以提高系统的响应特性。

(2)阻尼调节执行器(电动机)。阻尼调节执行器装在可调阻尼力减震器的上方,用于驱动减震器的回转阀,常见的类型有直流电动机式和步进电机式等。

图4-1-9所示为步进电机式阻尼调节执行器,步进电机装在执行器内,由定子和线圈以及永磁转子组成。悬架ECU每施加一次脉动电流,转子转动一步(一步是1/24圈即15°),如果改变脉动电流的施加顺序,则步进电机也可以反转。

2)占空比控制方式可调阻尼力减震器

这种减震器的根部有一个凸起的执行器,执行器内部安装有一个电磁阀,由悬架电控单元根据计算结果提供控制电流,控制电流在0~1.6 A以毫秒为单位进行变化,上下两腔的油液通孔截面也随之发生变化,如图4-1-10所示,从而实现减震器的阻尼调节。

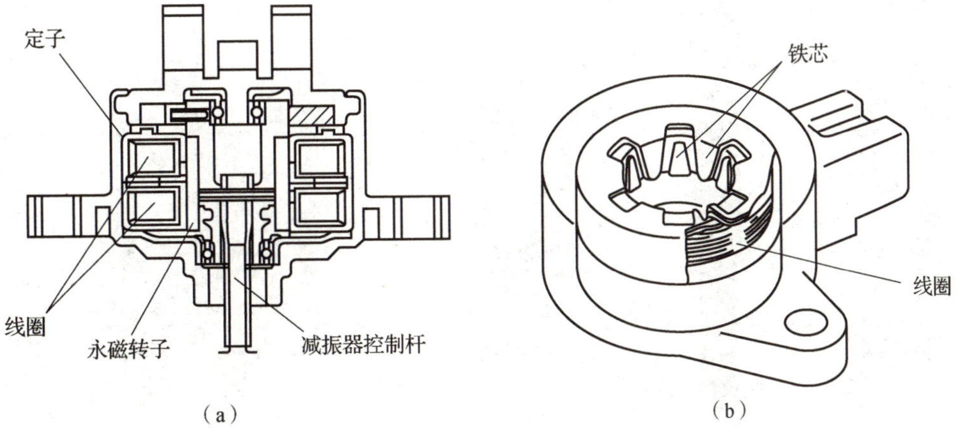

图 4 - 1 - 9　步进电机式悬架执行器

（a）结构示意图；（b）定子和线圈

图 4 - 1 - 10　占空比控制式可调阻尼力减震器

当需要减震器阻尼变大时，悬架电控单元增大减震器电磁阀控制信号的占空比，此时，减震器上下两腔间的通孔截面减小，减震器活塞在上行或下行过程中，油液在两腔间的流动受到较大节流，流速变慢，此时减震器的阻尼较大，呈现较硬状态。

当需要减震器阻尼变小时，悬架电控单元减小减震器电磁阀控制信号的占空比，减震器活塞在上行或下行的过程中，油液在两腔间流动受到较小节流，流速较快，此时减震器的阻尼较小，呈现较软状态。

3）电磁减震器

电磁减震器如图 4 - 1 - 11 所示，减震器活塞中安装有电磁线圈。在减震器内采用的不是普通油，而是一种称作电磁液的特殊液体，它是由合成碳氢化合物以及 $3 \sim 10\ \mu m$ 大小的磁性颗粒组成的。在没有磁场时，电磁液不会磁化，微小磁性颗粒的排列呈无规则状。当悬架电控单元控制电磁线圈通电时，电磁线圈周围形成一个磁场，这些微小磁性颗粒马上会按垂直于压力的方向排列，于是电磁液变稠，阻碍活塞的运动，从而提高阻尼系数。

如果要使减震器阻尼变大，则悬架电控单元增大减震器电磁阀控制信号的占空比，电磁线圈产生强大的磁场，电磁液变稠使活塞运动速度变慢，减震器呈"硬"状态。

如果要使减震器阻尼变小，则悬架电控单元减小减震器电磁阀控制信号的占空比，电磁液变稀，活塞运动速度加快，减震器呈"软"状态。

电磁减震器可以针对路面情况，在 1 ms 时间内做出反应，抑制振动，保持车身稳定，特别是在车速很高又突遇障碍时，更能显出它的优势。

未通电　　　　　已通电　　　　　　　　推杆

强磁场区

电磁线圈

强磁场区

磁化区域

电磁液　　　活塞

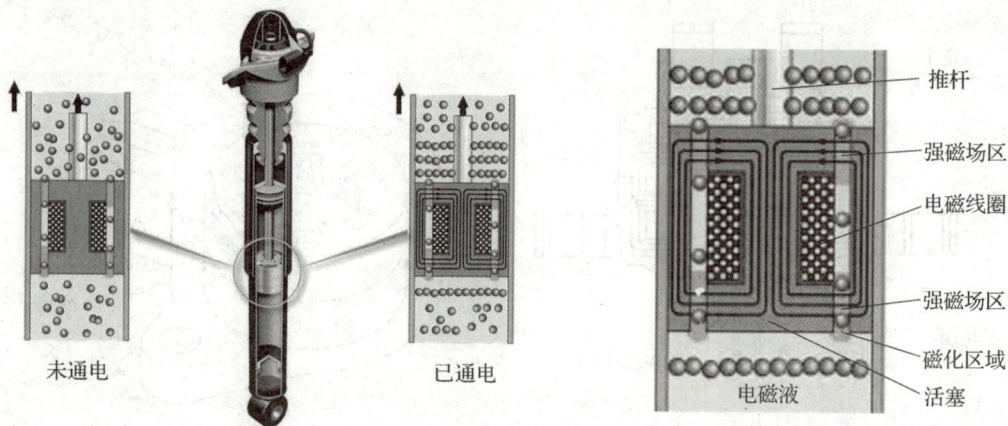

图 4 – 1 – 11　电磁减震器

这种只由微米大小的磁性颗粒组成的电磁液，可以在 1 ms 内做出反应，从而无级调整悬架的阻尼力，这体现的是科技的进步、制造业的先进。与世界先进水平相比，我国制造业仍然大而不强，在自主创新能力、资源利用效率、产业结构水平、信息化程度、质量效益等方面差距明显。"中国制造 2025"提出，立足国情，立足现实，力争通过"三步走"实现制造强国的战略目标。作为当代大学生，应努力提高创新意识，加强技术学习，紧跟国家政策，不断充实自己，为自己充电，只有不断学习、不断进取，才不会为时代所抛弃。

2. 弹簧刚度控制的执行机构

弹簧刚度可变的电控悬架采用的弹性元件主要有空气弹簧和油气弹簧两种，其刚度的控制方法也不尽相同。

1）空气弹簧悬架刚度控制

空气悬架气动缸的基本结构剖面如图 4 – 1 – 12 所示。气动缸由封入低压惰性气体的弹性元件和阻尼力可调的减震器以及悬架执行元件等组成。

弹簧刚度控制
的执行机构

弹性元件（空气弹簧）分为主、副气室两部分，主气室的容积是可变的，在它的下部有一个可伸展的隔膜，压缩空气进入主气室可升高悬架的高度，反之使悬架高度下降。空气悬架气动缸主、副气室设计为一体，这样既省空间，又减轻了重量。悬架的上方与车身相连，下方与车轮相连，随着车身与车轮的相对运动，主气室的容积在不断变化。

主气室与副气室之间有一个通道，气体可以相互流通，改变主、副气室气体通道的大小，就可以改变空气悬架的刚度。减震器的活塞通过中心杆（阻尼调整杆）和悬架控制执行器相连接。执行器带动调整杆可以改变活塞阻尼孔的大小，从而改变减震器的阻尼系数。

悬架刚度的调节原理如图 4 – 1 – 13 所示。主、副气室间的气阀体上有大小两个通道。悬架控制执行器（步进电机式）带动空气阀控制杆转动，使空气阀阀芯转过一个角度，改变气体通道的大小即可改变主、副气室气体流量，使悬架的刚度发生变化。

悬架刚度可以在高、中、低三种状态间变化。

（1）高的悬架刚度。当阀芯开口转到对准图 4 – 1 – 13（a）所示的高位置时，两气室之间的气体通道全部被封闭，两气室之间的气体相互不能流动，压缩空气只能进入主气室，悬架在振动过程中只有主气室的气体单独承担缓冲工作，悬架刚度处于高状态。

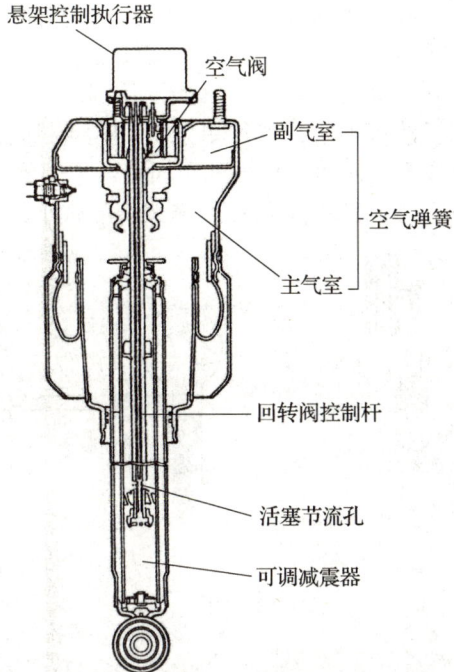

图 4 – 1 – 12　空气悬架气动缸的基本结构

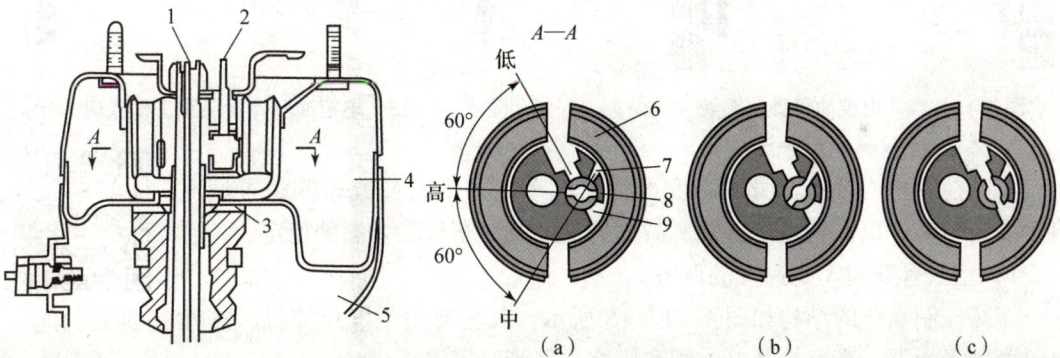

图 4 – 1 – 13　悬架刚度调节原理

1—阻尼调节杆；2—空气阀控制杆；3—主副气室通路；4—副气室；5—主气室；6—气阀体；

7—小气体通路；8—阀体；9—大气体通路

（2）中间的悬架刚度。当阀芯开口转到对准图 4 – 1 – 13（b）所示的中间位置时，气体通道的大口被关闭、小口被打开，两气室之间的流量小，悬架刚度处于中间状态。

（3）低的悬架刚度。当阀芯开口转到对准图 4 – 1 – 13（c）所示的低位置时，气体通道的大口被打开，主气室的气体经过阀芯的中间孔、阀体侧面通道与副气室的气体相通，两气室之间的空气流量越大，相当于参与工作的气体容积增大，悬架刚度处于低状态。

2）油气弹簧悬架刚度控制

油气弹簧以惰性气体（通常为氮气）作为弹性介质，而油液作为传力介质，一般由气体弹簧和相当于液压减震器的液压缸组成，通过油液压缩气室中的气体实现变刚度弹性。油气弹簧示意图如图 4 – 1 – 14 所示。

电控油气弹簧系统工作原理如图 4 – 1 – 15 所示。当汽车处于高速、转向、起动和制动工况时，电控单元 ECU 接收到各传感器送来的信号后，控制前、后电磁阀断电，使中间氮气弹簧与系统隔绝，关闭刚度调节器，禁止各悬架支柱之间的油液流动，气室总容积减小，悬架刚度增大，悬架处于"硬"状态。

当汽车在好路面上低速正常行驶时，电控单元 ECU 接收到各传感器送来的信号，控制前、后电磁阀通电，将中间弹簧引入前、后轴液压回路，中间弹簧的油室与左、右两侧悬架的主油室相通，气室总容积增加了 50%，从而使悬架刚度减小，系统处于"软"状态。

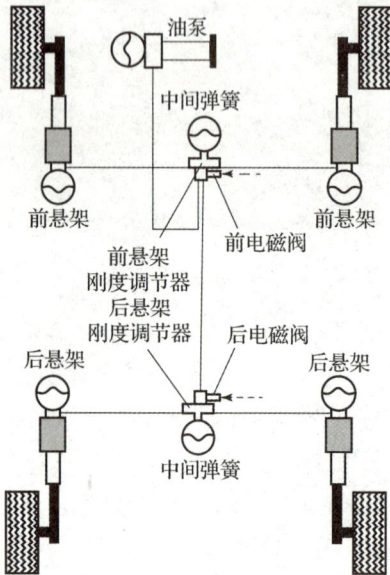

图 4 - 1 - 14　电控油气弹簧系统

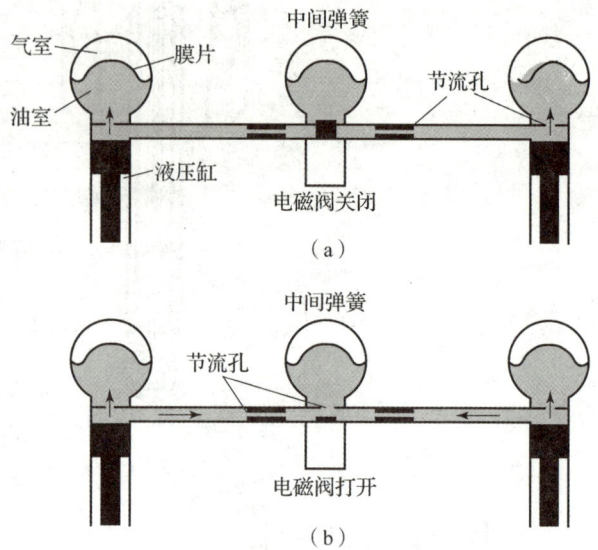

（a）

（b）

图 4 - 1 - 15　电控油气弹簧系统工作原理

3. 车高控制的执行机构

车高控制机构是指车身的高度可根据汽车内乘坐人员或车辆载重情况自动做出调整，以保持汽车行驶所需要的高度及汽车行驶姿态的稳定。

1）空气弹簧对车身高度的调整

车高控制系统的结构如图 4 - 1 - 16 所示，其主要由空气压缩机、排气电磁阀、干燥器、高度控制电磁阀和压缩空气管路等组成。

车高控制的
执行机构

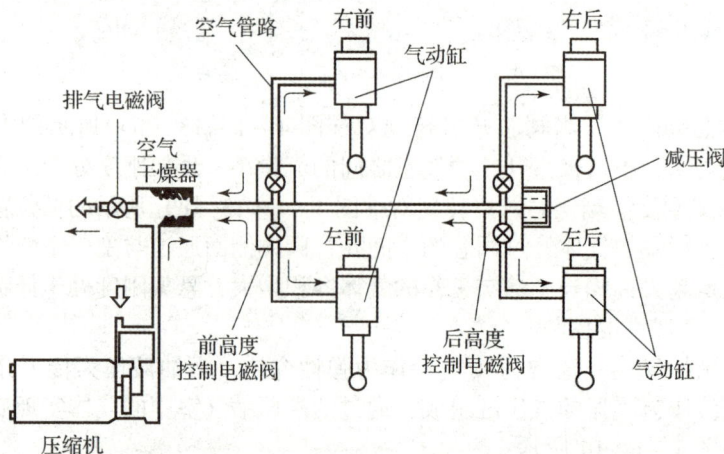

图 4 - 1 - 16　车身高度控制系统组成

控制单元根据传感器信号的变化，给控制车高的电磁阀发出指令。当车身需要升高时，电磁阀动作，压缩空气进入空气悬架的主气室，主气室的充气量增加，车身上升，如图 4 - 1 - 17 所示。如果电磁阀不通电，则悬架主气室的气量保持不变，车身维持在一定的高度。当车身需要下降时，空气压缩机停止工作，电磁阀通电打开，同时排气阀也通电打开，悬架主气室的气体通过电磁阀、空气管路、干燥器和排气电磁阀而排出，车身下降。

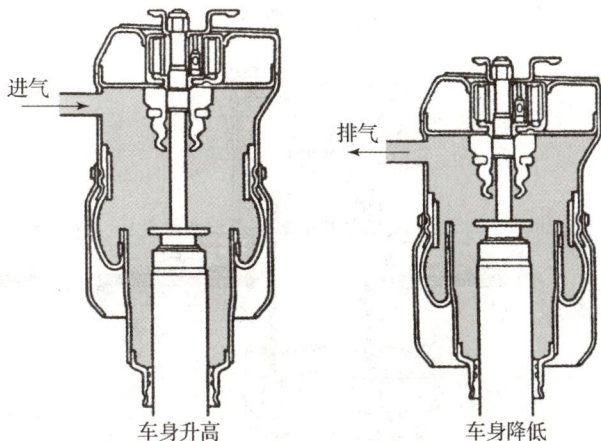

图 4 - 1 - 17　车身高度控制原理

（1）压缩机干燥器组件。空气压缩机用来产生供车身高度调节所需的压缩空气。如图 4 - 1 - 18 所示，空气压缩机采用单缸活塞连杆式结构，由直流电动机驱动。压缩干燥器的作用是去除压缩空气中的水分。

（2）高度控制电磁阀。高度控制电磁阀的作用是根据悬架 ECU 的控制信号控制空气悬架的充气和排气。车高控制系统通常有两个高度控制电磁阀，一个用于前面，另一个用于后面。前高度控制电磁阀用于前悬架，它由两个电磁阀组成，分别控制左、右空气弹簧；后高度控制电磁阀用于后悬架，也是由两个电磁阀组成，如图 4 - 1 - 19 所示。此外后高度控制电磁阀中还装有一个减压阀，用来防止空气管路内压力过高。高度控制电磁阀的工作原理如图 4 - 1 - 20 所示。

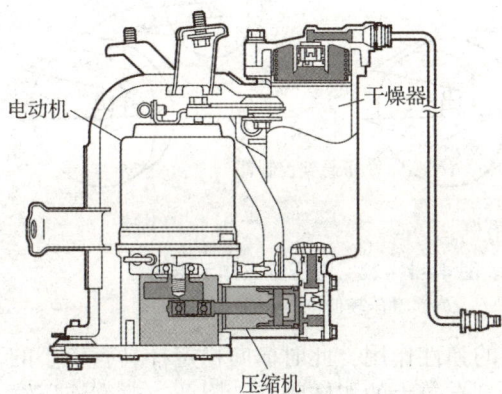

图 4 - 1 - 18　压缩机干燥器组件

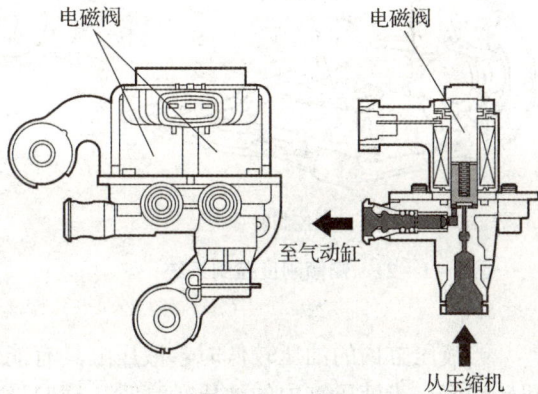

图 4 - 1 - 19　高度控制电磁阀

2）油气弹簧对车身高度的调整

空气弹簧悬架车身高度的调整是通过向空气弹簧室内充气和放气实现的，而油气弹簧悬架是通过向液压缸内充油和放油实现的。

车身高度改变后，其悬架的刚度也会改变，相比之下，当油气弹簧实现车身高度调节时，对悬架的刚度影响小。

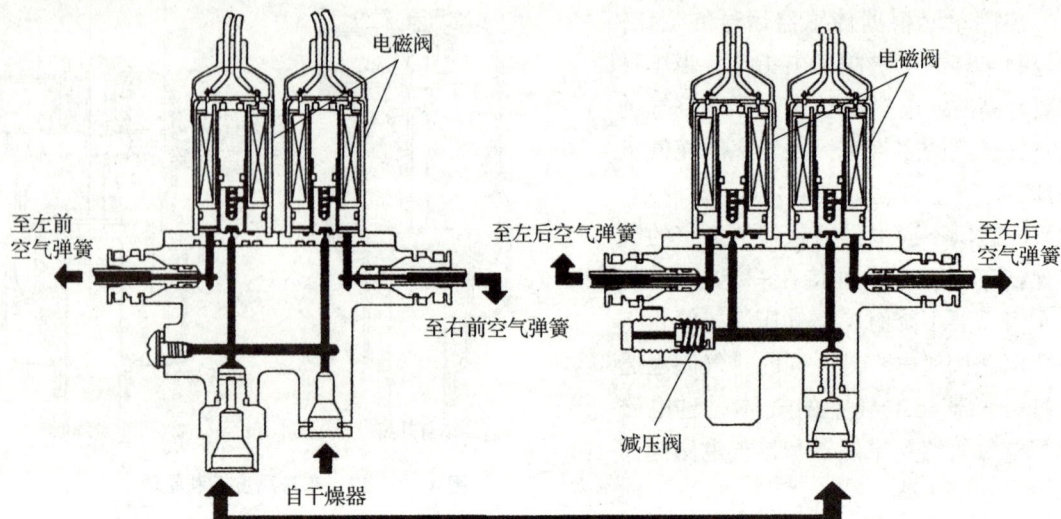

图 4-1-20　高度控制电磁阀的工作原理

4. 侧倾刚度控制的执行机构

汽车的侧倾刚度与汽车的转向特性密切相关，要改变汽车的侧倾刚度，可以通过改变横向稳定杆的扭转刚度来实现。

图 4-1-21 所示为一种侧倾刚度控制系统的结构，液压缸安装在横向稳定杆与悬架下控制臂之间，通过改变液压缸内的油压来改变横向稳定杆的扭转刚度，图 4-1-22 所示为其工作示意图。

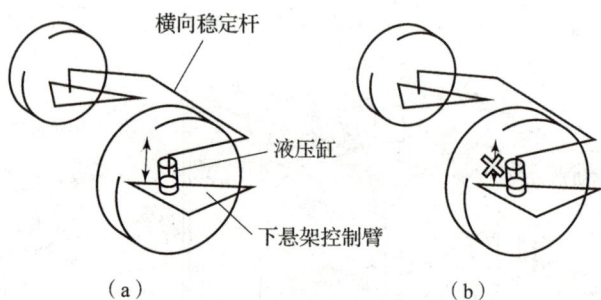

图 4-1-21　侧倾刚度控制系统

图 4-1-22　液压缸工作示意图
(a) 油压较低；(b) 油压较高

当液压缸内的油压较低时，液压缸具有能伸缩的弹性作用，此时横向稳定杆具有较小的扭转刚度；当液压缸内的油压较高时，横向稳定杆具有较大的扭转刚度。因此，改变液压缸内的油压即可改变侧倾刚度。

五、悬架电控单元 ECU

悬架电控单元 ECU 通过故障检测电路不停地检测传感器、执行器、线路等的故障。当有故障发生时，将会在悬架 ECU 中以代码的形式记录故障的内容，以便在修理时容易确定故障所在位置。

丰田 LEXUS LS400 电子控制空气悬架电路如图 4-1-23 所示。

电控悬架系统
电控单元及
电路图

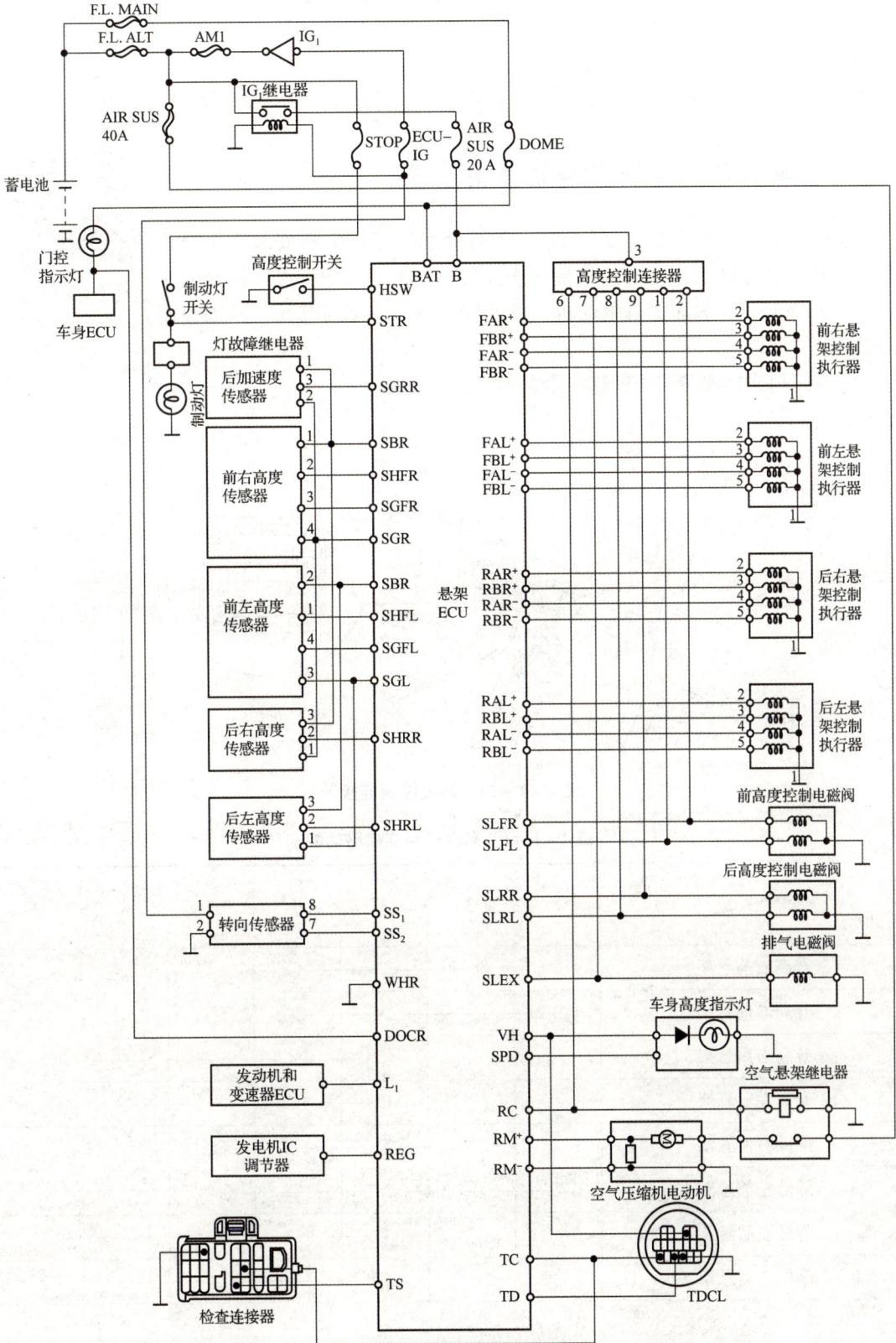

图 4 - 1 - 23　丰田 LEXUS LS400（UCF20 车型）悬架系统线路图

任务实施

下面以丰田 LEXUS LS400（UCF20 车型）电控悬架系统为例，讲述各部分的检测。

一、车身高度控制系统功能的检查

电控悬架系统中设置了一个高度控制连接器，此连接器安装在手套箱下，如图 4 - 1 - 24 所示。通过连接该连接器上的不同端子，可以不必通过悬架 ECU 而直接操纵压缩机电动机、高度控制电磁阀和排气阀，从而控制车身高度。

汽车电控悬架
系统的检修

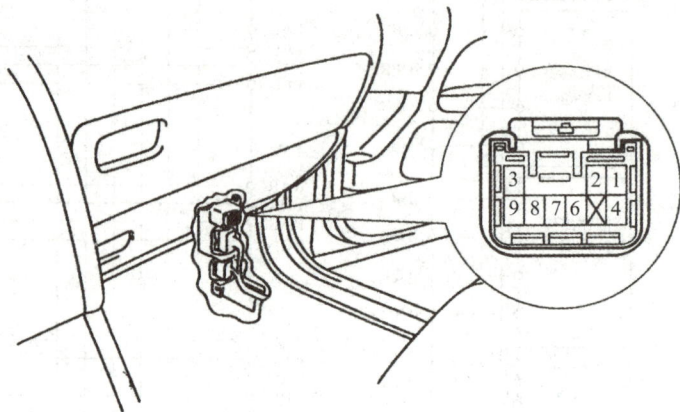

高度控制连接器各端子的连接及相应的控制见表 4 - 1 - 1。

图 4 - 1 - 24　高度控制连接器

表 4 - 1 - 1　高度控制连接器功能

功能 ＼ 端子	1	2	3	6	7	8	9
升高右前悬架		○	○	○			
升高左前悬架	○		○	○			
升高右后悬架			○	○			○
升高左后悬架			○	○		○	
降低右前悬架		○	○		○		
降低左前悬架	○		○		○		
降低右后悬架			○		○		○
降低左后悬架			○		○	○	
注：○——○表示连接							

二、电控悬架系统的基本检查

电控悬架基本检查的内容有：车身高度调整功能检查、减压阀检查、漏气检查和车身高度初始调整。

1. 车身高度调整功能检查

通常通过操作高度控制开关来检查汽车车身高度的变化，如图 4 - 1 - 25 所示。

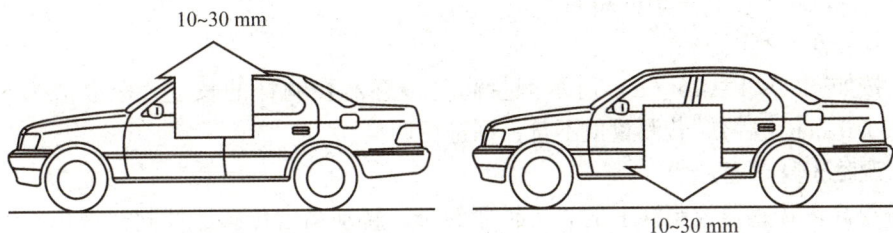

图 4 - 1 - 25　车身高度调整检查

（1）检查轮胎充气压力是否正确。

（2）检查汽车高度。

（3）起动发动机，将高度控制开关从 NORM 位置切换到 HIGH 位置。检查完成车身高度调整所需的时间和汽车车身高度的变化量，标准见表 4 - 1 - 2。

表 4 - 1 - 2　车身高度调整时间及高度变化量标准

从操作高度控制开关至压缩机启动/s	约 2
从压缩机启动至高度调整完成/s	20 ~ 40
车身高度的改变量/mm	10 ~ 30

（4）在汽车处于 HIGH 高度时，起动发动机并将高度控制开关从 HIGH 位置切换至 NORM 位置。检查完成车身高度调整所需的时间和汽车车身高度的变化量，标准见表 4 - 1 - 3。

表 4 - 1 - 3　车身高度调整标准

从操作高度控制开关至排气电磁阀打开/s	约 2
从排气电磁阀打开至高度调整完成/s	20 ~ 40
车身高度改变量/mm	10 ~ 30

2. 减压阀检查

强制压缩机工作以检查减压阀的动作，方法如下：

（1）将点火开关转到 ON 位置，连接高度控制连接器的端子 3 和 6，使压缩机工作，如图 4 - 1 - 23 所示。注意连接时间不能超过 15 s。

（2）压缩机工作一段时间后，检查减压阀应有空气逸出。

（3）将点火开关转至 OFF 位置。

注意：当强制压缩机运行时，悬架 ECU 会记录下故障代码。检查完成后，要清除故障代码。

3. 漏气检查

将高度控制开关切换至 HIGH 位置，升高车身，熄灭发动机，在空气悬架系统的软管、硬管及其连接处涂抹肥皂水，检查是否有漏气。

4. 车身高度初始调整

车身高度初始调整是使车身初始高度处于标准范围内。调整时，高度控制开关必须在 NORM 位置，汽车要停在平坦的路面上。

（1）检查车身高度。

（2）按如图 4 - 1 - 26（a）所示测量高度传感器控制杆的长度，标准值为 59.3 mm（前）或 35.0 mm（后），若测量值不符，则进行调整。

（3）调整车身高度。

① 拧松高度传感器控制杆上的 2 个锁紧螺母。转动高度传感器控制杆螺栓，以调节长度，如图 4 - 1 - 26（b）所示。螺栓每转一圈，车身高度改变约 5 mm。

② 检查如图 4 - 1 - 26（c）所示的长度，应小于 10 mm（前）或 14 mm（后）。

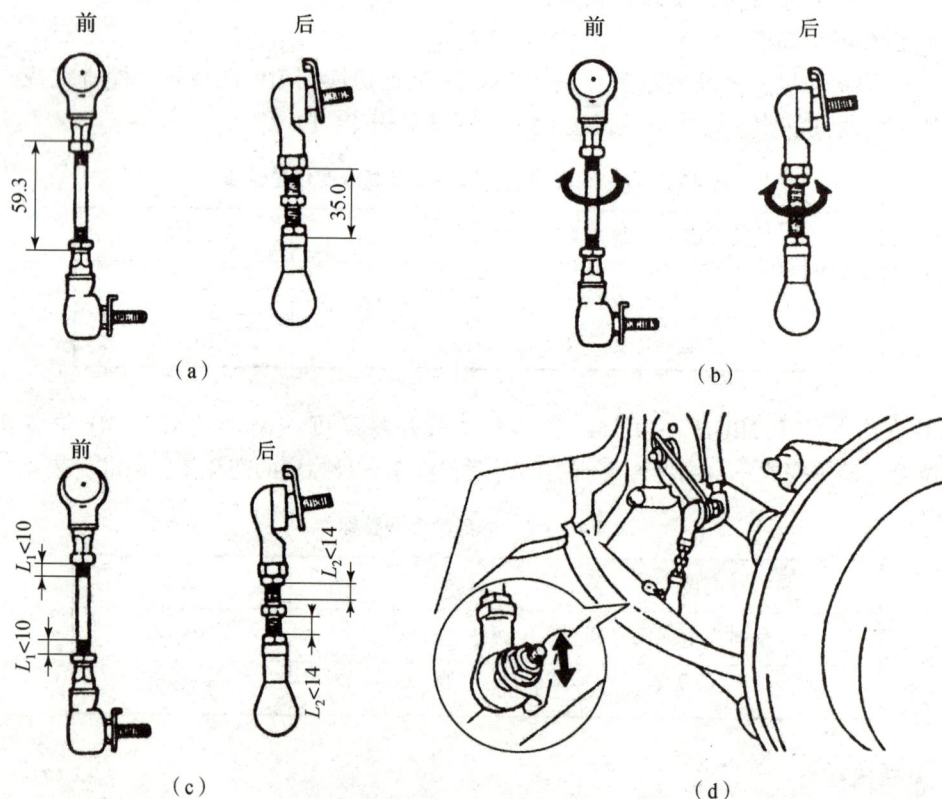

图 4 - 1 - 26 车身高度初始调整

③ 暂时拧紧 2 个锁紧螺母，再次检查车身高度。

④ 拧紧锁紧螺母。注意：在拧紧锁紧螺母时应确保球节与托架平行。

（4）检查车轮定位。

三、电控悬架系统零部件的检测

1. 转向盘转角传感器的检测

（1）拆下转向盘，断开转向盘转角传感器连接器，打开点火开关，测量连接器线束端子1、2之间的电压（见图4－1－23），应为9～14 V。

（2）连接传感器连接器，打开点火开关，慢慢转动转向盘，测量连接器端子SS1和SS2与搭铁之间的电压，应在0～5 V变化。

2. 高度传感器的检测

（1）断开高度传感器连接器，打开点火开关，测量连接器线束端子SBR、SBL（见图4－1－23）与搭铁之间的电压，标准值约为5 V。

（2）高度传感器信号电压检查。连接传感器连接器，打开点火开关，使控制杆缓慢地上、下移动，同时测量传感器的信号端子与搭铁之间的信号电压。当车身高度处于高位置时，信号电压为2.3～4.1 V；当车身高度处于正常位置时，信号电压约为2.3 V；当车身高度处于低位置时，信号电压为0.5～2.3 V。

3. 垂直加速度传感器的检测

每个前高度传感器中都装有一个加速度传感器，另一个加速度传感器装在右后。

（1）断开垂直加速度传感器连接器，打开点火开关，测量连接器线束端子SBR、SBL（见图4－1－23）与搭铁之间的电压，标准值约为5 V。

（2）检查加速度传感器信号电压。拆下加速度传感器（带高度传感器），不断开线束连接器，打开点火开关，测量传感器信号端子与搭铁之间的信号电压。当传感器静止时，信号电压约为2.3 V；当将传感器上下垂直移动时，信号电压在0.5～4 V变化。

4. 悬架控制执行器的检测

（1）拆下执行器盖和执行器，连接TDCL（丰田诊断通信链路）的端子TD和E1，打开点火开关，高度控制开关每向HIGH（高）侧推动一次，则悬架控制执行器应朝"硬"更进一步，如图4－1－27所示。

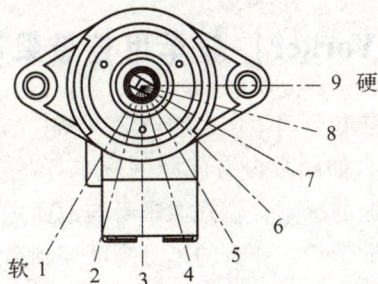

图4－1－27　检查悬架控制执行器的运行

（2）拆下执行器盖和执行器，脱开执行器连接器，测量悬架控制执行器各线圈（端子1和2，1和3，1和4，以及1和5之间，如图4－1－23所示）的电阻，应为14.7～15.7 Ω。

（3）用螺丝刀将执行器输出轴调至"软"位置，然后将蓄电池正、负极按表4－1－4所示连接到悬架控制执行器连接器的各端子，此时悬架控制执行器应朝"硬"侧更进一步。

表 4 – 1 – 4　悬架控制执行器检测

蓄电池正极	蓄电池负极	位置	蓄电池正极	蓄电池负极	位置
2 和 3	1	（软）1→2	2 和 3	1	5→6
3 和 4	1	2→3	3 和 4	1	6→7
4 和 5	1	3→4	4 和 5	1	7→8
5 和 2	1	4→5	5 和 2	1	8→9（硬）

（4）上述检查若不正常，则更换悬架控制执行器。

5. 高度控制电磁阀、排气电磁阀的检测

（1）拆下电磁阀连接器，测量电磁阀线圈之间的电阻，应为 9～15 Ω。

（2）将蓄电池电压直接加载在电磁阀的两端，电磁阀应发出"卡嗒"声。

案例分析

一、丰田 LEXUS LS400 轿车事故大修后失去高度自动调整功能

故障现象：一辆 LEXUS LS400 轿车，因事故大修后，右前车身低落，失去高度自动调整功能。打开点火开关，仪表板上的 NORMAL 高度控制指示灯便闪烁不停。

故障诊断与排除：读取故障码，为右前高度控制电磁阀电路故障。将车辆举起，找到右前高度控制电磁阀（前左、前右两个高度控制电磁阀并排），检查线路及电磁阀电阻，均正常。

找到高度控制连接器，短接 2、3、6 插脚，参见表 4 – 1 – 1。打开点火开关，此时压缩机开始工作，20 s 后，始终不见右前车身升起。由于压缩机能正常工作，因此故障应该出在电磁阀上。

更换电磁阀，重新操作高度控制开关，车身高度调节功能正常。

二、纽约客（New Yorker）轿车电控悬架减振系统不工作

故障现象：一辆美国克莱斯勒公司生产的纽约客（New Yorker）轿车，车身长期离地面太高，行驶起来之后非常颠簸，如同减振有问题的汽车行驶在不平的路面上。上下按压车身，特别硬，丝毫没有一点减振的感觉，就好像车身与地面之间没有减震器。

故障诊断及排除：该车装配带空气弹簧的车身高度控制系统，首先读取故障码，无故障代码。用诊断仪的系统测试功能（System Test）对车身两前悬架升高电磁阀和后悬架升高电磁阀及排气电磁阀分别进行模拟控制。检查发现控制升高时可以听到压缩机的工作声音，但是车身高度没有什么变化；在控制排气时，没有听到排气的声音。

对照线路找到排气电磁阀，予以强制性通电，同时对一个升高电磁阀也通电，发现电磁阀动作之后仍无放气现象，无奈之下，采取机械放气的方法，因为空气弹簧的管路是相通的，拆下其中一轮的气管，使其直接放气。

拆开管接头后，压缩空气很快排了出来，车身立刻降低，插好管后，又开始了放气动作。仔细观察压缩机，发现压缩机吸气口的过滤管和滤网被人拆掉了。另外压缩机装在车的后尾部车架上，脏物容易进入压缩机而储存在干燥器中。当排气阀打开后，泥沙等脏物被压挤在排气口上，堵塞了排气孔，导致车子不能下降，这就是车身"居高不下"的根本原因。

此车更换压缩机后，故障彻底解决。打开旧的压缩机，发现其内部脏物极多，究其故障原因，应该是进气阀上带滤网的管子被拔掉所致。

任务小结

1. 电控悬架系统按有源和无源可分为半主动电控悬架和主动电控悬架；根据受控介质的不同分为空气悬架、液压悬架和电磁悬架；按悬架调节的方式不同分为有级调节式悬架和无级调节式悬架。

2. 电控悬架系统的基本功能：减震器阻尼力控制、弹簧刚度控制和车身高度控制。大多数车型具有以上三个功能中的一个或两个，而有些车型同时具有以上三个功能。

3. 电控悬架系统主要由各种传感器和开关、电控单元以及执行机构等组成。

4. 车身高度传感器的作用是将车身与车桥之间的相对高度变化（悬架位移量的变化）转化成电信号输送给控制单元。

5. 垂直加速度传感器用来测量车身的垂直加速度，悬架 ECU 根据垂直加速度信号计算出四个车轮弹簧支承质量的垂直加速度。

6. 悬架的控制项目主要有：减震器阻尼力控制、弹簧刚度控制、车身高度控制和侧倾刚度控制等。

7. 对悬架减震器阻尼力的控制方式有：电动机控制方式、占空比控制方式和电磁减震器控制方式等。

8. 电磁减震器内采用的是电磁液，在没有磁场时，电磁液不会磁化；控制线圈通电后，电磁液会按垂直于压力的方向排列，于是电磁液变稠，阻碍活塞的运动，从而提高阻尼系数。

9. 在空气弹簧中，改变主、副气室的气体通道的大小就可以改变空气悬架的刚度。

10. 空气弹簧悬架车身高度的调整是通过向空气弹簧室内充气和放气实现的，而油气弹簧悬架是通过向液压缸内充油和放油实现的。

学习任务二　奥迪自适应空气悬架系统检修

【思政目标】
- 培养学生打破常规，突破旧思维定式的创新思维方式；
- 引导学生循序渐进，从细微处入手的良好工作习惯。

【任务目标】
- 能正确讲述奥迪自适应空气悬架系统的组成；
- 能正确描述奥迪自适应空气悬架系统的控制模式；

- 能正确描述奥迪自适应空气悬架系统各零部件的结构和工作原理；
- 能正确识读和分析奥迪自适应空气悬架系统电路图；
- 会使用故障诊断仪读取奥迪自适应空气悬架系统数据流。

【学习重点】

- 奥迪自适应空气悬架系统各零部件的结构和工作原理；
- 识读和分析奥迪自适应空气悬架系统电路图；
- 奥迪自适应空气悬架系统数据流的读取。

任务导入

一辆 2012 款奥迪 A8L 3.0T 轿车，行驶里程为 8 100 km，仪表显示空气悬架系统故障，MMI 无法设置升降，左侧车身明显低于右侧车身。读取故障码，为水平高度控制系统可靠性故障。读取车辆绝对高度值，分别为：左前 390.6 mm，左后 394.8 mm，右前 422.1 mm，右后 430.5 mm，左侧前后的值低于右侧前后值。现在请你对客户轿车的空气悬架系统进行检修。

知识准备

奥迪 A8 轿车的电控悬架系统称为自适应空气悬架系统（Adaptive Air Suspension，AAS），此系统为连续可变阻尼控制，能提供四种悬架高度的四轮空气悬架系统。AAS 根据安装在车身不同位置的多个传感器来感知载荷、车速和路面状况等信息，通过这些信息选择合适的悬架硬度和减振阻尼，使车辆在加速、制动和转弯时都能获得很好的车身控制。

一、奥迪 A8 自适应空气悬架系统认识

奥迪自适应
空气悬架
系统认识

1. 系统组成

奥迪 A8 轿车自适应空气悬架系统 AAS 在车上的安装位置如图 4-2-1所示，系统包括空气压缩机、电控空气悬架控制单元、四个车身高度传感器、三个车身加速度传感器、储压罐、空气弹簧及控制空气弹簧的电磁阀组，其 AAS 系统示意图如图 4-2-2 所示。

AAS 系统利用传感器（包括开关）对汽车行驶时路面的状况和车身的状态进行检测，将信号输入控制单元进行处理。控制单元通过驱动电路控制空气悬架系统的执行器动作，完成悬架特性参数的调整，即在车辆行驶过程中，根据实际需要，使悬架系统的基本控制参数，如刚度、阻尼可随时调节，从而达到最佳的平顺性与稳定的行车状态。

2. 系统控制模式

奥迪 A8 轿车可以选择标准型底盘（自适应空气悬架）和运动型底盘（运动型自适应空气悬架）。对于标准型底盘来说，可以手动或自动选择以下四种模式。

（1）自动模式。基本底盘高度，以舒适性为主并配有与之相适应的减振特性。当车速超过 120 km/h 行驶 30 s 后，底盘会下沉 25 mm（又称为"高速公路底盘下沉"）；当车速低于 70 km/h 的时间达到 120 s 或车速低于 35 km/h 时，底盘会自动恢复到基本高度。

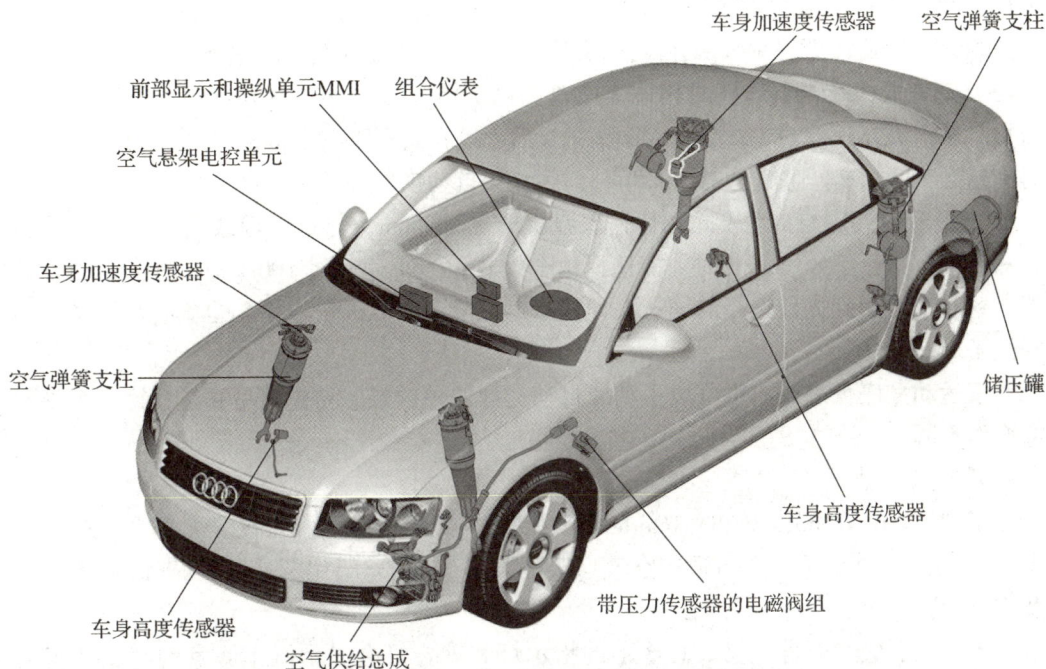

图 4 - 2 - 1 奥迪 A8 自适应空气悬架系统布置

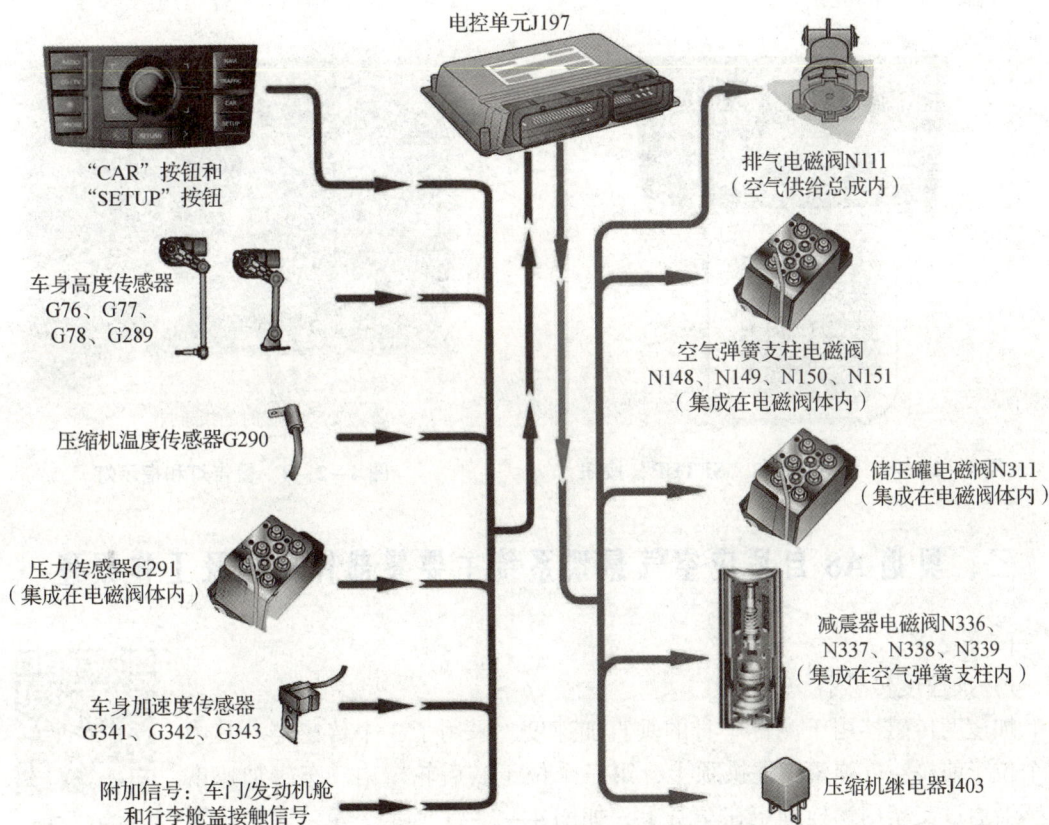

图 4 - 2 - 2 奥迪 A8 轿车 AAS 系统的组成

（2）舒适模式。底盘高度与自动模式一样，但在车速较低时减振要弱一些，因此与自动模式相比，舒适性更好一些。在舒适模式下不会出现"高速公路底盘下沉"。

（3）动态模式。与自动模式相比，底盘高度下沉了 20 mm，并且自动调整到运动模式的减振特性。在车速超过 120 km/h 行驶 30 s 后，底盘会再下沉 5 mm；当车速低于 70 km/h 的时间达到 120 s 或车速低于 35 km/h 时，底盘会自动恢复到基本高度。

（4）提升模式。与自动模式相比，底盘提升了 25 mm，与自动模式一样，以舒适性为主。只有当车速低于 80 km/h 时才能选择这个模式，当车速超过 100 km/h 时会自动脱离此模式，这时车会回到先前选择的模式，即使车速又降到 80 km/h 以下，也不会再自动回到提升模式了。

对于运动型底盘来说，也可以手动或自动选择四种模式。与标准型底盘相比，车身的高度会有所不同。

3. 系统的操作

在车辆 MMI（Multi Media Interface，多媒体交互系统）上按"CAR"按钮（见图 4-2-3），能直接调出"自适应空气悬架"菜单，按"SETUP"按钮可查询系统状态信息及完成专项设定。

对于标准型底盘而言，仪表总成上的指示灯和警告灯会显示汽车底盘的高度状态。如图 4-2-4 所示，当底盘处于极低状态时，指示灯和警告灯都会闪亮；当底盘处于极高状态时，警告灯也会闪亮。

图 4-2-3　"CAR"和"SETUP"按钮

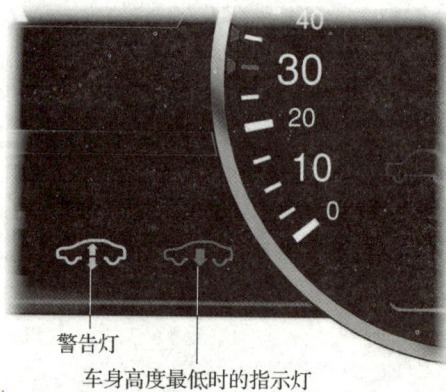

图 4-2-4　警告灯和指示灯

二、奥迪 A8 自适应空气悬架系统主要零部件结构及工作原理

1. 传感器

1）加速度传感器

加速度传感器用于测量车身的垂直加速度，采用了 3 个传感器，其中两个位于前桥空气弹簧支柱拱顶上，第三个位于右后轮罩内。车身加速度传感器通过支架用螺栓固定在车身上，如图 4-2-5 所示，安装时传感器外壳上的箭头应朝上。

奥迪自适应
空气悬架系统
零部件

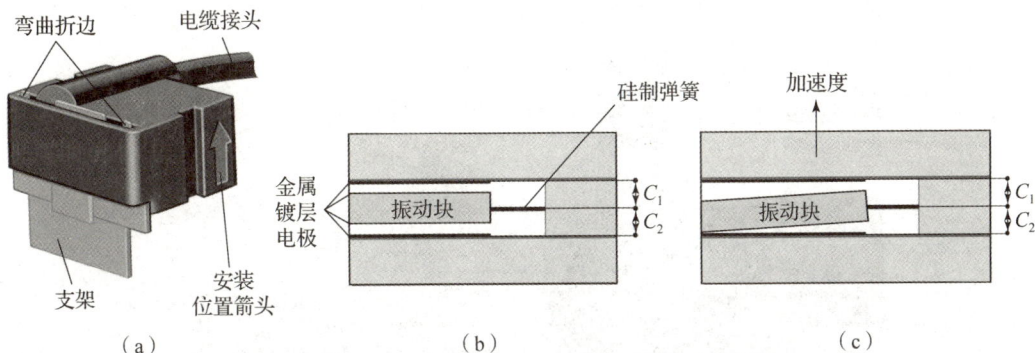

图4-2-5　车身加速度传感器

(a) 结构；(b) 静止状态；(c) 加速状态

传感器元件由多层硅片和玻璃组成，中间硅片制成的弹簧片（硅制弹簧）连接振动块。金属涂层的振动块（可振物体）作为一个可动电极，分别和上下对应电极各形成一个电容器。电容器的电容值取决于电极的面积以及两极之间的距离。

静止时，振动块恰好位于对应电极的中间，两个电容器C_1和C_2的电容值是一样的，如图4-2-5 (b) 所示。

加速时，振动块由于惯性作用会偏离中间位置，因而电极之间的距离发生改变，如图4-2-5 (b)所示。图中电容C_1电极之间的距离变大，电容值减小；电容C_2电极之间的距离变小，电容值增大。C_1、C_2经过传感器内的处理电路处理转换为输出信号送至控制单元。

2) 车身高度传感器

4个车身高度传感器的结构相同，安装位置如图4-2-6所示。

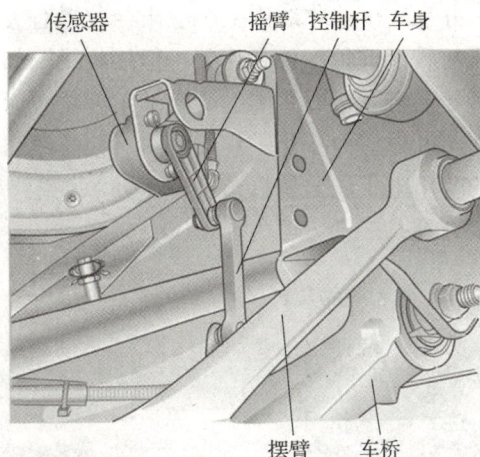

图4-2-6　车身高度传感器安装位置

奥迪A8轿车车身高度传感器采用的是非接触式传感器，如图4-2-7所示，主要由定子和转子组成，定子由多层电路板构成，电路板上有励磁线圈、三个接收线圈以及集成电路。三个接收线圈布置成多角星形，相位彼此错开。励磁线圈装在电路板的背面。转子由一个封闭的转子线圈构成，转子线圈上连着摇臂，线圈与摇臂一同转动。转子线圈的形状与接收线圈的形状一样。

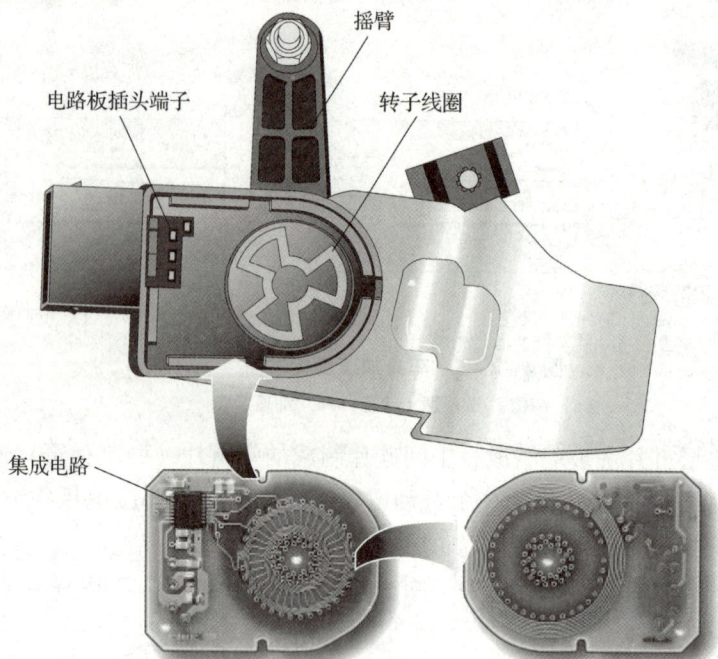

图 4 – 2 – 7　车身高度传感器内部结构

　　传感器工作原理如图 4 – 2 – 8 所示，交变电流流经励磁线圈后产生交变电磁场（初级磁场），该交变电磁场穿过转子线圈，转子线圈中感应出的电流反过来也在转子线圈周围感应出一个次级交变磁场（次级磁场）。这两个交变磁场（分别由励磁线圈和转子线圈产生）共同作用在 3 个接收线圈上，并在 3 个接收线圈上感应出与位置有关的交流电压。

　　转子线圈中的感应电流与转子的角度位置无关，但接收线圈的感应电压取决于它们与转子之间的相对位置。由于转子与各个接收线圈的交叠随角度位置而变化，所以接收线圈中的感应电压幅值也随着它们的角度位置而变化。集成电路对接收线圈的交变电压进行整流并放大，使之与 3 个接收线圈的输出电压成比例（成比例测量），最终转化成高度传感器的输出信号送至控制单元做进一步处理。

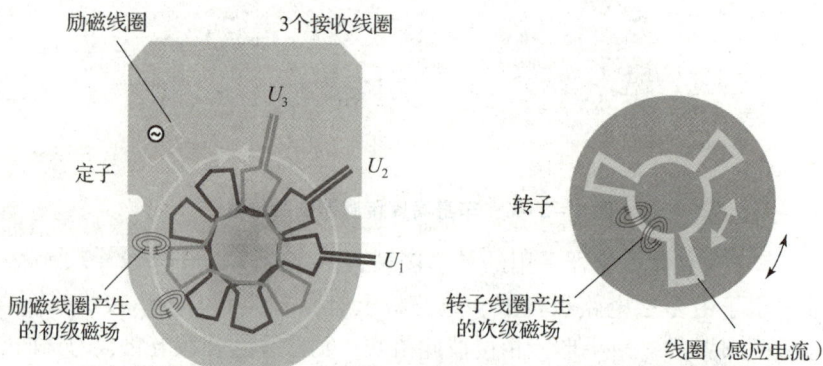

图 4 – 2 – 8　车身高度传感器工作原理

3）压力传感器

压力传感器集成在电磁阀组上，从外面看不到，为电容式传感器，用于测量前桥和后桥弹簧支柱或储压罐的压力。

2. 电控单元

电控单元安装于车内储物箱的前方，接收高度传感器信息以分析车辆的高度状态，并根据其他传感器参数和调节参数对车高进行修正。该控制单元处理其他总线上的相关信息和输入信号，然后用于启动压缩机、电磁阀和减震器。

3. 执行器

1）空气弹簧支柱

空气弹簧封装在一个铝制的圆筒内，如图 4-2-9 所示。密封活塞和气缸之间采用了密封圈，以防止灰尘进入圆筒和空气弹簧伸缩囊之间。密封圈在维修时可以更换，空气弹簧伸缩囊不能单独更换，即当出现故障时，必须更换整个弹簧或减振支柱。

为了保证行李舱具有尽可能大的可利用空间和最大的储物宽度，应最大限度地减小后桥空气弹簧的直径。为了满足舒适性的要求，空气弹簧的体积又不能太小。为了解决这个矛盾，使用了一个与减震器连在一起的辅助空气罐，用于额外供应空气，如图 4-2-10 所示。

既要保证行李舱具有尽可能大的可利用空间，又要满足舒适性的要求，为了解决这个矛盾，采用了一种辅助空气罐的方案，这体现了一种解决问题的能力。在我们的日常生活和工作中，也经常会遇到这种既要这样又要那样的情况，我们就需要对几种不同的要求进行调和，充分发挥创新思维，突破旧的思维定式，不断打破常规，提出一种双方或多方都能满意的解决方案。

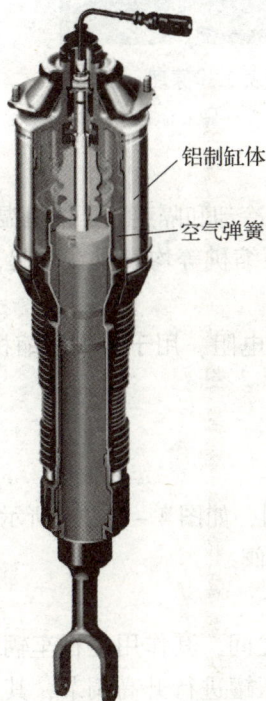

铝制缸体

空气弹簧

图 4-2-9　前空气弹簧支柱

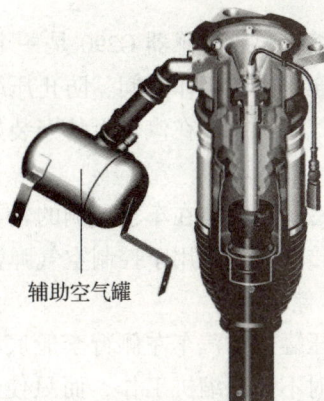

辅助空气罐

图 4-2-10　后空气弹簧支柱

2）减震器

减震器采用无级电子双管气压减震器，这是一种 CDC 减震器（Continuous Damping Control，无级减振控制、连续阻尼控制），其结构和工作原理如图 4 – 2 – 11 所示。图 4 – 2 – 11 中活塞上的减震器主阀门通过弹簧机械预紧，阀门上方安装有电磁线圈，连接导线经由活塞杆的空腔与外部连接。

整个活塞在气缸套内以速度 v 向下运动，空腔内减震器主阀门下的油压上升。电磁线圈通电，产生电磁吸力 F_M，当电磁吸力 F_M 与油压压力 F_P 的总和（$F_M + F_P$）超过弹簧力 F_F 时，就会产生一个剩余合力 F_R，此力将减震器主阀门打开。若电磁线圈中电流变大，则电磁吸力 F_M 增大，减震器主阀门向上移动，开口面积变大，下方腔内油压下降，阻尼力减小；反之阻尼力变大。

当减震器阻尼力最小时，电磁线圈上的电流约为 1 800 mA。在紧急运行时，不对电磁线圈通电，这样就设定了最大减振力，并通过其保证车辆行驶时的动态稳定。

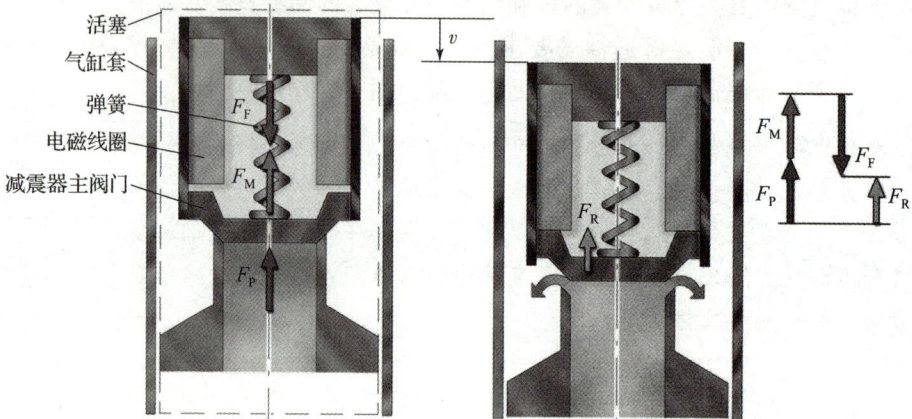

图 4 – 2 – 11　减震器的结构及工作原理
F_F—弹簧力；F_M—电磁吸力；F_P—油压压力；F_R—剩余合力；v—运动速度

3）空气供给总成

空气供给总成安装在发动机舱内左前部，以便于冷却和隔声。压缩机温度传感器、空气干燥器、排气电磁阀、气动排气阀、驱动电动机、压缩机等均集成在一起，如图 4 – 2 – 12 所示。

压缩机温度传感器 G290 是一个负温度系数热敏电阻，用于检测压缩机气缸盖的温度，以控制压缩机的工作时间，防止压缩机过热。

空气供给总成在汽车上的安装如图 4 – 2 – 13 所示。

4）电磁阀组

电磁阀组安装在车辆左侧的轮罩衬板与 A 柱之间，如图 4 – 2 – 14 所示。电磁阀组内包含压力传感器以及用于控制空气弹簧和储压罐的电磁阀。

5）储压罐

储压罐位于汽车左侧行李舱底板和后部消声器之间，其作用是在车辆静止及车速极低时，暂时不让压缩机工作，而只使用储压罐。用储压罐进行升高调节，其速度要快于用压缩机。

蓄电池12 V供电接头　　　支架　　　电动机

压缩机

排气电磁阀接头

接电磁阀体的压缩空气接头

温度传感器接头

气动排气阀

空气干燥器

温度传感器

进气和排气管

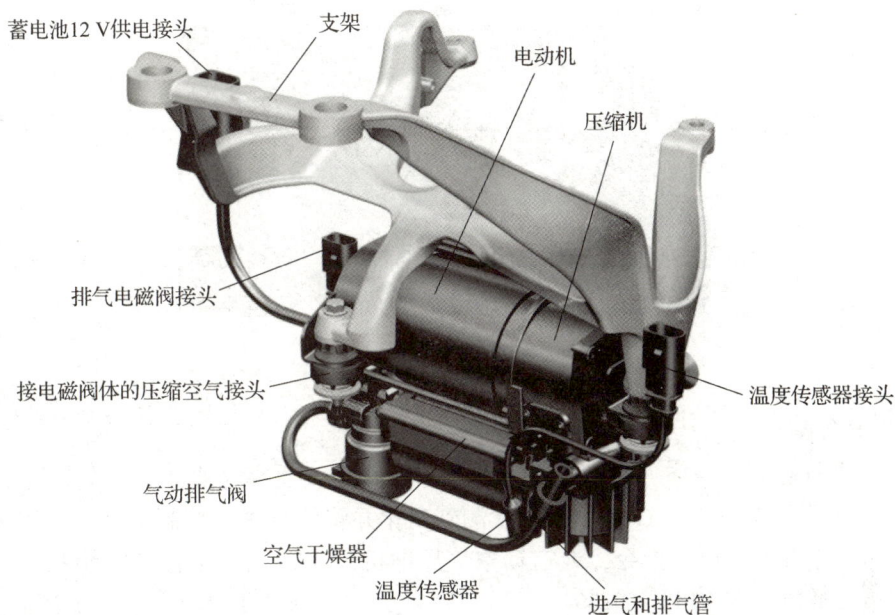

图 4 – 2 – 12　空气供给总成

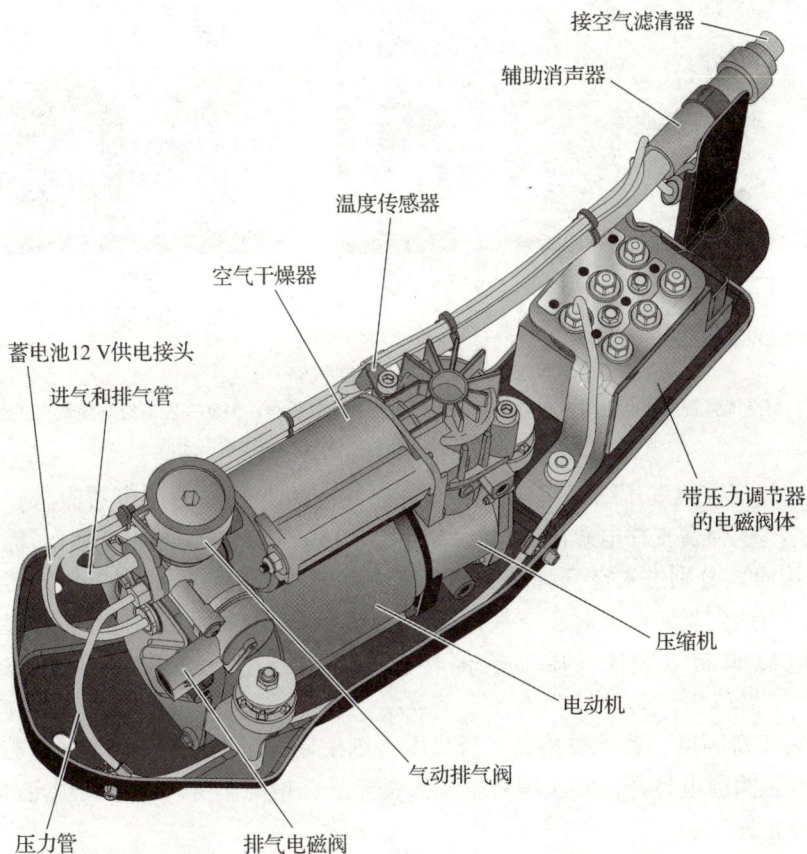

接空气滤清器

辅助消声器

温度传感器

空气干燥器

蓄电池12 V供电接头

进气和排气管

带压力调节器
的电磁阀体

压缩机

电动机

气动排气阀

压力管

排气电磁阀

图 4 – 2 – 13　空气供给总成在车上的安装

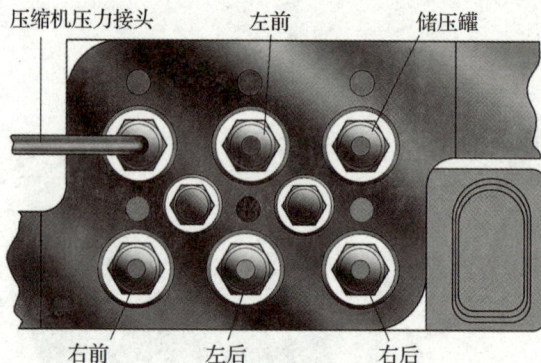

图 4 - 2 - 14　电磁阀组

6）控制气路

控制气路如图 4 - 2 - 15 所示。当乘员上下车、车速改变或驾驶员指令改变车身高度时，车身高度传感器 G76、G77、G78、G289 检测到变化并将信息送到控制单元，控制单元对当前高度进行判断并发出调节指令，或启动空气压缩机，或打开排气电磁阀 N111，或同时控制五个二位二通电磁阀 N148、N149、N150、N151、N311 的打开或关闭，控制所需高度。

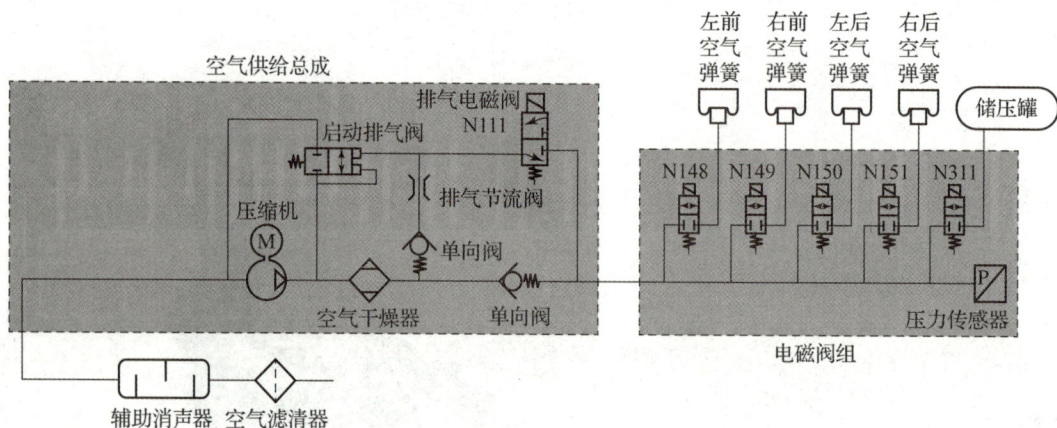

图 4 - 2 - 15　控制气路

N148—左前空气弹簧支柱电磁阀；N149—右前空气弹簧支柱电磁阀；N150—左后空气弹簧支柱电磁阀；
N151—右后空气弹簧支柱电磁阀；N311—储压罐电磁阀

（1）建立气压。空气压缩机运转，空气由空气滤清器、辅助消声器吸入，经空气干燥器，单向阀，空气弹簧支柱电磁阀 N148、N149、N150、N151（通电接通），储压罐电磁阀 N311（通电接通）分别进入空气弹簧和储压罐。此时排气电磁阀断电，压力传感器随时监控系统气压，当达到规定高度时，空气弹簧支柱电磁阀断电关闭。当储压罐内达到规定气压时，储压罐电磁阀断电关闭，压缩机停转。储压罐与空气弹簧之间的压力差至少为 0.3 MPa。

（2）抬高车身高度。若需要抬高车身高度，则使储压罐电磁阀 N311 通电打开，相应空气弹簧支柱电磁阀通电打开，储压罐对空气弹簧充气，抬高车身。当达到规定高度后，两阀断电关闭，停止充气。

（3）降低车身高度。若需要降低车身高度，则相应使空气弹簧支柱电磁阀通电打开，排气电磁阀通电打开，气流流过时打开气动预控的排气阀（气动排气阀），压缩气体由空气弹簧经空气弹簧支柱电磁阀、排气电磁阀、气动排气阀、辅助消声器、空气滤清器排入大气。同时有部分气体经排气节流阀、单向阀、空气干燥器进入气动排气阀，干燥剂再生。

4. 系统电路图

系统电路图如图 4 - 2 - 16 所示。

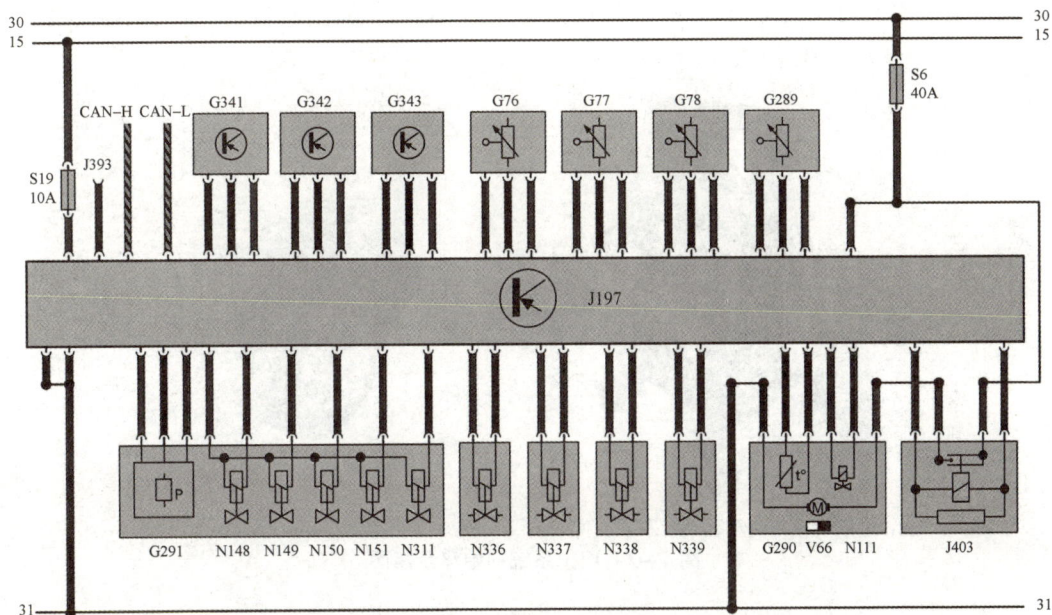

图 4 - 2 - 16　系统电路图

G76—左后车身高度传感器；G77—右后车身高度传感器；G78—左前车身高度传感器；G289—右前车身高度传感器；
G290—压缩机温度传感器；G291—压力传感器；J393—舒适系统的中央控制单元；G341—左前车身加速度传感器；
G342—右前车身加速度传感器；G343—后部车身加速度传感器；J197—空气悬架电控单元；J403—空气压缩
机继电器；N111—排气电磁阀；N148—左前空气弹簧支柱电磁阀；N149—右前空气弹簧支柱电磁阀；
N150—左后空气弹簧支柱电磁阀；N151—右后空气弹簧支柱电磁阀；N311—储压罐电磁阀；
N336—左前减震器电磁阀；N337—右前减震器电磁阀；N338—左后减震器电磁阀；
N339—右后减震器电磁阀；V66—压缩机电动机

到现在为止，已识读和分析了很多电控系统的电路图，电路图的识读除了需要具备一定的专业知识外，还要仔细、耐心、化繁为简、循序渐进。我们在日常生活和工作中，也要从小事做起，从细微处入手，有意识地培养自己的良好习惯，久而久之，习惯就会成为一种自然，即自觉的行为。

任务实施

一、系统初始化（高度传感器校准）

当更换悬架电控单元或任意一个车身高度传感器后，均需运用 VAS5051 诊断仪进行系统初始化。步骤如下：

（1）连接故障诊断仪，找到地址34（自适应空气悬架）。

（2）进入功能10（自适应）。

（3）测量每个车轮从车轮中心到车轮罩下边缘的高度值，如图4-2-17所示。

（4）将测得的值通过诊断仪逐一传送到控制单元内。

（5）电控单元对比测量值和规定值确定出校正系数，并将车身高度调整到基本高度。

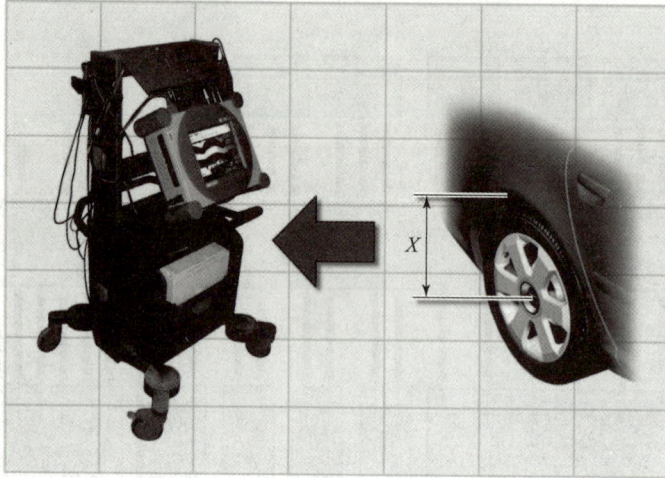

图4-2-17 系统初始化示意图

二、数据流

奥迪A8 AAS系统数据流见表4-2-1。

表4-2-1 奥迪A8 AAS系统数据流

显示组	显示区	显示内容	内容说明
001	1	8.5~15.5 V	15号接线柱电压
	2	8.5~15.5 V	30号接线柱电压
	3	0~255 km/h	车速
	4	XXXXXXXX	各种状态
002	1	关闭/打开/锁止	车门状态
	2	关闭/打开/锁止	尾门
	3	0~6.375 V	右侧传感器供电
	4	0~6.375 V	左侧传感器供电
003	1	0~25.5 bar①	储压罐压力
	2	0~25.5 bar	当前压力传感器信号
	3	0~6.375 V	压力传感器供电电压
	4	—	—

① 1 bar=0.1 MPa。

显示组	显示区	显示内容	内容说明
004	1	− 127 ~ 128 mm	左前相对标准高度偏差
	2	− 127 ~ 128 mm	右前相对标准高度偏差
	3	− 127 ~ 128 mm	左后相对标准高度偏差
	4	− 127 ~ 128 mm	右后相对标准高度偏差
005	1	0 ~ 535.5 mm	左前车辆绝对高度（车轮中央至挡泥板）
	2	0 ~ 535.5 mm	右前车辆绝对高度
	3	0 ~ 535.5 mm	左后车辆绝对高度
	4	0 ~ 535.5 mm	右后车辆绝对高度
006	1	− 50 ~ 205 ℃	计算压缩机温度
	2	− 50 ~ 205 ℃	测得的压缩机温度
	3	是/否	可能来自存储器的调节
	4	接通/切断	压缩机继电器
007	1	开/关	电磁阀降低
	2	开/关	蓄压阀
	3	接通/切断	压缩机继电器
	4	0 ~ 25.5 bar	当前压力传感器信号
008	1	开/关	左前空气弹簧阀
	2	开/关	右前空气弹簧阀
	3	开/关	左后空气弹簧阀
	4	开/关	右后空气弹簧阀
011	1	− 127 ~ 128 mm	相对左前默认值的高度偏差
	2	− 127 ~ 128 mm	相对右前默认值的高度偏差
	3	− 127 ~ 128 mm	相对左后默认值的高度偏差
	4	− 127 ~ 128 mm	相对右后默认值的高度偏差
012	1	0 ~ 5.1 V	左前车身加速信号
	2	0 ~ 5.1 V	右前车身加速信号
	3	0 ~ 5.1 V	后部车身加速信号
	4	0 ~ 16.575 V	电源电压，车身加速传感器
013	1	0 ~ 2 040 mA	左前减震器电磁阀电流
	2	0 ~ 2 040 mA	右前减震器电磁阀电流
	3	0 ~ 2 040 mA	左后减震器电磁阀电流
	4	0 ~ 2 040 mA	右后减震器电磁阀电流
014	1	0 ~ 2 040 mA	左前减震器电磁阀电流
	2	0 ~ 99.6 %	左前减震器启用脉冲宽度
	3	0 ~ 2 040 mA	右前减震器电磁阀电流
	4	0 ~ 99.6 %	右前减震器启用脉冲宽度

续表

显示组	显示区	显示内容	内容说明
015	1	0 ~ 2 040 mA	左后减震器电磁阀电流
	2	0 ~ 99.6 %	左后减震器启用脉冲宽度
	3	0 ~ 2 040 mA	右后减震器电磁阀电流
	4	0 ~ 99.6 %	右后减震器启用脉冲宽度
016	1	XXXXXXXX	MMI 运行状态 1
	2	XXXXXXXX	MMI 运行状态 2
	3	开/关/闪烁	降低高度灯启动状态
	4	开/关/闪烁	警告灯启动状态
017	1	舒适/标准/运动	当前减震器检测规格
	2	低位/标准/高位	默认位置规定值
	3	XXX	低位默认位置
	4	—	—
018	1	– 80 ~ 300 ℃	计算压缩机温度
	2	接通/切断	压缩机继电器
	3	XXXXXXXX	压缩机启动
	4	—	—

案例分析

一、2012 款奥迪 A8L 轿车左侧车身明显低于右侧车身故障

故障现象：一辆 2012 款奥迪 A8L 3.0T 轿车，行驶里程为 8 100 km，仪表显示空气悬架系统故障，MMI 无法设置升降，左侧车身明显低于右侧车身。

故障诊断与排除：读取故障码，为水平高度控制系统可靠性故障。读取车辆绝对高度数据，分别为：左前 390.6 mm，左后 394.8 mm，右前 422.1 mm，右后 430.5 mm，左侧前后值低于右侧前后值。检查 4 个高度传感器，正常，相关管路没有泄漏。

为了判断是否是电磁阀组故障，将电磁阀组上的左侧前后和右侧前后空气管互换，再读取车辆绝对高度数值，分别为：左前 415.8 mm，左后 407.4 mm，右前 369.6 mm，右后 380.1 mm，此时左侧车身明显高于右侧。很明显，是电磁阀组内部故障导致电磁阀无法正常分配气体给空气弹簧，以保持正常气压。更换空气悬架电磁阀组，故障排除。

二、奥迪 A6 allroad 旅行车车身明显下沉故障

故障现象：一辆行驶里程约 2.5 万 km、搭载 3.0T 发动机和 7 挡双离合变速器的 2017 款奥迪 A6 allroad 旅行车，仪表板中出现"空气悬架系统故障，可继续慢速行驶（最大速度

60 km/h）"的文本提示，并且车身存在明显下沉现象。

故障诊断与排除：读取故障码为 C1046（含义为水平高度控制系统故障）、P178E（过热时的功能损害）。空气悬架的调节模式可以在 MMI 系统中设置，进入车辆 MMI 界面，发现界面左上角的"空气悬架举升模式"功能一直呈灰色，这表示该功能无法正常工作。打开故障诊断仪，进入水平高度控制系统，利用执行元件诊断功能来缩小故障范围，选择排气或充气，单击执行。此时前桥充气正常，在车里能感觉到前部车身有明显的上升。充气完成后等待 5 min 左右，前部车身明显下降，并且在这个过程中能明显听到右前减震器处存在"嘶嘶"的漏气声。下车继续进行该操作，发现确实漏气。仔细检查该车状况，车辆外观及底盘零部件均无损坏痕迹，往管路及管路接头处喷肥皂水，未发现漏气现象。初步判断右前减震器存在故障的可能性较大。使用专用工具 VAS 751001（空气悬架泄漏检测仪）检测，利用诊断仪来促使减震器升高，将两侧的开关全部打开，发现当减震器升至最高时压力表的读数约为 704 kPa。将与管路连接侧的阀门关闭，此时发现压力表的读数开始下降，大约 2 min 后压力下降到 206 kPa。由此判断右前减震器确实存在漏气。

更换右前减震器总成，故障排除。

任务小结

1. 奥迪 A8 轿车的电控悬架系统称为自适应空气悬架系统（Adaptive Air Suspension，AAS），此系统为连续可变阻尼控制，能提供四种悬架高度的四轮空气悬架系统。

2. 奥迪 A8 轿车自适应空气悬架系统包括空气压缩机、电控空气悬架控制单元、4 个车身高度传感器、3 个车身加速度传感器、储压罐、空气弹簧及控制空气弹簧的电磁阀组。

3. 奥迪 A8 轿车可以选择标准型底盘（自适应空气悬架）和运动型底盘（运动型自适应空气悬架），可以手动或自动选择 4 种模式。

4. 在奥迪 MMI（Multi Media Interface，多媒体交互系统）上按"CAR"按钮能直接调出"自适应空气悬架"菜单，按"SETUP"按钮可查询系统状态信息及完成专项设定。

5. 加速度传感器用于测量车身的垂直加速度，采用了 3 个传感器，其中两个位于前桥空气弹簧支柱拱顶上，第三个位于右后轮罩内。

6. 车身高度传感器共有 4 个，其结构相同，采用的均是非接触式传感器。

7. 后桥空气弹簧使用了一个与减震器连在一起的辅助空气罐，用于额外供应空气。

8. 减震器采用无级电子双管气压减震器，这是一种 CDC 减震器，即无级减振控制、连续阻尼控制的减震器。

9. 电磁阀组内包含压力传感器以及用于控制空气弹簧和储压罐的电磁阀。

项目五 汽车电控动力转向系统检修

汽车转向系统按照转向的能源不同分为机械转向系统和动力转向系统两类。机械转向系统是依靠驾驶员操纵转向盘的转向力来实现车轮转向的；动力转向系统是在驾驶员的控制下，借助于汽车发动机产生的液体压力或电动机驱动力来实现车轮转向的。机械转向系统的缺点是转向力大，驾驶员劳动强度高。随着人们对转向性能要求的不断提高，现代轿车普遍采用动力转向系统。

理想的动力转向系统应该能够在汽车低速时使转向轻便，减轻驾驶员的劳动强度；而在汽车高速时则应具有一定的转动转向盘的力，给驾驶员一定的路感，防止转向发飘。

传统的动力转向系统具有转向操纵灵活、轻便等优点，但由于其放大倍率固定，因此具有以下缺点：如果按汽车在停车或低速行驶状态下行驶来设计放大倍率，则当汽车高速行驶时，转动转向盘的力显得太小，不利于对高速行驶的汽车进行方向控制；反之，如果按汽车高速行驶来设计放大倍率，则当汽车停驶或低速行驶时，转动转向盘就会显得非常吃力。

为了提高控制精度、节省能源，现代汽车动力转向系统多采用电控动力转向系统。电控动力转向系统是根据车速、转向情况等对转向助力实施控制，使动力转向系统在不同的行驶条件下都有最佳的放大倍率，在低速时有较大的放大倍率，可以减轻转向操纵力，使转向轻便、灵活；在高速时则适当减小放大倍率，以稳定转向手感，提高高速行驶的操纵稳定性。

本项目主要讲述电控动力转向系统的结构、工作原理及其诊断，通过对电控动力转向系统的实践操作，使学生认知到汽车电控动力转向系统的构造和工作原理以及相应的检修方法。

项目学习目标

【思政目标】

1. 树立劳动意识、环保意识、节约意识、安全意识，爱岗敬业，锤炼工匠精神；
2. 养成组员之间协同配合、精诚合作的团队协作精神；
3. 开拓创新思路，依靠创新、创造解决问题，提高工作能力；
4. 实践操作期间，做到整理、整顿、清扫、清洁、素养、安全、节约等规范。

【知识目标】

1. 能够认知汽车电控动力转向系统的组成、结构和工作原理；
2. 能看懂汽车电控动力转向系统的电路图，并能根据电路图检测和分析故障。

【技能目标】

1. 按照标准工艺流程，完成相应的汽车电控动力转向系统的检修作业项目；
2. 能够熟练使用万用表、故障诊断仪等检测设备检修故障。

学习任务一　液压式电控动力转向系统检修

【思政目标】

- 引导学生在人生的岔路口，做好选择，把握好正确的人生方向；
- 培养学生知难而进、勇于探索及对技术精益求精的良好职业品质。

【任务目标】

- 能正确讲述电控动力转向系统的作用和分类；
- 能正确描述可变助力转向系统的组成与工作原理；
- 能正确描述电子液压动力转向系统的组成与工作原理；
- 能正确识读和分析液压式电控动力转向系统电路图；
- 会使用万用表和故障诊断仪对液压式电控动力转向系统进行检测。

【学习重点】

- 液压式电控动力转向系统的工作原理；
- 识读和分析液压式电控动力转向系统的电路图；
- 液压式电控动力转向系统的检测。

任务导入

一辆波罗轿车，配置 1.4 L 发动机，行驶中转向沉重，起动车辆后动力转向故障指示灯点亮。读取系统故障码，为 00817，含义为转向助力温度保护。现在请你对客户车辆的动力转向系统进行检修。

知识准备

电控动力转向系统（Electronic Power Steering，EPS）根据转向动力源不同可分为液压式电控动力转向系统（简称液压式 EPS）和电动式电控动力转向系统（简称电动式 EPS）。

电控动力转向系统的认识

液压式 EPS 系统是在传统的液压动力转向系统的基础上增设了控制液体流量的电磁阀或电动机、车速传感器和控制单元等组成的。电动式 EPS 系统是在传统的机械式转向系统的基础上，利用直流电动机作为动力源，控制单元根据转向参数和车速等信号来控制电动机转矩的大小和转动方向的。

根据转向液压泵的控制方式不同，液压式 EPS 系统分为两种：一种是保留了原有的转向泵，控制单元根据车速信号控制电磁阀，从而通过控制液体流量实现转向助力随车速的变化而变化；另一种动力转向系统是由电动机驱动的转向液压泵代替传统的机械转向泵，而且增加了车速传感器、转向盘转角（角速度）传感器以及控制单元等部件。

不管是传统机械动力转向，还是电控动力转向，在驾驶汽车时，一旦碰到岔路，就必须做出选择，然后转动转向盘，这样才能驶向正确的道路，尽快到达目的地。同样我们在成长过程中会面对人生无数个岔路口，每个人都必须做出自己的选择。选择了坚强，就放弃了懦弱；选择了奋斗，就放弃了安逸；选择了独行，就放弃了跟随。选择决定着人生的方向，引导着未来的发展，一旦选择出现错误，更多的努力只会带来更大的偏离。因此，我们必须有坚定的信念和不屈的意志，更要树立正确的人生观，把握正确的人生方向。始终记住，面对选择时，必须转向正确的方向，这样你的人生才会更加绚丽多彩。

一、上汽通用汽车可变助力转向系统

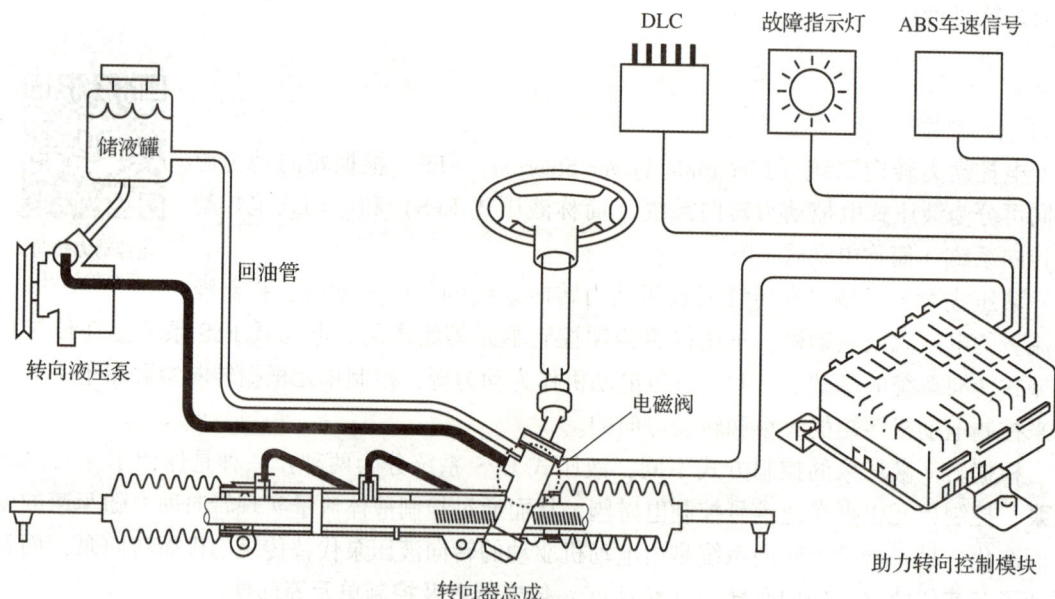

上汽通用汽车部分车型配置的可变助力转向系统（VES）为液压式 EPS 系统。VES 系统能够随车速改变助力力度，在泊车或低速行驶状态下转动转向盘时更加轻盈省力；而在车辆高速行驶时，则能够降低助力，使转向盘转动阻力增加，手感变沉，不再像低速时那样灵敏，车辆的高速行驶稳定性得到提升。

上汽通用汽车
可变助力
转向系统

1. 系统组成

可变助力转向系统 VES 是在传统的液压动力即转向系统的基础上，增加了控制模块和电磁阀构成的，其组成如图 5-1-1 所示，即通过控制电磁阀电流来改变助力油液的流量，使得油液推动助力活塞的力量改变，从而实现助力力量的改变。

别克君越轿车 VES 系统控制电路如图 5-1-2 所示。

图 5-1-1 上汽通用汽车可变助力转向系统组成

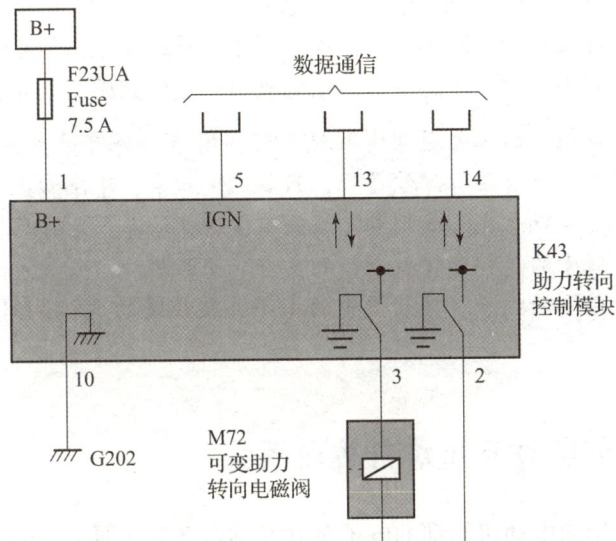

图 5 – 1 – 2　别克君越轿车可变助力转向系统电路图

汽车车速等信号通过数据通信网络传输至助力转向控制模块，控制模块根据车速等信号计算车辆转向所需要的助力，然后控制电磁阀的电流，从而改变助力油液的流量，最终改变助力的力量。

2. 可变助力转向电磁阀

可变助力转向电磁阀安装在转向小齿轮上，其结构如图 5 – 1 – 3（a）所示。输入轴通过扭力杆与阀体相连，输入轴连接内磁极，阀体连接外磁极。内磁极外面和外磁极内面有 30 个电极片。外磁极为永久磁铁，内磁极内装有电磁线圈，通电后可产生磁性。当汽车直线行驶时，电磁线圈不通电，电极片相互对正，如图 5 – 1 – 3（b）所示；当汽车转弯时，扭力杆扭转，于是内外磁极电极片相互错开一定角度，如图 5 – 1 – 3（c）所示。

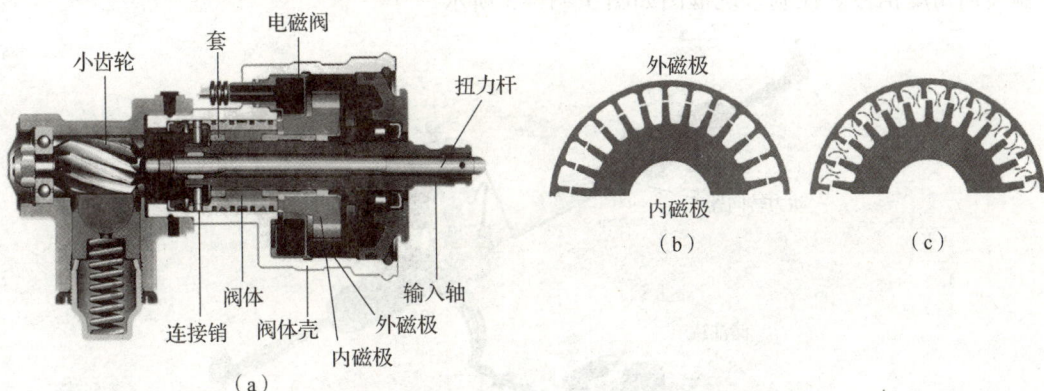

图 5 – 1 – 3　电磁阀结构及工作原理
（a）结构；（b）车辆直线行驶时；（c）车辆转弯时

车辆低速或静止转弯时，电磁线圈中通以负电流，于是电极片上的磁力相互排斥，电极片相对角度增加，扭力杆扭转变形增大，油液流量加大，系统能提供较大的转向助力，因此低速时操纵轻便。

车辆中速行驶转弯时，电磁线圈中没有电流流过，没有助力作用。

车辆高速行驶转弯时，电磁线圈中通以正电流，于是电极片上的磁力相互吸引，电极片相对角度减小，扭力杆扭转变形减小，油液流量减小，系统能提供较小的转向助力。因此高速转弯时转向盘转向阻力增大，手感变沉，给驾驶员一定的路感，防止转向发飘。

可变助力转向电磁阀的工作原理理解起来有些困难，会有很多同学产生畏难情绪。其实所谓的困难只不过是自己心里觉得难，只要沉下心来，下决心做下去，完全可以掌握，所有的困难不过是纸老虎。我们要克服畏难情绪，培养严于律己、知难而进的意志和毅力，要有勇于探索的精神和精益求精的良好职业品质。

我们要敢于挑最重的担子、接最烫手的山芋、爬最陡的坡，做到迎难而上不言难、知难而进不畏难。

二、大众汽车电动液压动力转向系统

大众汽车电动液压动力转向系统

现在很多汽车使用由电动机驱动的电子泵（又称电动液压泵），电子泵的启动和关闭均由电控系统控制。在不转弯时，电子泵关闭，不像传统转向液压泵那样始终与发动机联动，进一步降低了能耗。这种系统称为电动液压动力转向系统。

电动液压动力转向系统使用非常广泛，如上汽波罗、长安马自达3、东风雪铁龙旗下的凯旋、东风标致307的部分车型均采用。

1. 系统组成

上汽波罗（POLO）轿车装备的电动液压动力转向系统称为 EPHS（Electrically Powered Hydraulic Steering）系统，其结构如图 5 - 1 - 4 所示，系统由转向角速度传感器、带电动液压泵总成的动力转向控制单元和故障指示灯组成。对于带电子稳定程序 ESP 系统的车型来说，则无转向角速度传感器，而是由转向盘转角传感器通过 CAN - BUS 总线经过 ABS ECU 传输转向角度信号。控制系统框图如图 5 - 1 - 5 所示。

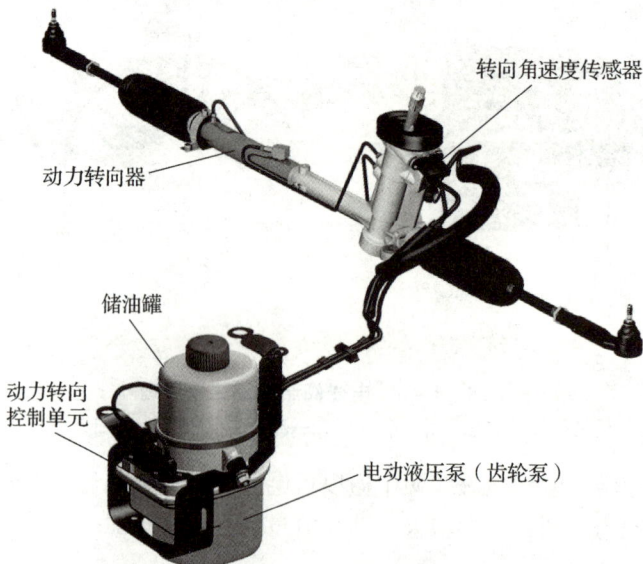

图 5 - 1 - 4　上汽波罗轿车的 EPHS 系统组成

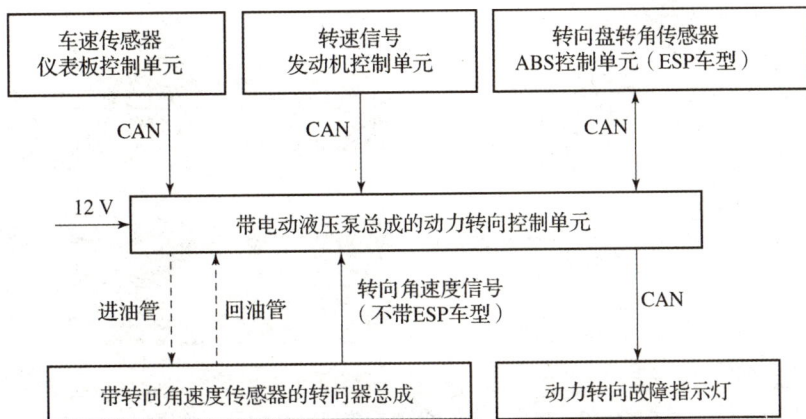

图 5-1-5　上汽波罗轿车 EPHS 系统框图

2. 系统部件

（1）转向角速度传感器。转向角速度传感器安装在液压转向器总成的输入轴上，用于测量转向盘旋转角速度，即驾驶员以多大的角速度转动转向盘。在其他条件不变的情况下，转向盘旋转的角速度越大，则对应电动液压泵的转速越高，转向的助力越大；反之，转向盘旋转的角速度越小，则转向助力减小。

转向角速度传感器常用电容式和霍尔式等类型。

电容式转向角速度传感器外形及电路如图 5-1-6 所示，传感器共三条连接线，分别是 5 V 电源线、搭铁和信号线。传感器结构及工作原理如图 5-1-7 所示，其由固定在输入轴（即转向轴）上的转子和相对固定的 9 个平板电容器及放大电路组成。当转子夹在电容器的两极板中间时，该电容器的电容值增加；当转子离开时，该电容器的电容值减小。放大电路通过分析 9 个电容器电容值的变化速度及趋势，来判断转向盘的转向角度及角速度大小，转化成电信号后，输入到控制单元。

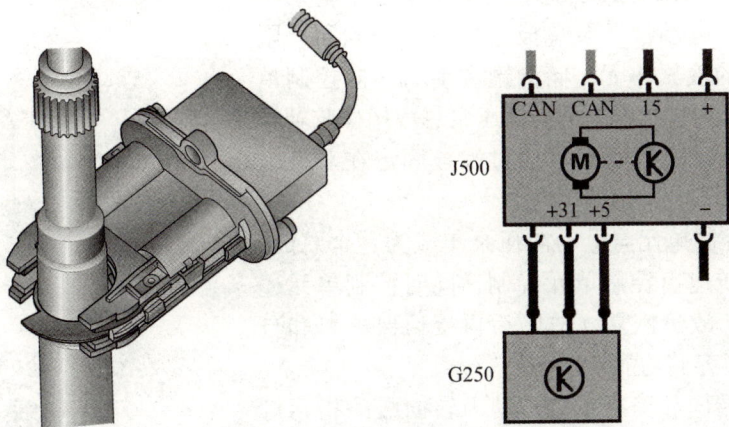

图 5-1-6　电容式转向角速度传感器外形及电路

霍尔式转向角速度传感器结构如图 5-1-8 所示，传感器由固定在输入轴（即转向轴）上带 60 块磁极的转子和霍尔集成电路等组成。通过 60 块磁极的转子的相对转动，在传感器的霍尔电路上可以产生相应的霍尔电压。传感器共四条接线，分别是 5 V 电源线、搭铁及正、负两条信号线。

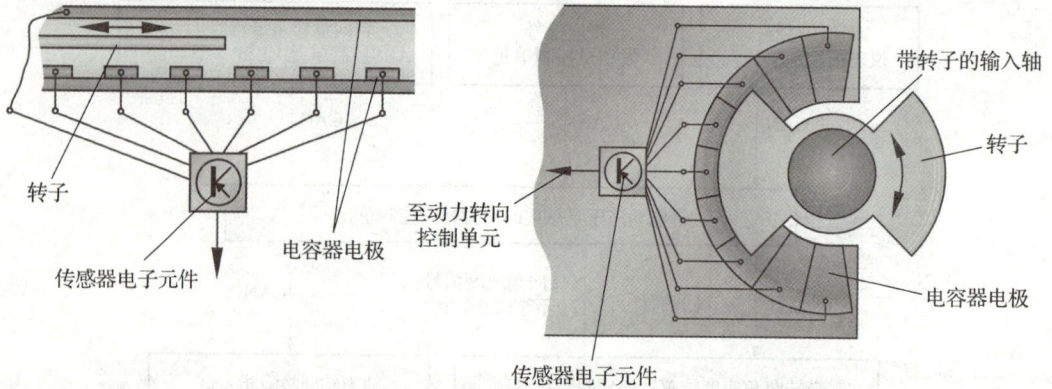

图 5 - 1 - 7　电容式转向角速度传感器结构及工作原理

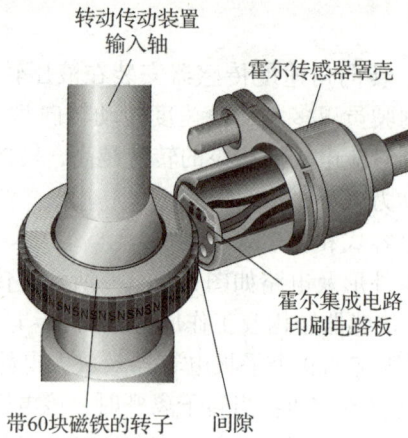

图 5 - 1 - 8　霍尔式转向角速度传感器结构

（2）电动液压泵总成。电动液压泵是一个电动机驱动的齿轮泵，电动液压泵总成包括带有齿轮泵、限压阀及电动机的液压单元，储油罐和动力转向控制单元等，如图 5 - 1 - 9 所示。电动液压泵总成用橡胶轴承弹性地固定在支架上，支架再通过螺栓固定在车架纵梁上。

动力转向控制单元与电动液压泵集成为一个总成。液压泵电动机转速由控制单元控制，同时控制单元还提供温度保护、故障恢复（故障后再接通保护）和自诊断及故障代码存储功能。

（3）动力转向故障指示灯。动力转向故障指示灯安装在仪表板总成内，如图 5 - 1 - 10 所示，接通点火开关后，故障指示灯点亮，EPHS 系统进行内部检测。发动机起动及系统测试结束后，故障指示灯熄灭，如果依然亮着，则说明动力转向系统可能有故障。

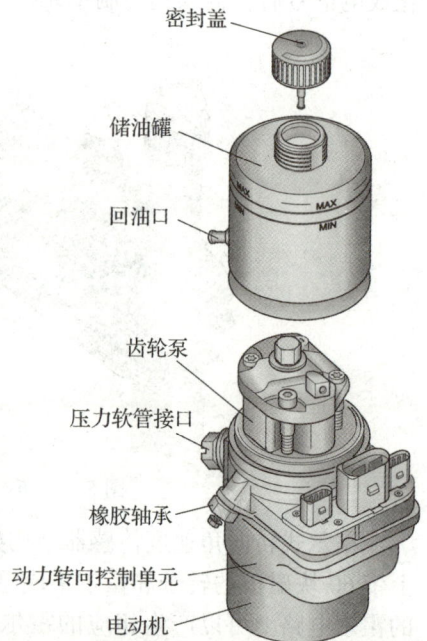

图 5 - 1 - 9　电动液压泵总成

3. 系统工作原理

上汽波罗轿车的 EPHS 系统工作原理如图 5 – 1 – 10 所示，系统电路原理如图 5 – 1 – 11 所示。

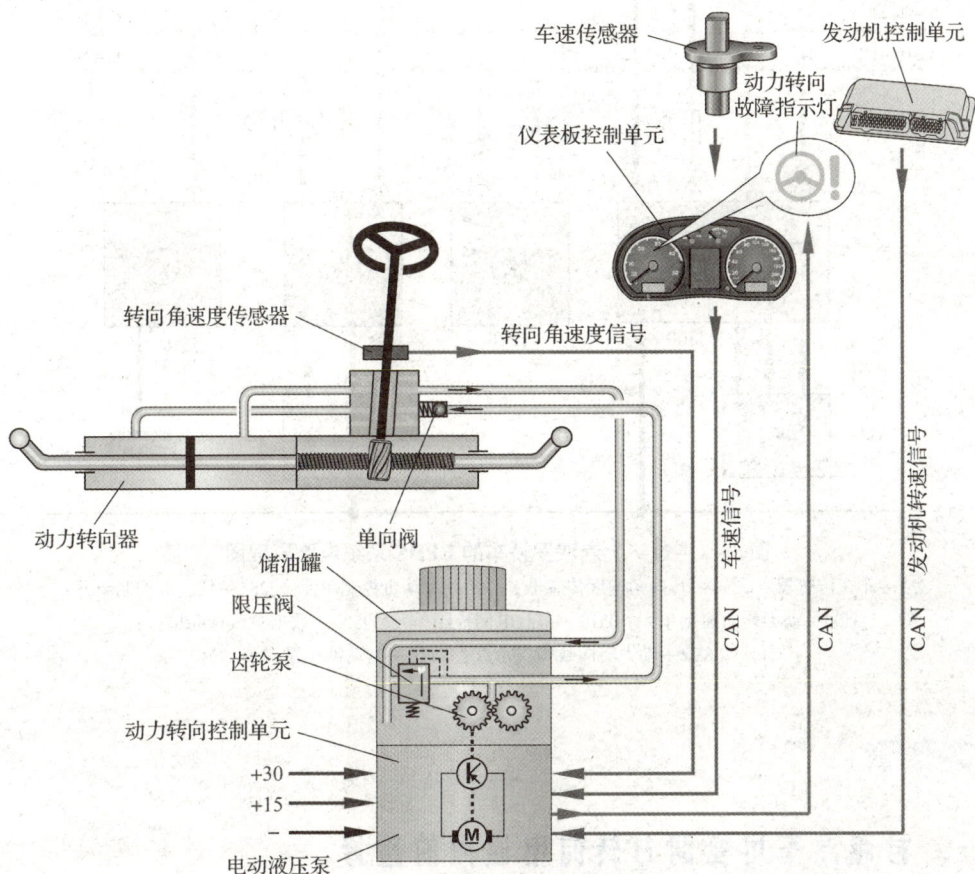

图 5 – 1 – 10　上汽波罗轿车的 EPHS 系统工作原理简图

汽车直线行驶时，转向盘不转动，电动液压泵以很低的速度运转，工作油经过转向控制阀后流回储油罐。

驾驶员开始转动转向盘时，ECU 根据检测到的转向角速度、汽车车速、发动机转速以及电动机转速的反馈信号等，判断汽车的行驶状态、转向状态，决定应提供的转向助力大小，然后向驱动单元发出控制指令，使电动机产生相应的转速以驱动油泵，进而输出相应流量和压力的高压油。高压油经转向控制阀进入齿条上的动力缸，推动活塞产生适当的助力，以协助驾驶员进行转向操作，从而获得理想的转向效果。

当转向角速度传感器发生故障或系统出现其他异常情况时，电控液压动力转向系统即进入程序设定的紧急运行状态，机械转向功能仍然可以实现，但是由于无助力，故转向比较沉重。

EPHS 系统由三路输入信号作为主控信号，分别是转向角速度传感器、来自仪表控制单元的车速信号和来自发动机控制单元的发动机转速信号，当输入信号的条件（发动机转速不为 0；转向盘转动，不在中间位置）同时满足时，动力转向控制单元根据这些信号计算出液压泵电动机对应的转速，对液压泵电动机转速进行控制，进而控制泵的流量，也就控制了在不同工况下转向助力的大小。车速越低，则提供的液压流量越大。

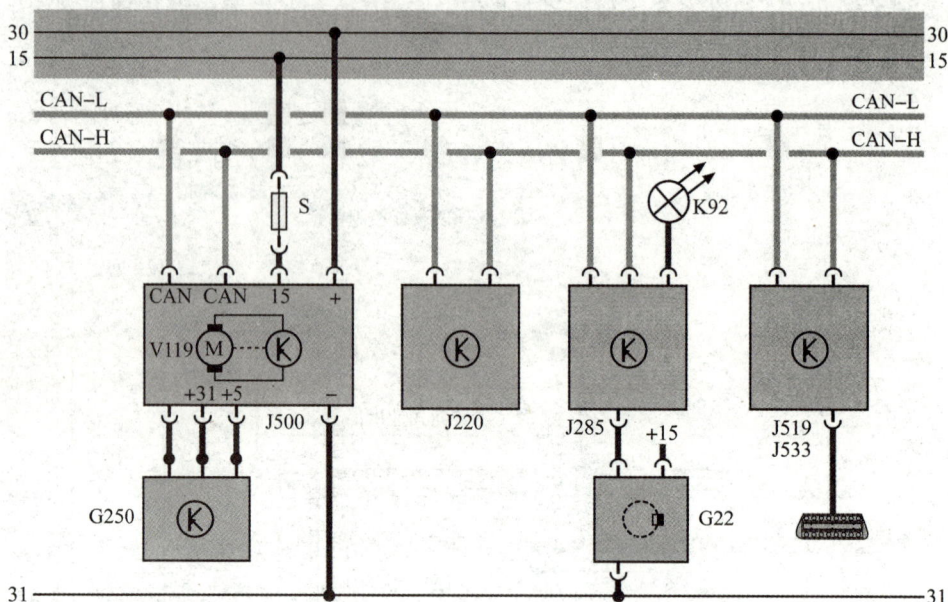

图 5 – 1 – 11　上汽波罗轿车的 EPHS 系统电路原理图

G22—车速传感器；G250—转向角速度传感器；J220—发动机控制单元；J285—仪表板控制单元；
J500—动力转向控制单元；J519—车载电网控制单元；J533—数据总线诊断接口；
K92—动力转向故障指示灯；V119—电动液压泵

任务实施

一、君越汽车可变助力转向电磁阀的检修

如果出现故障码 C0450（转向助力控制执行器电路），则可按下述步骤检修：

（1）关闭点火开关，断开可变助力转向电磁阀 M72 和助力转向控制单元 K43 的连接器。

（2）用万用表测量 M72 与 K43 之间的 2 根导线是否断路、短路。

（3）测量电磁阀 M72 两端的电阻，应为 1.6 ~ 3.1 Ω。

（4）若线路和电磁阀正常，则更换助力转向控制单元 K43。

二、波罗轿车电子液压动力转向系统检修

1. 转向零位设定

当更换了转向盘转角传感器、转向器总成、动力转向控制单元及做了车轮定位调整，或出现故障代码 00778 时，需要进行转向零位（中间位置）的设定。转向零位设定方法如下：

（1）前轮处于直线行驶状态，连接 VAS5051，进入地址码 44。

（2）将转向盘左转 4° ~ 5°（一般 10°以内即可），回正后再向右转 4° ~ 5°（一般 10°以内即可），再回正，双手离开转向盘。

（3）输入功能码 11 登录，再输入 31857，再返回。

（4）输入功能码 04 基本设定，输入通道 60，再按"激活"按钮，然后退出 VAS5051 系统。

注意：在进行转向零位设定时，发动机不能运转，转向盘左右转动再回正时，双手必须离开转向盘，使转向盘静止不动，以便动力转向控制单元对零位进行确认。

2. 转向极限位置设定

当更换转向盘转角传感器或转向器、动力转向控制单元或出现故障代码 02546 时，需要进行转向极限位置的设定。转向极限位置设定方法如下：

（1）前轮在直线位置时起动发动机。

（2）将转向盘左转 10°左右，停 1~2 s，回正后向右转 10°，停 1~2 s，回正，双手离开转向盘，停 1~2 s。

（3）将转向盘向左打到底，停 1~2 s，再将转向盘向右打到底，停 1~2 s。转向盘回正后关闭点火开关，6 s 后设定生效。

做完转向零位设定和极限位置设定后，必须用 VAS5051 查看转向系统无故障码，设定工作才能结束。

案例分析

一、波罗轿车行驶中转向沉重

故障现象：一辆波罗轿车，配置 1.4 L 发动机，行驶中转向沉重，起动车辆后动力转向故障指示灯点亮。

故障诊断与排除：首先检查转向助力油，正常。读取系统故障码，为 00817，含义为转向助力温度保护。清除故障码后试车，故障消失。但热车后故障又再次出现，重新读取故障码，还是 00817，而且无法清除。

拧松转向器上的高压油管螺栓，起动车辆，有液压油喷出，说明电动液压泵工作正常。继续将储油罐的回油管拆下来，起动车辆，结果没有液压油流出来，说明液压油路存在阻塞现象。对液压管路进行彻底检查，发现连接高压油管和转向器的螺栓，其液压油孔被杂质阻塞。更换该螺栓后试车，故障完全消失，并且故障码 00817 能够彻底清除。

故障总结：液压油孔阻塞后，电动液压泵泵出的液压油无法顺畅地进入转向器中，转向器的液压油量过少，不仅导致转向助力功能失效，而且造成油温过高。因此动力转向控制单元设定故障码 00817，同时启用温度保护模式，点亮仪表的动力转向故障指示灯。当关闭发动机一段时间后，液压油温度降低，故障会暂时消失，因此故障码 00817 能够被清除掉。

二、波罗 1.4 L 轿车无转向助力、且动力转向故障指示灯点亮

故障现象：一辆 2002 款大众波罗 1.4 L 轿车，无转向助力，且动力转向故障指示灯点亮。

故障诊断与排除：读取故障码，为 00566，含义为转向辅助系统信号错误，故障码无法清除。测量动力转向控制单元 J500 端子的供电和搭铁，均正常；脱开转向角速度传感器

（G250），出现 1 个与转向角速度传感器相关的故障码，但是故障码 00566 消失，由此怀疑 G250 损坏。更换 G250 后试车，故障依旧。由于故障诊断仪能与 J500 通信，且没有关于 CAN 线通信的故障码，因此可以排除 CAN 线故障的可能。既然 J500 外围线路均无异常，怀疑 J500 损坏。更换 J500 后试车，一切正常。

任务小结

1. 电控动力转向系统 EPS 根据转向动力源不同可分为液压式电子控制动力转向系统和电动式电子控制动力转向系统。

2. 液压式 EPS 系统是在传统的液压动力转向系统的基础上增设了控制液体流量的电磁阀或电动机、车速传感器和控制单元等形成的。

3. 电动式 EPS 系统是在传统的机械式转向系统的基础上，利用直流电动机作为动力源，控制单元根据转向参数和车速等信号，控制电动机转矩的大小和转动方向。

4. 上汽通用汽车可变助力转向系统是在传统液压动力转向系统的基础上，增加了控制模块和电磁阀构成的。通过控制电磁阀电流，来改变助力油液的流量，使得油液推动助力活塞的力量改变，从而实现助力力量的改变。

5. 上汽波罗轿车 EPHS 系统由转向角速度传感器、带电动液压泵总成的动力转向控制单元和故障指示灯组成。对于带电子稳定程序 ESP 系统的车型来说，则无转向角速度传感器，而是由转向盘转角传感器通过 CAN – BUS 总线经过 ABS ECU 传输转向角度信号。

6. 转向角速度传感器安装在液压转向器总成的输入轴上，用于测量转向盘旋转角速度，即驾驶员在以多大的角速度转动转向盘。

7. 电动液压泵是一个电动机驱动的齿轮泵，控制单元与电动液压泵集成为一个总成，液压泵电动机转速由控制单元控制。

学习任务二　电动式电控动力转向系统检修

【思政目标】

- 引导学生合理利用外力及资源，来实现自我目标。

【任务目标】

- 能正确讲述电动式 EPS 系统的类型；
- 能正确描述电动式 EPS 系统的组成和各部件的工作原理；
- 能正确描述电动式 EPS 系统的工作过程；
- 能正确识读和分析电动式 EPS 系统电路图；
- 会使用万用表和故障诊断仪对电动式 EPS 系统进行检测。

【学习重点】

- 电动式 EPS 系统的工作原理；
- 识读和分析电动式 EPS 系统电路图；
- 电动式 EPS 系统的检测。

任务导入

一辆 2010 款丰田卡罗拉轿车，行驶里程 12.8 万 km，停放一个月后起动时，P/S 故障指示灯长亮，转向沉重。该车采用了转向轴助力式 EPS 系统。读取故障码，有 4 个，分别是 C1515、C1522、C1525、C1532。清除故障码后，用故障诊断仪对扭矩传感器进行零点校准，再次试车，故障依旧。现在请你对客户轿车的动力转向系统进行检修。

知识准备

目前越来越多的汽车采用了电动式电控动力转向系统（简称电动式 EPS），它是在传统机械式转向系统的基础上，增加了传感器、电控单元和电动机等构成的，是一种直接依靠电动机提供辅助转矩的电动助力式转向系统。该系统仅需要控制电动机电流的方向和幅值，不需要复杂的控制机构。

电动式 EPS 比液压式 EPS 更经济、紧凑、可靠，而且转向助力更能适应不同运行状况的要求，高速路感更好，现在被广泛使用在轿车上。

一、电动式电控动力转向系统的认识

电动式电控
动力转向系统
的认识

根据电动机对转向系统产生助力的位置不同，电动式 EPS 系统可分成三种类型：转向轴助力式、转向器小齿轮助力式和齿条助力式，如图 5-2-1 所示。

（1）转向轴助力式。如图 5-2-1（a）所示，转向助力机构安装在转向轴上。驾驶员转动转向盘时，控制单元根据接收的转矩、转动方向、车速等信号，控制电动机的电流。电动机的动力经电动机齿轮传给转向轴的齿轮，然后经万向节及中间轴传动转向器。

（2）小齿轮助力式。如图 5-2-1（b）所示，转向助力机构安装在转向器小齿轮处。与转向轴助力式相比，可以提供较大的转向力。

（3）齿条助力式。如图 5-2-1（c）所示，转向助力机构安装在转向齿条处。电动机通过减速传动机构直接驱动转向齿条。与小齿轮助力式相比，可以提供更大的转向力。

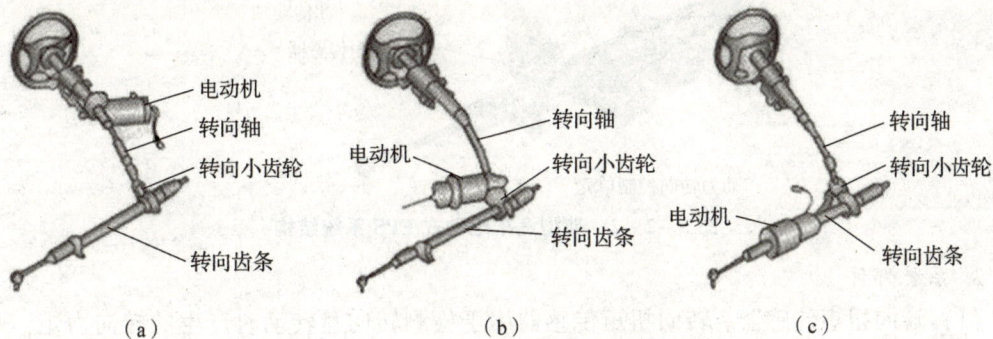

图 5-2-1　电动式 EPS 系统的类型
（a）转向轴助力式；（b）小齿轮助力式；（c）齿条助力式

电动式 EPS 系统的主要优点如下：

（1）采用电力作为转向助力，省去了液压系统，因此不需要补充液压油，也不必担心漏油。

（2）电动机只是在需要转向时才接通电源，因此动力消耗和燃油消耗均可降到最低。

（3）电动式 EPS 各部件一般装配成一个整体，既无管道也无控制阀，其结构紧凑、质量较轻。一般电动式 EPS 的质量比液压式 EPS 质量轻 25 % 左右。

（4）电动机工作可用 ECU 进行控制，可以容易地按照汽车性能的需要设置、修改转向助力特性，具有较好的兼容性。

> 不管是液压式 EPS 系统还是电动式 EPS 系统，都是借助于外力，来增大驾驶员转动转向盘的力量，最终使车轮偏转一个角度。一个人的力量总是有限的，借助外力，我们可以强大弱小的自己。或者说，我们做事情，除了要实干外，还要巧干，合理利用外力及资源，来实现自我目标。
>
> 借助水，舟才得以行千里；借助风，鸟才得以翱翔于天空；借助雨，草才得以茁壮地成长；借助支点会撬动地球；借助智者可以创造奇迹；借助外物可以成就自我……

1. 电动式 EPS 系统的组成

典型电动式 EPS 系统结构如图 5-2-2 所示，电控系统组成如图 5-2-3 所示。系统主要由转向盘转角传感器、转向扭矩传感器、动力转向控制单元、动力转向电动机、动力转向故障指示灯等部件组成。

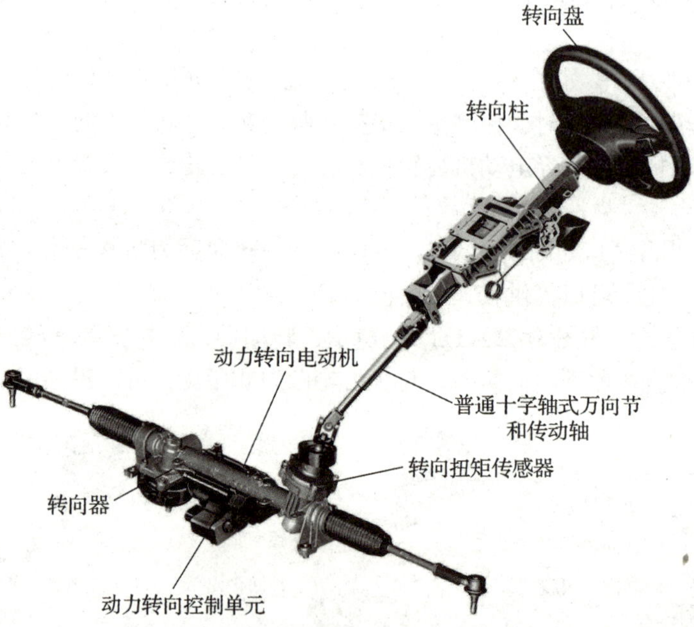

图 5-2-2　典型汽车电动式 EPS 系统结构

2. 系统部件

（1）转向扭矩传感器。转向扭矩传感器用于检测转向盘转动时产生的转向力矩，并将其转换为电信号输送给 ECU，ECU 据此决定对动力转向电动机提供多大的电压。

转向扭矩传感器主要采用非接触式，类型有磁阻式和霍尔式等。

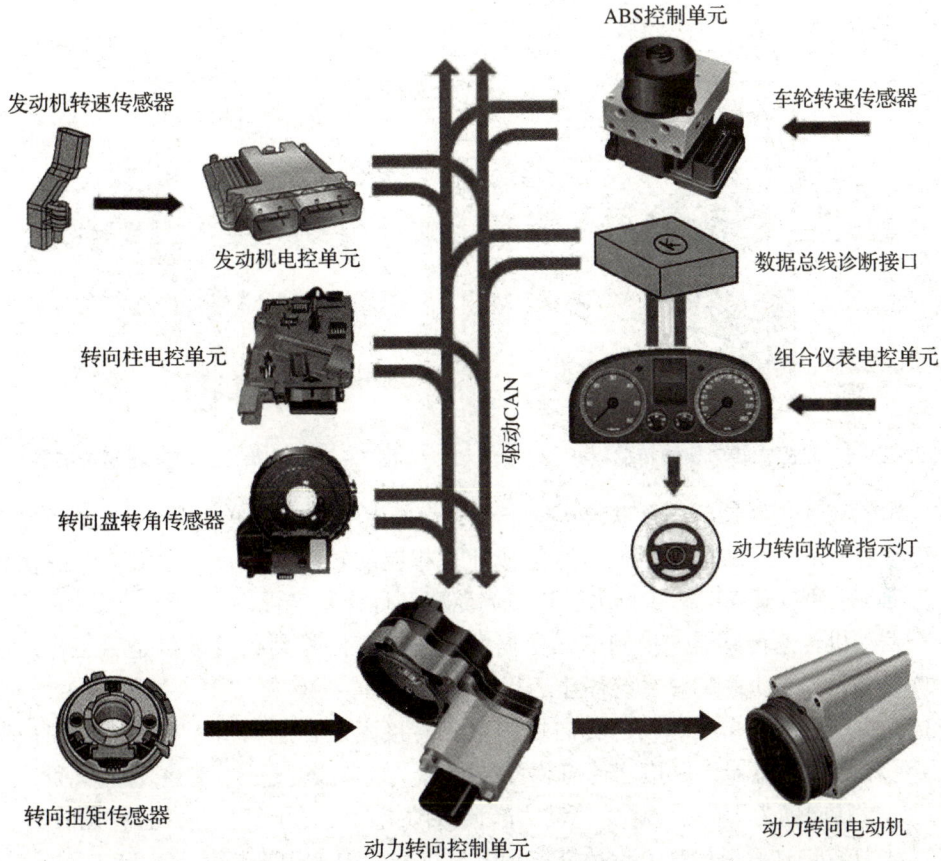

图 5 – 2 – 3　电动式 EPS 电控系统的组成

　　磁阻式扭矩传感器如图 5 – 2 – 4 所示。转向输入轴和转向小齿轮连接件在扭矩传感器处通过扭力杆相连。转向输入轴的连接件上有一个磁性转子，转子中有交替变化的 24 个磁极。转向小齿轮连接件上安装了磁阻传感器元件。

　　当转动转向盘时，转向输入轴通过扭力杆带动转向小齿轮连接件转动。扭力杆在转向力矩作用下发生扭转，于是磁性转子和磁阻传感器产生相对运动，磁阻传感器处的磁场发生变化，于是在传感器元件两端产生电位差。通过测量磁阻传感器元件两端的电位差值，则可以测量转向力矩的大小。

　　霍尔式转向扭矩传感器如图 5 – 2 – 5 所示，当环形磁铁和霍尔传感器之间产生相对运动时，两个霍尔传感器产生信号，送给控制单元处理。

　　（2）动力转向电动机。动力转向电动机是一个无刷异步电动机，电动机安装在一个铝盒中，通过蜗杆传动装置和传动小齿轮将转向助力传递到齿条上。

　　动力转向电动机内部有一个转子转速传感器，此传感器无法从外部接触。转子转速传感器根据磁阻原理进行工作，它的结构和转向扭矩传感器一致。它用于检测电动机的转子转速，以确定电动机的转向速度。若此传感器失灵，则将使用转向盘转角传感器作为备用信号。

　　（3）转向盘转角传感器。转向盘转角传感器检测并向控制单元传送转向盘转动的角度信号。传感器安装在转向柱上，位于转向柱与转向盘之间，与安全气囊螺旋电缆集成为一体。

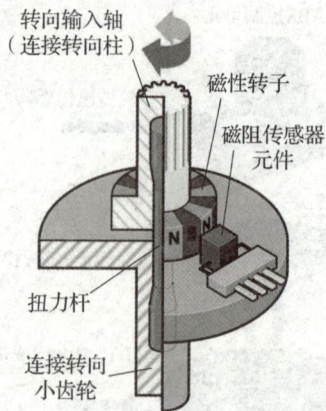

图 5 - 2 - 4　磁阻式转向扭矩传感器

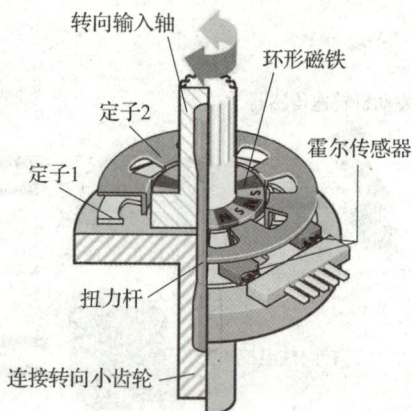

图 5 - 2 - 5　霍尔式转向扭矩传感器

（4）车轮转速传感器。用于获得车速信号，信号由 ABS 控制单元经 CAN 数据总线传给动力转向控制单元。控制单元根据车速信号计算相应的转向助力，一般低速时提供较大助力，以使转向轻便；高速时减少助力，以提高路感和操作稳定性。

（5）发动机转速传感器。控制单元根据发动机转速信号判断发动机是否工作。在发动机熄火的情况下，电动式 EPS 系统停止运行，此时转动转向盘需要更大的力量。

（6）动力转向控制单元。动力转向控制单元直接固定在电动机上。动力转向控制单元中集成了一个温度传感器，以检测转向装置的温度。如果温度超过 100 ℃，转向助力就会持续降低。如果转向助力下降了 60 %，动力转向故障指示灯显示黄色，并且存储故障。

（7）动力转向故障指示灯。指示灯位于组合仪表板内，用来显示动力转向系统的故障，如图 5 - 2 - 6 所示。

图 5 - 2 - 6　动力转向故障指示灯

打开点火开关，动力转向故障指示灯显示为红色，此时系统进行自检，过程大约需要 2 s。发动机起动后或自检完成系统工作状态正常时，指示灯立刻熄灭。

系统出现故障时，动力转向故障指示灯有两种颜色：显示黄色代表轻度警报；显示红色时，应立即将车辆送至工厂维修，且还会发出三声响亮的警报音。

3. EPS 系统工作过程

电动式 EPS 系统的结构和传动原理如图 5 - 2 - 7 所示，其工作过程如下：

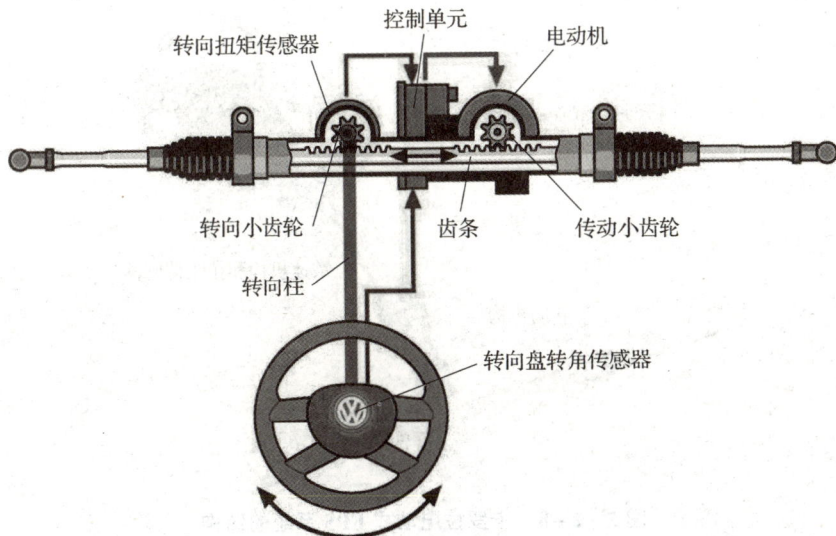

图 5 - 2 - 7　转向结构和传动原理示意图

（1）当驾驶员转动转向盘时，转向助力开始。

（2）由于转向盘扭矩的作用，故转向器中的扭力杆转动，转向扭矩传感器将检测到的转向扭矩信息传递给动力转向控制单元。

（3）转向盘转角传感器检测当前转向角度，而转子转速传感器检测当前转向的速度。

（4）动力转向控制单元根据转向扭矩、转子转速、车速、发动机转速、转向角度、转向速度和控制单元中的特性曲线计算出必需的助力扭矩，并起动电动机。

（5）由第二个平行作用于齿条的小齿轮来进行转向助力。小齿轮的传动由电动机来进行。电动机通过一个蜗轮传动装置和一个传动小齿轮将转向助力传递到齿条上。

（6）转向盘上的扭矩和助力扭矩的总和就是转向器上的有效扭矩，由该扭矩来传动齿条。

二、丰田卡罗拉电动式电控动力转向系统

1. 系统组成

一汽丰田卡罗拉轿车转向轴助力式 EPS 系统的结构如图 5 - 2 - 8 所示，系统组成框图如图 5 - 2 - 9 所示。系统主要由动力转向电动机、转向扭矩传感器、转向盘转角传感器、动力转向 ECU、车轮转速传感器、发动机转速传感器、动力转向故障指示灯等组成。除转向扭矩传感器、动力转向电动机直接与动力转向 ECU 相连外，其他部件均通过 CAN 通信线路相连。

丰田卡罗拉
电动式
EPS 系统

动力转向电动机由直流电动机、减速机构组成，并与转向扭矩传感器安装在转向柱的中部，如图 5 - 2 - 10 所示，其作用主要是接收来自动力转向 ECU 的信号，产生扭矩以助力转向。

动力转向电动机内部安装了一个转角传感器，此传感器为电磁式传感器，它及时将转向电动机的转角大小和方向信号反馈给 ECU，以便 ECU 对整个转向过程进行修正控制。

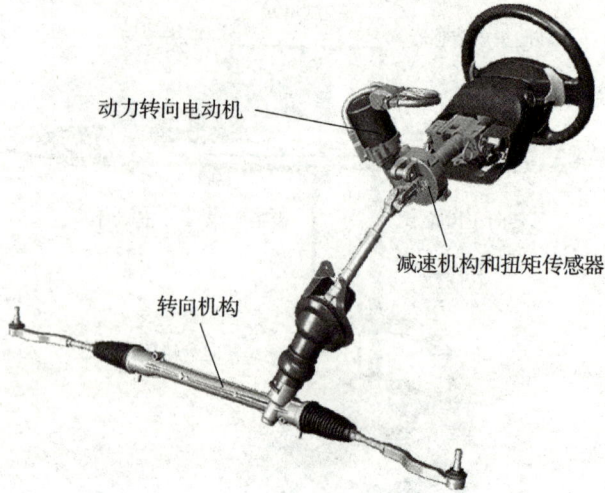

图 5 – 2 – 8　卡罗拉电动式 EPS 系统的结构

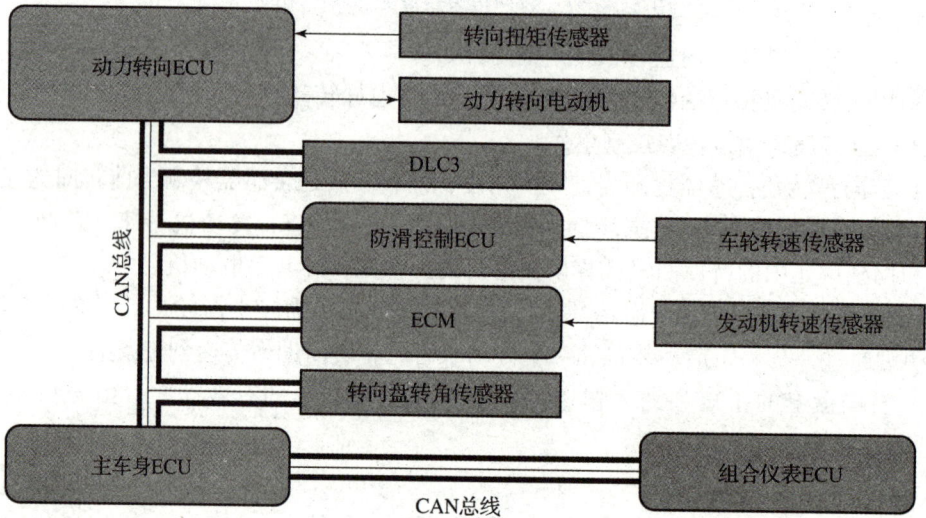

图 5 – 2 – 9　卡罗拉电动式 EPS 系统的组成框图

2. 系统工作原理

动力转向 ECU 根据接收到的发动机转速信号、车速信号和扭矩传感器信号等，计算转向助力的方向和大小，然后控制动力转向电动机产生助力。电动机转动后，通过安装在转向柱轴上的减速齿轮减速增扭后，将转向助力作用到转向轴上。

当驾驶员未转方向或车辆直线行驶时，动力转向电动机不运转，此时电动机的电压为 0 V。转向助力是随车速变化而变化的，车速越高，动力转向电动机的电流越小；车速越低，动力转向电动机的电流越大。因此，转向助力的大小由两个因素决定，即转向盘输入扭矩与车辆的行驶速度。

3. 系统控制电路

丰田卡罗拉轿车电动式 EPS 系统控制电路如图 5 – 2 – 11 所示。

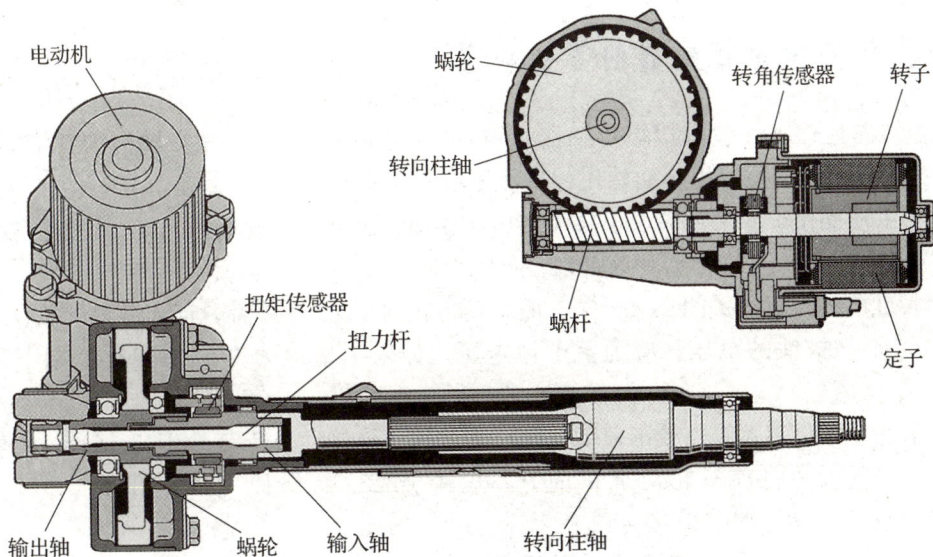

图 5 – 2 – 10　卡罗拉电动式 EPS 系统动力转向电动机的结构

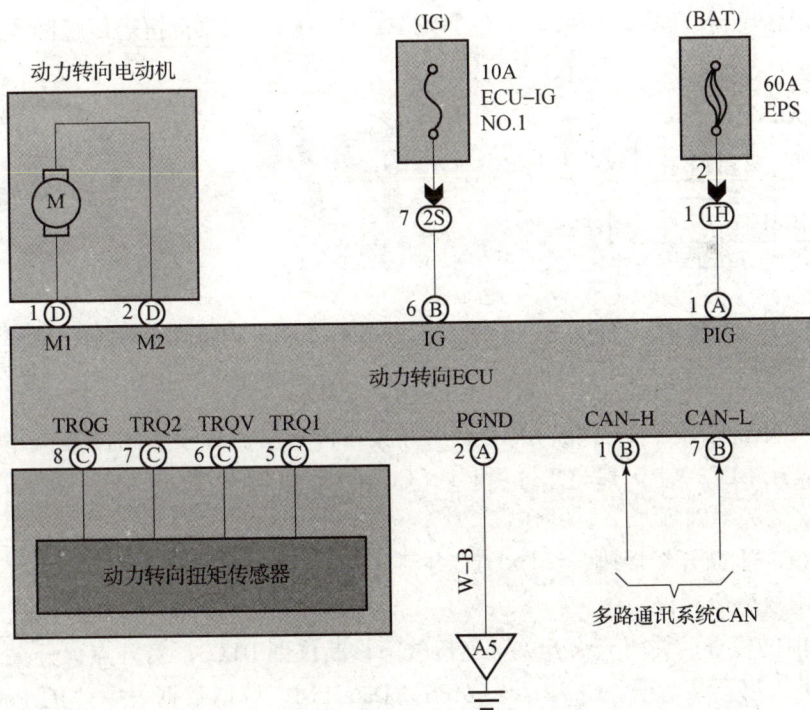

图 5 – 2 – 11　卡罗拉电动式 EPS 系统电路

任务实施

下面以一汽丰田卡罗拉电动式 EPS 为例，讲述电动动力转向系统的检修。

一、转向扭矩传感器的零点校准

更换转向柱总成（包含扭矩传感器）、更换动力转向 ECU 或左右转向力矩有差异时，需要将扭矩传感器的位置重新初始化，又称为零位偏差补偿、零点校准。

（1）手动操作。如果存储了 DTC C1516（扭矩传感器零点调整未完成），则不能校准扭矩传感器零点。开始校准前清除该 DTC。

① 校准前的检查。关闭点火开关，断开动力转向 ECU 连接器。打开点火开关，测量线束侧端子 B6 与搭铁的电压，应为蓄电池电压。如果测量值为 9 V 或更低，则不能执行校准。

② 清除扭矩传感器零点校准值。关闭点火开关，连接动力转向 ECU 连接器。将转向盘置于中心位置，并将前车轮对准正前方。短接 DLC3 端子 12（TS）和 4（CG）、端子 13（TC）和 4（CG），如图 5 - 2 - 12 所示。

打开点火开关，在 20 s 内断开并重新连接 DLC3 端子 13（TC）20 次及以上，P/S 故障指示灯（图 5 - 2 - 13（a）所示）闪烁 20 次后一直点亮（表明存储了故障码 DTC C1515，其含义是扭矩传感器故障）。如果未储存 DTC C1515，则不能执行扭矩传感器零点校准。

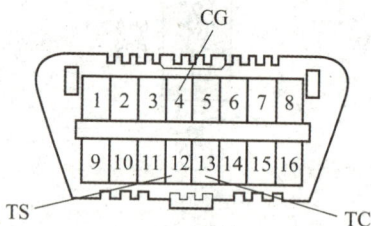

图 5 - 2 - 12　短接 DLC3 端子

图 5 - 2 - 13　丰田车系动力转向故障指示灯
(a) 老款车型；(b) 新款车型

③ 执行扭矩传感器零点校准。关闭点火开关，将转向盘置于中间位置，并将前车轮对准正前方。短接 DLC3 端子 12（TS）和 4（CG），打开点火开关，P/S 故障指示灯亮起，7 s 后以 4 Hz 的频率闪烁。

④ 从 DLC3 上断开短接线，读取 DTC 并清除。

（2）使用故障诊断仪操作。

① 校准前的检查。关闭点火开关，连接故障诊断仪到 DLC3。打开点火开关，接通故障诊断仪，并进入以下菜单项：Chassis / EMPS / Data List。读取数据表中 "IG Power Supply" 的值，应为 11 ~ 14 V。如果 IG 电源电压为 9 V 或更低，则不能执行校准。

② 执行扭矩传感器零点校准。将转向盘置于中间位置，并将前车轮对准正前方，在故障诊断仪中进入以下菜单项：Utility / Torque Sensor Adjustment，开始进行零点校准。完成后，应确保没有 DTC 输出。

注意：校准过程中不要触碰转向盘。

二、转向扭矩传感器的检修

当出现与转向扭矩传感器有关的故障码时，可按以下步骤进行检查：

（1）读取扭矩传感器数据流。接通故障诊断仪，读取数据表中"Torque Sensor 1 Output（扭矩传感器 1 输出值）"和"Torque Sensor 2 Output（扭矩传感器 2 输出值）"的值。当转向盘左转时，值为 0.3～2.5 V；当转向盘居中时，值为 2.3～2.7 V；当转向盘右转时，值为 2.5～4.7 V。

检查两显示值的差值，应低于 0.3 V。

若数据流正常，则为间歇性故障；若有异常，则按下述步骤继续进行检查。

（2）检查传感器电源和信号。打开点火开关，用万用表测量端子 C6（TRQV）与 C8（TRQG）之间的电压，应为 7.5～8.5 V，若有异常，则应更换动力转向 ECU。

用万用表测量端子 C5（TRQ1）与 C8（TRQG）、端子 C7（TRQ2）与 C8（TRQG）之间的电压。当转向盘左转时，为 0.3～2.5 V；当转向盘居中时，为 2.3～2.7 V；当转向盘右转时，为 2.5～4.7 V。若有异常，则应更换转向柱总成。

（3）若以上检查均正常，则更换动力转向 ECU。

三、转向电动机的检修

当出现故障码 C1524（电动机电路故障）时，表示转向电动机电路出现故障，此时可按如下步骤进行检查。

（1）读取转向电动机数据流。接通故障诊断仪，读取数据表中"Motor Actual Current（电动机实际电流）"和"Command Value Current（电动机请求电流）"的值。当转向盘左转时，值为 10～55 A；当转向盘居中时，值为 −1～1 A；当转向盘右转时，值为 −55～−10 A。

若正常，则为间歇性故障；若有异常，则按下述步骤继续进行。

（2）检查动力转向 ECU 的控制信号。打开点火开关，用万用表测量端子 D1（M1）与 A2（PGND）之间的电压。当转向盘左转时，为 11～14 V；当转向盘右转时，应低于 1 V。

用万用表测量端子 D2（M2）与 A2（PGND）之间的电压。当转向盘左转时，应低于 1 V；当转向盘右转时，为 11～14 V。

若不满足要求，则断开 ECU 连接器 A，检查线束侧电源端子 A1 和搭铁端子 A2 是否正常。若正常，则更换动力转向 ECU。

（3）检查转向电动机。断开转向电动机连接器 D，测量电动机端子 D1 和 D2 之间的电阻，为 0.08～0.15 Ω；测量电动机端子 D1、D2 与搭铁之间的电阻，应为无穷大。

若有异常，则应更换转向柱总成（内有转动电动机）。

（4）若以上检查正常，则更换动力转向 ECU。

案例分析

一、丰田卡罗拉轿车 P/S 故障指示灯长亮

故障现象：一辆 2010 款丰田卡罗拉轿车，行驶里程 12.8 万 km，停放一个月后起动时，P/S 故障指示灯长亮，转向沉重。

故障诊断与排除：将前轮撑起离地，起动车辆，转动转向盘，发现转向较沉重，同时仪表上的 P/S 故障指示灯一直点亮。读取故障码，有 4 个，分别是 C1515（扭矩传感器零位调整未进行）、C1522（动力转向电动机发生故障不工作）、C1525（转角传感器输出初始化未进行）、C1532（助力系统控制单元 ECU 信号不良故障）。清除故障码，用故障诊断仪对扭矩传感器进行零点校准，再次试车，转向依旧沉重，P/S 故障指示灯还是点亮，再读取故障码，还是上述 4 个故障码。

检查相关的保险丝和继电器，正常。检查动力转向电动机极其线路，正常。检查扭矩传感器至动力转向 ECU 之间的线路，发现有 2 根线不导通，顺着线束仔细查找，在线束中间位置发现这 2 根线被老鼠咬断了。

将线束剪开，找出断开的 2 根线，用电烙铁焊牢。对扭矩传感器零点校准后，起动车辆，转动转向盘试验，转向轻便，P/S 故障指示灯熄灭。外出路试，一切正常，故障排除。

二、丰田卡罗拉轿车转向沉重

故障现象：一辆 2012 款丰田卡罗拉轿车，进厂维修时拆卸仪表台后转向出现沉重。在维修之前转向正常，维修后出现转动转向盘沉重现象，偶尔能有一下助力，其他时间与车辆熄火时转动转向盘感觉相同。此车配备的电动助力系统是转向轴助力式。

故障诊断与排除：先进行试车，发现情况相符。读取故障码，为 C1512（扭矩传感器 TRQ2 信号错误或中止），清除故障码，重新读取仍然存在。

读取数据流，检查到"Torque Sensor 2 Output（扭矩传感器 2 输出值）"项时，不论如何转动转向盘，数值一直为 0。用万用表测量端子 TRQ2 与 TRQG 的电压，无电压。由此可确定为传感器本身故障，需对其进行更换。

对扭矩传感器进行解体。打开传感器外壳进行检查，上面有一层集成电路，拉开导线橡胶时，发现其中一条黄色导线连接松动，重新焊接，故障解决。

任务小结

1. 电动式电控动力转向系统（简称电动式 EPS）是一种直接依靠电动机提供辅助转矩的电动助力式转向系统。该系统仅需要控制电动机电流的方向和幅值，不需要复杂的控制机构。

2. 根据电动机对转向系统产生助力的位置不同，电动式 EPS 系统可分成三种类型：转向轴助力式、小齿轮助力式和齿条助力式。

3. 电动式 EPS 系统主要由转向盘转角传感器、转向扭矩传感器、动力转向电动机、动力转向控制单元、动力转向故障指示灯等部件组成。

4. 转向扭矩传感器用于检测转向盘转动时产生的转向力矩，并将其转换为电信号输送给 ECU，ECU 据此决定对动力转向电动机提供多大的电压。

5. 动力转向电动机是一个无刷异步电动机，通过蜗杆传动装置和传动小齿轮将转向助力传递到齿条上。电动机内部有一个转子转速传感器，用于检测电动机的转子转速，以确定电动机的转向速度。

6. 动力转向故障指示灯位于组合仪表板内，用来显示动力转向系统的故障。其有两种颜色，显示黄色代表轻度警报，显示红色时应立即将车辆送至工厂维修。

7. 一汽丰田卡罗拉轿车采用转向轴助力式 EPS 系统，由动力转向电动机、转向扭矩传感器、转向盘转角传感器、动力转向 ECU、车轮转速传感器、发动机转速传感器、动力转向故障指示灯等组成。除转向扭矩传感器、动力转向电动机直接与动力转向 ECU 相连外，其他部件均通过 CAN 通信线路相连。

参 考 文 献

[1] 闵思鹏，周羽皓. 汽车底盘电控系统检修 [M]. 北京：人民交通出版社，2015.

[2] 刘春晖. 汽车底盘电控系统原理与检修 [M]. 北京：机械工业出版社，2012.

[3] 杨智勇，刘波. 新迈腾汽车维修与保养速查手册 [M]. 北京：化学工业出版社，2019.

[4] 姜绍忠，阎文兵. 汽车底盘电控系统原理与维修 [M]. 北京：机械工业出版社，2016.

[5] 王盛良. 汽车底盘及车身电控技术与检修（第 3 版）[M]. 北京：机械工业出版社，2017.

[6] 庞成立. 汽车底盘电控系统原理与检修（第 2 版）[M]. 哈尔滨：哈尔滨工业大学出版社，2017.

[7] 刘春晖，梁玉国. 汽车自动变速器构造与检修 [M]. 北京：机械工业出版社，2017.

[8] 陈映波，陈玉刚，易成贤. 汽车自动变速器构造与维修 [M]. 成都：电子科技大学出版社，2017.

[9] 上汽通用汽车有限公司. 汽车自动变速器及检修 [M]. 北京：高等教育出版社，2016.

[10] 上汽通用汽车有限公司. 汽车转向与悬架系统及检修 [M]. 北京：高等教育出版社，2017.

[11] 上汽通用汽车有限公司. 汽车制动系统及检修 [M]. 北京：高等教育出版社，2016.

汽车底盘电控系统检修任务工单

北京理工大学出版社
BEIJING INSTITUTE OF TECHNOLOGY PRESS

项目一 汽车底盘电控系统综述

1. 填空题

（1）汽车电控系统可分为三大部分，_____、_____和_____。

（2）目前在汽车底盘上应用的线控技术包括_____、_____及_____等。

（3）底盘集成控制系统是将_____、_____、_____和_____的功能进行集成，用来提高车辆的动态特性、乘坐舒适性和稳定性等。

（4）四轮驱动又可以细分成四种驱动模式：_____、_____、_____和_____。

2. 选择题

（1）学生甲说现在是汽车电控技术的智能控制阶段，学生乙说需求和法规是汽车电控技术蓬勃发展的根本原因。说法正确的是_____。

A. 仅甲正确　　　　　　　　　　B. 仅乙正确

C. 甲和乙都正确　　　　　　　　D. 甲和乙都错误

（2）汽车线控技术就是将驾驶员的操纵动作通过_____传输到执行机构的一种系统。

A. 钢丝绳或连杆　　　　　　　　B. 齿轮机构

C. 导线　　　　　　　　　　　　D. 液压油路

3. 判断题

（1）（   ）汽车电控技术发展的启蒙阶段，主要是开发由分立元件和集成电路组成的汽车电子产品。

（2）（   ）液力变矩器可以在一定范围内实现无级变速和改变扭矩。

（3）（   ）防抱死制动系统可以解决突然制动所带来的制动跑偏、侧滑、甩尾等危险制动状况。

（4）（   ）电控动力转向系统的放大倍率是固定的。

4. 简答题

（1）简述汽车电控技术的发展历程。

（2）汽车底盘上应用的电子控制系统有哪些？

（3）简述汽车底盘电控系统的发展趋势。

项目二　汽车自动变速器的检修

学习任务一　自动变速器的认知

一、技能操作

班级：		姓名：		学号：	
组别：		地点：		日期：	

1. 实训目的

（1）熟悉自动变速器的挡位标识和换挡操纵杆；

（2）熟悉自动变速器换挡模式选择开关的含义；

（3）熟悉自动变速器的组成。

2. 前期准备和防护工作

（1）实训器材：整车（或自动变速器台架）等；

（2）做好个人防护、车辆防护和车内防护工作；

（3）注意规范操作。

3. 安全检查

（1）检查车辆驻车制动器是否拉起、换挡杆是否处于 P 位或 N 位；

（2）车辆安全确认，检查车轮挡块安装是否到位、停放位置是否安全。

4. 思政目标

科学引导，树立正确的劳动观念，培养学生的劳动意识，以及干一行、爱一行、精一行的工匠精神。

操作步骤

1. 自动变速器挡位的认识

图 2 - 1 - 1 所示为某自动变速器的挡位示意图，写出相对应的名称及作用。

图 2 - 1 - 1　别克 GL6 的挡位示意图

序号 1 是＿＿＿＿＿＿＿＿＿＿，作用是＿＿＿＿＿＿＿＿＿＿＿＿＿＿＿＿＿＿；

序号 2 是＿＿＿＿＿＿＿＿＿＿，作用是＿＿＿＿＿＿＿＿＿＿＿＿＿＿＿＿＿＿；

操作步骤

序号3是＿＿＿＿＿＿＿＿＿＿，作用是＿＿＿＿＿＿＿＿＿＿＿＿＿＿＿＿＿＿＿；

序号4是＿＿＿＿＿＿＿＿＿＿，作用是＿＿＿＿＿＿＿＿＿＿＿＿＿＿＿＿＿＿＿；

序号5是＿＿＿＿＿＿＿＿＿＿，作用是＿＿＿＿＿＿＿＿＿＿＿＿＿＿＿＿＿＿＿；

序号6是＿＿＿＿＿＿＿＿＿＿，作用是＿＿＿＿＿＿＿＿＿＿＿＿＿＿＿＿＿＿＿；

序号7是＿＿＿＿＿＿＿＿＿＿，作用是＿＿＿＿＿＿＿＿＿＿＿＿＿＿＿＿＿＿＿；

序号8是＿＿＿＿＿＿＿＿＿＿，作用是＿＿＿＿＿＿＿＿＿＿＿＿＿＿＿＿＿＿＿。

2. 换挡操纵杆的认识

如图2-1-2所示的换挡操纵杆中，哪些是机械式操纵杆，哪些是电子式操纵杆？

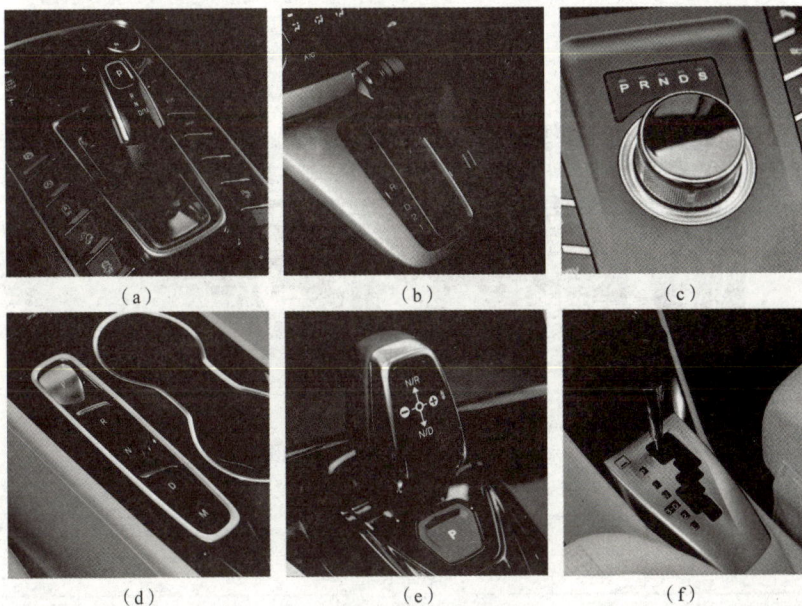

（a）　　　　　　　　（b）　　　　　　　　（c）

（d）　　　　　　　　（e）　　　　　　　　（f）

图2-1-2　换挡操纵杆

属于机械式操纵杆的是：＿＿＿＿＿＿＿＿＿＿＿＿＿＿＿＿＿＿＿＿。

属于电子式操纵杆的是：＿＿＿＿＿＿＿＿＿＿＿＿＿＿＿＿＿＿＿＿。

3. 换挡模式选择开关的认识

图2-1-3所示为汽车换挡模式选择开关，写出相对应的模式名称及作用。

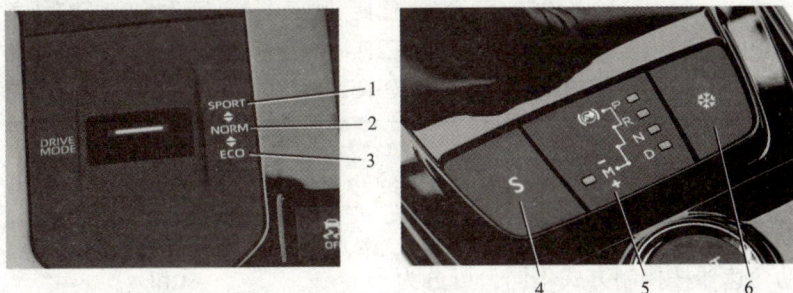

图2-1-3　汽车换挡模式选择开关

操作步骤
序号1是_____，作用是_____；
序号2是_____，作用是_____；
序号3是_____，作用是_____；
序号4是_____，作用是_____；
序号5是_____，作用是_____；
序号6是_____，作用是_____。

4. 自动变速器的基本组成

图2-1-4所示为自动变速器结构示意图，写出数字对应名称。

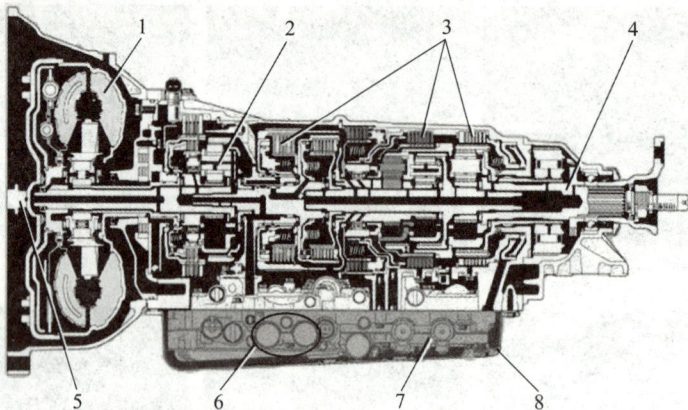

图2-1-4 自动变速器结构图

序号1是_____；序号2是_____；
序号3是_____；序号4是_____；
序号5是_____；序号6是_____；
序号7是_____；序号8是_____。

检查与评估	
7S 管理规范 （教师点评）	□整理　□整顿　□清扫　□清洁　□素养　□安全　□节约
成绩评定	个人评定：□优　　□良　　□中　　□及格　　□不及格 小组评定：□优　　□良　　□中　　□及格　　□不及格 教师评定：□优　　□良　　□中　　□及格　　□不及格

二、理论测试

1. 填空题

（1）自动变速器按控制方式不同，可分为_____和_____两种。

（2）自动变速器能根据汽车的运行工况和道路条件_____。

（3）电控液力自动变速器一般由_____、_____、_____、_____和_____五部分组成。

（4）自动变速器按照齿轮变速器的类型不同，可分为_____和_____两种。

（5）O/D 开关的作用是_____。

（6）换挡操纵杆一般有多个位置，只有在_____位或_____位才能起动发动机。

2. 选择题

（1）学生甲说经济模式下可以获得最佳燃油经济性，学生乙说经济模式下就是延迟升挡、提前降挡，说法正确的是_____。

A. 仅甲正确　　　　　　　　　　B. 仅乙正确

C. 甲和乙都正确　　　　　　　　D. 甲和乙都错误

（2）学生甲说后轮驱动的自动变速器在小型客车上布置比较困难，学生乙说横置发动机前驱动自动变速器的轴向尺寸较小，说法正确的是_____。

A. 仅甲正确　　　　　　　　　　B. 仅乙正确

C. 甲和乙都正确　　　　　　　　D. 甲和乙都错误

（3）以下_____挡位能够正常起动车辆。

A. R 挡　　　　　B. N 挡　　　　　C. S 挡　　　　　D. L 挡

（4）下列关于操纵杆各位置所表示的意义，错误的是_____。

A. N 位：空挡位置　　　　　　　B. S 位：低速发动机制动挡

C. D 位：前进挡位　　　　　　　D. D3 位：高速发动机制动挡

3. 判断题

（1）（　　）电控自动变速器在工作中不需要液压元件。

（2）（　　）自动变速器操纵杆只有在 P 位或 N 位才能起动发动机。

（3）（　　）横置发动机前驱动自动变速器要求有较大的轴向尺寸。

（4）（　　）电子式操作杆直接采用电子信号来选择挡位。

（5）（　　）当 O/D 开关打开后，自动变速器的挡位最高只能升到 3 挡。

（6）（　　）经济模式是以汽车获得最佳燃油经济性为目标来设计换挡规律。

（7）（　　）在雪地模式下，节气门维持在一个较大的开启范围，发动机的扭矩受到抑制，防止汽车在下雪天的路面或其他湿滑路面行驶时车轮打滑。

4. 简答题

（1）简述换挡模式选择开关的类型和作用。

（2）简述电控液力自动变速器的工作原理。

（3）简述 O/D 开关的作用。

学习任务二　液力变矩器检修

一、技能操作

班级：		姓名：		学号：	
组别：		地点：		日期：	

1. 实训目的

（1）熟悉液力变矩器的组成；

（2）掌握液力变矩器的清洗、检查方法。

2. 前期准备和防护工作

（1）实训器材：液力变矩器总成（或自动变速器台架）、世达工具、ATF、吹尘枪、接油盘、磁性表座、百分表、游标卡尺、腈纶手套、抹布等；

（2）做好个人防护，正确使用压缩气源，妥善处理使用后的 ATF；

（3）注意规范操作。

3. 安全检查

（1）使用气源时，检查压缩管路是否存在漏气；

（2）作业前，检查工作区域周围是否安全；

（3）作业完成后检查气泵房压缩机是否关闭、压缩气储气罐的排水阀门是否关好。

4. 思政目标

（1）科学引导，树立正确的劳动观念，培养学生的劳动意识；

（2）自觉爱护环境，树立环保意识；

（3）培养务实肯干、精益求精的工匠精神。

操作步骤

1. 液力变矩器构造认识

图 2-2-1 所示为液力变矩器的结构图，请写出零部件的名称及作用。

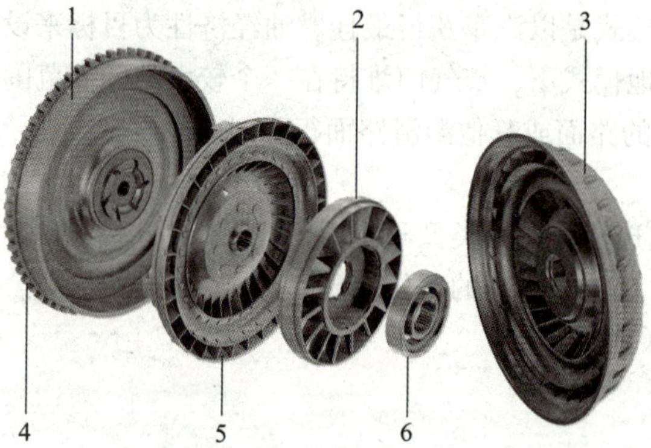

图 2-2-1　液力变矩器结构

序号 1 是_____，作用是_____；

序号 2 是_____，作用是_____；

操作步骤

序号3是_____，作用是_____；
序号4是_____，作用是_____；
序号5是_____，作用是_____；
序号6是_____，作用是_____。

2. 液力变矩器的检查

（1）按照规定要求对液力变矩器进行清洗。

（2）对液力变矩器进行检查，并填写表2-2-1。

表2-2-1　液力变矩器的检查

检查项目	具体内容		
目视检查	外部损坏和裂纹情况　　□有/□无 轴套外径磨损情况　　□有/□无 轴套缺口损伤情况　　□有/□无 目视检查结论：　　□正常/□不正常		
单向离合器检查	逆时针转动情况：	顺时针转动情况：	结论：□正常/□不正常
轴套偏摆检查	偏摆量检查值：	偏摆量限值：	结论：□正常/□不正常
安装情况检查	液力变矩器安装面至自动变速器壳体正面的距离：		结论：□正常/□不正常

检查与评估

7S管理规范 （教师点评）	□整理　□整顿　□清扫　□清洁　□素养　□安全　□节约
成绩评定	个人评定：□优　□良　□中　□及格　□不及格 小组评定：□优　□良　□中　□及格　□不及格 教师评定：□优　□良　□中　□及格　□不及格

二、理论测试

1. 填空题

（1）液力变矩器主要由_____、_____和_____三个基本元件组成。

（2）泵轮是液力变矩器的_____部件，涡轮是液力变矩器的_____部件。

（3）锁止离合器可以将_____和_____直接连接起来，实现_____传动，一般通过_____来控制。

（4）液力变矩器能够改变扭矩，关键在于增加了一个_____。

2. 选择题

（1）关于液力变矩器导轮，描述正确的是_____。

A. 是一个受涡轮驱动的元件　　　　　B. 是一个转速和泵轮相同的元件

C. 是一个只能单向转动的元件　　　　D. 是一个转动方向和涡轮相反的元件

（2）学生甲说：液力变矩器的泵轮和发动机的转速始终相同；学生乙说：液力变矩器的涡轮和发动机的转速始终相同。说法正确的是_____。

A. 仅甲正确
B. 仅乙正确
C. 甲和乙都正确
D. 甲和乙都错误

（3）在输出轴处于增矩的工况下，液力变矩器中的导轮处于_____状态。

A. 自由
B. 锁止
C. 与涡轮同速
D. 与泵轮同速

（4）关于自动变速器的液力变矩器，说法正确的是_____。

A. 能将发动机的扭矩传递给变速器

B. 涡轮与发动机转速相同

C. 导轮由发动机直接驱动

D. 导轮与涡轮之间通过单向离合器连接

（5）关于锁止离合器，描述错误的是_____。

A. 可实现直接挡传动

B. 从动盘是一个可做轴向移动的压盘

C. 通过花键套与涡轮连接

D. 锁止离合器控制阀由自动变速器 ECU 直接控制

3. 判断题

（1）（　　）导致液力变矩器表面变为蓝色的原因是变矩器中的导轮双向锁死。

（2）（　　）液力变矩器在变矩区工作时没有增扭功能。

（3）（　　）泵轮驱动的油液冲击涡轮的叶片，使得涡轮和泵轮产生相对运动。

（4）（　　）液力变矩器的泵轮是主动部件，其叶片直接焊在壳体的内表面上。

（5）（　　）在液力变矩器中，为减少油流阻力，壳体内表面必须加工得非常光滑。

（6）（　　）液力变矩器的导轮通过单向离合器安装在涡轮轴上。

（7）（　　）液力变矩器在一定范围内，能自动、无级地改变传动比和转矩比。

（8）（　　）当涡轮转速增加到与泵轮转速相等时，油液的循环流动停止，变矩器不能传递动力。

（9）（　　）单向离合器使导轮以与发动机曲轴相反的方向转动。如果导轮要以相同方向转动，单向离合器就将导轮锁止。

4. 简答题

（1）简述液力变矩器的功用。

（2）简述液力变矩器的工作原理。

（3）简述锁止离合器的工作过程。

（4）简述液力变矩器的清洗方法。

（3）简述液力变矩器的检查内容。

学习任务三　机械传动部分检修

一、技能操作

班级：	姓名：	学号：
组别：	地点：	日期：

1. 实训目的

（1）熟悉自动变速器机械传动部分的组成及结构；

（2）掌握行星齿轮变速器的拆装步骤；

（3）掌握机械传动部分的检修方法。

2. 前期准备和防护工作

（1）实训器材：自动变速器总成、工作台、世达工具、ATF、专用工具、腈纶手套、抹布、接油盆等；

（2）做好个人防护，特别注意穿好安全鞋，防止零件跌落时对脚部的损伤；

（3）注意规范操作。

3. 安全检查

（1）检查自动变速器总成摆放的位置是否安全；

（2）作业前，检查工作区域周围是否安全；

（3）拆装工作区域内有明显的安全警示标志或通过警戒线划分操作区域。

4. 思政目标

（1）科学引导，树立正确的劳动观念；

（2）自觉爱护环境，树立环保意识；

（3）培养务实肯干、精益求精的工匠精神；

（4）建立团结协作、客观公正和诚信维修的优良品质。

操作步骤

1. 行星齿轮机构认识

（1）图 2 - 3 - 1 所示为单排单级行星齿轮的结构图，请写出零部件名称。

序号1是＿＿＿＿＿＿＿＿＿＿＿；

序号2是＿＿＿＿＿＿＿＿＿＿＿；

序号3是＿＿＿＿＿＿＿＿＿＿＿；

序号4是＿＿＿＿＿＿＿＿＿＿＿。

（2）假设太阳轮齿数为 20，齿圈齿数为 40。对单排单级行星齿轮机构工作情况进行分析，可归纳为 8 种工作状态，请填写表 2 - 3 - 1 中空格。

图 2 - 3 - 1　单排单级行星齿轮的结构

操作步骤

表 2-3-1　单排单级行星齿轮机构运动规律

序号	主动件	从动件	固定件	传动比	输出转速	旋转方向	扭矩大小
1	太阳轮	行星架	齿圈		下降		
2	行星架	太阳轮	齿圈	$i = 0.33 < 1$			
3	齿圈	行星架	太阳轮				增大
4	行星架	齿圈	太阳轮				
5	太阳轮	齿圈	行星架			相反	
6	齿圈	太阳轮	行星架				
7	任意两个连成一体						
8	所有元件不受约束			—	—	—	—

（3）对单排双级行星齿轮机构工作情况进行分析，也可归纳为 8 种工作状态，假设太阳轮齿数为 20，齿圈齿数为 40，请填写表 2-3-2 中空格。

表 2-3-2　单排双级行星齿轮机构运动规律

序号	主动件	从动件	固定件	传动比	输出转速	旋转方向	扭矩大小
1	太阳轮	行星架	齿圈				
2	行星架	太阳轮	齿圈				
3	齿圈	行星架	太阳轮				
4	行星架	齿圈	太阳轮				
5	太阳轮	齿圈	行星架				
6	齿圈	太阳轮	行星架				
7	任意两个连成一体						
8	所有元件不受约束			—	—	—	—

2. 自动变速器的拆装

选择丰田 A341E 型、现代 A4CFx 型、大众 01M 型或通用 GF6 变速器进行拆装。

3. 行星齿轮机构的检查

对行星齿轮机构进行检查，填写表 2-3-3。

表 2-3-3　行星齿轮机构的检查

序号	检查项目	检查结果	结论
1	齿面情况		
2	磨损情况		
3	行星齿轮间隙		

操作步骤

4. 单向离合器的检查

对单向离合器进行检查，填写表2-3-4。

表2-3-4 单向离合器的检查

序号	检查项目	检查结果	结论
1	目视检查		
2	锁止检查		

5. 离合器及片式制动器的检查

对离合器及片式制动器进行检查，填写表2-3-5。

表2-3-5 离合器及片式制动器的检查

序号	检查项目	检查结果		结论
1	摩擦片和钢片个数	摩擦片个数：	钢片个数：	-
2	摩擦片和钢片质量	表面质量：□发黑（烧蚀）　　□剥落　　　□裂纹 　　　　　□内键拉毛或掉齿　　　　□全无 摩擦片表面：□带沟槽　　□含油层　　□印有字符 　　　　　是否磨平：　□已磨平/□未磨平 变形情况：　□已变形/□未变形		
3	活塞检查			
4	活塞单向阀检查			
5	液压缸检查			
6	回位弹簧长度			
7	自由间隙	测量值：　　　　　　标准值： 若不满足要求，对间隙进行调整。		

6. 带式制动器的检查

对带式制动器进行检查，填写表2-3-6。

表2-3-6 带式制动器的检查

序号	检查项目	检查结果	结论
1	制动带内摩擦表面	表面质量：□发黑（烧蚀）　　□剥落　□裂纹 　　　　　　　　　　　　□全无 变形情况：□已变形/□未变形	
2	活塞和推杆检查		
3	液压缸检查		
4	自由间隙	测量值：　　　　　　标准值： 若不满足要求，则对间隙进行调整。	

续表

检查与评估	
7S 管理规范 （教师点评）	□整理　□整顿　□清扫　□清洁　□素养　□安全　□节约
成绩评定	个人评定：□优　　□良　　□中　　□及格　　□不及格 小组评定：□优　　□良　　□中　　□及格　　□不及格 教师评定：□优　　□良　　□中　　□及格　　□不及格

二、理论测试

1. 填空题

（1）换挡执行机构包括_____、_____和_____。

（2）离合器起_____作用，制动器起_____作用，单向离合器起_____作用。

（3）多排行星齿轮机构常用的组合方式有_____行星齿轮机构和_____行星齿轮机构两种。

（4）单排行星齿轮机构的三个基本元件是_____、_____和_____。

（5）辛普森式行星齿轮机构的四个基本元件是_____、_____、_____和_____。

（6）在自动变速器中常用的制动器有_____和_____两种。

2. 选择题

（1）对于换挡执行元件，学生甲说离合器用于将两个基本元件连接起来，学生乙说单向离合器也可以将两个基本元件连接起来，说法正确的是_____。

　A. 仅甲正确　　　　　　　　　　　　B. 仅乙正确

　C. 甲和乙都正确　　　　　　　　　　D. 甲和乙都错误

（2）在单排单级行星齿轮机构中，只有当_____时，才能获得倒挡。

　A. 行星架固定　　　　　　　　　　　B. 太阳轮固定

　C. 齿圈固定　　　　　　　　　　　　D. 行星齿轮固定

（3）辛普森式行星齿轮机构的特点包括：两组行星齿轮排和_____。

　A. 共用一个齿圈　　　　　　　　　　B. 共用一个太阳轮

　C. 共用一个行星架　　　　　　　　　D. 后太阳轮与前行星架刚性连接

（4）自动变速器的控制系统中，离合器的作用是_____。

　A. 限制输入轴与输出轴不产生过大的转速差

　B. 固定行星齿轮机构的某个元件

　C. 驱动行星齿轮机构的某个元件旋转

　D. 控制换挡不造成过大的冲击

（5）在单排单级行星齿轮机构中，若齿圈固定，太阳轮为主动件，行星架为从动件，则构成的传动形式为_____。

　A. 减速传动　　　　B. 增速传动　　　　C. 倒挡传动　　　　D. 直接挡传动

（6）在单排单级行星齿轮机构中，若太阳轮固定，则齿圈与行星架的旋转方向_____。

A. 一致 B. 相反 C. 交叉 D. 顺时针

（7）辛普森式行星齿轮机构由两组行星齿轮排连接而成，这两组行星齿轮排是_____。

A. 两个单排单级 B. 一个单排单级，一个单排双级

C. 两个单排双级 D. 任意组合

（8）关于 A341E 自动变速器前进挡离合器 C_1 的功用，说法正确的是_____。

A. 连接超速行星排的太阳轮和行星架

B. 连接前排齿圈和输入轴

C. 连接前后太阳轮组件和输入轴

D. 阻止前后太阳轮组件转动

3. 判断题

（1）（　　）离合器活塞油封损坏可能导致油液泄露和压力降低。

（2）（　　）自动变速器中制动器的作用是把行星齿轮机构中的某两个元件连接起来，形成一个整体共同旋转。

（3）（　　）自动变速器的制动器能把行星齿轮机构中某元件锁止，不让其进行旋转；而离合器的作用是将两个元件连接成一体，共同旋转。

（4）（　　）自动变速器中离合器的自由间隙是利用增减离合器摩擦片或钢片的片数进行调整的。

（5）（　　）自动变速器中的单向离合器是以机械方式进行运作的，而离合器是利用液压进行操纵的。

（6）（　　）由内、外两组行星齿轮构成的双行星齿轮式行星齿轮机构，在传动中改变了原来的主从动旋转方向。

（7）（　　）摩擦片的两面均为摩擦系数较大的铜基粉末冶金层或合成纤维层，而钢片表面则光滑，没有摩擦材料。

（8）（　　）CR – CR 辛普森式行星齿轮机构可以实现四个前进挡和一个倒挡。

（9）（　　）制动带与制动鼓之间的间隙是固定的，不能进行调整。

（10）（　　）P 位时，驻车锁凸轮使驻车爪上的凸起与输出轴齿轮齿槽接合，以防止车辆移动。

（11）（　　）01M 变速器机械传动挡位中，变矩器锁止离合器 C_0 接合，发动机动力不经过液力变矩器直接传至涡轮轴。

4. 简答题

（1）简述单排单级行星齿轮机构的传动原理。

（2）简述离合器的工作原理。

（3）简述制动器的工作原理。

（4）简述辛普森式行星齿轮机构的结构特点。

（5）简述 CR – CR 辛普森式行星齿轮机构的结构特点。

（6）简述拉维娜式行星齿轮机构的结构特点。

学习任务四　液压控制系统检修

一、技能操作

班级：	姓名：	学号：
组别：	地点：	日期：

1. 实训目的

（1）熟悉液压控制系统的结构组成；

（2）掌握液压泵与液压阀体的拆装步骤和检测方法。

2. 前期准备和防护工作

（1）实训器材：液压泵、阀体总成、世达工具、ATF、吹尘枪、油盘、腈纶手套、抹布等；

（2）做好个人防护，正确使用压缩气源，妥善处理使用后的 ATF；

（3）注意规范操作。

3. 安全检查

（1）目视检查工作桌面应整洁、无杂物；

（2）作业前，检查工作区域周围是否安全；

（3）作业完成后检查气泵房压缩机是否关闭、压缩气储气罐的排水阀门是否关好。

4. 思政目标

（1）树立正确的劳动观念；

（2）自觉爱护环境，树立环保意识；

（3）培养务实肯干、精益求精的工匠精神；

（4）建立团结协作、客观公正、诚信维修的优良品质。

操作步骤

1. 液压控制系统构造认识

图 2 - 4 - 1 所示为液压控制系统的结构组成，请写出零部件的名称及作用。

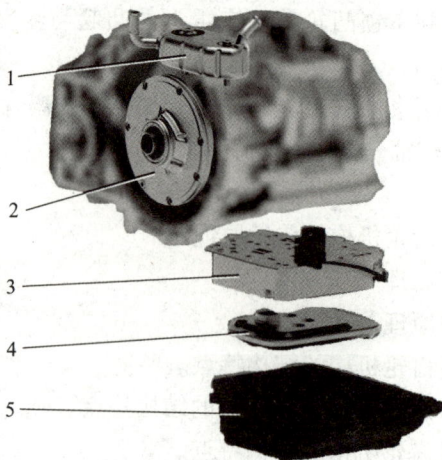

图 2 - 4 - 1　液压控制系统结构组成

操作步骤

序号1是＿＿＿＿＿＿＿＿＿，作用是＿＿＿＿＿＿＿＿＿＿＿＿＿＿＿＿＿＿＿；

序号2是＿＿＿＿＿＿＿＿＿，作用是＿＿＿＿＿＿＿＿＿＿＿＿＿＿＿＿＿＿＿；

序号3是＿＿＿＿＿＿＿＿＿，作用是＿＿＿＿＿＿＿＿＿＿＿＿＿＿＿＿＿＿＿；

序号4是＿＿＿＿＿＿＿＿＿，作用是＿＿＿＿＿＿＿＿＿＿＿＿＿＿＿＿＿＿＿；

序号5是＿＿＿＿＿＿＿＿＿，作用是＿＿＿＿＿＿＿＿＿＿＿＿＿＿＿＿＿＿＿。

2. 液压泵的检修

检修液压泵，测量其间隙，并填写表2-4-1。

表2-4-1 液压泵间隙的测量

项目	测量值/mm	标准值/mm	结论
外齿轮外圆与壳体间隙			
齿顶与月牙板间隙			
齿轮端隙			

3. 液压阀体的检修

（1）清洗液压阀体，将所有零部件进行分解和检查，并填写表2-4-2。

表2-4-2 液压阀体的检修

控制阀	阀芯是否移动自如	阀芯表面磨损	弹簧长度	结论
手动阀				
主油路调压阀				
换挡控制阀				
锁止离合器控制阀				
……				

（2）检查阀体单向阀钢球是否缺失、钢球的密封性能是否良好。

检查与评估	
7S管理规范（教师点评）	□整理 □整顿 □清扫 □清洁 □素养 □安全 □节约
成绩评定	个人评定：□优 □良 □中 □及格 □不及格 小组评定：□优 □良 □中 □及格 □不及格 教师评定：□优 □良 □中 □及格 □不及格

二、理论测试

1. 填空题

（1）自动变速器油是一种特殊的高级润滑油，不仅具有_____、_____作用，还具有_____以及_____的作用。

（2）自动变速器中常用的液压泵有_____、_____和_____。

（3）常见的换挡品质控制装置有_____、_____等。

（4）常用的变速器油冷却器有两种，即_____和_____。

2. 选择题

（1）关于自动变速器油，学生甲说具有润滑、冷却作用，学生乙说具有传递压力的作用，说法正确的是_____。

A. 仅甲正确　　　　　　　　　　B. 仅乙正确

C. 甲和乙都正确　　　　　　　　D. 甲和乙都错误

（2）学生甲说变速器液压系统的大多数滑阀都被封装在阀体上，学生乙说阀体内的球阀仅起到限压的作用，说法正确的是_____。

A. 仅甲正确　　　　　　　　　　B. 仅乙正确

C. 甲和乙都正确　　　　　　　　D. 甲和乙都错误

（3）对于自动变速器的手动阀，说法正确的是_____。

A. 由操纵杆带动手动阀移动　　　B. 手动阀独立存在，不在阀体中

C. 手动阀由加速踏板联动　　　　D. 手动阀直接控制前进挡的挡位

（4）在自动变速器中，蓄能器的作用是在换挡时，使_____。

A. 主油路油压平稳　　　　　　　B. 节气门油压平稳

C. 换挡执行元件的结合先慢后快　D. 换挡执行元件的结合先快后慢

（5）组装自动变速器油控系统的阀体前，应把所有的阀体零件_____。

A. 保持清洁并干燥状况　　　　　B. 泡在自动变速器油中

C. 涂抹密封胶　　　　　　　　　D. 浸泡在清洁剂中

（6）在检查已使用的离合器盘片时，如果摩擦片_____，则必须更换这片摩擦片。

A. 印记尚存在　　　　　　　　　B. 干燥并有拉痕

C. 能保存油液　　　　　　　　　D. 厚度符合、盘片偏黄

（7）关于锁止离合器控制阀，学生甲说：大多采用脉冲线性式电磁阀进行控制；学生乙说：可以通过电磁阀来调节其接合力和接合速度，说法正确的是_____。

A. 仅甲正确　　　　　　　　　　B. 仅乙正确

C. 甲和乙都正确　　　　　　　　D. 甲和乙都错误

（8）关于主油路调压阀，学生甲说：节气门开度越大，主油路调压阀输出的压力越高；学生乙说：倒挡时，主油路调压阀输出的压力降低。说法正确的是_____。

A. 仅甲正确　　　　　　　　　　B. 仅乙正确

C. 甲和乙都正确　　　　　　　　D. 甲和乙都错误

3. 判断题

（1）（　　）换挡品质是指换挡过程的平顺性，即换挡过程能平稳而无颠簸或冲击地进行。

（2）（　　　）自动变速器油冷却器的主要作用，是散发换挡执行元件在换挡时所产生的大量热量。

（3）（　　　）自动变速器中的内啮合式齿轮泵，是靠液力变矩器的输出轴驱动的。

（4）（　　　）自动变速器中的内啮合齿轮泵，其内齿轮就是主动齿轮。

（5）（　　　）自动变速器中的内啮合式齿轮泵，其内齿轮是不旋转的。

（6）（　　　）检查控制阀阀芯表面，如有轻微刮伤痕迹，则可用金相砂纸抛光。

（7）（　　　）常用的变速器油冷却器有三种，即水冷式、风冷式和电冷式。

（8）（　　　）装有自动变速器的轿车在发动机熄火的情况下不能长距离拖动。因为在这种情况下，液压系统无法提供润滑油。

（9）（　　　）检查液压泵外齿轮、内齿轮、泵壳端面有肉眼可见的磨损痕迹，可以采用打磨处理的方法。

（10）（　　　）因为自动变速器空气流通较差，所以风冷式冷却器比水冷式冷却器降温的效果要差。

（11）（　　　）主油路油压是自动变速器液压系统中的最高压力。

4. 简答题

（1）简述液压控制系统的组成。

（2）简述内啮合齿轮泵的工作原理。

（3）自动变速器在 D 位时，如何从 1 挡逐步换至 4 挡？

（4）蓄能器是如何改善换挡品质的？

（5）如何检修液压泵？

学习任务五　电子控制系统检修

一、技能操作

班级：		姓名：		学号：	
组别：		地点：		日期：	

1. 实训目的

（1）熟悉自动变速器电控系统的组成；

（2）掌握各传感器和执行器的检测方法。

2. 前期准备和防护工作

（1）实训器材：整车（或电控自动变速器台架）、世达工具、故障诊断仪、万用表等；

（2）做好个人防护、车辆防护和车内防护工作；

（3）注意规范操作。

3. 安全检查

（1）检查车辆驻车制动器是否拉起、换挡杆是否处于 P 位或 N 位；

（2）作业前，检查车辆、实训台架或工作区域周围是否安全。

4. 思政目标

（1）树立正确的劳动观念；

（2）培养务实肯干、精益求精的工匠精神；

（3）建立团结协作、客观公正、诚信维修的优良品质。

操作步骤

1. 指示灯检查

打开点火开关，观察仪表板上自动变速器故障警告灯，若故障灯点亮，则说明_____。

2. 故障码读取

连接故障诊断仪，将点火开关置于 ON 位置，打开故障诊断仪，读取自动变速器电控系统的故障码为

_____。

3. 传感器的检修

（1）电磁式输入轴转速传感器的检测。

① 传感器线圈电阻的测量。关闭点火开关，拔下传感器线束插头。用万用表测量传感器两接线端之间的电阻，实测值为_____，标准值为_____，结论_____。

② 输出脉冲的测量。将传感器拆下，用一根铁棒或一块磁铁迅速靠近或离开传感器，同时用万用表测量传感器两接线柱之间有无脉冲感应电压，实测为_____，结论_____。

（2）电磁式输出轴转速传感器的检测。

① 传感器线圈电阻的测量。关闭点火开关，拔下传感器线束插头。用万用表测量传感器两接线端之间的电阻，实测值为_____，标准值为_____，结论_____。

② 输出脉冲的测量。将传感器拆下，用一根铁棒或一块磁铁迅速靠近或离开传感器，同时用万用表测量传感器两接线柱之间有无脉冲感应电压，实测为_____，结论_____。

（3）变速器油温传感器的检测。

检测传感器的电阻，实测温度为_____，实测电阻值为_____，结论_____。

操作步骤

4. 执行器的检修

（1）本变速器阀体油路部分有几个电磁阀，分别是：_____
_____。其中属于开关式电磁阀的是_____
_____，属于脉冲线性式电磁阀的是_____
_____。

（2）电磁阀的检测。填写表 2 – 5 – 1。

表 2 – 5 – 1　电磁阀的检测

名称		线圈电阻/Ω	通电检测结果	结论
开关式 电磁阀	换挡电磁阀 1			
	换挡电磁阀 2			
	换挡电磁阀 3			
脉冲线性式 电磁阀	主油路油压电磁阀			
	锁止离合器电磁阀			
	压力控制电磁阀			
换挡杆锁止电磁阀				
钥匙锁止电磁阀				

检查与评估

7S 管理规范 （教师点评）	□整理　□整顿　□清扫　□清洁　□素养　□安全　□节约
成绩评定	个人评定：□优　　□良　　□中　　□及格　　□不及格 小组评定：□优　　□良　　□中　　□及格　　□不及格 教师评定：□优　　□良　　□中　　□及格　　□不及格

二、理论测试

1. 填空题

（1）输入轴转速传感器的主要功用是_____。

（2）变速器油温传感器一般采用_____温度系数的热敏电阻。

（3）超速挡开关打开，若换挡操纵杆位于 D 位，则汽车_____升入超速挡。

（4）强制降挡开关用来检测_____。

（5）电磁阀根据工作原理的不同可以分为_____电磁阀和_____电磁阀，其中换
挡电磁阀属于_____。

2. 选择题

（1）以下关于自动变速器输入轴转速传感器的描述，说法不正确的是_____。

A. 用于检测变速器输入轴的转速

B. 安装在行星齿轮变速器的输入轴

C. 是变矩器涡轮的转速信号

D. 常采用光电式

（2）以下关于自动变速器中电磁阀的描述，说法正确的是_____。

A. 常闭电磁阀是指电磁线圈断电时，输入油路被接通

B. 常开电磁阀是指电磁线圈断电时，打开泄油孔

C. 常低电磁阀输出油路压力随占空比的增大而变大

D. 常高电磁阀输出油路压力随占空比的增大而变大

（3）在锁止离合器控制过程中，在_____ ECU 会强制解除锁止。

A. 自动变速器升降挡过程中

B. 发动机冷却液温度高于 60℃/时

C. 发动机节气门中等开度时

D. ECU 未检测到锁止离合器控制电路故障时

（4）以下关于失效保护功能的描述，说法不正确的是_____。

A. 节气门位置传感器出现故障时，ECU 按怠速开关的状态进行控制

B. 锁止电磁阀出现故障时，锁止离合器处于接合状态

C. 油压电磁阀出现故障时，油路压力保持为最大

D. 当换挡电磁阀出现故障时，则将该换挡电磁阀断电

3. 判断题

（1）（　　）自动变速器换挡控制的两个主要信号是车速信号和节气门位置信号。

（2）（　　）发动机冷却液温度低于 60℃时，锁止离合器会接合。

（3）（　　）换挡模式选择开关是将操纵杆位置信号发送给 ECU。

（4）（　　）常低电磁阀输出油路压力随占空比的增大而变大。

（5）（　　）自动变速器的控制模式一般情况下是固定的，不能改变。

（6）（　　）具有四个前进挡的电控自动变速器，必须具有 4 个换挡电磁阀。

4. 简答题

（1）简述强制降挡开关的功能。

（2）变速器中电磁阀的主要功能是什么？

（3）简述开关式电磁阀和脉冲线性式电磁阀的特点。

（4）简述自动变速器电控单元的主要功能。

（5）简述制动灯开关的主要功能。

学习任务六　自动变速器的维护与性能检测

一、技能操作

班级：	姓名：	学号：
组别：	地点：	日期：

1. 实训目的

（1）掌握自动变速器的基本检查及维护方法；

（2）掌握自动变速器性能测试的步骤。

2. 前期准备和防护工作

（1）实训器材：整车、世达工具、故障诊断仪、万用表等；

（2）做好个人防护、车辆防护和车内防护工作；

（3）注意规范操作。

3. 安全检查

（1）检查车辆驻车制动器是否拉起、换挡杆是否处于P位或N位；

（2）作业前，检查车辆周围是否安全；

（3）车辆举升过程中，留意有无异常和异响，若有，则应停止作业，不得擅自处理；

（4）车辆行驶过程中，注意遵守交通法规，安全行车。

4. 思政目标

（1）树立正确的劳动观念；

（2）自觉爱护环境，树立环保意识；

（3）培养务实肯干、精益求精的工匠精神；

（4）建立团结协作、客观公正、诚信维修的优良品质；

（5）遵守交通法规，安全行车。

操作步骤

1. 基本检查

1）油质和油面高度检查

（1）检查油面高度。拔出油尺，检查油面高度为_____。是否正常？_____。

（2）油质检查。用有吸附性的白纸擦拭油尺，检查ATF的颜色为_____。是否正常？_____。

2）变速器油的加注

本自动变速器需要加注变速器油的容量为_____，已加注量为_____，采用的加注方法是_____
_____。

3）节气门拉索的检查

发动机熄火后，检查节气门的实际位置为_____，当加速踏板踩到底时，检查节气门的位置为_____。是否正常？_____。

4）发动机怠速的检查

发动机完成暖机之后，关闭所有用电设备，将自动变速器换挡杆置于P或N位，检查发动机怠速，实测转速为_____。是否正常？_____。

5）换挡操纵杆位置的检查与调整

检查换挡操纵杆的位置为_____，手动阀的位置为_____，若两位置不对应，则应调整_____
_____。

操作步骤

6）挡位开关的检查和调整

检查换挡操纵杆的位置为_____，仪表板上的挡位显示为_____，若两位置不对应，则应调整_____。

2. 性能测试

1）失速试验

测试变速器的失速转速，并完成表2-6-1。

表2-6-1　失速转速测试

操纵手柄位置	实测失速转速	标准失速转速	结论
D			
R			

2）油压试验

对汽车变速器进行油压测试，并完成表2-6-2。

表2-6-2　油压测试

操纵手柄位置		实测油压	标准油压	结论
D	怠速			
	2 000 r/min			
R	怠速			
	2 000 r/min			

3）换挡延迟试验

检测自动变速器换挡的延迟时间，填写表2-6-3。

表2-6-3　迟滞时间测试

挡位	实测延迟时间	标准延迟时间	结论
N - D			
N - R			

4）道路试验

测试变速器的升挡和降挡车速，并完成表2-6-4。

表2-6-4　升挡和降挡车速测试

节气门开度：

升挡	升挡车速（或转速）	换挡质量	降挡	降挡车速（或转速）	换挡质量
1→2			2→1		
2→3			3→2		
3→4			4→3		
4→5			5→4		
5→6			6→5		

续表

操作步骤

5）手动换挡试验

进行自动变速器的手动换挡试验，填写表2－6－5。

表2－6－5 手动换挡试验

发动机的转速不变，记录D位时不同挡位的车速。						
挡位（D位）	1	2	3	4	5	6
发动机转速/(r·min^{-1})						
对应车速/(km·h^{-1})						
拔下自动变速器换挡电磁阀插头，发动机转速仍保持在同一转速，此时车速为_____ km/h，对应D位的_____挡。						

检查与评估

7S管理规范（教师点评）	□整理 □整顿 □清扫 □清洁 □素养 □安全 □节约
成绩评定	个人评定：□优 □良 □中 □及格 □不及格 小组评定：□优 □良 □中 □及格 □不及格 教师评定：□优 □良 □中 □及格 □不及格

二、理论测试

1. 填空题

（1）自动变速器油面高度的检查方法有_____和_____两种。

（2）自动变速器的换油方式有_____和_____两种。

（3）如果自动变速器油尺上带有气泡，则说明_____。

（4）对于一些没有检测油尺的自动变速器，主要通过_____检查油面高度。

（5）正常的ATF颜色呈_____或_____。

（6）道路试验是对汽车自动变速器性能的最终检验，检验内容侧重于_____、_____、_____、噪声和打滑等方面。

2. 选择题

（1）在讨论检查ATF时，学生甲说如果ATF呈深褐色并有焦臭味，表明ATF过热；学生乙说如果ATF呈乳白色，表明发动机的冷却液通过散热器进入了变速器冷却器，说法正确的是_____。

　　A. 甲正确　　　　　　　　　　　　B. 乙正确

　　C. 甲乙都正确　　　　　　　　　　D. 甲乙都不正确

（2）在进行失速转速试验时，发现换挡操纵杆在所有位置失速转速都偏高，可能的原因有_____。

A. 主油路油压过低　　　　　　　　　　　　B. 前进挡和倒挡的换挡执行元件打滑

C. 低挡及倒挡制动器打滑　　　　　　　　　D. 以上都有可能

（3）在换挡延迟试验时，若 N – D 延时时间过长，则可能是_____。

A. 前进离合器摩擦片磨损过甚　　　　　　　B. 主油路油压过低

C. 前进单向离合器工作不良　　　　　　　　D. 以上都有可能

（4）如果自动变速器油液呈乳白色，则说明_____。

A. 发动机冷却液已渗漏到自动变速器油液中　B. 自动变速器油液中混合有空气

C. 自动变速器油液过热了　　　　　　　　　D. 自动变速器油液中杂质过多

（5）对于自动变速器油的更换，以下说法正确的是_____。

A. 重力换油法的优点是换油比较彻底，能够放掉 85% 以上的旧油液

B. 换油机换油法的优点是操作方便，耗时少

C. 重力换油法换油时必须使用同一品牌的自动变速器油

D. 换油机换油法只能放掉 1/4 ~ 1/3 的旧油液

（6）某丰田 U341E 自动变速器做失速试验，测得失速转速为 2 500 r/min，说明这个变速器_____。

A. 性能基本正常　　　　　　　　　　　　　B. 液力变矩器锁止离合器损坏

C. 制动带或离合器出现打滑　　　　　　　　D. 导轮单向离合器有故障

3. 判断题

（1）（　　）如果 ATF 呈乳白色，表明发动机冷却液通过散热器进入了 ATF 冷却器。

（2）（　　）正常 ATF 颜色为淡黄色。

（3）（　　）如果油尺上带有气泡，则表明空气渗入了油路。

（4）（　　）在道路试验中，如无特殊需要，通常将超速挡开关置于 ON 位置（即超速挡指示灯熄灭）。

（5）（　　）在失速试验过程中，从加速踏板踩下到松开的时间越短越好。

（6）（　　）主油路油压必须定期检验，通常在自动变速器壳体上都有测压孔。

（7）（　　）故障自诊断测试过程中，排除故障后需要清除故障码。

（8）（　　）如果怠速过低，则容易出现入挡熄火现象。

（9）（　　）如果怀疑是变速器的故障，为了工作效率，可以提前先分解液力自动变速器。

4. 简答题

（1）自动变速器的基本检查及维护项目有哪些？

（2）如何检查油面高度？油面过高、过低有什么危害？

（3）如何检查油质？

（4）如何更换自动变速器油？

（5）自动变速器的性能测试项目有哪些？

（6）如何进行失速试验？失速转速不正常的原因有哪些？

（7）如何进行油压试验？主油路油压不正常的原因有哪些？

（8）如何进行换挡延迟试验？延迟时间不正常的原因有哪些？

学习任务七　无级变速器的检修

一、技能操作

班级:		姓名:		学号:	
组别:		地点:		日期:	

1. 实训目的

（1）熟悉无级变速器的组成；

（2）掌握无级变速器数据流的读取方法；

（3）掌握无级变速器的拆装步骤。

2. 前期准备和防护工作

（1）实训器材：整车（或无级变速器台架）、无级变速器、世达工具、故障诊断仪、万用表、工作台、专用工具、腈纶手套、抹布、接油盆等；

（2）做好个人防护、车辆防护和车内防护工作；

（3）注意规范操作。

3. 安全检查

（1）检查车辆驻车制动器是否拉起、换挡杆是否处于 P 位或 N 位；

（2）作业前，检查车辆、实训台架或工作区域周围是否安全。

4. 思政目标

（1）树立正确的劳动观念；

（2）自觉爱护环境，树立环保意识；

（3）培养务实肯干、精益求精的工匠精神；

（4）建立团结协作、客观公正、诚信维修的优良品质。

操作步骤

1. 无级变速器的认识

对照教材中奥迪 01J 型无级变速器传动简图，写出其动力传递路线。

（1）P/N 挡。当换挡杆处于 P 或 N 位时，＿＿＿＿＿＿＿＿＿＿＿和＿＿＿＿＿＿＿＿＿＿＿都不工作。因此发动机的扭矩不能传入辅助减速齿轮，汽车原地静止。

（2）前进挡。当换挡杆处于 D 位时，＿＿＿＿＿＿＿＿＿＿＿工作。此时，行星齿轮机构＿＿＿＿＿＿＿＿＿＿，动力经＿＿＿＿＿＿＿＿＿＿＿＿＿＿＿＿＿＿＿，传给链轮装置 1，经传动链到链轮装置 2，最后动力传给主减速器和差速器。

（3）倒挡。当换挡杆处于 R 位时，＿＿＿＿＿＿＿＿＿＿＿工作。此时，动力经＿＿＿＿＿＿＿＿＿＿＿＿＿＿＿＿＿＿＿，传给链轮装置 1，经传动链到链轮装置 2，最后动力传给主减速器和差速器，车辆向后行驶。

2. 数据流的读取

将驱动轮悬空，打开点火开关，接通故障诊断仪。起动发动机，挂上不同挡位，读取传感器和执行器的数据流，并填写表 2-7-1。

操作步骤

表 2 – 7 – 1　传感器和执行器的数据流

项目	数据值		
挡位识别	换挡杆位置： Tiptronic 识别：	行驶方向指示： Tiptronic 升挡开关：	多功能开关状态： Tiptronic 降挡开关：
传感器	发动机转速： 输出转速 1 – G195： 变速器油温：	输入转速 – G182： 输出转速 2 – G196： 离合器压力：	同步标记信号：
执行器	压力调节电磁阀 2 – N216 电流： 电磁阀 1 – N88 电流：		压力调节电磁阀 1 – N215 电流：
自适应	前进挡离合器电磁阀的自适应电流： 倒挡离合器电磁阀的自适应电流：	自适应状态： 自适应状态：	

3. 无级变速器的检修

按照维修手册的步骤拆装无级变速器，填写下述表格。

（1）机械传动系统的检修（见表 2 – 7 – 2）。

表 2 – 7 – 2　机械传动系统的检修

检查内容		检查结果	结论
倒挡制动器	摩擦片和钢片		
	活塞和液压缸		
	自由间隙检查		
	其他部分		
前进挡离合器	摩擦片和钢片		
	活塞和液压缸		
	自由间隙检查		
	其他部分		
行星齿轮机构			
主动链轮装置			
从动链轮装置			
传动链			

（2）电子控制系统的检修（见表 2 – 7 – 3）。

续表

操作步骤

表 2 – 7 – 3　电子控制系统的检修

执行器名称	线圈电阻/Ω	通电检测结果	结论
电磁阀 N88			
电磁阀 N215			
电磁阀 N216			

检查与评估

7S 管理规范 （教师点评）	□整理　□整顿　□清扫　□清洁　□素养　□安全　□节约
成绩评定	个人评定：□优　　□良　　□中　　□及格　　□不及格 小组评定：□优　　□良　　□中　　□及格　　□不及格 教师评定：□优　　□良　　□中　　□及格　　□不及格

二、理论测试

1. 填空题

（1）奥迪 01J 无级变速器主要由 ＿＿＿＿＿＿、＿＿＿＿＿＿、＿＿＿＿＿＿、＿＿＿＿＿＿和＿＿＿＿＿＿等组成。

（2）在速比变换系统中，锥面链轮和传动链之间的接触压力通过调节＿＿＿＿内的油压产生，＿＿＿＿用于调整变速比。

（3）＿＿＿＿＿＿＿＿＿＿控制离合器减压阀，以实现速比转换控制，完成升降挡功能。

（4）奥迪 01J 无级变速器动力连接装置包括＿＿＿＿＿＿＿＿、＿＿＿＿＿＿＿＿和＿＿＿＿＿＿＿＿。

（5）奥迪 01J 无级变速器速比变换系统由＿＿＿＿＿＿＿＿、＿＿＿＿＿＿＿＿以及＿＿＿＿＿＿＿＿三部分组成。

2. 选择题

（1）在速比变换系统中，锥面链轮和传动链之间的接触压力通过调节＿＿＿＿内的油压产生。

A. 动力缸　　　　　　　　　　　　　B. 分离缸

C. 压力缸　　　　　　　　　　　　　D. 液压缸

（2）变速器＿＿＿＿与发动机转速信号一起用于离合器的控制和作为变速控制的输入变化参考。

A. 输入转速信号　　　　　　　　　　B. 输出转速信号

C. 多功能开关信号　　　　　　　　　D. 油压信号

（3）关于奥迪01J无级变速器电子控制系统，学生甲说电控单元直接用螺栓紧固在液压控制单元上，学生乙说控制单元内集成了三个压力调节电磁阀。说法正确的是_____。

A. 只有甲正确
B. 只有乙正确
C. 甲乙都正确
D. 甲乙都不正确

（4）关于奥迪01J无级变速器电子控制系统的三个电磁阀，说法正确的是_____。

A. 都是开关电磁阀
B. 都是脉冲线性式电磁阀
C. 都是常开电磁阀
D. 都是由蓄电池直接供电

（5）奥迪01J无级变速器中，_____将液压泵产生的最高压力限制为0.82 MPa，以防止系统工作压力过高。

A. 限压阀
B. 输导压力阀
C. 最小压力阀
D. 施压阀

（6）关于自动变速器的自学习功能，说法错误的是_____。

A. 系统会根据执行器的反馈调整电磁阀的供电电流

B. 系统会根据驾驶员的驾驶习惯来调整换挡逻辑

C. 用于弥补变速器的硬件磨损以及修正硬件偏差

D. 可以解决离合器摩擦片磨损过度的问题

（7）奥迪01J无级变速器换挡杆处于R位时，倒挡制动器工作。此时，_____被固定。

A. 太阳轮
B. 行星架
C. 齿圈
D. 行星齿轮

3. 判断题

（1）（   ）CVT采用传动带和工作直径可变的主、从动轮相配合传递动力。

（2）（   ）奥迪01J无级变速器取消了变矩器，而采用了减振缓冲装置来缓冲振动。

（3）（   ）利用变速器多功能开关可以进行起动机锁止控制。

（4）（   ）无级变速器可允许变速比在最小和最大变速比之间无级调节。

（5）（   ）在01J无级变速器中，两组链轮装置必须同时进行调整，以保证传动链始终处于张紧状态。

（6）（   ）当车辆怠速时，01J无级变速器中，辅助减速齿轮组是旋转的。

（7）（   ）最小压力阀用来限制液压泵的最小压力。

（8）（   ）来自链轮装置的ATF油首先流经ATF冷却器，再经ATF滤清器滤清后流至液压控制单元。

4. 简答题

（1）简述无级变速器的基本原理。

（2）简述奥迪01J无级变速器的组成。

（3）奥迪01J无级变速器液压控制单元内集成了哪些控制阀？

（4）01J无级变速器ATF冷却系统如何工作？

（5）奥迪01J无级变速器电控系统由哪几部分组成？

学习任务八　双离合自动变速器的检修

一、技能操作

班级：		姓名：		学号：	
组别：		地点：		日期：	

1. 实训目的

（1）熟悉双离合自动变速器的组成；

（2）掌握双离合自动变速器数据流的读取方法；

（3）掌握双离合自动变速器的拆装步骤。

2. 前期准备和防护工作

（1）实训器材：整车（或双离合器自动变速器台架）、双离合自动变速器、世达工具、故障诊断仪、工作台、专用工具、腈纶手套、抹布、接油盆等；

（2）做好个人防护、车辆防护和车内防护工作；

（3）注意规范操作。

3. 安全检查

（1）检查车辆驻车制动器是否拉起、换挡杆是否处于 P 位或 N 位；

（2）作业前，检查车辆、实训台架或工作区域周围是否安全。

4. 思政目标

（1）树立正确的劳动观念；

（2）自觉爱护环境，树立环保意识；

（3）培养务实肯干、精益求精的工匠精神；

（4）建立团结协作、客观公正、诚信维修的优良品质。

操作步骤

1. 双离合自动变速器的认识

对照教材中大众 DQ380 双离合自动变速器工作原理简图，完成前进挡动力传递路线表 2 - 8 - 1。

表 2 - 8 - 1　前进挡动力传递路线表

挡位	接合的离合器	→ 输入轴	传动的第 1个主动齿轮	→ 传动的第 2个从动齿轮	→ 同步器	→ 输出轴
1	K1					
2		输入轴 2				
3			3 挡齿轮			.
4					4/R 同步器	
5						输出轴 1
6				6 挡齿轮		
7						

操作步骤

R 挡：动力至离合器_____→输入轴_____→该轴上的_____挡齿轮→_____
挡齿轮→_____挡齿轮→_____同步器→输出轴_____→该轴上的输出齿轮→主减速器。

2. 数据流的读取

将驱动轮悬空，打开点火开关，接通故障诊断仪。起动发动机，挂上不同挡位，读取传感器和执行器的数据流，并填写表 2 – 8 – 2。

表 2 – 8 – 2　传感器和执行器的数据流

项目	数据值	
挡位位置识别	（1、5 挡）挡位行程传感器 1 实际位置： （2、6 挡）挡位行程传感器 4 实际位置： （3、7 挡）挡位行程传感器 2 实际位置： （4、R 挡）挡位行程传感器 3 实际位置：	换挡电磁阀 A 实际电流： 换挡电磁阀 B 实际电流： 换挡电磁阀 C 实际电流： 换挡电磁阀 D 实际电流：
离合器	离合器 K_1 电磁阀电流： 离合器 K_2 电磁阀电流： 分变速器 1 安全阀电流：	离合器 K_1 油压： 离合器 K_2 油压： 分变速器 2 安全阀电流：
转速	发动机转速： 输入轴 1 转速：	变速器输入转速： 输入轴 2 转速：
温度	变速器油温：　　　　离合器油温：　　　　控制单元温度：	
其他电磁阀控制	主压力电磁阀电流：	

3. 双离合自动变速器的拆装

按照维修手册的步骤拆装双离合自动变速器。

检查与评估	
7S 管理规范 （教师点评）	□整理　　□整顿　　□清扫　　□清洁　　□素养　　□安全　　□节约
成绩评定	个人评定：□优　　　□良　　　□中　　　□及格　　　□不及格 小组评定：□优　　　□良　　　□中　　　□及格　　　□不及格 教师评定：□优　　　□良　　　□中　　　□及格　　　□不及格

二、理论测试

1. 填空题

（1）按照双离合器的工作性质，将双离合自动变速器分为_____自动变速器和_____自动变速器两类。

（2）大众 DQ380 双离合自动变速器主要由_____、_____和_____等组成。

（3）大众 DQ380 双离合自动变速器的换挡电磁阀为_____、_____、_____和_____。

（4）大众 DQ380 双离合自动变速器多片式离合器 K_1 的油压由电磁阀_____控制，多片式离合器 K_2 的油压由电磁阀_____控制。

2. 选择题

（1）学生甲说离合器 K_1 是内侧离合器，把转矩传递给输入轴 2；学生乙说离合器 K_2 是外侧离合器，把转矩传递给输入轴 1。说法正确的是_____。

 A. 只有甲正确   B. 只有乙正确

 C. 甲乙都正确   D. 甲乙都不正确

（2）在输入轴 2 上，_____共用一个齿轮。

 A. 1 挡和 3 挡   B. 2 挡和 5 挡

 C. 3 挡和 R 挡   D. 4 挡和 6 挡

（3）关于大众 DQ380 双离合自动变速器的驻车锁止装置，学生甲说驻车锁止齿轮与差速器齿轮集成在一起，学生乙说驻车锁止齿轮安装在输出轴 1 上。说法正确的是_____。

 A. 只有甲正确   B. 只有乙正确

 C. 甲乙都正确   D. 甲乙都不正确

（4）离合器油温传感器 G509 可以记录的工作温度范围为_____。

 A. $-55 \sim 18$℃   B. $-15 \sim 180$℃

 C. $-55 \sim 180$℃   D. $-15 \sim 18$℃

（5）挡位行程传感器 G489 用于_____。

 A. 1、5 挡   B. 3、7 挡   C. 4、R 挡   D. 2、6 挡

（6）关于双离合自动变速器，学生甲说湿式双离合自动变速器通过液压来操控；学生乙说干式双离合自动变速器通过分离拨叉来操控。说法正确的是_____。

 A. 仅甲正确   B. 仅乙正确

 C. 甲和乙都正确   D. 甲和乙都错误

3. 判断题

（1）（　　）主压力电磁阀 N472 是一个脉宽调制阀，用于调节液压系统的主油路压力。

（2）（　　）若变速器油温度超过 138℃，则电子控制单元将降低发动机的扭矩输出。

（3）（　　）机电控制模块浸没在变速器油中，由液压控制单元和电子控制单元组成。

（4）（　　）油压传感器 G545 用于检测离合器 K_2 的液压压力，以供电控单元对离合器 K_2 压力进行精确调节。

4. 简答题

（1）按照双离合器的工作性质，双离合自动变速器分成哪几种类型？各有何特点？

（2）简述双离合自动变速器的基本原理。

（3）简述离合器 K_1 及 K_2 的工作过程。

（4）简述大众 DQ380 双离合自动变速器各挡动力传递路线。

（5）简述变速器输入转速传感器的作用。

项目三　汽车电子制动控制系统检修

学习任务一　防抱死制动系统检修

一、技能操作

班级：		姓名：		学号：	
组别：		地点：		日期：	

1. 实训目的

（1）熟悉 ABS 系统的组成；

（2）掌握 ABS 系统传感器的检测方法；

（3）掌握 ABS 系统电磁阀测试的步骤；

（4）掌握 ABS 系统排气的步骤。

2. 前期准备和防护工作

（1）实训器材：整车（或 ABS 系统试验台架）、专用工具、故障诊断仪和万用表等；

（2）做好个人防护、车辆防护和车内防护工作；

（3）注意规范操作。

3. 安全检查

（1）检查车辆驻车制动器是否拉起、换挡杆是否处于 P 位或 N 位；

（2）举升车辆前，检查车辆或实训台架周围是否安全；

（3）车辆举升过程中，留意有无异常和异响，若有，则应停止作业，不得擅自处理。

4. 思政目标

（1）树立正确的劳动观念；

（2）自觉爱护环境，树立环保意识；

（3）培养务实肯干、精益求精的工匠精神；

（4）建立团结协作、客观公正、诚信维修的优良品质。

操作步骤

1. ABS 系统液压控制单元内部油路

对照教材中的科鲁兹轿车 ABS 系统液压控制单元内部油路图，填写表 3 - 1 - 1。

表 3 - 1 - 1　ABS 系统的工作过程（左前轮）

过程	进油电磁阀	出油电磁阀	油路走向
常规制动			
保压过程	通电关闭		
减压过程			
增压过程			

操作步骤

2. 指示灯检查

打开点火开关，观察仪表板上的 ABS 故障指示灯，若灯在 3 s 后自动熄灭，则说明 _____

_____；若始终不灭，则说明 _____。

3. 故障码读取

连接故障诊断仪，将点火开关置于 ON 位置，打开故障诊断仪，读取 ABS 系统的故障码，为 _____

_____。

4. 车轮转速传感器的检测

（1）磁电式。完成某一车轮磁电式车轮转速传感器的检测，填写表 3 – 1 – 2。

表 3 – 1 – 2　磁电式车轮转速传感器的检测

检测项目	测试结果		标准值	结论
外观检查	外观损坏	□有/□无	—	
	传感器头部或信号转子有碎屑或脏污	□有/□无		
	轴承松动或磨损	□有/□无		
	传感器安装松动或安装不正确	□有/□无		
	间隙有异常情况	□有/□无		
电阻值检查				
信号电压检查				
传感器间隙检查				

（2）磁阻式。完成某一车轮磁阻式车轮转速传感器的检测，填写表 3 – 1 – 3。

表 3 – 1 – 3　磁电式车轮转速传感器的检测

检测项目	测试结果		标准值	结论
外观检查	外观损坏	□有/□无	—	
	传感器头部或信号转子有碎屑或脏污	□有/□无		
	轴承松动或磨损	□有/□无		
	传感器安装松动或安装不正确	□有/□无		
	间隙有异常情况	□有/□无		
搭铁线路检查				
电源电压检查				
信号电压检查				

5. 液压控制单元的电磁阀测试

借助故障诊断仪，完成某一车轮的液压控制单元的电磁阀测试，填写表 3 – 1 – 4。

续表

操作步骤

表 3 – 1 – 4　液压控制单元的电磁阀测试步骤

步骤	车轮转动或锁定情况	要求	测试结论
变速器切换至空挡，检查车轮转动情况			
向下踩住制动踏板，检查车轮锁定情况			
松开制动踏板，检查车轮转动情况			
向下踩住制动踏板，检查车轮转动情况			
继续踩住制动踏板不动，检查车轮锁定情况			
继续踩住制动踏板不动，检查车轮转动情况			

最后结论：该车轮的电磁阀＿＿＿＿＿＿＿＿＿＿＿＿＿＿＿＿＿＿＿＿＿＿＿＿＿＿＿＿＿＿＿＿。
电磁阀测试的顺序为＿＿＿＿＿＿＿＿＿、＿＿＿＿＿＿＿＿＿、＿＿＿＿＿＿＿＿＿、＿＿＿＿＿＿＿＿＿。

6. 制动系统的自动排气

借助故障诊断仪，完成制动系统的自动排气。

检查与评估	
7S 管理规范 （教师点评）	□整理　□整顿　□清扫　□清洁　□素养　□安全　□节约
成绩评定	个人评定：□优　　□良　　□中　　□及格　　□不及格 小组评定：□优　　□良　　□中　　□及格　　□不及格 教师评定：□优　　□良　　□中　　□及格　　□不及格

二、理论测试

1. 填空题

（1）制动压力调节器有＿＿＿＿＿＿＿＿、＿＿＿＿＿＿＿＿和＿＿＿＿＿＿＿＿三种工作状态。

（2）电磁式车轮转速传感器利用＿＿＿＿＿＿＿＿原理产生交流信号。

（3）ABS 按控制通道数目分为＿＿＿＿＿＿＿＿、＿＿＿＿＿＿＿＿、＿＿＿＿＿＿＿＿和＿＿＿＿＿＿＿＿。

（4）四通道控制方式的制动防抱死装置一般采用＿＿＿＿＿个车轮速度传感器。

（5）车轮转速传感器主要由＿＿＿＿＿＿＿＿和＿＿＿＿＿＿＿＿组成。

2. 选择题

（1）带有三位三通电磁阀的循环式制动压力调节器在减压过程中，电磁线圈的通入电流为＿＿＿＿＿＿。

A. 0　　　　　　　　　　　　　　B. 较小电流

C. 最大电流　　　　　　　　　　　D. 不确定

（2）车轮转速传感器出现故障，以下_____项不可能是故障原因。

A. 传感头脏污

B. 传感头与齿圈间隙不符合要求

C. 线圈断路

D. 制动盘磨损严重

（3）装有 ABS 系统的汽车进行道路测试时，以下说法不正确的是_____。

A. 当 ABS 灯亮时，ABS 系统不工作

B. 制动时发生踏板海绵感是正常现象

C. 制动时有一个回弹行程，即踏板反应

D. 在干燥路面上装有 ABS 系统的汽车制动距离相对较小

（4）为保证传感器无错误信号输出，安装车轮转速传感器时应保证其传感器头与信号转子间留有一定的间隙，约为_____。

A. 5 mm　　　　　B. 1 mm　　　　　C. 0.01 mm　　　　　D. 1 μm

（5）带有二位二通电磁阀的循环式制动压力调节器在保压时，有_____。

A. 进油电磁阀通电打开油路，出油电磁阀断电关闭油路

B. 进油电磁阀通电关闭油路，出油电磁阀断电关闭油路

C. 进油电磁阀断电打开油路，出油电磁阀通电关闭油路

D. 进油电磁阀断电关闭油路，出油电磁阀通电关闭油路

（6）关于滑移率，说法正确的是_____。

A. 当滑移率为 15%～20% 时，车轮与地面之间有最大的附着力

B. 车轮纯滚动时滑移率为 100%

C. 车轮纯滑动时滑移率为 0

D. 滑移率与附着系数无关

（7）电磁式车轮转速传感器输出的信号类型为_____信号。

A. 电流　　　　　B. 频率　　　　　C. 电阻　　　　　D. 电压

（8）ABS 系统在_____过程中，制动踏板会有反弹的感觉。

A. 增压　　　　　B. 保压　　　　　C. 减压　　　　　D. 全部

（9）科鲁兹轿车 ABS 系统液压控制单元内部装有_____个二位二通电磁阀。

A. 4　　　　　B. 6　　　　　C. 8　　　　　D. 10

（10）科鲁兹轿车上安装的车轮转速传感器类型为_____。

A. 电磁式　　　　　B. 霍尔式　　　　　C. 磁阻式　　　　　D. 光电式

（11）在循环式制动压力调节器中，控制一个制动轮缸的油压需要_____个二位二通的电磁阀。

A. 1　　　　　B. 2　　　　　C. 3　　　　　D. 4

（12）根据电路图可以看出，科鲁兹轿车 ABS 系统车轮转速传感器采用_____载波技术传输信号。

A. 电源　　　　　B. 地线　　　　　C. 信号　　　　　D. 不确定

3. 判断题

（1）（　　）制动压力调节器的功用是接受 ECU 的指令，通过电磁阀的动作来实现车

轮制动器制动压力的自动调节。

(2)（　　）ABS 故障指示灯亮起，说明车辆丧失制动性能。

(3)（　　）车速越高，车轮转速传感器信号频率越高，但幅值不变。

(4)（　　）ABS 电控系统有故障时，汽车仍然能保持常规制动状态。

(5)（　　）ABS 防抱死制动系统，在制动后期，地面上也会有轻微的、淡淡的拖印。

(6)（　　）在积雪或砂石路面，有 ABS 的车辆制动距离比无 ABS 的车辆制动距离长。

(7)（　　）EBD 系统与 ABS 系统共用了硬件配置和软件系统。

(8)（　　）前轮抱死时会造成汽车后轴侧滑，严重时甚至造成急转翻车。

(9)（　　）车轮转速传感器头一般安装在车轮附近不随车轮转动的部件上。

(10)（　　）采用载波技术传输信号的轮速传感器有三根接线。

(11)（　　）霍尔式车轮转速传感器的输出信号电压幅值受转速影响。

(12)（　　）正常制动过程会受到辅助制动系统的干预影响。

(13)（　　）有了 ABS 系统，就一定可以缩短制动距离，提高行车安全。

(14)（　　）ABS 制动过程就是对制动管路油压高速地进行"增压—保压—减压"的循环调节过程。

(15)（　　）理想的制动过程是将车轮滑移率控制在 20% 附近。

(16)（　　）独立控制方式是指一条控制通道控制一个轴上的两个车轮。

(17)（　　）磁阻元件的阻值随着磁场强度的增大而增大。

(18)（　　）循环式制动压力调节器调节压力的过程中，油液在轮缸、储液器、主缸之间不断循环流动。

(19)（　　）科鲁兹轿车 ABS 系统车轮转速传感器的传感器头与信号转子之间的间隙可调节。

(20)（　　）汽车行驶中，若 ABS 系统发出声音，说明系统存在故障。

(21)（　　）制动过程中，驾驶员只需要踩下制动踏板，ABS 会自动将车轮运动状态调至最佳值。

(22)（　　）维修车轮速度传感器时，注意不要碰伤传感器头，不要撬传感器信号转子。

(23)（　　）借助故障诊断仪打开 ABS 液压电磁阀，并运行液压泵，才能完全将 ABS 制动液压系统中的空气排除干净。

4. 问答题

(1) 简述循环式制动压力调节器的工作原理。

(2) 车轮转速传感器有哪些类型？如何检测？

(3) ABS 系统检修注意事项有哪些？

(4) ABS 系统的一般检查包含哪些内容？

(5) 简述 EBD 系统功用。

学习任务二　汽车驱动防滑和行驶稳定控制系统检修

一、技能操作

班级：		姓名：		学号：	
组别：		地点：		日期：	

1. 实训目的

（1）熟悉 ASR 和 ESP 系统；

（2）掌握 ESP 系统零部件的检测方法；

（3）掌握 ESP 系统的检测方法。

2. 前期准备和防护工作

（1）实训器材：整车（装备 ABS/TCS/ESP 系统）、世达工具、故障诊断仪、万用表等；

（2）做好个人防护、车辆防护和车内防护工作；

（3）注意规范操作。

3. 安全检查

（1）检查车辆驻车制动器是否拉起、换挡杆是否处于 P 位或 N 位；

（2）举升车辆前，检查车辆或实训台架周围是否安全；

（3）车辆举升过程中，留意有无异常和异响，若有，则应停止作业，不得擅自处理。

4. 思政目标

（1）树立正确的劳动观念；

（2）培养务实肯干、精益求精的工匠精神；

（3）建立团结协作、客观公正和诚信维修的优良品质。

操作步骤

1. 指示灯检查

打开点火开关，发动机不起动，系统自检，观察仪表板上的 EPS 状态指示灯，共有_____个，分别是_____。

观察 ESP 关闭开关，按下，_____灯亮起，若长按，_____灯亮起，再次按下，_____灯熄灭。

2. 故障码读取

连接故障诊断仪，将点火开关置于 ON 位置，打开故障诊断仪，读取 ESP 系统的故障码为_____。

3. 转向盘转向角传感器的检修

（1）打开点火开关，接通故障诊断仪，读取传感器数据流并填写到表 3－2－1 中。

表 3－2－1　转向盘转角传感数据流

诊断仪显示	检查条件	数据值
转向盘转角	转向盘左转极限	
	转向盘居中	
	转向盘右转极限	

操作步骤

随着转向盘的转动，诊断仪上读取的转向盘转角数据值_____。由此可判断出：该转向盘转角传感器工作_____。

（2）检查传感器电路。断开传感器连接器，测量传感器各电路端子，并填写表3-2-2。

表3-2-2　转向盘转角传感器电源和搭铁

项目	检查端子号	点火开关状态	参考值	检查值	结论
12 V 参考电压电路端子	测量端子_____与_____之间的电压		>11 V		
搭铁电路端子	测量端子_____与_____之间的电阻		<1 Ω		

4. 转向盘转角传感器的零点校准

（1）什么时候需进行转向盘转角传感器的初始化设定？

（2）借助故障诊断仪，完成转向盘转角传感器初始化设定。注意校准过程中不要触碰转向盘。

5. 多轴加速度传感器检测

（1）断开传感器线束连接器，测量传感器电路端子，并填写表3-2-3。

表3-2-3　多轴加速度传感器电源和搭铁

项目	检查端子号	点火开关状态	参考值	检查值	结论
12 V 参考电压电路端子	测量端子_____与_____之间的电压		>11 V		
搭铁电路端子	测量端子_____与_____之间的电阻		<1 Ω		

（2）借助故障诊断仪，完成车辆横向偏摆率传感器的读入。

检查与评估

7S 管理规范（教师点评）	□整理　□整顿　□清扫　□清洁　□素养　□安全　□节约
成绩评定	个人评定：□优　□良　□中　□及格　□不及格 小组评定：□优　□良　□中　□及格　□不及格 教师评定：□优　□良　□中　□及格　□不及格

二、理论测试

1. 填空题

（1）驱动防滑控制系统 ASR 对驱动轮的控制方式有 ＿＿＿＿＿＿＿＿＿＿＿＿、＿＿＿＿＿＿＿＿ ＿＿＿＿＿＿＿＿＿、＿＿＿＿＿＿＿＿＿＿＿＿和＿＿＿＿＿＿＿＿＿＿＿等四种。

（2）ASR 关闭开关的作用是＿＿＿＿＿＿＿＿＿＿＿＿＿＿＿＿＿＿＿＿＿＿＿＿＿＿。

（3）ABS 系统一般是在＿＿＿＿＿＿＿＿＿＿＿时发挥作用，ASR 系统是在＿＿＿＿＿＿＿＿ ＿＿＿＿时发挥作用，而 ESP 系统则在＿＿＿＿＿＿＿＿＿＿＿＿＿时始终处于工作状态。

（4）多轴加速度传感器是＿＿＿＿＿＿＿＿＿＿＿＿＿、＿＿＿＿＿＿＿＿＿＿＿、 ＿＿＿＿＿＿＿＿＿的集合。

（5）以下三种情况下应关闭 ESP：＿＿＿＿＿＿＿＿＿＿＿＿；＿＿＿＿＿＿＿＿＿＿＿＿＿； ＿＿＿＿＿＿＿＿＿＿＿＿。

2. 选择题

（1）在下列防滑控制方式中，最迅速有效的控制方法是＿＿＿＿＿＿。

A. 发动机输出功率控制　　　　　　　　B. 驱动轮制动控制

C. 防滑差速锁控制　　　　　　　　　　D. 差速锁和发动机输出功率综合控制

（2）当 ESP 检测到汽车出现转向不足时，可以通过向一个或两个＿＿＿＿＿＿施加制动，以保证汽车按照驾驶员理想的转向行驶。

A. 内侧车轮　　　　B. 外侧车轮　　　　C. 前轮　　　　D. 后轮

（3）ESP 系统在＿＿＿＿＿＿基础上，增加了转向盘转角、横向偏摆率两个主要传感器。

A. ABS/ASR　　　　B. ABS　　　　C. EDS　　　　D. 不确定

（4）ESP 的主要功能是校正汽车＿＿＿＿＿＿行驶轨迹方向，稳定汽车，提高汽车的主动安全性。

A. 转向　　　　B. 制动　　　　C. 加速　　　　D. 任何时候

（5）在更换转向盘转角传感器或 ESP 控制模块后，需要对＿＿＿＿＿＿进行基本设定。

A. 转向盘转角传感器　　　　　　　　　B. 控制模块

C. 车轮转速传感器　　　　　　　　　　D. 不确定

（6）别克君威轿车装用的车轮转速传感器为＿＿＿＿＿＿。

A. 磁电式　　　　B. 光电式　　　　C. 磁阻式　　　　D. 霍尔式

（7）多轴加速度传感器信号，通过＿＿＿＿＿＿介质传递给电子制动控制模块。

A. 导线　　　　B. 光纤　　　　C. 无线　　　　D. 网络

（8）关于 ASR 系统，下列说法错误的是＿＿＿＿＿＿。

A. ASR 和 ABS 系统共用部分软硬件

B. ASR 系统在汽车驱动期间起作用

C. ASR 系统对汽车后轮进行控制

D. ASR 系统控制车轮滑转率达到 10%～30%

（9）以下＿＿＿＿＿＿情况，应关闭 ESP。

A. 车辆在深雪或松软地面行驶时　　　　B. 车辆带防滑链行驶时

C. 车辆在功率试验台上检测时　　　　　D. 以上所有

（10）转向盘转角传感器不需要经常对中或重新设定，当_____时，需要重新做初始化标定。

A. 更换电子制动控制模块　　　　　　　B. 更换转向盘转角传感器

C. 更换转向器或转向柱　　　　　　　　D. 以上所有

3. **判断题**

（1）（　　）ESP 系统在整个行驶过程中始终处于工作状态。

（2）（　　）驾驶员可以人为控制 ESP 系统的启用。

（3）（　　）光电式转向盘转角传感器向控制单元 ECU 发送两组脉冲序列信号。

（4）（　　）ASR 系统在汽车起步、加速时对所有车轮进行防滑转控制。

（5）（　　）ASR 系统是 ABS 系统的延伸，部分软硬件共用。

（6）（　　）下坡时，驾驶员踩下制动踏板，DAC 系统启动。

（7）（　　）DAC 系统工作期间，可以松开加速和制动踏板。

（8）（　　）点火开关打开时会保持上一次熄火时 ASR 系统的使用状态。

（9）（　　）当车辆转向过度时，ESP 系统对位于弯道内侧的车轮实施瞬间制动。

（10）（　　）当汽车实际运动轨迹与理论运动轨迹相一致时，ESP 自动解除控制。

（11）（　　）如果 ECU 接收不到转向盘转角传感器信号，则无法确定车辆行驶方向，ESP 将失效。

（12）（　　）ESP 系统的制动控制过程包括增压、保压和减压三个阶段。

（13）（　　）当系统处于 TCS 或 ESP 工作状态时，TCS/ESP 指示灯闪烁。

（14）（　　）当驱动轮发生滑转时，ECU 控制液压泵将制动液从储液罐中抽出，加压后施加到打滑的驱动轮制动轮缸上。

（15）（　　）HAC 功能启动后，即使驾驶员脚离开制动踏板，制动系统压力仍然保持 2～3 s，从而使车辆不后溜。

（16）（　　）DAC 系统利用发动机的制动作用和高频率"点刹"，将车辆的速度控制在较低的水平。

（17）（　　）转向盘转角传感器对中/重新设定时，需要转动转向盘使前轮对准正前方，转向盘居中。

（18）（　　）横向偏摆率传感器校准的目的是将传感器数据归零。

4. **简答题**

（1）根据 ESP 系统的工作原理，当车辆转向不足时 ESP 是如何控制的？

（2）ESP 系统的作用是什么？

（3）ASR 系统防止驱动轮在驱动时打滑的控制方式有哪些？

（4）ASR 和 ABS 的异同有哪些？

（5）简述下坡辅助控制系统的工作原理。

（6）简述上坡起步辅助控制系统的工作原理。

学习任务三　电子驻车制动系统

一、技能操作

班级：	姓名：	学号：
组别：	地点：	日期：

1. 实训目的

（1）熟悉电子驻车制动系统；

（2）掌握电子驻车制动系统数据流的读取方法。

2. 前期准备和防护工作

（1）实训器材：整车（或电子驻车制动系统台架）、故障诊断仪等；

（2）做好个人防护、车辆防护和车内防护工作；

（3）注意规范操作。

3. 安全检查

（1）检查车辆驻车制动器是否拉起、换挡杆是否处于 P 位或 N 位；

（2）举升车辆前，检查车辆或实训台架周围是否安全。

4. 思政目标

（1）树立正确的劳动观念；

（2）培养务实肯干、精益求精的工匠精神；

（3）建立团结协作、客观公正、诚信维修的优良品质。

操作步骤

1. 电子驻车制动系统的认识

写出图 3 - 3 - 1 所示按钮及指示灯的名称及作用。

图 3 - 3 - 1　按钮和指示灯

序号 1 是＿＿＿＿＿＿＿＿＿＿＿，作用是＿＿＿＿＿＿＿＿＿＿＿＿＿＿＿＿＿＿＿＿＿；

序号 2 是＿＿＿＿＿＿＿＿＿＿＿，作用是＿＿＿＿＿＿＿＿＿＿＿＿＿＿＿＿＿＿＿＿＿；

序号 3 是＿＿＿＿＿＿＿＿＿＿＿，作用是＿＿＿＿＿＿＿＿＿＿＿＿＿＿＿＿＿＿＿＿＿；

序号 4 是＿＿＿＿＿＿＿＿＿＿＿，作用是＿＿＿＿＿＿＿＿＿＿＿＿＿＿＿＿＿＿＿＿＿；

序号 5 是＿＿＿＿＿＿＿＿＿＿＿，作用是＿＿＿＿＿＿＿＿＿＿＿＿＿＿＿＿＿＿＿＿＿；

序号 6 是＿＿＿＿＿＿＿＿＿＿＿，作用是＿＿＿＿＿＿＿＿＿＿＿＿＿＿＿＿＿＿＿＿。

2. 故障码读取

连接故障诊断仪，将点火开关置于 ON 位置，打开故障诊断仪，读取电子驻车制动系统的故障码为

＿＿＿＿＿＿＿＿＿＿＿＿＿＿。

续表

操作步骤
3. 数据流 打开点火开关，接通故障诊断仪。起动发动机，勾起或按下电子驻车制动按钮，读取执行器的数据流，为： 左侧切断电流：　　　　　　　　　左侧电压： 右侧切断电流：　　　　　　　　　右侧电压：

检查与评估	
7S 管理规范 （教师点评）	□整理　□整顿　□清扫　□清洁　□素养　□安全　□节约
成绩评定	个人评定：□优　　□良　　□中　　□及格　　□不及格 小组评定：□优　　□良　　□中　　□及格　　□不及格 教师评定：□优　　□良　　□中　　□及格　　□不及格

二、理论测试

1. 填空题

（1）驻车制动系统分成两种类型：_____和_____。

（2）在汽车上应用的电子驻车制动系统主要有两种形式，一种是_____系统，另一种是_____系统。

（3）按下自动驻车按钮，打开_____功能，同时按钮上的_____点亮；再次按下按钮，则关闭_____功能，指示灯熄灭。

（4）当 EPB 系统发生故障时，_____点亮。

2. 选择题

（1）用手指勾住电子驻车制动按钮上拉，_____会亮。

A. 电子驻车制动指示灯　　　　　　　B. 制动装置警告灯

C. 电子驻车制动警告灯　　　　　　　D. 自动驻车指示灯

（2）关于斜盘式齿轮传动，学生甲说轮毂和轴之间有一个角度错位，这个角度错位使得斜盘轮只能做摆动运动。学生乙说斜盘齿通过两个凸耳固定在外壳中，因此无法转动。说法正确的是_____。

A. 只有甲正确　　　　　　　　　　　B. 只有乙正确

C. 甲乙都正确　　　　　　　　　　　D. 甲乙都不正确

（3）关于电子驻车制动系统的制动控制过程，学生甲说系统只能进行电控机械式控制；学生乙说系统除了进行电控机械式控制外，还能进行液压控制。说法正确的是_____。

A. 只有甲正确　　　　　　　　　　　B. 只有乙正确

C. 甲乙都正确　　　　　　　　　　　D. 甲乙都不正确

（4）当 EPB 系统发生故障时，_____灯亮。

A. 电子驻车制动指示灯　　　　　　　B. 制动装置警告灯

C. 电子驻车制动警告灯　　　　　　　　　D. 自动驻车指示灯

（5）采用了电子驻车制动系统，可以_____。

A. 整体内饰空间减小　　　　　　　　　　B. 只需操作电子按钮，简单省力

C. 可以实现自动驻车功能　　　　　　　　D. 可以在任意坡道上稳定驻车

3. 判断题

（1）（　　）电子驻车制动系统采用一个电子按钮取代驻车制动手柄或驻车制动踏板。

（2）（　　）自动驻车功能就是车辆停下时，自动拉手刹。

（3）（　　）EPB 可以保证车辆在 40% 的斜坡上安全稳定驻车。

（4）（　　）行车时，若不踩制动踏板，通过电子驻车制动按钮，一样可以实现制动功能。

（5）（　　）在电子驻车制动系统中，后轮制动活塞的移动是靠制动电动机进行的。

4. 简答题

（1）什么是电子驻车制动系统？

（2）电子驻车制动系统主要有哪几种形式？各有何特点？

（3）简述自动驻车功能的含义。

（4）从制动电动机的旋转运动到制动活塞的直线运动，分成哪几步传动？

（5）简述电子驻车制动系统的制动控制过程。

项目四　汽车电控悬架系统检修

学习任务一　汽车电控悬架系统检修

一、技能操作

班级：		姓名：		学号：	
组别：		地点：		日期：	

1. 实训目的

（1）熟悉汽车电控悬架系统；

（2）掌握电控悬架系统零部件的检测方法；

（3）掌握汽车电控悬架系统的检查方法。

2. 前期准备和防护工作

（1）工具准备：丰田汽车电控悬架系统台架、故障诊断仪和万用表等；

（2）做好个人防护和台架防护工作；

（3）注意规范操作。

3. 安全检查

（1）检查实训台架用电安全及是否存在安全隐患；

（2）检查实训台架周围是否安全。

4. 思政目标

（1）树立正确的劳动观念；

（2）培养务实肯干、精益求精的工匠精神；

（3）建立团结协作、客观公正、诚信维修的优良品质。

操作步骤

1. 悬架高度检测

（1）检查实训台架减震器高度。如图 4 – 1 – 1 所示，观察台架上的高度显示器：左前_____，左后_____，右前_____，右后_____。

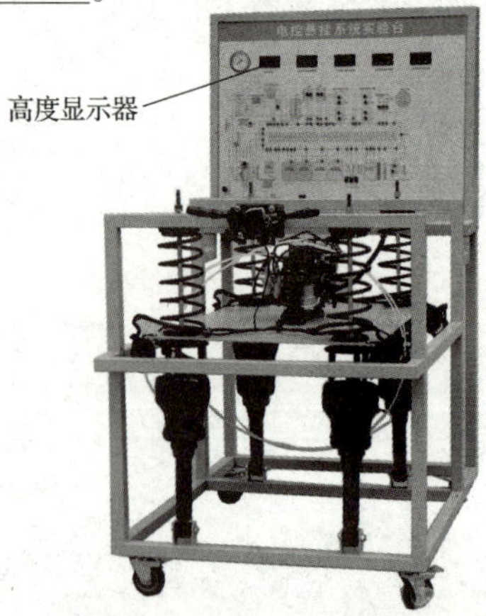

高度显示器

图 4 – 1 – 1　电控悬架实训台架

续表

操作步骤

（2）车身高度调整功能检查。在汽车处于 NORM 位置状态下，开关从 NORM 位置切换到 HIGH 位置，从操作高度控制开关到开始排气约需_____ s；从开始排气到高度调整完成所需的时间为_____ s。减震器的高度变化为：左前_____，左后_____，右前_____，右后_____。

在汽车处于 HIGH 位置状态下，开关从 HIGH 位置切换到 NORM 位置，从操作高度控制开关到开始排气约需_____ s；从开始排气到高度调整完成所需的时间为_____ s。减震器的高度变化为：左前_____，左后_____，右前_____，右后_____。

2. 车身高度传感器的检测

（1）打开点火开关，测量悬架 ECU 连接器端子 SBR、SBL 与车身搭铁之间的电源电压。

（2）使控制杆缓慢地上下移动，当车身高度处于高位置、正常位置、低位置时，检查传感器信号端子与搭铁之间的信号电压。

（3）将检查结果填入表 4 – 1 – 1 中。

表 4 – 1 – 1　车身高度传感器检测参数

检测项目 传感器	电源电压/V	信号电压/V			检测结论
		高位置	正常位置	低位置	
左前车高传感器					
右前车高传感器					
左后车高传感器					
右后车高传感器					
标准值					

3. 高度控制电磁阀和排气电磁阀的检测

（1）用万用表测量前后高度控制电磁阀的电阻，分别为_____ Ω，标准值为_____ Ω，结论为_____。

（2）用万用表测量排气电磁阀的电阻，分别为_____ Ω，标准值为_____ Ω，结论为_____。

4. 悬架控制执行器的检测

（1）用万用表测量悬架控制执行器步进电机线圈的电阻，填入表 4 – 1 – 2 中。

表 4 – 1 – 2　悬架控制执行器步进电机线圈电阻检测

执行器	线圈 1 电阻	线圈 2 电阻	线圈 3 电阻	线圈 4 电阻	电阻标准值	结论
左前悬架控制执行器						
右前悬架控制执行器						
左后悬架控制执行器						
右后悬架控制执行器						

续表

操作步骤

（2）用螺丝刀将执行器输出轴调至"软"位置，然后将蓄电池正、负极按表 4 – 1 – 3 所示连接到悬架控制执行器连接器的各端子，此时悬架控制执行器应朝"硬"侧更进一步。

表 4 – 1 – 3　悬架控制执行器检测

蓄电池⊕	蓄电池⊖	位置	蓄电池⊕	蓄电池⊖	位置
2 和 3	1	（软）1→2	2 和 3	1	5→6
3 和 4	1	2→3	3 和 4	1	6→7
4 和 5	1	3→4	4 和 5	1	7→8
5 和 2	1	4→5	5 和 2	1	8→9（硬）

检查与评估	
7S 管理规范 （教师点评）	□整理　□整顿　□清扫　□清洁　□素养　□安全　□节约
成绩评定	个人评定：□优　　□良　　□中　　□及格　　□不及格 小组评定：□优　　□良　　□中　　□及格　　□不及格 教师评定：□优　　□良　　□中　　□及格　　□不及格

二、理论测试

1. 填空题

（1）悬架的控制项目主要有 ＿＿＿＿＿＿＿＿＿、＿＿＿＿＿＿＿＿＿、＿＿＿＿＿＿＿＿＿、
＿＿＿＿＿＿＿＿＿等。

（2）对悬架减震器阻尼力的控制方式有 ＿＿＿＿＿＿＿＿＿、＿＿＿＿＿＿＿＿＿和
＿＿＿＿＿＿＿＿＿等。

（3）在占空比控制方式可调阻尼减震器中，当需要减震器阻尼变大时，悬架电控单元
＿＿＿＿＿＿减震器电磁阀控制信号的占空比。

（4）阻尼调节执行器装在可调阻尼力减震器的上方，常见的类型有＿＿＿＿＿＿＿＿和
＿＿＿＿＿＿＿＿等。

2. 选择题

（1）车身高度传感器其实是一个＿＿＿＿＿＿。

A. 电位计 　　　　　　　　　　　　　　B. 角度传感器

C. 位移传感器 　　　　　　　　　　　　D. 霍尔传感器

（2）用于防止汽车起步或加速时车辆后坐的控制称为＿＿＿＿＿＿。

A. 减震器阻尼力控制 　　　　　　　　　B. 弹簧刚度控制

C. 车身高度控制 　　　　　　　　　　　D. 侧倾刚度控制

（3）在车辆负载变化时，车身的高度可以保持一定，车身能保持水平，这种控制称为_____。

A. 减震器阻尼力控制　　　　　　　　　　B. 弹簧刚度控制

C. 车身高度控制　　　　　　　　　　　　D. 侧倾刚度控制

（4）关于垂直加速度传感器，学生甲说汽车一般有三个垂直加速度传感器，分别检测车身的前左、前右和后右位置的垂直加速度；学生乙说车身后左位置的垂直加速度由这三个加速度传感器所获得的数据推导出来。说法正确的是_____。

A. 只有甲正确　　　　　　　　　　　　　B. 只有乙正确

C. 甲乙都正确　　　　　　　　　　　　　D. 甲乙都不正确

（5）当回转阀上的三个截面的阻尼孔全部被回转阀封住时，阻尼为_____，减震器被调节到_____状态。

A. 最大，硬　　　　　B. 最大，软　　　　　C. 最小，软　　　　　D. 最小，硬

（6）在电磁减震器中，当增大减震器电磁阀控制信号的占空比时，电磁液_____，减震器呈_____状态。

A. 变稀，硬　　　　　B. 变稀，软　　　　　C. 变稠，硬　　　　　D. 变稠，软

（7）在车高控制的执行机构中，若想使某个车身升高，则令压缩机通电，高度控制电磁阀_____，排气电磁阀_____。

A. 通电，通电　　　　　　　　　　　　　B. 通电，断电

C. 断电，断电　　　　　　　　　　　　　D. 断电，通电

3. 判断题

（1）（　　）装有电控悬架的汽车无论车辆负载多少，都可以保持汽车高度一定，车身保持水平。

（2）（　　）装有电控悬架的汽车可以防止汽车急转弯时，车身横向摇动和换挡时车身纵向摇动。

（3）（　　）在电磁减震器内采用的不是普通油，而是电磁液，它由合成碳氢化合物以及 $3 \sim 10\ \mu m$ 大小的磁性颗粒组成。

（4）（　　）当两气室之间的气体通道全部被封闭时，悬架刚度处于"软"状态。

（5）（　　）高度控制开关用于选择所希望的车身高度。

4. 简答题

（1）简述电控悬架系统的基本功能。

（2）简述电位计式车身高度传感器的工作原理。

（3）简述压电式垂直加速度传感器的工作原理。

（4）对悬架减震器阻尼力的控制方式有几种？叙述其工作原理。

（5）简述电磁减震器的工作原理。

（6）电控悬架系统的基本检查内容有哪些？

学习任务二　奥迪自适应空气悬架系统检修

一、技能操作

班级：	姓名：	学号：
组别：	地点：	日期：

1. 实训目的

（1）熟悉奥迪自适应空气悬架系统；

（2）掌握奥迪自适应空气悬架系统数据流的读取方法。

2. 前期准备和防护工作

（1）实训器材：带自适应空气悬架系统的汽车或台架、测量工具、故障诊断仪等。

（2）做好个人防护、车辆防护和车内防护工作；

（3）注意规范操作。

3. 安全检查

（1）检查车辆驻车制动器是否拉起、换挡杆是否处于 P 位或 N 位；

（2）作业前，检查车辆或实训台架周围是否安全。

4. 思政目标

（1）树立正确的劳动观念；

（2）培养务实肯干、精益求精的工匠精神；

（3）建立团结协作、客观公正、诚信维修的优良品质。

操作步骤

1. 控制气路

对照教材中奥迪 A8 自适应空气悬架控制气路，回答下述问题：

（1）建立气压。空气压缩机运转，空气由＿＿＿＿＿＿＿＿＿＿＿、＿＿＿＿＿＿＿＿＿＿＿＿＿吸入，经＿＿＿＿＿＿＿＿＿、＿＿＿＿＿＿＿＿＿＿＿＿＿、＿＿＿＿＿＿＿＿＿＿＿分别进入空气弹簧和储压罐。当车身达到规定高度时，＿＿＿＿＿＿＿＿＿＿＿断电关闭，当压罐内达到规定气压时，＿＿＿＿＿＿＿＿＿＿断电关闭，压缩机停转。

（2）抬高车身高度。若需要抬高车身高度，＿＿＿＿＿＿＿＿＿＿通电打开，则相应使＿＿＿＿＿＿＿＿＿通电打开，储压罐对空气弹簧充气，抬高车身，在达到规定高度后，＿＿＿＿＿＿＿＿＿＿断电关闭，停止充气。

（3）降低车身高度。若需要降低车身高度，则相应使＿＿＿＿＿＿＿＿＿通电打开，＿＿＿＿＿＿＿＿＿＿通电打开，气流流过时打开＿＿＿＿＿＿＿＿＿＿。空气弹簧内的压缩气体经＿＿＿＿＿＿＿＿、＿＿＿＿＿＿＿＿、＿＿＿＿＿＿＿＿＿＿＿、＿＿＿＿＿＿＿＿＿＿、＿＿＿＿＿＿＿＿＿排入大气。

2. 车身高度调整

操作 MMI，手动设置调节模式，并按照图 4 - 2 - 1 所示测量汽车车身高度 H。

（1）在自动模式下，汽车车身高度为＿＿＿＿＿＿＿＿mm。当车速超过 120 km/h 行驶 30 s 后，底盘会下沉＿＿＿＿＿＿＿＿mm。

（2）在舒适模式下，汽车车身高度为＿＿＿＿＿＿＿＿mm。

操作步骤

（3）在动态模式下，汽车车身高度为_____ mm。当车速超过 120 km/h 行驶 30 s 后，底盘会下沉_____ mm。

（4）在提升模式下，汽车车身高度为_____ mm。

图 4-2-1 车身高度调节设置

3. 数据流读取

打开点火开关，连接故障诊断仪，选择一种工作模式，读取数据流并填写到表 4-2-1 中。

表 4-2-1 数据流读取

数据流项目	左前	右前	左后	右后
车辆绝对高度（车轮中央至挡泥板）/mm				
相对标准高度偏差/mm				
空气弹簧支柱电磁阀（开/关）				
减震器电磁阀电流/mA				
减震器启用脉冲宽度/%				
压力传感器信号				
压缩机温度/℃				
车身加速度信号	左前：	右前：	后部：	

检查与评估	
7S 管理规范 （教师点评）	□整理　□整顿　□清扫　□清洁　□素养　□安全　□节约
成绩评定	个人评定：□优　　□良　　□中　　□及格　　□不及格 小组评定：□优　　□良　　□中　　□及格　　□不及格 教师评定：□优　　□良　　□中　　□及格　　□不及格

二、理论测试

1. 填空题

（1）奥迪 A8 轿车的电控悬架系统 AAS 为_____阻尼控制，是能提供_____种悬架高度的四轮空气悬架系统。

（2）奥迪 A8 轿车标准型底盘，可以手动或自动选择 _____、_____、_____ 和 _____ 四种模式。

（3）压缩机温度传感器是一个 _____ 温度系数热敏电阻，用于检测 _____ 的温度。

2. 选择题

（1）关于后桥空气悬架辅助空气罐，学生甲说是为了保证行李舱具有尽可能大的可利用空间；学生乙说用辅助空气罐进行升高调节，其速度要快于用压缩机。谁正确？_____

A. 只有甲正确   B. 只有乙正确

C. 甲乙都正确   D. 甲乙都不正确

（2）关于奥迪 A8 轿车车身高度传感器，学生甲说采用的是非接触式传感器，学生乙说接收线圈的感应电压取决于它们与转子之间的相对位置。说法正确的是_____。

A. 只有甲正确   B. 只有乙正确

C. 甲乙都正确   D. 甲乙都不正确

（3）在 CDC 减震器中，当电磁线圈上的电流为 1 800 mA 时，减震器阻尼力_____。

A. 最小   B. 最大

C. 中等   D. 不确定

（4）在 CDC 减震器中，若电磁线圈中电流变大，则减震器主阀门开口面积_____，阻尼力_____。

A. 变小，减小   B. 变小，增大

C. 变大，减小   D. 变大，增大

（5）在奥迪 A8 轿车标准型底盘中，当采用_____时，为基本底盘高度，减振特性以舒适性为主。当车速超过 120 km/h 行驶 30 s 后，底盘会下沉 25 mm。

A. 自动模式   B. 舒适模式

C. 动态模式   D. 提升模式

3. 判断题

（1）（   ）奥迪 A8 轿车车身高度传感器采用的是接触式传感器。

（2）（   ）在电容式传感器中，当电容器电极之间的距离变大时，其电容值减小。

（3）（   ）电磁阀组内包含压力传感器，用于测量前桥和后桥弹簧支柱或储压罐的压力。

（4）（   ）在紧急运行时，CDC 减震器电磁线圈不通电，这时减振力最小。

（5）（   ）用储压罐进行升高调节，其速度要快于用压缩机。

4. 简答题

（1）简述奥迪 A8 轿车自适应空气悬架系统的组成。

（2）简述奥迪 A8 轿车加速度传感器的工作原理。

（3）简述奥迪 A8 轿车车身高度传感器的工作原理。

（4）简述奥迪 A8 轿车 CDC 减震器的工作原理。

（5）奥迪 A8 空气悬架系统是如何升高或降低车身高度的？

项目五　汽车电控动力转向系统检修

学习任务一　液压式电控动力转向系统检修

一、技能操作

班级：		姓名：		学号：	
组别：		地点：		日期：	

1. 实训目的

（1）熟悉液压式 EPS 系统；

（2）掌握液压式 EPS 系统零部件的检测方法；

（3）掌握液压式 EPS 系统的设定方法。

2. 前期准备和防护工作

（1）工具准备：整车（或动力转向台架）、故障诊断仪、万用表等；

（2）做好个人防护、车辆防护和车内防护工作；

（3）注意规范操作。

3. 安全检查

（1）检查车辆驻车制动器是否拉起、换挡杆是否处于 P 位或 N 位；

（2）作业前，检查车辆或实训台架周围是否安全。

4. 思政目标

（1）树立正确的劳动观念；

（2）培养务实肯干、精益求精的工匠精神；

（3）建立团结协作、客观公正、诚信维修的优良品质。

操作步骤

1. 上汽通用汽车可变转向助力电磁阀的检修

（1）画出可变助力转向电磁阀与助力转向控制模块的连接电路。

（2）测量电磁阀的电阻，为_____Ω，标准值为_____Ω。

（3）测量电磁阀与控制模块之间的 2 根导线是否短路或断路，并填写表 5 - 1 - 1。

表 5 - 1 - 1　可变助力转向电磁阀线路检测

项目	检查端子号	点火开关状态	参考值	检查值	结论
线路通断检查	测量 M72 端子_____与 K43 端子_____之间的电阻		< 1 Ω		
	测量 M72 端子_____与 K43 端子_____之间的电阻		< 1 Ω		
电磁阀电阻检查					

续表

操作步骤
2. 波罗轿车液压式 EPS 的检修 （1）什么时候需要进行转向零位设定？   （2）借助于故障诊断仪，进行转向零位设定。 （3）什么时候需要进行转向极限位置的设定？   （4）进行转向极限位置的设定。

检查与评估	
7S 管理规范 （教师点评）	□整理　□整顿　□清扫　□清洁　□素养　□安全　□节约
成绩评定	个人评定：□优　　□良　　□中　　□及格　　□不及格 小组评定：□优　　□良　　□中　　□及格　　□不及格 教师评定：□优　　□良　　□中　　□及格　　□不及格

二、理论测试

1. 填空题

（1）理想的动力转向系统应该能够在汽车低速时使_____，在汽车高速时则应具有_____。

（2）在可变助力转向系统 VES 中，车辆高速行驶转弯时，电磁线圈中通以_____，于是电极片上的磁力相互_____，电极片相对角度_____，油液流量_____，系统能提供_____的转向助力。因此高速转弯时转向盘转向阻力增大，手感变沉，给驾驶员一定的路感，防止转向发飘。

（3）电动液压泵与_____集成为一个总成。

（4）EPHS 系统由三路输入信号作为主控信号，分别是_____、_____和_____。

2. 选择题

（1）在车辆高速行驶时，要求转向盘转动阻力_____、手感_____。

A. 增加，变沉　　　　　　　　　　　　B. 增加，轻便

C. 减小，变沉　　　　　　　　　　　　D. 减小，轻便

（2）在可变助力转向系统 VES 中，车辆低速转弯时，电磁阀线圈中通以_____。

A. 不通电　　　　B. 正电流　　　　C. 负电流　　　　D. 不确定

（3）关于转向角速度传感器，说法不正确的是_____。

A. 用于测量转向盘旋转的角速度，即驾驶员以多大的角速度转动转向盘

B. 对于带 ESP 系统的车型，则由转向盘转角传感器替代转向角速度传感器

C. 常用电容式和霍尔式等类型

D. 转向盘旋转的角速度越大，则对应电动液压泵的转速越高，转向的助力越小

（4）在 EPHS 系统中，其主控输入信号不包括_____。

A. 转向角速度传感器信号　　　　　　B. 车速信号

C. 发动机转速信号　　　　　　　　　D. 节气门位置传感器信号

3. 判断题

（1）（　　）上汽通用汽车可变助力转向系统 VES 能够随车速改变助力力度。

（2）（　　）对于带电子稳定程序 ESP 系统的车型来说，其无转向角速度传感器，而是由转向盘转角传感器通过 CAN – BUS 总线经过 ABS ECU 传输转向角度信号。

（3）（　　）液压式 EPS 系统是在传统液压动力转向系统的基础上增设了车速传感器和控制单元等组成的。

（4）（　　）有的液压式 EPS 系统是由电磁阀驱动的转向液压泵代替传统的机械转向泵，并增加了车速传感器、转向盘转角（角速度）传感器以及控制单元等部件组成的。

4. 简答题

（1）理想的动力转向系统是怎样的？

（2）液压式 EPS 系统分为哪几种？

（3）简述可变助力转向电磁阀的工作原理。

（4）简述上海波罗轿车 EPHS 系统的工作原理。

学习任务二　电动式电控动力转向系统检修

一、技能操作

班级：		姓名：		学号：	
组别：		地点：		日期：	

1. 实训目的

（1）熟悉电动式 EPS 系统；

（2）掌握电动式 EPS 系统零部件的检测方法；

（3）掌握电动式 EPS 系统的检测方法。

2. 前期准备和防护工作

（1）工具准备：整车（或动力转向台架）、世达工具、故障诊断仪、万用表等；

（2）做好个人防护、车辆防护和车内防护工作；

（3）注意规范操作。

3. 安全检查

（1）检查车辆驻车制动器是否拉起、换挡杆是否处于 P 位或 N 位；

（2）作业前，检查车辆或实训台架周围是否安全。

4. 思政目标

（1）树立正确的劳动观念；

（2）培养务实肯干、精益求精的工匠精神；

（3）建立团结协作、客观公正、诚信维修的优良品质。

操作步骤

1. 转向电动机的检修

（1）打开点火开关，接通故障诊断仪，读取转向电动机数据流，并填写表 5 – 2 – 1。

表 5 – 2 – 1　动力转向电动机数据流

诊断仪显示	项目描述	检查条件	参考值	数据值
Motor Actual Current	电动机实际电流	转向盘左转	10 ~ 55 A	
		转向盘居中	– 1 ~ 1 A	
		转向盘右转	– 55 ~ – 10 A	
Command Value Current	电动机请求电流	转向盘左转	10 ~ 55 A	
		转向盘居中	– 1 ~ 1 A	
		转向盘右转	– 55 ~ – 10 A	

根据所读取的数据流判断，该转向电动机工作_____。

（2）检查动力转向 ECU 的控制信号。打开点火开关，用万用表测量端子 D – 1 与搭铁之间的电压。当转向盘左转时，为_____V；当转向盘右转时，为_____V，说明_____。

用万用表测量端子 D – 2 与搭铁之间的电压。当转向盘左转时，为_____V；当转向盘右转时，为_____V，说明_____。

续表

操作步骤

（3）转向电动机的电阻检查。断开转向电动机连接器，测量电动机端子 D-1 和 D-2 之间的电阻，为＿＿＿＿Ω；测量电动机端子 D-1、D-2 与搭铁之间的电阻，为＿＿＿＿Ω，说明＿＿＿＿＿＿。

2. 转向扭矩传感器的检修

（1）打开点火开关，接通故障诊断仪，读取传感器数据流，并填写到表 5-2-2 中。

表 5-2-2　转向扭矩传感器数据流

诊断仪显示	项目描述	检查条件	参考值	数据值
Torque Sensor 1 Output	扭矩传感器 1 输出值	转向盘左转	0.3~2.5 V	
		转向盘居中	2.3~2.7 V	
		转向盘右转	2.5~4.7 V	
Torque Sensor 2 Output	扭矩传感器 2 输出值	转向盘左转	0.3~2.5 V	
		转向盘居中	2.3~2.7 V	
		转向盘右转	2.5~4.7 V	

根据所读取的数据流判断，该转向扭矩传感器工作＿＿＿＿＿＿＿＿。

（2）打开点火开关，检查转向扭矩传感器的电源和信号，填写表 5-2-3。

表 5-2-3　转向扭矩传感器电源和信号

项目	检查端子号	检查条件	参考值	检查值	结论
传感器电源	测量端子＿＿＿与＿＿＿之间的电压	—	7.5~8.5 V		
传感器信号 1	测量端子＿＿＿与＿＿＿之间的电压	转向盘左转	0.3~2.5 V		
		转向盘居中	2.3~2.7 V		
		转向盘右转	2.5~4.7 V		
传感器信号 2	测量端子＿＿＿与＿＿＿之间的电压	转向盘左转	0.3~2.5 V		
		转向盘居中	2.3~2.7 V		
		转向盘右转	2.5~4.7 V		

3. 转向扭矩传感器的零点校准

（1）什么时候需进行扭矩传感器的零点校准？如何校准？

（2）检查蓄电池电压。打开点火开关，检查蓄电池电压，为＿＿＿＿V。如果蓄电池电压为 9V 或更低，则＿＿＿＿＿＿。

（3）借助于故障诊断仪，执行扭矩传感器零点校准。注意：校准过程中不要触碰转向盘。

续表

检查与评估		
7S 管理规范 （教师点评）	□整理　□整顿　□清扫　□清洁　□素养　□安全　□节约	
成绩评定	个人评定：□优　　□良　　□中　　□及格　　□不及格 小组评定：□优　　□良　　□中　　□及格　　□不及格 教师评定：□优　　□良　　□中　　□及格　　□不及格	

二、理论测试

1. 填空题

（1）根据电动机对转向系统产生助力的位置不同，电动式 EPS 系统可分成三种类型：_____、_____ 和 _____。

（2）转向电动机内部有一个转子转速传感器，其作用是_____。

（3）电动式 EPS 需要控制电动机电流的_____和_____，不需要复杂的控制机构。

（4）非接触式转向扭矩传感器常用的类型有_____、_____等。

2. 选择题

（1）2010 款一汽丰田卡罗拉轿车采用_____EPS 系统。

A. 齿条助力式　　　　　　　　　B. 转向器小齿轮助力式

C. 转向轴助力式　　　　　　　　D. 液压助力式

（2）转子转速传感器一般安装在_____。

A. 与转向盘转角传感器一起　　　B. 动力转向电动机内部

C. 与转向扭矩传感器一起　　　　D. 动力转向控制单元内

（3）电动式 EPS 需要控制电动机电流的_____，不需要复杂的控制机构。

A. 方向和幅值　　　　　　　　　B. 频率和方向

C. 频率和幅值　　　　　　　　　D. 占空比

3. 判断题

（1）（　　）汽车直线行驶时，动力转向机构处于不工作状态。

（2）（　　）电动式 EPS 各部件一般装配成一个整体，因此结构紧凑、质量较轻。

（3）（　　）电动式 EPS 是在传统机械式转向系统的基础上增加了传感器、电控单元和电动机等构成的，是一种直接依靠电动机提供辅助转矩的电动助力式转向系统。

4. 简答题

（1）试述电动式 EPS 系统的工作过程。

（2）简述磁阻式转向力矩传感器的工作原理。